U0455545

中俄经济合作蓝皮书

BLUE BOOK OF
SINO-RUSSIAN ECONOMIC
COOPERATION

中国－俄罗斯经济合作
发展报告（2018）

ANNUAL REPORT ON SINO-RUSSIAN ECONOMIC
COOPERATION AND DEVELOPMENT (2018)

主　编／朱　宇　〔俄〕A.B.奥斯特洛夫斯基
副主编／刘　爽　马友君

社会科学文献出版社
SOCIAL SCIENCES ACADEMIC PRESS（CHINA）

图书在版编目（CIP）数据

中国－俄罗斯经济合作发展报告.2018／朱宇，
（俄罗斯）A.B.奥斯特洛夫斯基主编.－－北京：社会科
学文献出版社，2018.5
（中俄经济合作蓝皮书）
ISBN 978－7－5201－2529－1

Ⅰ.①中… Ⅱ.①朱… ②A… Ⅲ.①对外经济合作－
研究报告－中国、俄罗斯－2018 Ⅳ.①F125.551.2

中国版本图书馆 CIP 数据核字（2018）第 063914 号

中俄经济合作蓝皮书
中国－俄罗斯经济合作发展报告（2018）

主　　编／朱　宇　〔俄〕A.B.奥斯特洛夫斯基
副 主 编／刘　爽　马友君

出 版 人／谢寿光
项目统筹／谢蕊芬
责任编辑／杨　阳

出　　版／社会科学文献出版社·社会学出版中心（010）59367159
　　　　　　地址：北京市北三环中路甲 29 号院华龙大厦　邮编：100029
　　　　　　网址：www.ssap.com.cn
发　　行／市场营销中心（010）59367081　59367018
印　　装／三河市龙林印务有限公司

规　　格／开　本：787mm×1092mm　1/16
　　　　　　印　张：26.25　字　数：438 千字
版　　次／2018 年 5 月第 1 版　2018 年 5 月第 1 次印刷
书　　号／ISBN 978－7－5201－2529－1
定　　价／128.00 元

皮书序列号／PSN B－2018－705－1/1

主要编撰者简介

朱 宇 男，汉族，1959 年 10 月出生，原籍河北省唐山市，北京大学政治学博士，现为黑龙江省社会科学院院院长、研究员、博士研究生导师，省级重点学科（政治学）带头人，黑龙江省领军人才梯队"535 工程"学术带头人（政治学理论），黑龙江省社科联副主席，黑龙江省政协委员。研究方向：政治学理论与方法、中国政府与政治、中国基层治理。主要社会兼职有：中国新兴经济体研究会副会长，中国俄罗斯东欧中亚学会副会长，中国政治学会常务理事、副秘书长，黑龙江省政治学会会长，黑龙江省人民政协理论与实践研究会副会长，黑龙江省公共管理学会副会长，黑龙江省专家顾问委员会法律社会专家组专家。2002～2003 年为日本政策研究院访问学者（外国人研究员）。出版《中国乡域治理：回顾与前瞻》《黑龙江省全面建设小康社会发展战略研究》《中国东北地区发展报告》《黑龙江经济发展报告》《黑龙江住房和城乡建设发展报告》等专著 10 余部；发表《19 世纪中叶至 20 世纪中叶中国乡域治理的历史考察》《乡镇权力结构与功能分析》《黑龙江老工业基地改造的政治经济思考》《"一国两制"的理论与实践意义》等论文 70 余篇；撰写《黑龙江省群体性事件破解机制研究》《黑龙江省全面建成小康社会路径研究》等研究报告 40 余篇。获黑龙江省社会科学优秀成果一等奖 1 项、二等奖 2 项。主持完成国家社科基金和省社科规划项目多项。

A. B. 奥斯特洛夫斯基 俄罗斯人，男，1949 年生，经济学博士，中国问题专家，现任俄中友好协会副主席，俄罗斯科学院远东研究所副所长、中国社会与经济问题教研室主任，兼任摩尔曼斯克国立技术大学世界经济系国际经济关系教研室教授。主要研究方向为中国社会发展中现实的社会经济问题、中国人口问题、中国与俄罗斯在亚太地区的对外经济合作与国际问题等。主要研究成果：《工人阶级在近代中国社会经济结构中的作用》《21 世纪前夕的台湾》

《中国经济改革成果给俄罗斯的启示》《中俄在能源领域合作的前景》《中国西部地区经济改革与发展——21世纪中国的经济战略及对俄合作问题》等俄文、英文、中文及韩文学术论文与著作250多篇（部）。

刘　爽　男，汉族，黑龙江哈尔滨人，黑龙江省社会科学院东北亚和国际问题首席专家，东北亚战略研究院首席专家，历史学博士，研究员，硕士生导师，黑龙江省省级领军人才梯队（世界史）带头人，享受国务院政府特殊津贴专家，黑龙江省文化名家。任黑龙江省俄罗斯东欧中亚学会会长、国家出版基金评审专家。主要研究领域：俄国（苏联）史、东北亚国际关系史、史学理论、当代中俄关系、民族史、犹太人历史文化、东北地方史。主持完成国家社科基金及省级项目多项。出版《唯物史观与历史研究》、《哈尔滨犹太侨民史》、《苏联解体的史学阐释》、《哈尔滨俄侨史》（合作）、《21世纪初的西伯利亚》（译审）、《黑龙江屯垦史　第二卷》（主编）等；在《世界历史》《俄罗斯东欧中亚研究》《史学理论研究》《马克思主义研究》《欧亚经济》等国家级期刊发表论文数十篇。多次获得黑龙江省社会科学优秀成果一、二等奖。

马友君　男，黑龙江省社会科学院俄罗斯研究所所长、东北亚战略研究院首席专家，历史学博士，研究员，硕士生导师。黑龙江省省级领军人才梯队（俄罗斯经济）带头人，黑龙江省文化名家，《西伯利亚研究》副主编，黑龙江省俄罗斯东欧中亚学会副会长兼秘书长，中俄战略协作高端合作智库理事，国家社科基金后期资助通讯评审专家，教育部学位与研究生教育发展中心特聘通讯评议专家。主要研究领域：俄罗斯经济及中俄区域合作。主要研究成果：专著《俄罗斯远东地区开发研究》《俄罗斯对外贸易》，泽著《21世纪初的西伯利亚》。多次获黑龙江省社科优秀成果奖项。独立主持或参加国家级、省级调研，撰写对策研究报告十多篇，其中多篇调研报告被国家和黑龙江省主要领导批示。主持完成国家社科基金及省级项目多项。

程亦军　男，博士，中国社会科学院俄罗斯东欧中亚研究所研究员，中国社会科学院研究生院教授、博士生导师，国务院发展研究中心欧亚社会发展研究所特聘研究员，中国俄罗斯东欧中亚学会常务理事，新疆智库专家委员会委员，"长江－伏尔加河"高校智库联盟学术委员会委员。主要研究方向为俄罗斯经济、金融、人口及中俄经贸合作。先后发表论文、研究报告和专著近200篇（部），主要作品有《俄罗斯人口安全与社会发展》、《俄罗斯经济现代化进程与前景》（主编）、《中俄边境贸易考察报告》、《后苏联空间一体化前景暗淡》、《卢布危机的原因、影响与启示》、《从普京国情咨文看未来俄经济政策取向》、《建设中蒙俄经济走廊不容忽视的各种复杂因素》等。

李　新　男，1965年生，上海国际问题研究院俄罗斯中亚研究中心主任、研究员，兼任上海财经大学世界经济专业博士生导师。享受国务院政府特殊津贴专家。中国俄罗斯东欧中亚学会、中俄战略协作高端智库、中国上合组织研究中心和中国新兴经济体研究会常务理事，中国民主建国会中央经济委员会委员、民建上海市委员会"一带一路"专委会执行主任。发表学术论文150余篇和专著10余部。荣获"全国留学回国人员先进个人""上海市优秀留学回国人才"称号以及"全国留学回国人员成就奖"奖章，并受到党和国家最高领导人接见。多次参加与俄罗斯总统普京、联邦委员会主席（议会上院）马特维延科、第一副总理舒瓦洛夫、外长拉夫罗夫等俄罗斯国家领导人的会谈和交流。

摘　要

中国与俄罗斯经贸合作历经 20 多年，在中俄战略协作伙伴关系不断深化的大背景下，两国的贸易额由 1991 年的 60 亿美元增长到了 2017 年的 840 亿美元，增长了 13 倍，全方位、多领域的合作取得了巨大进展。中俄贸易由最初的边境贸易逐步向正规的一般贸易转变，结算方式也由易货贸易向现汇贸易转变，随着两国经贸合作领域不断拓宽，贸易结构不断优化，一系列重大跨境基础设施项目落地，中俄经贸合作正进入一个新时期。

2017 年中俄经贸合作进展顺利，习近平主席提出的"一带一路"倡议，得到了俄罗斯的积极响应和支持。2017 年 5 月，俄罗斯总统普京出席了"一带一路"国际合作高峰论坛，对"一带一路"倡议给予高度评价。中俄两国元首再次强调"一带一路"倡议与欧亚经济联盟建设对接的重要性和必要性，双方围绕"一带一路"合作的规划、部署和互动备受瞩目。2017 年 7 月初，习近平主席成功访俄，两国元首签署了《中俄关于进一步深化全面战略协作伙伴关系的联合声明》，批准了《中俄睦邻友好合作条约》新的实施纲要，对中俄关系发展做出了全面规划。中俄两国元首在随后的德国汉堡 G20 峰会、中国厦门金砖国家峰会和越南岘港亚太经合组织第二十五次领导人非正式会议期间分别举行会晤，就深化中俄全面战略协作伙伴关系达成许多重要共识。2017 年底梅德韦杰夫总理访华期间，中国国家主席习近平又提出建设"冰上丝绸之路"经济带的倡议，也得到了俄罗斯方面的积极回应，为两国战略协作伙伴关系夯实了经济基础。

2017 年中俄"三桥一岛"等重大跨境基础设施项目积极推进，通过与俄罗斯"滨海 1 号"和"滨海 2 号"走廊相连接，必将形成 21 世纪东北亚国际物流大通道。2017～2018 年被中俄两国政府确定为"中俄地方合作交流年"，两国地方政府和企业将利用这一有利时机，加快"五通"建设，破解合作难题，推进项目落实，共享合作成果，推动中俄区域合作步入发展快车道。

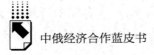

目前，俄罗斯远东超前发展区建设已取得初步成效，截至 2017 年底，已经设立了 18 个超前经济社会发展区，对于加快区域经济的跨越式发展发挥了重要作用。2017 年 9 月，普京总统在东方论坛上明确指出，发展远东地区是提高俄罗斯竞争力战略的主要部分之一。2017 年远东超前发展区已吸引中国投资超过 160 亿元人民币，中国成为超前发展区最大的投资国。随着俄罗斯远东开放战略的实施以及中国东北振兴规划的进一步推进，两国的区域战略对接与合作已经成为推动地区经济发展的巨大动力，中俄卓有成效的区域合作，必将带动整个中俄经济合作全面发展。

Abstract

During the past two decades, great achievements have been made in the Sino-Russian economic and trade cooperation, with the trade volume between the two countries increasing by 14 times, from 6 billion US dollars in 1991 to 84 billion US dollars in 2017. Cooperation has been extended into other sectors. For instance, border trade gradually evolves to be formal general trade; trade settlement changes from barter trade to spot trade; cooperation projects in oil and natural gas between the two countries are on the schedule; and the boundary river bridge, a hot issue for many years, is under construction. It is expected that 2018 – 2019 will witness harvest of Sino-Russian cooperation in transportation construction.

Great changes have taken place in Sino-Russian economic and trade cooperation in 2017, and Russia actively supports China's Belt and Road Initiative. In May 2017, President Putin spoke highly of the Belt and Road Initiative during the presence in the International Cooperation Forum, where the two heads again stressed the importance and necessity of docking the Belt and Road Initiative and the construction of Eurasian Economic Union, and the bilateral planning, deployment and interactions on the Belt and Road Initiative attracted much attention. At the beginning of July 2017, President Xi Jinping visited Russia, and the two heads signed "Joint Statement on Further Deepening China-Russia Comprehensive Strategic Cooperative Partnership", approved the implementation outline of "Sino-Russian Treaty of Friendship", and made an overall planning for the development of Sino-Russian relationship. President Xi and President Putin also held meetings in the G20 summit in Hamburg, German, the BRIC summit in Xiamen, China, the twenty-fifth APEC informal leadership meeting in Da Nang, Vietnam and they reached important consensus on deepening the comprehensive strategic partnership between China and Russia. During Russian Prime Minister Medvedev's visit to China at the end of 2017, President Xi Jinping put forward the Polar Silk Road Economic Belt, which received a positive response from Russia. In the future, China and Russia will carry

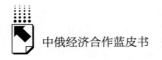

out comprehensive cooperation on land, ice and in sea, in order to lay a solid economic foundation for the future bilateral strategic partnership.

The scale of joint projects between the two sides is expanding, first in cross-border infrastructures, such as the two friendly bridges that are under active construction across Heilongjiang River (Amur River), namely Blagoveshchensk-Heihe Bridge and Nizhneleninskoye-Tongjiang Bridge. In addition, Binhai No. 1 and Binhai No. 2 international traffic corridors are actively and steadily promoted. More importantly, China and Russia have also achieved satisfactory results in regional cooperation. With 2017 identified as a turning point for Sino-Russian regional cooperation, the two sides will solve related problems and embark on a fast-developing track. The continuous strengthening of economic cooperation between China and Russia improves China-Russia relations and benefits the two countries and their people.

The Russian Far East is also actively promoting regional development. By the end of 2017, Russia had set up 18 advanced social and economic development zones in the Far East. In September 2017, President Putin made it clear at the Eastern Forum that developing the Far East was one of the main strategies to improve the competitiveness of Russia. China has become the largest investor in the Far East, with an investment volume of more than 16 billion yuan. With the implementation of the opening strategy of Russian Far East and the further promotion of China's Dongbei Revitalization Plan, the docking and cooperation in regional strategies between the two countries have become an important impetus for regional development. Regional cooperation, as a platform, is bound to propel the overall economic cooperation between China and Russia in an all-around way.

目 录

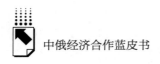
Ⅲ　专题篇

Ⅳ　地区篇

皮书数据库阅读**使用指南**

总 报 告

B.1
中国－俄罗斯经济合作发展报告

刘　爽[*]

摘　要： 本报告在回顾中俄经济合作历史的基础上，对近年来中俄经济合作状况进行了分析，指出中俄战略协作伙伴关系不断深化，为中俄两国的全方位、多领域合作提供了政治保障；"一带一路"建设与欧亚经济联盟对接、中蒙俄经济走廊建设与俄远东超前发展区对接，为中俄进一步扩大合作提供了新机遇。2016～2017年，中俄贸易额逆势增长，贸易结构不断优化，投资合作蓬勃发展，跨境电商合作迅速扩大，能源合作取得突破，沿边基础设施大项目全面启动。在"人类命运共同体"理念指引下，通过加快"五通"建设，中俄一系列规划项目加紧落实，这将推动中俄经济合作潜力进一步释放，使互利共赢优势充分发挥，预计到2018年末，中俄两国间贸易额有望取得新突破。

＊ 刘爽，男，黑龙江省社会科学院东北亚和国际问题首席专家，博士、研究员。

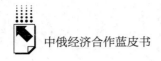
关键词： 中俄经济合作　现状分析　前景展望

中俄经贸关系历史悠久，源远流长。中国与俄罗斯是有着漫长共同边界的大国，中俄贸易额在两国各自的毗邻国家贸易额中长期位列第一。进入 21 世纪以来，中俄全面战略协作伙伴关系不断深化，两国关系逐步进入历史最好时期，这为中俄两国的全方位、多领域合作提供了政治保障，成为双方合作的重要推动力量。而中俄经济合作的健康发展，也为两国战略协作伙伴关系的不断发展夯实了基础。本蓝皮书是第一部由中俄学者共同撰写的对中俄经济合作现状分析和前景预测报告，因此，总报告将对中俄经济合作的历史进行简要回顾，在此基础上对近几年的中俄经济合作进行分析，并对未来中俄经济合作的前景进行展望。

一　中俄经济合作历程回顾

1992 年以后，中国与作为苏联继承国的俄罗斯的关系一直在顺利发展。两国的政治关系与中苏时期的国家关系相比有了较大改变，从 1992 年的"相互视为友好国家"，发展为 1994 年的"建设性伙伴关系"，到 1996 年上升为"平等与信任和面向 21 世纪的战略协作伙伴关系"，2010 年进一步升级到"全面战略协作伙伴关系"，2014 年进入"全面战略协作伙伴关系新阶段"，呈逐步上升、快速发展态势。中俄政治关系的顺利发展，不仅有利于两国的经济发展，也有力地促进了两国参与经济全球化进程，而良好的经贸联系也夯实了两国政治关系的基础。1992～2009 年，中俄贸易总额为 3221.2 亿美元，中国累计贸易逆差为 290.3 亿美元，占双方贸易总额的 9%。1992～2001 年的 10 年间，中俄贸易额达到 100 亿美元，而 2002～2004 年两国贸易额翻番，超过 200 亿美元。① 从 1992 年至今，中俄经贸合作大致可分为两个阶段。

（一）1992～1999年的快速发展与缓慢徘徊阶段

1989 年中苏关系全面改善，两国贸易即出现迅速发展的势头，以边境易

---

① 陆南泉：《中俄经贸关系现状与前景》，中国社会科学出版社，2011，第 132 页。

货贸易为引领，中苏沿边地区的各种贸易形式蓬勃开展。苏联解体后，俄罗斯在向市场经济转轨过程中，一直与我国保持着良好的经贸关系，成为我国的重要贸易伙伴。1991年以后，在长期计划经济导致商品严重匮乏的情况下，俄罗斯的外贸需求出现急剧增长，而中国生产的服装、鞋帽、轻工、家电等产品很快大量进入俄罗斯市场。1992年中俄贸易额即达到58.6亿美元，比1991年中苏贸易额增长50%。1993年两国贸易额达到76.8亿美元，呈跨越式发展势头。中俄贸易额的快速增长有以下主要特点：一是长期关闭或半关闭的边境口岸在沿边开放的强力推进下，贸易额出现井喷式增长，体现了双方对边贸商品的广泛需求；二是这一时期中俄贸易形式多样，市场异常活跃，如地方边境贸易、工程承包、劳务合作、来料加工、建立合资企业、租赁、军工和科技等方面的合作，领域广泛、形式多样，双方各界合作意愿较强；三是在中俄经济合作快速发展极为活跃的同时，也明显地表现出交易自由、管理无序、市场混乱、以次充好等典型特征，尽管中俄沿边口岸城市在这一过程中多数得到快速发展，也使一些人迅速致富，但也表明这种贸易形式缺乏可持续性和稳定性。

中俄贸易在短暂的急剧增长之后，很快进入了萎缩和徘徊不前的阶段。1994年两国贸易额为50.8亿美元，比1993年的76.8亿美元下降了34%。中俄贸易在1995～1996年连续两年增长后，又连续两年下降。随着俄罗斯国民经济在市场经济转轨时期的大幅震荡和急剧萎缩，到1999年，中俄两国贸易额仅为57.2亿美元，比前6年的贸易额不增反降，主要因素集中在经济社会方面。一是叶利钦政府采取的"休克疗法"式的激进改革，使俄罗斯经济几乎接近崩溃的边缘，随着俄经济的大幅下滑和经济规模的缩小，俄罗斯对中国的贸易也不可能有太大的增长。二是20世纪90年代中俄两国都在由计划经济向市场经济过渡，在中俄贸易井喷式增长过程中，缺乏必要的干预和管理，市场秩序较为混乱，特别是边贸热中出现的监管无序状态，致使一些公司蒙受损失，甚至破产倒闭，导致中俄贸易的大幅下滑。三是俄罗斯在向市场经济转轨过程中，随着外贸体制发生根本变化，开始了全面对外开放，包括西方发达国家在内的许多国家的商品纷纷进入俄市场，这很快改变了俄进口过多依赖中国的局面。特别是90年代初，一些低质量中国商品通过边贸或倒包进入俄市场，影响了中国商品的声誉，两国毗邻地区的贸易优势大大下降，也造成了中俄贸易的下滑。四是这一时期俄罗斯与西方的经贸关系有了较大改善，一些大型投资项目提升了俄罗斯与西方包括日韩的贸易额，而中国在这些方面却很少有大的合作项目。此外，由于中国经济技术的快速发展和贸易结构的调整，中国由俄进口科技产品和机械设备的额度不断减少，而逐步向能源和原材料集中，这成为中俄贸易额降低的又一重要原因。正是由于上述因素，尽管中俄领导人互访已进入常态化，双方也签订了大量的协议合同，但双边贸易额仍徘徊不前甚至出现下降。

（二）2000～2015年的快速发展阶段

2000年以后，普京入主克里姆林宫，成为俄罗斯第二位总统，开始了俄罗斯的重要发展时期。普京上任后励精图治，将富民强国、恢复大国地位作为治国理政的首要任务。此后，俄罗斯经济逐渐步入增长轨道。特别是21世纪开始时国际能源市场价格的迅速提升，有力支撑了以能源出口为主要支柱的俄罗斯，其经济取得了长足进展，从而也带动了中俄贸易的重新繁荣。在这一形势下，中俄贸易获得了连续8年的增长。

普京上任后，把加强与中国的战略协作关系作为对外关系的重中之重，多次强调要与中国建立更紧密的经贸联系。此后，中俄贸易开始止跌回升，并保持了持续快速增长的势头。从2000年至2008年，中俄贸易额每年分别比上年增长40%、33%、11.8%、32.1%、34.7%、37.1%、14.7%、44.3%和18%。[①]其中，2007年中俄贸易额升至481.7亿美元，成为1992年以后中俄贸易额的最高点。2008年中俄贸易额增长18%，虽然增幅有所下降，但是568.3亿美元的贸易额也创了历史新高。中俄贸易额增幅的下降，表明2008年全球金融危机的影响已经开始显现。2009年，中俄贸易额大幅下降至388亿美元，说明金融危机对俄罗斯经济和中俄经贸产生了严重影响。但是，这次危机影响时间较短，2010年中俄贸易额重新回到554.5亿美元，比上年增长42.9%，基本上恢复到了危机前两国贸易额的水平。

应该特别指出的是，2009年中俄两国政府签订了《中华人民共和国东北地区与俄罗斯联邦远东及东西伯利亚地区合作规划纲要（2009—2018年)》。

---

① 陆南泉：《中俄经贸关系现状与前景》，中国社会科学出版社，2011，第145页。

作为历史上中俄两国地区间最大规模的合作规划，该规划纲要主要是基于协调实施中俄地区发展战略，特别是中国《东北地区振兴规划》与俄罗斯《远东及外贝加尔地区2013年前经济社会发展联邦专项规划》而制定的。该规划纲要共分中俄口岸及边境基础设施建设与改造、中俄地区运输合作、发展中俄合作园区、加强中俄劳务合作、促进中俄旅游合作、中俄地区合作重点项目、中俄地区人文合作、中俄地区环保合作8个大方面，首次列出了具体的中国境内与俄罗斯境内的上百个合作项目。各方面统计资料和相关的实地调研表明，到2017年纲要即将结束时，其落实情况与规划目标相差甚远。总的来看，中方项目落实好于俄方，口岸及边境基础设施建设与改造项目好于其他方面，沿边地区项目落实好于内地项目。尽管这一规划纲要落实得不尽如人意，但是其中很多项目为下一步的中俄地区合作打下了基础，提供了经验和借鉴。

2012年8月23日，在经历了近20多年的争取和谈判之后，俄罗斯终于被批准成为世界贸易组织（WTO）第156个成员。按世贸组织与俄罗斯达成的相关协议，入世后俄罗斯将逐步降低贸易门槛，进一步提高贸易便利化水平，这对于中俄经贸关系发展，特别是为中国企业产品出口提供了良好的条件和契机。2013年中俄贸易额同比增长1.1%，达到890亿美元。其中，中国对俄出口贸易额增长12.6%，达到500亿美元；而俄罗斯对中国出口同比减少10%，为近400亿美元。此后，中俄贸易额进一步上升，2014年达到历史最高水平的953亿美元，距离1000亿美元大关已经十分接近。但是，受乌克兰危机后西方制裁、国际能源价格走低和卢布贬值等因素影响，俄罗斯经济再受重创，以能源为重点的中俄贸易自然又一次受到严重影响，2015年的中俄贸易额降至680亿美元，同比下降了28.6%。

在21世纪的头15年，中俄经贸关系快速发展，屡创历史新高，2008年的中俄贸易额比1992年增加了10倍，为两国战略协作伙伴关系夯实了基础，有力促进了国家和地区间的经济发展和经贸往来。这一时期中俄经贸关系取得快速发展的主要原因有以下几个。

一是中俄两国的政治关系不断巩固和发展。21世纪伊始，普京出任俄罗斯总统后多次强调，在当代世界中国确实是俄罗斯的战略伙伴，两国间的这种关系在已经来临的21世纪将会继续保持下去。此后，在由两国领导人共同签署的《中俄北京宣言》中，普京再次表示要将两国关系提高到新水平。党的十八大之后，以习近平同志为核心的党中央，面对复杂多变的国际形势，强调要承前启后、继往开来，全面深化中俄战略协作伙伴关系，以命运共同体理念开创两国睦邻友好、互利合作的新时期。这对中俄经济合作质量与水平的提升起到了重要作用。

二是两国政府与领导人高度重视中俄经贸关系发展。1992 年以后，中俄经贸关系虽有波折，但大体上是呈不断上升状态。特别是 2000 年以后，两国政府和领导人更加重视经贸关系发展。中俄领导人多次表示，两国合作潜力巨大，目前的主要任务仍是进行与政治水平相符的大规模经济合作。两国总理的定期会晤也主要是以经贸合作为中心议题。

三是中俄两国毗邻地区经济社会发展需要双方经济合作水平进一步提升。中俄两国的经济建设，特别是中国东北地区与俄罗斯远东与西伯利亚地区的经济发展，迫切需要进一步扩大双方经贸往来，通过跨境基础设施改造，发展外向型经济，参与更大范围的国际合作，以落实一系列规划纲要，实现新的发展目标。

但是，在中俄经贸关系健康发展的同时，也出现了一些困难和问题，主要有以下方面。

一是俄罗斯能源经济长期主导中俄贸易结构。俄罗斯多年以来的能源经济发展直接导致了其出口产品的单一化。以能源和资源为主的贸易结构，一方面造成了中俄贸易在一些时期的不平衡；另一方面受世界经济变化影响明显，在国际能源价格下跌时，直接造成了中俄贸易额大幅度下降。

二是边贸中的不规范问题仍有影响。由于中俄两国都处于市场经济改革过程中，又是陆路相接邻国，受 20 世纪 90 年代初中国"倒儿爷"的影响，贸易不规范现象在所难免，早期的假冒伪劣产品和仿造名牌产品长期影响了中国商品形象。

三是"灰色清关"及其影响。与中俄贸易不规范密切相关，长期困扰中俄正常贸易的包机、包税等做法显然不符合国际贸易通则和 WTO 的相关要求，由此引发的一系列问题在一定程度上还损害了两国的利益，影响着两国的国家关系和民众关系，自然引起俄罗斯政府及相关部门的高度关注。俄政府在 2009 年开展的"灰色清关"，尽管使一些中国商户受到损失，但也在一定程度上解决了中俄贸易不规范问题，让更多中国品牌商品通过正规贸易渠道进入俄罗斯，对中俄两国间开展正常的贸易合作具有促进作用。

二 2016~2017年中俄经济合作分析

2013年，中国国家主席习近平先后在哈萨克斯坦和印度尼西亚提出共建"丝绸之路经济带"和"21世纪海上丝绸之路"的重大倡议。此后，"一带一路"建设倡议重视顶层设计，成立了推进"一带一路"建设工作领导小组，并于2015年3月由国家发改委、外交部、商务部联合发布了《推动共建丝绸之路经济带和21世纪海上丝绸之路的愿景与行动》文件，从主要原则、建设主线和建设方向等方面提出共建"一带一路"的设计框架。此后"一带一路"建设取得了快速进展，逐渐形成了相关国家共商共建共享的合作局面，一批有影响力的大型合作项目先后落地。中国与"一带一路"沿线国家和地区的合作步伐不断加快，为这些国家和地区注入了新的经济增长动力，开辟出了共同发展的巨大空间。俄罗斯作为中国周边积极参与"一带一路"倡议的重要国家，提出了"一带一路"与欧亚经济联盟对接倡议，并得到中方的赞同，双方希望在新的国际合作框架下，进一步发展中俄经贸关系。

2014年9月11日，习近平主席在杜尚别同俄罗斯总统普京、蒙古国总统额勒贝格道尔吉举行中俄蒙元首会晤。在会晤中习近平主席指出："中俄蒙三国发展战略高度契合，中方提出共建丝绸之路经济带倡议，获得俄方和蒙方积极响应。我们可以把丝绸之路经济带同俄罗斯跨欧亚大铁路、蒙古国草原之路倡议进行对接，打造中蒙俄经济走廊。"2015年7月9日，中蒙俄三方在乌法签署了关于建设中蒙俄经济走廊规划纲要的谅解备忘录。2016年6月23日，中蒙俄三国在塔什干共同签署了《建设中蒙俄经济走廊规划纲要》。中俄两国元首商定，面向整个欧亚大陆合作进程，将"一带一路"倡议与俄罗斯主导的欧亚经济联盟建设对接。此后，各方同心协力，相向而行，推动多领域全方位合作取得了重要进展。中俄经贸关系是中俄全面战略协作伙伴关系的重要经济基础，两国务实合作不断增强，基础愈加牢固，前景愈加广阔。在2016年全球经济增长乏力、俄罗斯经济在西方制裁下受到重创的大背景下，中俄双边的经贸合作还是取得了可喜成绩。

一是中俄双边贸易额逆势增长。在全球经济持续低迷、俄罗斯经济仍处负增长的情况下，2016年中俄双边贸易额达695亿美元，比2015年的680亿美

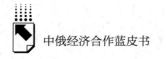

元增长了 2.2%。俄罗斯在中国前 10 位贸易伙伴当中率先实现了正增长，这一成就对两国地区经济增长发挥了积极作用。

二是中俄贸易结构不断优化。随着中俄贸易结构的调整，两国贸易结构不断优化，在石油、天然气仍居进口产品首要位置的同时，中俄机电产品和农产品贸易额分别增长了 17% 和 11%，中国已经成为俄罗斯食品最大的进口国。

三是中俄投资合作蓬勃发展。通过"一带一路"倡议和"中蒙俄经济走廊"建设，特别是中国东北振兴与俄罗斯远东超前发展区规划对接，中国企业加快"走出去"步伐，参与俄方的基础设施建设。据俄罗斯官方统计，截至 2016 年末，中国对俄累计投资已经达到近 500 亿美元，成为俄罗斯第四大投资来源国。

四是两国跨境电商等新业态发展迅速。在中俄沿边地区，跨境电子商务蓬勃发展。至 2016 年上半年，中俄跨境电商贸易额达到 12 亿美元，呈现增速日益加快、品种不断丰富、销售渠道更加多元等特点，俄罗斯已经成为中国跨境电商的第二大出口目的国。

五是中俄能源合作取得新突破。2016 年中国自俄进口原油 5248 万吨，增长了 23.7%，俄罗斯成为中国原油第一大进口来源国。同时，俄东部地区从黑龙江省黑河市入境的天然气管道项目正加紧施工，正式输气达产后，每年可向中国输送 380 亿立方米天然气。

2017 年，中俄贸易呈继续增长态势，增幅进一步扩大。据中国海关总署 2018 年 1 月数据，2017 年中俄贸易额为 840.71 亿美元，同比增长 20.8%。其中，中国对俄出口总额为 428.76 亿美元，同比增长 14.8%；中国自俄进口总额为 411.95 亿美元，同比增长 27.7%。

中俄贸易的恢复性增长，不仅有国际原油价格上涨的因素，还有其他的积极推动力量，主要有以下几方面。

第一，"一带一路"倡议加快了相关国家形成共商共建共享的合作局面，一系列大项目推进了中俄国家和地区间的合作步伐，为两国和毗邻地区的经济社会发展注入了新的增长动力，开辟出了巨大的互利合作、共同发展空间，一系列合作规划和国际合作新平台为中俄贸易创造了新的机遇。

第二，俄罗斯加大东部地区开发力度为中俄地区合作再添新动力。俄罗斯先后通过了远东超前发展区和符拉迪沃斯托克自由港法案，对远东开发的力度前所未有。同时，2009 年签署的《中华人民共和国东北地区与俄罗斯联邦远东及东西伯利亚地区合作规划纲要 （2009—2018 年)》的许多重要项目，可以纳入"一带一路"倡议和"中蒙俄经济走廊"项目，这些项目的落实，将大大加快中俄地区经济合作步伐，不断深化中俄战略合作内涵。

第三，中俄贸易结构调整力度加大，能源领域合作方式创新发展。从西伯利亚与远东的产业结构和中国的现实需求看，中俄能源合作具有很强的互补性，能源一直是两国经贸合作的重要领域。近年来，中俄能源合作进展顺利，重大石油、天然气和核电项目正常运行，有力地促进了两国经贸关系的发展。同时，中俄尝试不断创新合作方式，加速推进中俄能源、电力、林业等领域的合作项目进度，中俄能源合作的广度与深度不断拓展。

第四，中俄沿边基础设施大项目全面启动，将拉动中俄贸易的快速发展。目前，黑龙江省与俄远东毗邻地区"三桥一岛"（同江铁路大桥、黑河公路大桥、东宁公路桥、黑瞎子岛通关建设）项目正在抓紧推进。与这些项目相配套的桥头经济、园区建设、物流系统等，正吸引各方关注和投资意愿，对于俄方的基础设施建设也是一个巨大的推动。与此同时，两国中小企业合作、地方间的经贸合作也在不断加强，有力地促进了地区间的沟通和合作。

总之，在构建"人类命运共同体"理念的指引下，在中俄双方的共同努力下，两国高水平的政治关系优势已经转化为更多务实合作的丰硕成果。双边经贸合作质量和水平的进一步提升，正在推动中俄全面战略协作伙伴关系继续健康向前发展。

当前，在"一带一路"与欧亚经济联盟全面对接、中蒙俄经济走廊建设顺利推进中，中俄两国正在将发展机遇转化成互利共赢的合作成果。与此同时，未来如何增强中俄经贸发展后劲，继续提升双方经贸合作水平，顺利实现中俄经济合作从传统互补性向战略可持续性合作转变，仍需两国根据新形势，不断丰富合作内容，突破合作瓶颈，创新合作方式，推动两国经贸合作再上新台阶。

实践证明，中俄两国经贸关系快速发展的一个重要原因是两国经济均保持着较高的增长速度。自 2010 年以后，俄罗斯通过各项政策措施，努力保增长、控赤字、抑通胀，其经济已连续 3 年稳定增长，对于拉动中俄贸易发挥了重要作用。但是，受西方制裁、原油降价、卢布贬值影响，2014 年俄罗斯经济危机出现后，俄经济自 2015 年 GDP 呈负增长 （增长率为 − 2.8%），2016 年增长

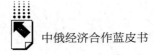
率为 -0.6%，这一状况无疑对中俄经贸关系产生严重影响。2017 年以来，俄罗斯经济继续向稳，并开始进入低速增长通道，2017 年上半年 GDP 增长为 1.6%，经济已经出现企稳回升态势，经过中俄双方努力，两国贸易额 2017 年实现 840 亿美元，增长势头强劲。我们认为：通过卓有成效的政策沟通、设施联通、资金融通、贸易畅通和民心相通，中俄一系列规划项目的落实、投资的加大、基础设施网络的建成、产业园区的兴建等，将推动中俄经济合作潜力的进一步释放，使互利共赢的优势充分发挥。到 2018 年末，中俄两国间贸易额将取得突破性增长。

B.2
"一带一路"倡议为俄中
贸易发展提供新契机

A. B. 奥斯特洛夫斯基*

摘　要： 在国际汇率市场上卢布贬值这一背景下，尽管俄罗斯实行了
"转向东方"战略，但目前俄罗斯在中国对外经济联系中所占
比重不大。俄罗斯应更加积极地发展对华经贸联系，利用中
国不断增长的经济潜力促进西伯利亚和远东的经济发展，从
而为俄罗斯能够积极加入"一带一路"倡议的实施提供可
能性。

关键词： 俄罗斯"转向东方"战略　"一带一路"倡议　西伯利亚和
远东经济发展

　　2014年底卢布在外汇市场大幅贬值后，俄罗斯已经从中国前十大贸易伙
伴中退出。就双边贸易额来看，2016年的中俄贸易额（691亿美元）水平仅
相当于中国与印度双边贸易额（697亿美元），大大落后于中国与美国、日本、
中国香港、韩国、中国台湾、德国和澳大利亚的贸易额。中国对俄出口额明显
少于对美国、中国香港、日本、韩国、澳大利亚、德国，略低于对英国和马来
西亚，与巴西持平。就中国进口额来看，从俄罗斯的进口额显著低于上述国家
（中国香港地区除外），稍低于从马来西亚、巴西和阿联酋的进口额，相当于
中国从南非的进口额。

　　中国作为俄罗斯的贸易伙伴，其举足轻重的地位取决于两国相邻的地理位

---

　　* A. B. 奥斯特洛夫斯基，俄罗斯科学院远东研究所副所长，研究员，俄中友好协会副主席。

置、较高水平的双边政治关系及中国对俄罗斯的诸多出口商品的客观需求。从中国出口商品结构来看，最主要的出口商品是机电产品（占出口总量的57.7%）和高新技术产品（占28.8%）。中国出口国外的主要商品还有自动数据处理设备及其部件（占6.5%）、钢材（2.6%），以及电话和各类智能手机（5.5%）、服装（7.5%）。就中国进口商品结构来看，占据主要地位的是机电产品（占48.6%）、高新技术产品（33.0%）。中国进口的主要商品是石油（占进口总额的7.3%，2016年进口总量为3.81亿吨）、铁矿石（占3.6%，2016年进口总量为10.24亿吨）、汽车（2.8%）、大豆（2.1%，年均进口量为8390万吨）。特别值得注意的是，近几年中国进口石油、铁矿石和大豆的增速较快。

在俄罗斯完成西伯利亚和远东地位提升这一战略任务中，中国不单单是一个比较理想的合作伙伴，可以说更是一个最佳的国外合作伙伴。第一，只有面对中国快速发展的市场才能有效地开发西伯利亚和远东的资源，因为能源开发需要大量投资和长期投入。第二，西伯利亚和远东崛起符合中国利益，因为可以加快实现与俄罗斯毗邻的中国东北老工业基地振兴，改善整个中国经济发展的能源供应状况。第三，对华贸易快速增长可以起到"示范作用"，间接促进俄罗斯与日本、韩国的经贸发展。在中国的对外经济发展战略中，俄罗斯占有重要地位，既是能源供应大国，又是中国商品（包括机电等技术日趋复杂的产品）的销售市场。

中国视俄罗斯为石油和天然气供应的首选伙伴国。目前中国进口的大部分石油和天然气来自阿拉伯国家，或者经东南亚的马六甲海峡从非洲国家（主要是安哥拉）进口，但在紧急情况下马六甲海峡的石油进口极易被阻断。因此，中国对从俄罗斯和中亚建设陆路输油管道，以及经太平洋从拉丁美洲进口石油很感兴趣。为确保石油和天然气进口，中国向土库曼斯坦和哈萨克斯坦的石油、天然气工业投入大量资金。中国投资建设和投入使用的中亚天然气管道从土库曼斯坦的阿姆河右岸经乌兹别克斯坦和哈萨克斯坦［经边境口岸和琼扎（Чунджа）－霍尔果斯（Хоргос）跨境经济贸易区］通往中国。为保证委内瑞拉能源管道线路顺畅供油，中国开凿修建了造价昂贵的拉丁美洲通往太平洋的尼加拉瓜运河。出于同样目的，中国参与建设了巴基斯坦的瓜达尔港，经陆路通道将瓜达尔港与中巴边境的红其拉甫山口连接起来，该港一年中至少有

6 个月可向中国运送各种货物，包括用贮油罐运输石油和天然气。

在木材加工领域，目前从俄罗斯进口的木材可以保证中国封山育林时期一半以上的需求量。两国在农业领域加强合作，在俄罗斯境内种植农作物可以缓解中国耕地和水资源短缺问题。中俄边境地区的气候条件相似，这就可以在俄方土地上使用中国劳动力和农业设备种植、加工农产品，包括在阿穆尔州、阿尔泰边疆区和滨海边疆区种植和加工大豆后再回运中国。此外，鼓励中国企业在俄罗斯境内冶炼铁矿以及有色金属、磷、氧化铝等。在俄罗斯境内建设轻工业合资企业、创办多领域的高技术研究中心具有发展前景，因为俄罗斯在航天航空、原子能等高技术领域具有世界领先水平，可以利用中国资金引进俄罗斯专家和研究成果。毫无疑问，中方提出的类似提议可以使俄中双边经贸合作规模显著扩大，合作更趋多样化。

为尽早实现陆路运输通道的优化发展，中国提出了"一带一路"倡议。2013 年 9 月，中国国家主席习近平在与哈萨克斯坦总统纳扎尔巴耶夫会面时提出共同建设"丝绸之路经济带"。这一构想包括三条起于太平洋，途经中国西北五省区（陕西、宁夏、青海、甘肃和新疆），之后经哈萨克斯坦通往欧盟国家的陆路通道。2013 年 10 月，习近平主席在印度尼西亚国会发表重要演讲，提出"21 世纪海上丝绸之路"的构想，这条海上丝绸之路起于中国东部和南部地区海港，经东南亚国家通往南亚和西亚、东非国家和大洋洲。

世界各国对这两个构想反响各异。部分国家和专家对构想持怀疑态度，认为构想不过是对未来世界格局的一种幻想，但在现阶段由于国与国之间政治、经济和社会矛盾相互交织，这一构想实现的可能性不大。另一部分国家和专家对构想持赞许态度，认为丝绸之路经济带不仅为加强中国与包括俄罗斯在内的欧洲国家的积极合作提供契机，还是解决全球性政治和经济问题的途径。在当前形势下，中国作为构想的倡导者，既可以保证构想在组织层面得以实施，也可以通过亚投行和丝路基金发挥主要金融支持国的作用。

2015 年 3 月，由中国国家发改委、外交部和商务部联合发布了《推动共建"丝绸之路经济带"和"21 世纪海上丝绸之路"的愿景与行动》。文件中阐述的丝绸之路经济带和 21 世纪海上丝绸之路的战略构想，之后在很多场合被称为"一带一路"倡议。此后，这一倡议得到不断发展。2017 年 5 月 14 ~ 15 日，北京举行了"一带一路"高层论坛，俄联邦总统普京出席了此次论坛，

他在论坛讲话中表示赞同中国提出的"一带一路"倡议，并希望借助这一倡议在更大程度上促进俄罗斯经济发展。

为落实"一带一路"倡议，发挥国内各地区比较优势，中国划分出五大经济发展区域：西北地区（陕西、甘肃、青海三省和新疆、宁夏两个自治区）形成丝绸之路经济带上重要的交通枢纽、商贸物流和文化科教中心，并将新疆打造成丝绸之路经济带的核心地区；东北地区加快发展与蒙古和俄罗斯毗邻的内蒙古自治区，完善黑龙江对俄铁路通道和区域铁路网，加快东北三省与俄罗斯远东地区的合作；西南地区应利用与东南亚联盟各国的现有优势，加快北部湾经济区发展，推动丝绸之路经济带与海上丝绸之路连接的重要港口的建设；沿海地区实行更高程度的开放，加快推进上海自贸实验区建设，支持福建建设21世纪海上丝绸之路核心区；内陆地区依托长江中游城市群、成渝城市群，加快区域工业合作，创建集群，建设欧亚铁路交通运输走廊，建立口岸通关协调机制，实现中欧集装箱铁路运输。

自2013年底到目前为止，在实施"一带一路"倡议的过程中中国与丝绸之路经济带沿线国家建立起定期联系和协商制度。中国为此进行的积极活动分为以下五类：（1）中国国家领导人在丝绸之路经济带沿线的20多个国家进行政府间的正式访问，访问期间讨论了主要沿线国家落实"一带一路"倡议问题；（2）中国与丝绸之路经济带沿线国家签署合作框架协议；（3）推动基础设施建设领域需高度重视精心筹划方案的实施；（4）依托金融机制，给予政策支持，确保亚投行和丝路基金金融机构活动的顺利展开；（5）举办各种以"一带一路"倡议为主题的会议、论坛和展会。

2014年10月，俄罗斯和中国政府首脑在莫斯科举行了第19次定期会晤。这次会晤双方达成了"继续共同努力，挖掘潜力，推动两国务实合作和确保双边经贸合作持续高水平发展"共识，制定了争取到2015年使俄中双边贸易额达到1000亿美元的目标。但是许多因素打破了俄中两国双边贸易长远发展的计划，诸多巧合的事件对俄中贸易之后的发展产生不利影响。卢布不仅兑世界主要外汇——美元、欧元、日元和英镑大幅贬值，而且兑人民币汇率也大幅贬值，2015年1元人民币可以兑换10~11卢布，而2014年时1元人民币只能兑换3.0~3.5卢布。卢布兑人民币汇率大幅贬值导致俄罗斯从中国的进口额下降，特别是个体商贩倒卖的中国商品，如服装、鞋、布匹和小商品数量大幅减少。另一个因素是世界市场石油价格下跌不利于俄罗斯石油出口，这是因为目前俄罗斯出口到中国的主要商品就是石油。尽管由于东西伯利亚到太平洋的输油管线及斯科沃罗季诺—大庆年出口量5000万吨支线管线的建成，俄罗斯出口到中国的石油数量增加，但出口额却受世界市场油价下跌影响而减少。因此，2015年俄中贸易额与2014年相比下降了30%，到2015年底仅为681亿美元，2016年为691亿美元，大大低于之前预计2015年应达到的水平。

虽然俄罗斯各地区对华贸易的统计数据并不总是准确，但总体对华贸易格局还是十分清晰的。对华贸易对于远东联邦区至关重要，近几年对于远东地区来说中国是主要的经贸伙伴。近几年俄联邦的一些行政主体对华贸易依赖性增强，包括外贝加尔边疆区、阿穆尔州、犹太自治州，这几个联邦主体对华贸易额占对外贸易总额的比重达到90%强。哈巴罗夫斯克边疆区和滨海边疆区对华贸易依赖性不是很强，因为这两个联邦主体拥有直接的出海口，对外贸易伙伴还有日本和韩国，两国与中国形成竞争关系。西伯利亚联邦区的一些行政主体，如阿尔泰边疆区、新西伯利亚州对华贸易都在逐渐展开。近些年，这两个联邦主体与毗邻地区（主要是新疆）开展贸易的机会显著增多，但仅限于发展当地的交通基础设施，如建设石油管道、天然气管道，铺设中俄边境线上经卡纳斯的公路等。

根据统计数据，截至2016年底，俄中经贸合作的地区性特征愈加明显，滨海边疆区对华贸易额在该边疆区对外贸易总额中所占比重为54.4%，哈巴罗夫斯克边疆区为54.6%，犹太自治州为97%，阿穆尔州为88.2%，楚科奇自治州为75.3%，外贝加尔边疆区为79%，伊尔库茨克州为41.4%。可以说，将这些联邦主体的对华贸易状况进行汇总，基本就可以展现出俄中双边关系的整体面貌，反映贸易的出超入超情况、取得的成就与存在的问题等。当前，俄罗斯的大部分联邦主体或多或少都参与到对华贸易中，从这个意义来讲，对华贸易已经具有了普遍意义。

边境贸易是俄中地区级合作的特色。中国在更加明确地从法律上和地域上对"边境地区"（边境线20公里范围内的区域）概念界定后，按照形式定量标准评价边境贸易在双边合作中的作用有所降低。但是我们认为，边境贸易继续履行着一系列重要角色功能。例如，边境地区分布着许多货物和乘客口岸，俄中供货是否相互协调一致决定了口岸能否稳定发挥作用。边境地区出现一些新的具有前景的中俄双边合作形式，如边境贸易综合体（包括布拉格维申斯克－黑河、外贝加尔斯克－满洲里、波格拉尼奇内－绥芬河），双方结算使用本国货币，共同合作开发界河岛屿。正是在边境地区，两国人民的日常接触最为频繁，他们的交往直接影响到彼此的好恶及不同民族间的宽容性。

据中方评估，边境贸易在俄中贸易总额中所占比重不大，仅为20%左右。俄方没有专门对边境贸易进行统计，或者说对个别口岸或地区相应的数据没有进行统计、汇总或是公布。一些俄罗斯专家认为，俄罗斯没有对从事边境贸易的地区和边贸公司进行法律上的界定，这与中国政府划定的边境地区和认定边贸公司的中方伙伴形成明显的不对称。虽然中国商人和大众媒体对与俄进行边境贸易中出现的各种问题牢骚满腹，但边境贸易额却在稳定增长。近些年绥芬河、黑河、满洲里从闭塞的边陲小镇发展成现代化的大型贸易重镇。但是毗邻这些边境重镇的俄罗斯城市和村镇，如布拉格维申斯克、外贝加尔斯克、格罗捷阔沃却由于很多原因没有获得相应发展，也无法与中方的边境城市同日而语。

20世纪80年代，各种形式的外国借款是中国经济发展的资金来源，自90年代起外国直接投资成为主要来源。从21世纪初开始，外国直接投资投入中国数额如此之大，以至于把借款形式的外资排挤出中国市场。2005~2006年，外国直接投资到中国的数额超过年均600亿美元的历史最高水平。自2010年起，年吸引外资数额已逾1000亿美元。2016年，外资投入中国数额达1260亿美元。

2016年以前，世界上大约200个国家和地区向中国注入的外国直接投资达2万亿美元。从这个指标来看，中国已经在20多年的时间里稳居全球发展中国家吸引外资的领先位置。2014年的统计数据显示，在中国注册的合资和纯外资企业460699家，总投资额达到37980亿美元，注册资金21840亿美元，其中注册的外资17410亿美元。

到目前为止，外国投资在俄中贸易结构和贸易额中发挥作用不大。据2014年底前的统计数据，中国在俄罗斯投资总额达80亿美元左右（在中国国外投资总额中占比不到1%），专项贷款约320亿美元。俄罗斯在中国境内的投资状况更差。每年俄罗斯投往中国的资金为2000万到6000万美元，仅占外资在中国投资总额的0.02%，如2014年，俄罗斯在中国投资额为4080万美元，中国的外资总额达 1196 亿美元。

两国投资合作的前景与俄罗斯向中国出口石油、天然气的几个大项目实施密切相关，也与因今后双边货物运输和经两国境内的国际中转货物运输数量增加而进行的交通运输网络建设相关。

研究俄罗斯投资结构可以得知，贸易、金融、加工业、建筑业、交通运输是俄罗斯公司向中国投资的主要领域。近些年由于卢布大幅贬值，在俄罗斯市场销售的中国商品价格上涨，出现了俄罗斯向中国境内贸易和交通运输领域的投资下降。最近几年俄罗斯在中国投资情况为：金融领域占 95%、贸易占 4%、加工业占 1%。

中国赋予能源进口重要意义，进口大量的石油和天然气可以保障日益增长的经济需求，还力求进口形式多样化以保证国家能源安全。同时，发展俄中交通运输基础设施虽不具有"石油因素"但同样具有重要意义。我们认为，实施俄方和双方共同的交通运输基础设施建设的大项目是两国投资对接增长的补充要素。

发展俄中贸易和投资合作应该能够促进双方近年来银行合作的顺利开展，之前双方开展的银行合作远远落后于确保贸易额增长的需求。目前，在俄罗斯已经开设了中国四大银行（工商银行、农业银行、建设银行和中国银行）的分行。在中国，除俄罗斯的 BTБ - 24 银行外，其余银行由于注册资本和吸引资金不足均没有设立分行，只设有代表处，从而大大制约了投资合作和双边贸易的发展。

目前，可以将俄中经贸合作划分为几个主要层面，它们对东北亚一体化发展进程具有原则性影响。随着中国经济的增长和俄中经贸合作的全面发展，不仅是中国经济对俄罗斯自然资源的单方面依赖加强，促进俄中合作的大量基础设施建设完毕后俄罗斯远东和西伯利亚的经济也将获得发展。当前可以划分出俄中合作的四个具有发展前景的方向：（1）能源合作；（2）交通运输合作；（3）投资合作；（4）银行合作。应该指出，当前俄中经贸合作的绝大部分交易额都是由两国商品贸易实现的。类似的合作形式尚处于原始阶段，制约了两国的贸易发展，在很大程度上成为 2015～2016 年俄中贸易额下降的主要原因。解决这一问题可以发展俄中合作的上述四个方向，这几个方向能够成为东北亚一体化进程中的关键环节，并将全面促进俄罗斯亚洲部分经济潜力全面提升到

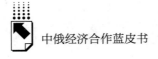
欧洲部分的水平。

目前，俄罗斯70%以上的出口额依靠石油和天然气，但主要是向西方的出口，因为当前几乎全部从西西伯利亚输出的石油和天然气都是向西方出口的。俄罗斯国内生产力布局的不合理在很大程度上使得俄罗斯欧洲部分经济过度发展和东部地区经济持续落后。由于西伯利亚和远东能源输出所需的基础设施落后，对于俄罗斯来说，面向中国、日本、韩国这些因能源短缺而无法支撑经济高速发展的东北亚国家的能源市场仍处于关闭状态。在这种情况下，2014年5月铺设东西伯利亚－太平洋BCTO石油管道和签署向中国输出恰扬金斯克天然气的协议成为突破口，天然气管道建成后既可以部分改善中国的能源状况，又能够促进远东地区的经济发展。在此种情况下，俄罗斯领导人坚持决定加强俄罗斯与中国的能源合作，促进俄罗斯实施东方能源战略。

俄罗斯能够为中国解决能源安全问题提供帮助，这在很大程度上可以深化互利，并在加快西伯利亚和远东经济、社会提升的基础上开展对华合作。有两个途径可以发展俄中在中国石油天然气工业的合作。第一个途径是按照合同规定帮助中国勘探和开采石油天然气；第二个途径是解决从俄罗斯进口石油和天然气问题，在这一层面上建设俄罗斯到大庆的东部输油走廊具有重要意义。为实施能源战略，俄罗斯应转向东方，在亚洲部分建设能源和交通运输基础设施。俄罗斯通往亚洲能源市场的道路可以通过落实俄中能源领域合作的各个纲要来实现。

俄罗斯远东发展的一个主要问题是投资乏力，既包括外资也包括国内资金，与此相联系的首要问题便是远东地区的基础设施落后。我们认为，在当前情况下发展纳霍德卡港、符拉迪沃斯托克港、瓦尼诺港基础设施，建设西伯利亚、雅库特向中国东北和西南地区天然气和石油管道，建设西伯利亚经阿尔泰向中国西北地区的交通运输走廊，建设西伯利亚和远东（如在贝加尔湖、滨海南部地区、阿尔泰、堪察加和萨哈林等地）的国际旅游休闲中心，完成贝阿干线的支线铁路建设，结束西伯利亚大铁路改造工程，这些项目都可以激活东部地区的生产力，实现当地大量企业的振兴，相应还会创造出大量的新就业岗位。哪怕只能落实基础设施建设的部分项目，也能够满足远东和西伯利亚地区的需求，在全俄经济中反映为对商品和服务方面不断增长的经济危机的预防。此外，这将显著改善俄罗斯亚洲部分的经济基础设施，为外国投资者创造更加具有吸引力的投资环境。我们认为，围绕所有基础设施项目——交通运输、能源、银行展开的工作不仅可以为俄罗斯带来西伯利亚和远东地区经济发展的动力，还将保证包括中国投资在内的补充外资的投入，加速俄罗斯融入亚太一体化的进程。

目前，俄中就"一带一路"倡议的合作面临三个主要问题：（1）为实现中国政府提出的"五通"目标必须确保"一带一路"倡议与欧亚经济联盟对接，为此需建设中国与欧亚经济联盟之间的自贸区；（2）为发展两地区间的基础设施应该加快建设莫斯科至北京和莫斯科至喀山路段的高速铁路；（3）加强与中国东北合作，快速发展远东基础设施（建设跨阿穆尔河和乌苏里河大桥，修建边境口岸、公路和机场，扩建港口）。

研究欧亚经济联盟各国与中国"一带一路"倡议的现状后，应该指出，目前哈萨克斯坦和白俄罗斯已经制定出共同建设基础设施项目的方案，包括哈萨克斯坦实现现代化，建设铁路公路，在与中国交界的边境地区建设琼扎－霍尔果斯边境通道，扩大里海阿克套港的货运量，进而为组织巴库蒸汽轮渡运输创造条件；白俄罗斯正全力推进明斯克的中白"大石头"工业园区建设。遗憾的是，俄罗斯仍然没有这类与中国的大型合作项目。

中国确定俄罗斯为东北亚的优先发展伙伴时，交通运输领域的合作就具有重要意义，因为俄罗斯和中国的大部分边界都在陆地上。正如我们从统计数据中看出的，目前俄罗斯的交通运输干线和边境通道现状制约着未来俄罗斯经贸的发展，并使其大大落后于中国与亚太许多国家的经贸合作水平。显然，如果今后不能扩大俄中边境交通运输干线的通过能力，两国经贸额的大幅增长就是枉谈。

但目前来看，发展远东和外贝加尔交通运输网的纲要远没有完成。公路建设和改造的速度非常缓慢，建设边境口岸只是扩大俄方海关港口规模，而不是增加交通线和拓展公路网。最终造成道路通过能力低，在很大程度上制约的不仅是边境区域合作发展，还制约了与中国和其他亚太国家经贸合作发展的总趋势。

我们认为，正是交通运输基础设施与能源基础设施的发展能促进俄罗斯远东和西伯利亚各地的经济开发，创造新的就业岗位，吸引新的来自俄罗斯欧洲部分和国外的投资，促进大量劳动力从人口稠密的俄罗斯欧洲部分地区前往远

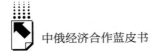
东、外贝加尔和阿尔泰边境地区。

目前俄中投资合作总量非常小，在很大程度上制约了俄中贸易发展。虽然俄中贸易额实现绝对增长，2014年贸易额已经达到950亿美元，但是俄中贸易在中国对外贸易总额中的比重却逐年直线下降，这是因为中国与美国、日本和欧盟国家贸易的超快速增长使中国对外贸易总额大幅增加。2016年底的统计数据显示，俄中贸易在中国对外贸易总额中所占比重为2%左右。未来扩大俄中对外贸易额的途径是吸引中国资金投入俄罗斯远东和西伯利亚的大型基础设施双边项目，在中方境内吸引俄方投资，以及扩大俄罗斯各州与中国各省份之间的跨地区合作。

我们认为，提高俄中贸易额的最主要方法是大幅增加俄中双方高附加值的机械技术产品份额。俄罗斯除能源和原材料这两个主要出口产品外，还要增加一些国际市场价格较高的商品出口，中国对购买这类商品非常感兴趣。为扩大对华贸易，俄罗斯具有潜力的出口创汇领域分为以下几类：核工业产品，包括核工业生产设备、核能主要原料铀的出口；航天航空工业产品，包括生产卫星、合作组装宇宙飞船；俄罗斯仍居于世界领先水平的10～15个科技密集型部门的先进技术和工艺，如机械制造、林业、电工技术和电子技术、信息学、自动化系统、非传统能源使用、医疗设备、环保技术等。加强在这些领域的经贸合作，一方面可以大大拓宽俄中合作领域，另一方面可以扩大中方对俄罗斯科技企业产品的需求，使这些企业更积极地加入世界贸易领域。

中国产品出口到俄罗斯的情况似乎更不容乐观。目前在俄罗斯市场上更多见到的是满足日常需要的中国商品，包括服装、裘皮、玩具、体育用品以及农产品。中国的机器制造产品已经在世界市场上占有一席之地，但出口到俄罗斯的较少，这些产品包括中国的轻工业自动设备、农用机器和敷路设备、电子工业产品、家用电器（洗衣机、电冰箱、空调等各项指标完全可与俄罗斯乃至世界同类产品相竞争的"物美价廉"的商品）。俄罗斯应进口具有竞争力和高附加值的产品，如可以充分满足俄罗斯市场需要的价格低廉的机器设备和家用电器。

发展俄中贸易重要的具体性措施是一致协调俄罗斯的能源（石油、天然气和电能产品）出口。目前俄罗斯出口到中国的只有石油，每年出口量都在增长，增长量不是由中国能源市场的需求量决定，相反却受到俄罗斯远东和西伯利亚运输条件限制。目前就中国市场潜力、经济发展水平和经济对能源的需求来看，其可以完全包揽整个俄罗斯的石油出口市场，从而成为西方国家的强有力竞争对手。

中国暂时只是计划为扩大电能生产建设自有电厂，但俄罗斯在东西伯利亚和远东建设的新大型水电站（布列斯克水电站和博古昌水电站）投入使用，以及现有的西伯利亚电力区电能盈余，都为扩大向中国出口电能提供了可能。此外，俄罗斯向中国出口能源设备规模也极有可能扩大。还有一个重要的对华能源合作方向是俄罗斯参与建设连云港的田湾核电站，采用俄方安全性能大大提高的第四代 VVER – 1000 反应堆发电机组，俄方还有可能参与浙江三门和广东阳江两大核电站四个反应堆的建设。但是俄罗斯能源设备生产厂家在中国市场遇到了严重的问题。尽管俄罗斯公司经受住来自法国阿法马公司和美国西屋公司的能源技术水平竞争，但在贷款问题上却遭遇失败。在这样的背景下，为保证俄罗斯进入中国市场，就要成立一家集合俄方对此类项目感兴趣的多家公司组建的股份公司，委托该公司协调行动，完成招标。

还有一个可以促进俄中合作深化的重要方向，即在俄罗斯远东和西伯利亚扶持对外经济合作，建立多项基础设施，包括建设展示大楼、国际标准宾馆、商业合作中心、科技园和创新产业区，以及将中国货物运往第三国的现代交通运输体系。在这一层面上具有特殊意义的是跨大陆的东方 – 西方铁路货物运输，以及纳霍德卡、东方、符拉迪沃斯托克和扎鲁比诺各港口的海上集装箱运输。但在新形势下，俄罗斯不应只局限于中转运输，而应发展各地区的经济，包括开采自然资源、分配货物加工生产、保证服务性生产建设和经营、完善货物运输的整个服务周期。

加快俄中银行协作是两国合作的一个重要发展方向。为推动双方银行合作，自 2004 年 8 月起俄中边境地区的贸易开始试验用卢布和人民币结算，这意味着俄中公司以第三方货币（多为美元）结算将逐渐被取代。试验结果表明，俄中双方公司有意在边境贸易中使用本币结算。自 2005 年 1 月 1 日起，俄中边境地区的所有银行有权参与两国边境贸易本币结算工作。但也应该指出，暂时在深化银行合作中还存在着诸多问题，如中国制定的针对外国银行的法律条款成为扩大俄中银行合作的主要障碍之一。

俄中经贸合作发展的一个重要且具有前景的方向是航天航空领域。目前俄中双方积极探讨、共同研究和落实了一些符合双方利益的航天航空计划任务大项目。俄中在该领域的合作有两个主要计划，即月球研究和建立全球宇宙观测台。此外，航天航空领域合作计划还包括建设俄中无线电传输网，建立和共同使用卫星移动通信和数字无线电广播。所有这些航天航空项目不仅可以将俄中经贸合作提升到一个新水平，还能够为俄罗斯科技发展提供新动力。

俄中经贸合作中的三个最具前景的领域，即投资领域、科技领域和人力资源领域还不够发达，在很大程度上制约了未来俄中贸易发展的潜力。在这种状况下，中国在落实进军俄罗斯市场战略中出现了不少问题。中国对俄罗斯传统的出口商品，如木材、钾肥、有色金属（铜、镍）需求仍然旺盛，为维持中国经济高速发展从俄罗斯进口的能源数量还需增加。但是由于俄罗斯市场容量有限，如何扩大对俄出口仍是中国面临的主要问题。

在与中方学者讨论和与实业家私人谈话中，我们归纳了影响或制约未来俄中经贸合作发展的因素：（1）俄方对于全中国或个别地区的社会经济状况、中方对于全俄或个别地区的社会经济状况的信息严重缺乏，大大制约了投资合作和双边贸易合作方面战略决策的通过进程；（2）经贸合作所涉及的交通运输、银行、咨询等领域基础设施不足；（3）落实大型投资项目时俄方不作为（如建设田湾核电站过程中没有遵守规定期限，铺设俄罗斯至中国的石油管道和天然气管线没有遵守规定期限）；（4）俄罗斯立法中存在"黑洞"，对中国移民在俄罗斯境内从事非法经济活动（如砍伐木材）及俄罗斯官员受贿等没有明确惩罚措施；（5）俄罗斯警察局、边防局和海关署工作人员对俄境内的中国公民存在偏见和敌意；（6）部分俄罗斯大众传媒故意报道针对中国的负面新闻。

以上这些都是不利于未来深化双边贸易合作和直接投资的具体问题。对于更为尖锐的具体问题可以概括为如下几类。

第一，缺少经贸合作长远发展所需的人才。对于中方来说，缺少大量熟练掌握俄语的俄罗斯问题专家；俄方则缺少熟练掌握汉语的中国问题专家。

第二，毗邻俄中边界的俄罗斯境内交通基础设施落后、欠发达。缺少跨阿穆尔河和乌苏里河大桥，边境口岸数量少，铁路特别是外贝加尔斯克－满洲里口岸通过能力低，俄中除东西伯利亚－太平洋石油管道外几乎再没有石油天然气管道，阿尔泰地区缺少经卡纳斯山口的直达公路交通运输。

第三，由于商人对双方货币缺乏信任，以及双方银行合作欠缺，大部分贸易合同仍使用第三方货币结算。

第四，外资在俄罗斯境内缺乏保障。中方对境内的外国企业家已实行各种符合中国国家政府和地方政府利益的优惠。

对于中国来说，在加快出口战略框架下落实中国进军俄罗斯市场战略的未来出路在于，最大限度地吸引俄罗斯公司参与中国经济发展的各项纲要，例如参加实施丝绸之路经济带倡议、高新技术区战略、能源战略。在此种情况下，俄罗斯应积极参与亚投行用于基础设施投资（1000亿美元）和丝路基金（400亿美元）提供的贷款项目。在俄中两国现有的生产技术基础上将中国资金与俄罗斯高新技术领域成果结合起来，能够为符合两国利益的经贸合作的长远发展提供动力。

（陈秋杰译）

B.3
中俄农业合作发展形势分析与预测

初冬梅*

摘　要： 1992 年以来，中俄农业合作成为中俄经济合作的主要内容之
一。中国实施东北振兴规划及俄罗斯实施远东开放战略以来，
两国的农业合作发展迅速，但存在政策制约、投资环境差等
问题。在"一带一路"与"欧亚经济联盟"对接合作的背景
下，中俄两国的农业合作前景广阔。

关键词： 中国　俄罗斯　农业合作

中俄关系已经发展到全面战略协作伙伴关系新阶段，两国正致力于在各个
领域建立务实的合作机制。农业合作是中俄务实合作的一个重要部分，是
"丝绸之路经济带"与"欧亚经济联盟"对接的重要合作领域，具有广阔的发

---

* 初冬梅，女，中国社会科学院中国边疆研究所副研究员，博士。

展前景。本文梳理中俄农业合作现状，分析农业合作中存在的问题，预测两国农业合作前景，提出相应的对策建议。

一　中俄农业合作现状分析

（一）当前俄罗斯农业发展形势

农业是俄罗斯重要的国民经济产业。据 2015 年统计数据,[①] 尽管俄罗斯国土面积居世界第一位，然而由于复杂的农业自然条件，俄罗斯农业用地只占国土面积的 11%，为 191.29 万平方公里。其中，耕地面积 115.49 万平方公里，占农业用地面积的 60.4%；草场 17.09 万平方公里，占农业用地面积的 8.9%；牧场 53.37 万平方公里，占农业用地面积的 27.9%；多年生林场 1.78 万平方公里，占农业用地面积的 0.9%；矿层区 3.59 万平方公里，占农业用地面积的 1.9%。尽管如此，俄罗斯仍然是世界上人均农业用地面积和耕地面积较大的国家。俄罗斯人均农业用地面积 1.53 公顷，是中国的 4.02 倍，是日本的 26.3 倍；俄罗斯人均耕地面积 0.85 公顷，是中国的 10.89 倍，是日本的 25.76 倍。[②]从这个数据看，中俄有着良好的农业合作基础。

长期以来，同世界其他农业大国相比，俄罗斯的农业发展相对落后。在 20 世纪 90 年代的经济转型中，俄罗斯的农业产量全面下滑。2000 年以来，随着俄罗斯宏观经济环境的改善，俄罗斯农业发展开始回暖，一些农业发展指标出现了增长的势头。俄罗斯政府采取了一系列措施，希望重回世界农业大国的地位。这些措施效果良好。现在，俄罗斯已经成为世界上重要的农业生产国。2014 年，俄罗斯谷物总产量 10531.5 万吨，是德国的 2 倍多。俄罗斯更是世界上主要的小麦生产国，2014 年俄罗斯小麦产量 5971.1 万吨，产量超过美国，是德

---

① 根据俄罗斯国家登记局 2015 年 1 月 1 日统计数据，不包括克里米亚共和国。该数据还包括临时农业用地或者从市政租赁用于草场或放牧牲口的土地。

② Сельское хозяйство, охота и охотничье хозяйство, лесоводство в России. 2015. Федеральная служба государственной статистики.

国、澳大利亚的 2 倍多。①从人均水平看，俄罗斯谷物和小麦的人均量在世界名列前茅，蔬菜、牛奶和蛋类属于居中水平，肉类禽类的人均数值不高。图 1 和图 2 体现了俄罗斯和世界其他一些国家重要农产品和食品的年生产量和人均值。

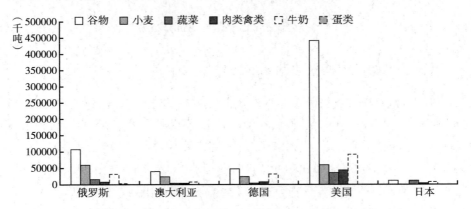

图 1　2014 年世界一些国家重要农产品和食品的年生产总量

资料来源：Сельское хозяйство, охота и охотничье хозяйство, лесоводство в России. 2015. Федеральная служба государственной статистики.

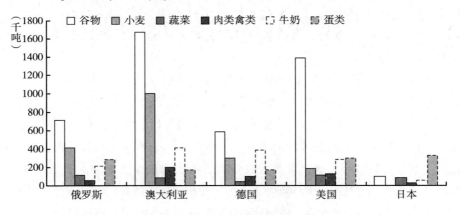

图 2　2014 年世界一些国家重要农产品和食品的人均值

资料来源：Сельское хозяйство, охота и охотничье хозяйство, лесоводство в России. 2015. Федеральная служба государственной статистики.

---

① Сельское хозяйство, охота и охотничье хозяйство, лесоводство в России. 2015. Федеральная служба государственной статистики.

俄罗斯是重要的农产品生产国，谷物和小麦的产量居世界前列。尽管从
2000 年以来，俄罗斯农业产量已经出现了可喜的回升现象，但是俄罗斯农业
生产近年来波动很大，这体现出俄罗斯农业依然处于"靠天吃饭"的发展阶
段，农业技术相对落后。农业生产指数可以用于衡量一个国家的农业发展速
度，进行国家间比较。根据联合国粮农组织数据库的数据，2014 年，俄罗斯
农业生产指数为 115.68（见图 3），其农业发展速度低于中国、印度、巴西、
澳大利亚，以及中亚的乌兹别克斯坦，但高于美国、德国、白俄罗斯。2013
年以来，俄罗斯农业发展形势良好。

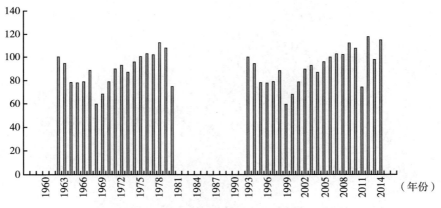

图 3　俄罗斯 1960～2014 年农业生产指数变动情况

资料来源：联合国粮农组织数据库。

从图 3 可以看到，在 20 世纪 90 年代的经济转型过程中，俄罗斯农业生产
指数持续走低，1998 年达到谷底，然后开始回升，到了 2008 年才接近 1978 年
的水平。从 2008 年至今，俄罗斯农业生产指数波动幅度较大，表明俄罗斯农
业技术水平仍需提高。

农业对俄罗斯经济的贡献度依然不高，这一点可以从农业增加值占 GDP
的比重分析。根据联合国粮农组织数据库的数据，2013 年，俄罗斯农业增加
值占 GDP 的比重是 3.95%，小于中国的 9.41%。此外，俄罗斯农业发展的地
区分布不均衡。在俄罗斯 8 个联邦区中，中央联邦区、南方联邦区和伏尔加河
流域联邦区是农业发达地区，农业生产总值占全俄罗斯农业生产总值份额最
多。西伯利亚联邦区也是重要的农业发展地区，是俄罗斯粮食安全保障基地。

相对于其他联邦区，远东联邦区农业发展相对滞后，农业生产总值最低。① 俄罗斯地域辽阔，耕地和草原一望无际，加上俄罗斯居民的饮食习惯，决定了俄罗斯农业部门结构具有农牧结合的特点。但是，随着当代俄罗斯经济的发展，俄罗斯农业部门结构也有所调整。从 2000 年至今，俄罗斯种植业与畜牧业产值旗鼓相当，种植业略占优势，2014 年种植业和畜牧业的产值比例是51.45：48.55。②

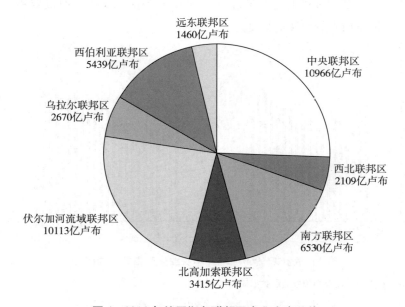

图4　2014 年俄罗斯各联邦区农业生产总值

资料来源：Регионы России. Социально – экономические показатели. Статистический сборник. Росстат. 2015.

近两年来，俄罗斯农工综合体发展速度超过俄罗斯其他经济部门。2015年，国内生产总值缩减了 3.7%，而农业增加了 2.2%。③

---

① Регионы России. Социально – экономические показатели. Статистический сборник. Росстат. 2015.

② Сельское хозяйство，охота и охотничье хозяйство，лесоводство в России. 2015. Федеральная служба государственной статистики.

③ http：//www. agroinvestor. ru/investments/article/25946 – ne – te – dengi/.

（二）俄罗斯参与国际农业合作概况

俄罗斯也是世界主要的农产品贸易国，2012 年，俄罗斯的农产品贸易额居世界第七位，占世界农产品贸易总额的 2.05%。从 2005 年到 2014 年，俄罗斯农产品出口额从 2420 亿美元增至 4980 亿美元，其中，食品和农业原料（技术装备除外）出口额从 45 亿美元增至 190 亿美元，食品和农业原料出口额占俄罗斯出口额的百分比从 2005 年的 1.9% 增至 2014 年的 3.8%。农产品进口额从 2005 年的 987 亿美元增至 2014 年的 2870 亿美元，其中，食品和农业原料（除技术装备外）进口额从 2005 年的 174 亿美元增至 2014 年的 399 亿美元，占进口额的百分比则从 17.7% 下降至 2014 年的 13.9%。[①] 俄农产品进出口总额增长趋势明显，贸易逆差较为严重：2000 ~ 2012 年，农产品出口由 15.28 亿美元增至 169.1 亿美元，年均增长率为 22.2%；进口由 74 亿美元增至 412.1 亿美元，年均增长率为 15.4%。[②]

俄农产品主要进口来源地是欧盟、巴西和美国，2012 年分别占农产品进口总额的 35.4%、6.8% 和 5.4%；俄罗斯农产品的主要出口对象是欧盟、土耳其和埃及，分别占农产品出口总额的 14.4%、11.4% 和 10.6%，可见俄罗斯进口市场分布相对出口较为集中。[③] 自 2005 年以来，俄罗斯同远方国家[④]的进出口食品和农业原料额大体上呈逐年攀升态势，进口额远高于出口额。在从远方国家进口商品清单中，食品和农业原料的比重从 2005 年的 1.1% 上升至 2014 年的 3.2%。除 2012 年外，俄罗斯同独联体国家进出口的食品和农业原料额，总体呈攀升态势。其中，进口额大于出口额，呈贸易逆差。俄罗斯对独联体国家出口商品清单中，食品和农业原料占比从 2005 年的 6.7% 攀升到 2014 年的 8.0%，而食品和农业原料的进口额比重则从 2005 年的 20.4% 减少到 2014 年的 17.7%。在食品和农业原料进出口方面，俄罗斯同远方国家的贸

---

① Сельское хозяйство, охота и охотничье хозяйство, лесоводство в России. 2015. Федеральная служба государственной статистики.

② UN comtrade database.

③ Сельское хозяйство, охота и охотничье хозяйство, лесоводство в России. 2015. Федеральная служба государственной статистики.

④ 俄罗斯统计局在统计对外贸易数据时，把世界上的贸易伙伴分为独联体国家和远方国家两类。

易额高于同独联体国家的数额。① 自乌克兰危机以来，由于美欧的经济制裁，以及俄罗斯对土耳其农产品禁运政策实施，俄罗斯与美国、欧盟农产品进出口额大幅下降。为满足俄罗斯国内市场需求和开辟新市场，俄罗斯加强了与亚洲国家的农业合作，特别是中国。俄罗斯农产品进出口商品结构相对稳定。出口的农产品主要有谷物、水产品、饮品、食用植物油、畜牧产品等，出口结构非常集中，粮食出口以小麦为主；进口的农产品主要是畜牧产品、水果、饮品、蔬菜和水产品，其中畜牧产品在俄进口农产品中一直占主要地位，畜牧产品，如牛肉、猪肉、禽肉等，在很大程度上依赖进口。

近年来，外资对俄罗斯农业的兴趣越来越大。俄罗斯中央银行数据显示，2010～2015 年，俄罗斯农业吸引直接外资（包括森林和渔业）每年平均 5 亿至 6 亿美元。2010～2015 年，俄罗斯农业共吸引外资 16 亿美元。2016 年上半年农业吸引外资总额 2.5 亿美元。根据俄罗斯直接投资基金会的数据，2016 年外资大幅涌向俄罗斯农业部门。2016 年，有外资参与的农业项目数量增加近三分之一。据《消息报》数据，在来自东南亚和欧洲投资者的投资计划中，农工综合体占第二位。来自中国、泰国和中东国家的项目投资者对在梁赞州建大型奶业综合体，对在列宁格勒州发展养禽业，对在俄罗斯投资大型食品生产公司 Эфко 和 Националь 感兴趣。② 俄罗斯农业对于欧洲公司非常有吸引力。公司成员组建了欧洲企业协会食品工业委员会。其中有：Bonduelle、Cargill、Danone Russia、DSM、Dupont Science & Technologies、Ferrero Russia、Nestle Rossiya，这些公司在俄罗斯运行多年。农业部门吸引的外资在俄罗斯的地区分布也不均衡，外资存量主要集中在俄罗斯的中央联邦区。2016 年，中央联邦区共吸引外资超过 4 亿美元；位居第二位和第三位的是南方联邦区和远东联邦区，约 1.5 亿美元和 1.2 亿美元。

俄罗斯农业部门的投资吸引力在于俄罗斯市场规模和地方农业公司向境外扩张的前景，但地缘政治的不确定性、不透明的管理、银行系统的特点、基础设施不发达、人力资源不足是遏制投资的因素。地方行政机关没有效率，同银

---

① Сельское хозяйство, охота и охотничье хозяйство, лесоводство в России. 2015. Федеральная служба государственной статистики.

② Иностранные инвестиции в сельское хозяйство России выросли. // Инвестиции для каждого. 25 ноября 2016. http://www.invest-rating.ru/financial-news/? id = 6345.

行系统打交道非常烦琐。大多数俄罗斯银行依然保留着官僚的态度，尽管近十年来有了一定的改善，但依然是令投资者困扰的问题。Ernst & Young Valuation and Advisory Services 2015 年对在俄外国企业进行的民调显示，90% 的受访者对俄罗斯经济潜力依然有信心。他们认为，俄罗斯当前经济形势有挑战性，短期内会影响外商投资俄罗斯的兴趣，但 50% 的受访者计划扩大在俄罗斯的生意，他们对自己产业的发展抱有乐观态度。[①]

（三）中俄农业合作领域与规模

近年来，农业越来越成为中俄两国的重要合作领域之一。中俄两国农产品贸易水平不断提高，中国在俄罗斯农业开发的规模越来越大，农业技术交流不断增进。

1. 农产品贸易

俄罗斯是世界第一大粮食出口国，中国是最大的粮食进口国，俄罗斯希望开拓中国市场。中俄两国食品贸易额只占双边贸易总额的 1%，潜力很大。2016 年，俄罗斯对中国的农产品出口增长率是 22%。在中国市场对高品质食品的需求不断提高的形势下，俄罗斯在积极寻求扩大对华出口食品的机会。据俄罗斯海关数据，中国从俄罗斯进口的食品同期增长 22%，对华食品出口额占俄罗斯食品出口总额的 11%，中国已成为俄罗斯最大的农产品和食品进口国。中国对俄罗斯的绿色食品以及农产品非常感兴趣。中俄两国就进口粮食、冰激凌、蜂蜜等签署一系列协议，正在对从俄罗斯进口肉制品进行谈判。农产品贸易情况见表 1。

中俄在推动大项目建设合作的同时，也推动中小企业合作。俄罗斯成立出口中心，支持俄罗斯中小企业产品进入海外市场。在哈尔滨举办的中俄博览会也促进了中俄中小企业间合作。跨境电商是提升中俄贸易额的重要领域，阿里巴巴等电商平台帮助中小企业借助网络技术，以较小的投入实现发展。

---

① Ernst & Young Valuation and Advisory Services. *Investment Climate in Russia-Foreign Investor Perception.* http：//www. ey. com/Publication/vwLUAssets/EY – investment – climate – in – russia – 2015 – eng/ $ FILE/EY – investment – climate – in – russia – 2015 – eng. pdf. 最后访问时间：2017 年 11 月 15 日。

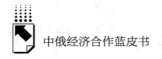

表1　2016年中俄农产品贸易情况

单位：亿美元

农产品及总额	自俄罗斯进口	对俄罗斯出口
食用水果及坚果;甜瓜等水果的果皮	—	3.64
蔬菜、水果等或植物其他部分的制品		2.34
食用蔬菜、根及块茎	—	3.81
鱼及水生无脊椎动物	1033	2.16
食品工业的残渣及肥料;配置的饲料	43	—
油籽;子仁;工业或药用植物;饲料	145	—
烟草、烟草及烟草代用品的制品		—
其他动物类产品	173	—
可可及可可制品	66	—
谷物粉、淀粉等或乳制品;糕饼	41	—
总额	1501	11.77

资料来源：中国商务部：《国别货物贸易及双边贸易概况（俄罗斯）》，2016。

2. 农业开发合作

近年来，在俄罗斯远东开发和中国农业"走出去"等国家战略的支持下，农业开发成为中俄沿边合作的重要内容。中国东北地方政府和俄罗斯远东地方政府支持在俄罗斯建立农业合作园区。中国的优势在于先进的农业机械、种植和养殖技术，以及有经验的劳动力资源，俄罗斯远东地区有优越的农业资源，两国可以形成优势互补。俄罗斯远东地区虽然沃野千里，然而农业发展落后，一些食品产量甚至不能自给自足，严重依赖从国外进口或西伯利亚地区供应。中国在俄罗斯农业园区的实践有助于满足俄罗斯当地人民的生活需求。目前中俄两国正在为合作提供更多的政策和金融支持。比如，中俄两国建立了总额20亿美元的农业投资基金，以促进在农业种植、土地管理、通关程序、食品物流及销售等领域的合作；两国设立了远东农工产业发展基金，加强远东地区农业发展。俄罗斯总统普京还提议，在俄罗斯西伯利亚和远东地区，建立新的粮食陆地走廊。该区域的粮食将出口到中国和亚太地区。此外，中国黑龙江省和俄罗斯阿穆尔州建立了农业自贸区，自贸区实行本币结算；吉林省在俄罗斯联邦境内的十多个州区建立了农牧业产业园；黑龙江省东宁华信中俄现代农业产业合作区，被列入中国"一带一路"倡议的优先推进项目清单，该合作区目前为当地解决400多个就业岗位，预计2018年将提供2000

个就业岗位。中俄农业合作区不仅为当地提供就业岗位，改善交通等基础设施，还积极承担企业的社会责任，资助当地办学等，惠及当地居民。

3. 农业机械贸易

俄罗斯农业机械制造发展相对落后，一直依赖进口。2016 年，俄罗斯农业机械生产大幅增长。2016 年上半年俄罗斯拖拉机和联合收割机数量增长35%。① 农业机械是中国对俄罗斯出口的重要产品之一。黑龙江省佳木斯市每年举办中俄农机产品展销洽谈会，2014 年展销会实现交易额 3. 02 亿元，对外合作协议 1830 万美元。②

二 中俄农业合作存在的问题

中俄农业合作存在的问题主要是俄罗斯投资环境不佳，中国也不熟悉俄罗斯的投资政策。此外，中国在俄罗斯农业开发中，仍处于生产链低端，中俄合作潜力没有充分挖掘。

（一）俄罗斯投资环境复杂，给投资和经营活动带来了一定的困难

据《全球竞争力报告（2015～2016）》评估，俄罗斯营商环境中问题最多的领域有：腐败、税率、融资渠道、税收规则复杂、政府机构效率低、通胀、工人教育程度不一、劳动力职业道德不良、基础设施供应不足、创新能力弱、劳工规则严格、犯罪偷盗、警察无作为、外汇条例复杂、政府不稳定、公共健康欠佳。③而且俄罗斯政策多变，法律法规更新速度很快，这也为投资和经营活动带来困难。Ernst & Young Valuation and Advisory Services 2015 年对在俄外国企业进行了民调，77% 的受访者希望俄罗斯政策能够保持稳定性。④ 俄罗斯的税收政策和实践引起外国投资者的广泛批评。不过海关协调方面有显著的改

---

① 《俄罗斯农业机械生产呈两位数增长》，中俄资讯网，http：//www. chinaru. info/zhongejmyw/shichangshangqing/42910. shtml。
② 《2014 年黑龙江佳木斯中俄农机展销会国内交易 3 亿元》，http：//cz. xcabc. com/News/33874. html。
③ WEF, Global Competitiveness Report 2015 – 2016.
④ Ernst & Young Valuation and Advisory Services. *Investment climate in Russia-Foreign investor perception*. EY Building a better working world. 2015.

善，然而复杂的行政手续和技术规则、国家机关和司法体系的无作为，为营商制造了困难。通向联邦政府的渠道变得畅通。50%的受访者认为，俄罗斯地方投资环境显著好转。① 另一个严重的问题是人力资源方面的。由于生产部门的特殊性，生产经常在人烟稀少的地方进行。尽管做出大量的努力和投资发展，如基础设施建设，但有才华的年轻人依然离开这些地方，企业很难寻找员工。还有标准法律要求经常更改，迫使企业修改自己的商业流程，增加行政和金融压力。俄罗斯同西方国家关系的不确定性也给吸引外资带来负面影响。② 俄罗斯农业保护政策增加了农业合作园区粮食出口成本。俄罗斯远东地区的国际农业合作，旨在解决远东地区居民的粮食供应问题。因此，俄罗斯对粮食出口的税率较高。在俄罗斯劳务许可证获得方面的困难，对中国员工入俄工作形成一定限制。俄罗斯申办劳务许可证有严格的名额限制，且签证费用高，签证有效期短。中国员工往返的过境手续复杂，影响工作效率。

（二）中俄农业合作规模和潜力仍待挖掘

以农业开发为例，中国在俄罗斯的农业开发仍处于产业链低端，全产业链生产尚未建成。由于缺乏前期资金投入，晒场、仓储和烘干基地建设不足，缺乏大型物流中心，中国农业园区仍处于作为生产原料基地的低端地位，缺少高端产品。而力争产业链高端，需要前期资金投入。③

俄罗斯东部地区农业资源丰富，农业用地超过 6000 万公顷，可耕地面积为 2400 多万公顷，大量耕地处于闲置状态。在俄罗斯远东地区的国际农业合作格局中，与日本、韩国、新西兰、新加坡、荷兰等国相比，中国在租赁土地领域相对落后。以上国家在苏联解体后就开始租赁俄罗斯远东地区的大部分优质土地资源。④ 而且，上述国家更为先进的农业技术和管理技术，对俄罗斯来说更为有利。中国在投资经营模式方面仍需提升自己的吸引力。

---

① Ernst & Young Valuation and Advisory Services. *Investment climate in Russia-Foreign investor perception.* EY Building a better working world. 2015.

② http：//www.agroinvestor.ru/investments/article/25946 – ne – te – dengi/.

③ 黑龙江省农垦牡丹江管理局：《奏响中俄邦交"新友谊"谱写"丝绸之路"新篇章——黑龙江省农垦牡丹江管理局关于"一带一路"建设的发展思路》，《农场经济管理》2014 年第 3 期。

④ 黑龙江省农垦牡丹江管理局：《奏响中俄邦交"新友谊"谱写"丝绸之路"新篇章——黑龙江省农垦牡丹江管理局关于"一带一路"建设的发展思路》，《农场经济管理》2014 年第 3 期。

三　中俄农业合作前景预测

中俄两国是友好的邻国，在中俄两国决定把"一带一路"倡议与"欧亚经济联盟"对接、积极推动全面欧亚伙伴关系、建立欧亚大市场、推动务实合作的今天，农业合作具有重要意义。

首先，中俄两国当前发展战略为农业合作带来大力度的政策支持。中俄开展农业合作，符合俄罗斯农业发展战略和远东地区发展战略。俄罗斯采取一系列战略措施，大力发展远东地区，促进远东地区的国际农业合作就是其中的一个重要内容。俄罗斯远东地区农业不发达，粮食无法自给自足。俄罗斯希望引进具有先进生产技术的农业生产者和科技装备，而中国恰恰具有先进的农业生产技术和装备。新友谊农场已经成为滨海边疆区重点示范项目，当地政府非常重视。中国的农业园区为俄罗斯带来了现代化大农业生产技术和装备，以及农业生产技术娴熟的劳动力，有助于俄罗斯农业现代化的发展，提高当地居民粮食的供给水平，并且带动当地经济社会的整体发展。中俄农业合作也符合中国农业发展需求。中国耕地面积有限，水资源缺乏，农业开发潜力受限。西伯利亚联邦区拥有俄罗斯23.7%的耕地，耕地面积5681.4万公顷。远东联邦区耕地面积555.2万公顷，且96%的耕地分布在联邦区的南部。滨海边疆区耕地面积占远东联邦区耕地面积的26.3%，哈巴罗夫斯克边疆区占远东联邦区耕地面积的9.6%，阿穆尔州耕地面积占远东联邦区的60.6%。中俄农业合作有助于增加世界粮食供应量，稳定粮价，消除贫困和饥饿，巩固世界粮食安全。俄罗斯外交政策与防务委员会主席谢尔盖·卡拉干诺夫在《俄罗斯的亚洲战略》中曾建议，中俄应在绿色农业和高耗水农业方面发展务实合作。

其次，中俄农业合作具有良好的合作基础。中俄农业合作虽然起步较晚，但近几年发展速度很快。中俄良好的合作基础，表现在地理相邻、农业资源和产品种类互补、中国国内农产品市场规模庞大等方面。作为重点合作区域，俄罗斯远东地区限制开发耕地面积1亿亩，两国合作具有互补性和长期性。中俄两国很多农产品形成互补，对对方农产品市场发挥了一定的补充作用。中国的蔬菜可以补充俄罗斯市场，俄罗斯的面粉、鱼类等产品在中国市场很受欢迎。

中俄在绿色农业领域合作前景广阔。滨海边疆区是俄罗斯重要的农业生产地区，农业自然资源丰富，土地无污染，生态环境优越。由于中俄地理邻近和俄罗斯地方政府合作意愿强，滨海边疆区的中俄农业合作基础良好。北大荒集团牡丹江垦区是中国现代农业的示范基地，拥有机械化作业、田间管理、农业种植技术等方面的优势。打造中俄农业合作环兴凯湖现代农业经济合作区，是中俄合作发展粮食种植、畜牧养殖、粮食加工、旅游开发等项目的有效途径，也是提升中俄农业合作水平和保障兴凯湖地区绿色发展的优先选择。充分利用中俄区位优势，以兴凯湖为中心，以建立中俄现代农业经济合作区为载体，打造中俄合作的新平台和新模式，有助于培育区域内农业龙头企业和组织，规范中俄农业合作，不仅可以促进中俄邻近地区各领域的全面合作，还可以解决中俄农业合作发展中存在的一些问题，如个体企业多、实力弱、生产经营规模小、行为不规范、无序竞争等状况，有助于实现两个市场、两种资源的有效结合。

四 中俄农业合作对策建议

（一）加强中俄双方政策协调

鉴于农业合作对于夯实中俄务实合作基础的重要意义，中俄两国需要在国家层面上建立农业合作协调机制，负责农业部门的政策协调，以便从国家层面为双向的农业投资、农业融资、农业开发、农产品销售等领域提供国家政策服务。俄罗斯投资环境依然需要改进，法律空间不完善。这需要中俄两国中央和地方政府建立相应的协调机制，促进农业合作，促进中俄关系的务实发展。

（二）加强中俄投融资服务与保险

由于俄罗斯银行业发展相对不发达，金融服务获得门槛较高。在发展中俄农业合作中，需要加大对农业部门的投融资服务力度与保险服务的力度。在俄罗斯租赁土地需要的一次性投入资金较高，而俄罗斯土地撂荒多年，农业基础设施陈旧，需要重新修缮，还需要相应的前期投入。因此，便利的投融资服务是农业合作顺利发展的基础。保险非常重要，可为企业特别是中小型企业的农业合作实践提供有力的保障。需利用互联网和新媒体技术，整合农业服务平台，让中俄农业领域的投融资服务与保险更加高效，为两国企业在寻求合作机会中获得低门槛的信息服务发挥作用。

（三）加强中俄农业科技合作

农业投资是一个非常重要的合作领域。中国目前已经有很多企业，特别是黑龙江的企业到俄罗斯远东地区投资农业，不仅自己获得了很好的盈利，也为当地经济发展做出了积极的贡献。中俄农产品贸易是一个非常有前景的合作领域。中俄两国间的一些农产品品种互补，可以满足两国的农产品消费需求。农业科技合作也是中俄农业合作的一个重要领域，俄罗斯在农业科技方面传统上具有很强的研发实力，特别是在东西伯利亚地区。中国农业科技水平不断取得新进展，中俄两国可以联合研发力量，进行科技合作。

B.4
中俄林业合作发展形势分析与预测

封安全*

摘 要： 俄罗斯森林资源非常丰富，但森工产业并不发达，每年需要进口大量高附加值的木质产品。中国是世界上木材消费最大的国家之一，随着对原始森林的限伐、禁伐政策的实施，供需缺口逐年增大。目前，中国是俄罗斯最大的贸易伙伴，是俄罗斯木材主要出口市场。本文对近年中俄两国木材供需状况、两国林业合作的特点及发展趋势进行了深入分析与解读，提出了促进中俄林业合作的一些对策建议。

关键词： 中国 俄罗斯 林业合作

中国是木材生产大国，同时也是木材消费大国。自1998年以来，中国不断加大环境保护力度，对森林采取了限伐、禁伐政策，致使我国木材供需矛盾不断显现，供需缺口不断扩大。俄罗斯森林资源丰富，且主要集中在远东、西伯利亚地区。该地区与我国东北地区相邻，木材品质基本相同。俄罗斯虽然森林资源丰富，但其森工产业相对落后，为改变这种状况，自2007年以来俄罗斯不断提高原木出口关税来限制木材出口，以提高本国森工产业深加工能力。这些政策的实施对中俄木材贸易产生了巨大影响，随着两国木材企业的不断调整与合作的深入发展，中俄林业合作呈现出不同的趋势。

一 中俄林业合作的现状

近年来，受乌克兰危机、油价下跌、卢布贬值等因素的影响，自2014年

---

* 封安全，黑龙江省社会科学院俄罗斯研究所副研究员。

以来中俄贸易额有所下滑，但木材贸易却稳中有升。2016 年，俄罗斯对中国木材及木制品出口额为 25.9 亿美元，同比增长 17.1%，占俄罗斯对中国出口总额的 9.5%。

（一）对俄木材贸易稳中有升

中俄林业合作主要包括木材贸易合作和林业投资合作。木材贸易主要是中国进口俄罗斯原木、板材及纸浆等。如图 1 所示，从苏联解体至 2016 年，中国对俄原木进口大致可分为三个阶段。第一阶段为 1992～2007 年，该阶段俄罗斯对中国原木出口量一直呈增长态势。该阶段又可分为两个小的阶段，即 1998 年以前及 1999 年以后。中国 1998 年以前对俄原木进口平稳增长，1999 年以后对木材采伐采取了限制政策，致使对俄原木进口进入快速发展轨道，2007 年对俄原木进口达 2540 万立方米，达历史最高水平。第二阶段为 2008～2013 年，该阶段中国对俄原木进口大幅减少，从高峰跌入低谷，进口量由 2007 年的 2540 万立方米跌至 2013 年的 1030 万立方米，为近年来最低水平。该阶段中俄原木贸易之所以大起大落主要是由以下两点原因造成的：一是从 2007 年起俄罗斯分阶段大幅提高原木出口关税，其目的是抑制原木出口，发展本国森工产业，提高木制品附加值产品出口；二是 2008 年的经济危机导致中国木材市场低迷。第三阶段为 2014 年至今，该阶段中俄原木贸易进入平缓发展阶段，每年进口约 1100 万立方米，2016 年进口量 1276 万立方米，与前两年相比有了小幅提升。

随着俄罗斯对中国木材出口的增加，中国在俄罗斯原木出口市场的地位也发生了巨大变化。20 世纪 90 年代，日本、芬兰是俄罗斯主要原木出口市场，从 2002 年起，中国取代日本成为俄罗斯最大的原木出口市场，同时俄罗斯也成为中国最大木材进口来源地。俄罗斯原木在中国原木进口中的比重也在不断攀升，90 年代前期俄罗斯原木占中国原木进口比重不足 20%，2007 年这一比重高达 67%。最近几年，俄罗斯原木占中国原木进口总量的 25% 左右。

90 年代，中国主要从加拿大、美国、新西兰等国进口锯材，来自俄罗斯锯材的份额很小，不足 10%。自 2008 年以来，中国进口俄罗斯锯材呈快速增长态势，2008 年进口俄罗斯锯材约 200 万立方米，与 2006 年相比，增加了近一倍；2010 年进口俄罗斯锯材 440 立方米，与 2008 年相比又增加了一倍，近

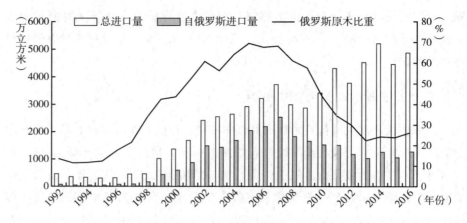

图1　1992~2016年中俄原木贸易情况

资料来源：《中国海关统计年鉴》（1992~2016）。

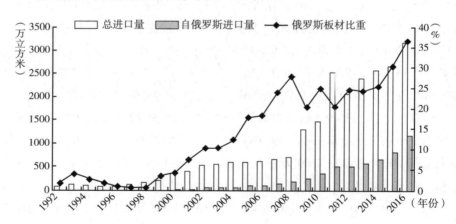

图2　1992~2016年中俄锯材贸易情况

资料来源：《中国海关统计年鉴》（1992~2016）。

几年中国对俄锯材进口每年以百万立方米的速度增长，2016年超1000万立方米，达1160万立方米。从2010年起，俄罗斯成为中国最大板材进口来源地，俄罗斯进口板材占中国板材进口量的29.6%，2016年增至36.7%。

（二）对俄林业投资区域和投资规模不断扩大

随着俄罗斯木材出口政策的调整，中国企业也在不断调整对俄林业合作模式，由单一的木材贸易转向贸易与投资相结合的模式。中国对俄林业投资主要有两种模式：一是在俄罗斯注册公司，成立独资企业，从事木材加工和木材贸易；二是向俄罗斯企业注资，成立合资企业。2008年以来，中国对俄投资规模和数量都在不断增加，但总的来说，在林业领域投资的规模不是很大，投资的质量不是很高。投资的大都是简单的锯材加工和森林采伐，近年来，中国对俄锯材进口的增加与这些在俄投资从事锯材加工的企业有很大关联。21世纪初期，中国对俄林业投资主要来自北方省份的一些企业，主要投资区域是与中国相邻的俄罗斯远东滨海边疆区、阿穆尔州、哈巴罗夫斯克边疆区。近年来合作区域在不断扩大，中国南方省份的企业也在不断加入开发俄罗斯林业市场的行列，投资区域也由远东地区扩大到东西伯利亚地区的克拉斯诺亚尔斯克边疆区、伊尔库茨克州和后贝加尔边疆区等地。

二　中俄林业合作存在的问题

尽管中俄两国林业合作取得了一些成绩，但在林业合作中还存在诸多问题，主要表现在以下几个方面。

（一）双方的基本诉求不同

俄罗斯提高原木出口关税的目的是抑制原材料出口，提升本国的深加工能力，出口高附加值木制品，其终极目标是振兴本国的森工产业。众所周知，俄罗斯森林资源储量为世界第一，但其森工产业相当落后，其出口产品以原材料和半成品为主，而高附加值木制品需要大量进口。目前，中国对俄林业投资的企业大多是中小企业，由于俄罗斯法律变化较快，投资风险较大，企业为快速回收成本，投资多以短平快为主，从事简单的木材加工，所加工的产品大都运回国内，这与俄罗斯提高原木出口关税的目标不一致。

（二）俄罗斯基础设施落后

森工产业基础设施滞后严重制约了俄罗斯森工产业的发展。苏联解体初期，由于大规模私有化，国家对森工基础建设投资大幅加少，道路和机械设备得不到更新、老化严重，工作效率低下，生产成本上升，产品在国际市场上没

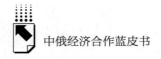
有竞争力。21世纪初，即使出口原木为企业带来了高额利润，企业也没有意愿投资基础设施建设。经过几十年的开发、采伐，靠近铁路沿线和港口的木材基本上砍伐殆尽，要想采伐更多的树木，就需要去更远的地方采伐，这就需要道路等基础设施建设，不仅需要大量投资，增加了开发成本，还大大延长了投资周期，这也是制约外商投资的重要因素。

（三）俄罗斯投资环境不完善

中俄林业合作发展缓慢很大程度上与俄罗斯投资环境不完善有关，其主要表现在以下几个方面。一是法律多变，不稳定；二是法律法规的不可预见性；三是复杂的海关手续；四是成本上涨的不可预见性，特别是电力成本的上升；五是繁杂的税收；六是专业技能人员的不足。

（四）中国对对俄林业投资企业的扶持力度不够

中国对俄林业投资企业大多是中小企业，这样的企业一般资金不那么雄厚，抗风险能力较弱，融资能力不强。另外，有些企业对俄投资随意，缺少对俄罗斯市场的详细调研，缺乏对相关法律、法规的仔细研究，对投资的困难没有做好充分的研判，对投资风险的认识严重不足。政府虽然制定了一些针对对俄投资企业的扶持措施，但还远远不够。这些对俄投资企业缺乏对俄罗斯相关政策、法律、法规的研究，而政府也没有设立相关部门对这些问题进行研究，无法为企业提供咨询服务。我们在此呼吁政府，特别是对俄合作的沿边省份，应设立专门部门，或委托一些科研机构加大对俄林业、农业、矿产开发等的相关政策的法律法规研究，向对俄投资企业提供咨询，使对俄投资企业深入了解对俄投资流程、相关法律法规，使其有风险防控在先的意识。

（五）非法采伐和非法出口问题

在俄罗斯特别是远东地区，非法采伐问题特别严重，虽然没有具体的非法采伐数据，但据世界自然基金（WWF）俄罗斯支部数据推测，远东地区每年非法采伐量1900万～2800万立方米，其中一半以上为非法出口。为限制非法采伐，俄罗斯国内实施了木材认证体制。为限制非法出口，从2008年俄罗斯逐步减少了木材通关口岸数量，由原来的688所减少至现在的128所。

一些俄罗斯人认为，中国大量进口俄罗斯木材是产生非法采伐和非法出口的主要原因。

三　中俄林业合作前景

从森林资源情况上看，中国森林总量不足，随着社会经济的发展，市场对木材需求增加，短期内国内无法满足市场的需求，国内供需矛盾日益突出，供需矛盾将长期存在。

中国是世界上最大的木业加工、木制品生产基地和主要的木制品出口国，同时也是最大的木材进口国。随着国内外市场对林产品需求量的大幅增加，中国林产品的产量不断增长，其中纸张、木制家具和人造板等林产品的产量已名列世界第一，但同时也为中国木材供给市场带来了严峻的挑战。从 2014 年 4 月始，天然林禁止商业性采伐政策逐步实施，2017 年 4 月起全面禁止天然林商业采伐。据中国木材与木制品流通协会估计，中国每年木材缺口达 5000 万立方米。

俄罗斯森林资源极其丰富，森林面积世界第一，林木储量世界第一，且主要集中在与中国相邻的远东、西伯利亚地区。俄罗斯树种繁多，针叶林、阔叶林样样皆有，但俄罗斯森工产业深加工能力严重不足，其经济价值没有完全体现出来。苏联时期的远东，森工产业是其支柱产业，但现在看来，其资源优势没有体现出其产业优势、经济优势。在俄罗斯森林构成中，过熟林、成熟林比重较大，如不及时利用，会造成腐烂、火灾、虫害等问题，届时其经济价值难以体现，造成巨大浪费。

从资源条件和市场情况来看，中俄林业合作互补性强，合作潜力巨大。未来两国林业领域可以在以下方面加强合作。

（一）技术合作

从 2010 年起，中国超越美国成为制造业第一大国。2015 年中国提出了从"中国制造"向"中国智造"转变，同年制定"中国制造 2025"发展规划，为中国制造业发展提出了新的目标。目前中国是世界上最大的木制品和木制家具生产国和出口国，其技术先进，工艺领先，在国际市场上有较大的竞争优势。俄罗斯木材出口主要以锯材和原木为主，虽然近年来原木出口量有所减少，但其所占木材出口比重依然较大，而附加值较高的木制品出口较少。俄罗斯木制品在国际市场上之所以没有竞争力是由于技术落后、设备落后。两国能够在技术领域开展合作：一是中国可以提供先进的技术、资金和现代化管理方式；二是可以利用中国企业的销售网络和销售渠道开拓更大市场；三是中俄技术合作不仅可以提高木制品附加值，提升俄罗斯森工产品国际竞争力，振兴俄罗斯森工产业，还可以为俄罗斯国民提供就业机会，增加政府税收。

（二）劳务合作

目前，中国对俄林业合作主要集中在远东、东西伯利亚地区，近年来远东、西伯利亚地区的林业产业工人大量外流，造成劳动力严重不足，特别是熟练技术工人的不足严重制约了俄罗斯森工产业的发展。随着中国对东北地区原始森林限伐政策的实施，大量技术工人赋闲。如能加强两国劳务合作，不仅可以解决俄罗斯劳动力不足问题，也可解决中国工人就业问题。但问题在于俄罗斯政府对中俄劳务合作持消极态度，每年向中国企业颁发的劳动许可名额有限，远远不能满足中国企业的需求，制约了中俄林业的深度合作。

四　中俄林业合作的对策建议

从木材生产状况来看，俄罗斯森工产业发展极不均衡。原木、锯材生产主要集中在西北联邦区和远东联邦区。胶合板生产主要集中在中央联邦区和西北联邦区。刨花板生产主要集中在西北联邦区和西伯利亚联邦区。从这些主要商品生产地来看，西北联邦区的森工产业较为发达，远东、西伯利亚地区的森工产业较为落后。远东森林占俄罗斯森林总面积的三分之一，林木蓄积占总量的四分之一，但胶合板生产几乎为零，可以说远东地区的森工产业最为落后。

自俄罗斯提高木材出口关税以来，中俄木材贸易总体上有下降趋势，俄罗斯木材在中国木材进口中的比重有所减少。从长期看，俄罗斯限制木材原材料出口，发展本国木材产业的政策不会改变。而短期内中国想找到取代俄罗斯的木材新市场很难实现。出于经济安全和安定成长的需要，俄罗斯需要一个巨大的、长期的、安定的、有支付能力的消费市场，中国同样也需要一个巨大的、长期的、安定的木材供给市场。因此两国林业领域深度合作符合双方的共同利益。

目前中俄林业合作还处于低水平，从贸易层面看，以中国从俄罗斯进口原木和简单加工的锯材为主；从投资层面上看，对俄林业投资企业主要从事森林采伐和锯材加工，而深度合作的案例少之又少。为加快对俄林业深度合作，中俄两国应在以下几个方面加强合作。

（一）立足长远，深度合作

近年来中俄政治关系不断强化，进入中俄关系最好时期，这对中俄经贸合作具有积极的促进作用。在林业领域的合作，首先要进一步加强贸易合作，使贸易数量和贸易金额都上一个新台阶。其次要提高贸易质量，这是未来两国林业合作的基础，如果贸易质量长时间不均衡，势必导致贸易劣势一方采取贸易壁垒措施，这不仅影响两国贸易，还影响两国政治关系，影响国民感情。再次要规范贸易秩序。长期以来中俄贸易中存在一些不规范现象，这是历史遗留下的产物，近年来中俄两国对这些非法现象不断加强打击力度，使得中俄贸易进一步规范。但有些在俄罗斯从事木材贸易的中方贸易公司，在收购俄罗斯运送的木材时，确实存在没有严格按照俄罗斯相关规定的情况，如卖方没有产地证明、没有采伐证明等问题。最后要扩大投资规模、提高投资质量。近年来中国对俄林业投资的数量有所增加，但投资规模和投资质量还有待于进一步加强。目前对俄林业投资的大多数企业在俄生产的产品大多返销回国内，几乎没有高附加值产品，今后的投资应在生产高附加值产品上加大力度。市场定位也要进一步明晰，不要只盯着国内市场，应进一步瞄准俄罗斯市场，甚至欧美市场。这样不仅可以加强两国的深度合作，还可以促进俄罗斯森工产业发展，避开关税壁垒和非关税壁垒的限制，才能够促进中俄林业合作的良性循环。

（二）加强交通基础设施建设，实现互联互通

俄罗斯远东、西伯利亚地区交通基础设施非常落后，这不仅制约森工产业的发展，同时也影响该地区的经济发展。俄罗斯远东地区面积621万平方公里，但仅有西伯利亚和贝阿两条铁路线，铁路密度非常低，每万平方公里仅有13公里铁路，仅为俄罗斯平均密度的三分之一。堪察加边疆区、马加丹州和

萨哈共和国几乎没有铁路通过。黑龙江省与俄罗斯约 3000 公里的边境线上仅有一处铁路口岸。哈巴罗夫斯克边疆区与中国仅一江之隔，最近处不足 2 公里，但该区的好多木材需要绕行 700 余公里从乌苏里斯克进入中国的绥芬河市，这不仅浪费了时间，而且还大大增加了运输成本。过去 100 年间，远东地区的森林开发与采伐主要是在铁路、河流沿线和城市周边进行，现在容易开发和采伐地区的林木基本已采伐殆尽，如要进一步开发，需要远离铁路、河流和城市进行，但修建交通基础设施不仅需要庞大的资金，还需要大量的物资和劳动力。中国北部省份的一些企业拥有在寒地修建铁路和公路的技术与能力。现在正在建设的同江铁路大桥已基本完工，滨海边疆区经济走廊"滨海 1 号"和"滨海 2 号"的建设正在有条不紊地进行。如中俄两国在交通基础设施领域进一步合作，修建更多的铁路，使之与主要铁路相连接，不仅有利于林业合作，更有利于远东经济的快速发展。

（三）提升风险防范，健全监控机制

多数对俄林业投资企业缺乏事前集中论证，调研也仅限于表面形式，没有对山林租赁的法律法规、投资建厂的环保要求以及公司注册的相关流程进行详细的研究。中国对俄投资企业很少雇用俄罗斯当地的法律顾问，往往将法律文件当作形式过场，将巨额投资押宝在国外管理层的个人品质上，这必将为后续经营和资本与资源的回流埋下风险。为保障对俄投资安全，加强风险防控，政府应成立专门机构，对境外企业的主要领导进行专门培训，提高其法律意识，同时吸纳具有外语条件和专业知识、了解俄罗斯专业人员，向对俄投资企业提供咨询服务和智力支持。

中俄金融合作发展形势分析与预测

郭晓琼*

摘 要： 金融合作历来是中俄经贸合作的重要组成部分，加强两国金融合作具有重要意义。经过多年发展，中俄两国各级政府及相关部门在金融合作实践中逐渐建立起一系列运行和协调机制，这些机制的建立及实施对推动中俄金融合作深化发展起到了重要作用。进入 21 世纪，中俄金融合作快速发展，合作范围不断扩大，合作层次逐渐加深，合作方式也不断创新。然而，不可否认的是，中俄金融合作的深度和广度仍然不够，在合作中仍存在一些问题亟待解决。

关键词： 中俄金融合作 机制建设 本币结算 融资合作 反洗钱及反恐融资

金融合作历来是中俄经贸合作的重要组成部分。2008 年全球金融危机后，国际金融合作的重要性日益凸显。中俄两国加强金融合作具有重要意义：首先，在危机时期，中俄金融合作有利于维持区域金融环境的稳定性，应采取协调一致的政策应对危机；其次，后危机时代，在中俄两国经济联系日益密切的背景下，加强金融合作是推动中俄经贸合作不断深化发展乃至两国经济转型升级的必要条件，对中国"一带一路"倡议的实施也起到重要的促进作用；再次，加快推进本币结算能够有效规避汇率风险，有利于提升人民币的国际地

---

* 郭晓琼，女，中国社会科学院俄罗斯东欧中亚研究所副研究员，博士，主要研究俄罗斯经济问题。

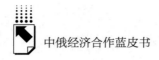
位，摆脱区域发展的"美元陷阱"；最后，中俄两国在反洗钱及反恐融资、国际金融中心建设、共同推进国际金融体系改革等方面合作的不断深化将会进一步密切两国全面战略协作伙伴关系。

一　中俄金融合作发展的机制建设

中俄金融合作经过多年的发展，各级政府及相关部门在金融合作的实践中逐渐建立起一系列运行及协调机制，这些机制的建立与实施对推动中俄金融合作的深化、发展起到至关重要的作用。

（一）国家层面

1. 中俄高层互访与会晤机制

1996 年 4 月，叶利钦总统第二次访华期间，中俄就两国高层互访与定期会晤机制达成一致：中俄两国元首每年分别在北京和莫斯科会晤一次；建立两国总理定期会晤委员会，每年在双方首都各会晤一次；建立两国领导人之间的电话热线，就重大问题随时进行沟通和磋商。1996 年 12 月，李鹏总理访问俄罗斯，标志着中俄总理定期会晤机制正式启动。此后，中俄两国领导人每年定期举行会晤和磋商，就双边关系及一些重大的国际问题交换意见，签订了一系列重要的联合声明、协定，为继续推动两国务实合作指明了方向，为中俄战略协作伙伴关系的进一步发展做出了贡献。

2. 中俄金融合作分委会

中俄两国在设立政府首脑定期会晤委员会的同时，还在该委员会下设立了分委会，涵盖经贸、能源、金融、科技、运输、核能、航天、通信和环保等各个领域。2000 年，中俄银行合作分委会成立，2009 年更名为中俄金融合作分委会，其宗旨是在相互交流的基础上，加强中俄两国银行间的互信与合作，为两国经贸合作的深化发展提供良好的金融服务，并以此来推动两国经济关系的全面发展。中俄金融合作分委会每年举行一次会议。其间，中俄两国中央银行就两国银行间业务合作、信息交换、人员培训、支付结算、金融支持、外汇管理政策、反洗钱和反恐融资等领域中的相关问题展开广泛的交流，双方坦诚交换意见，讨论彼此关切的问题，达成了一系列共识。截至目前，中俄金融合作分委会已举行 17 次会议。

3. 中俄财政部长对话机制

2006 年 3 月 21 日，中俄两国签署《中华人民共和国财政部和俄罗斯联邦财政部关于启动中俄财长对话机制的谅解备忘录》，宣布中俄财长对话机制正式建立。中俄财长对话机制为部长级，根据备忘录，每年召开一次会议，轮流在中俄两国举行，两国的财政部为主要牵头单位，并根据实际情况邀请相关部门参加会议。两国财长就中俄宏观经济形势、财政金融政策、金融改革、两国在财政金融领域的沟通与合作及中俄关于多边开发银行的合作等议题展开对话，深入交换意见，开展相关考察和培训活动，并达成一系列重要共识。截至目前，中俄财长对话已举行 6 次会议。

（二）地区层面

1. 中俄边境地方经贸合作协调委员会

1998 年，中俄两国毗邻地区建立中俄边境地方经贸合作协调委员会，启动了中国黑龙江省、吉林省、辽宁省、内蒙古自治区、新疆维吾尔自治区与俄罗斯滨海边疆区、哈巴罗夫斯克边疆区、阿穆尔州、犹太自治州、赤塔州、萨哈共和国、阿尔泰共和国等毗邻地区的定期会晤机制。该协调委员会每年召开一次会议，设轮值主席，由两国地方政府领导人轮流担任。在会议中，两国代表沟通毗邻地区上一年经贸合作相关情况，共同提出当前影响经贸合作的问题，并积极磋商解决。经会议讨论后，双方签署会议纪要，就会议取得的一致意见形成文件，向两国中央政府及有关部门上报。中俄边境地方经贸合作协调委员会自成立以来，已召开过 14 次会议，成为中俄两国地区间有效的互动机制，对于协调和解决两国毗邻地区共同关心的经贸合作问题发挥了重要作用。

2. 地方政府领导人会晤机制

2002 年起，黑龙江省与俄罗斯远东及外贝加尔地区各联邦主体开始建立地方政府领导人会晤机制。目前，已经同哈巴罗夫斯克边疆区、滨海边疆区、阿穆尔州、犹太自治州领导人就建立一对一会晤机制交换了意见并达成共识，仿照中俄政府总理定期会议的模式，中方省长与俄方联邦主体行政长官每年举行会晤一次，对上一年工作进行总结，对未来合作提出建议和规划，并就合作中存在的问题进行磋商。该会晤机制下设文化交流工作组和经贸科技合作工作组，由副省（州）长负责，经贸科技合作工作组还下设能源、农业、工业、

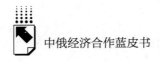
科技、林业、互市贸易区、口岸建设、旅游等多个专项工作小组，不定期召开会议，发生问题及时沟通和解决。从目前的情况看，尽管该机制在执行方面还存在各自为政、缺乏默契等问题，但其建立为加强两国边境地区的交流与合作搭建了重要的沟通平台。

（三）民间层面

除官方层面的会晤与协调机制之外，在民间层面，中俄两国也陆续出现一些民间组织，这些组织由企业自筹资金，自发成立，具有反应快、灵活度高、执行能力强等特点，在解决金融机构间的交流、合作等具体问题上发挥着不可替代的作用。

1. 中俄金融合作论坛

中俄金融合作论坛是在"中俄友好、和平与发展委员会"框架下，由中国金融学会与俄罗斯银行协会和俄罗斯中央银行共同主办，每年举行一次会议。中俄金融合作论坛旨在促进中俄两国实现战略合作目标，协助中俄金融合作分委会促进两国银行、外汇、证券和保险等金融机构之间的交流与沟通，在互利共赢和遵守市场经济规则的基础上开展广泛的合作。2001年，在"中俄友好、和平与发展委员会"的倡议下，中俄金融论坛第一次会议在莫斯科召开。

2. 中俄金融联盟

2015年10月15日，中俄金融联盟在哈尔滨成立。中俄金融联盟是非营利性、开放式跨境金融合作组织，以"平等、自愿、自主、独立"为原则，以"资源共享、优势互补、互惠合作"为宗旨，致力于为联盟内成员搭建联络、讨论及信息交流的非正式平台，加强联盟会员间在金融服务、风险管理、技术解决、员工培训等方面的经验交流，增进中俄两国在金融等领域的信息交流，促进联盟成员在代理关系建立、双边本币结算及现钞业务、国际贸易及信保融资、组织银团贷款、中俄地方基础设施建设项目融资以及全球市场交易业务等领域达成广泛合作。目前，中俄金融联盟由57家金融机构组成。2016年4月8日，由哈尔滨银行主办，海南银行协办的"中俄金融联盟创新合作论坛"在海南举行。来自中俄两国联盟成员单位代表、经济学家及企业代表，就中俄两国当前金融领域的热点问题及经济新常态下中俄金融合作的机遇与挑战展开了深入的讨论，并达成多项合作。

二 中俄金融合作的进展

进入 21 世纪，中俄金融合作快速发展，合作范围不断扩大，合作层次逐渐加深，合作方式也不断创新。从合作范围看，中俄金融合作从相邻地区金融合作起步，本币结算从无到有，结算的资金规模和地域范围不断扩大，商业银行间业务合作日益密切，近年来，合作范围还从传统的商业银行间业务合作逐渐延伸至央行间货币合作、保险及金融市场等领域的合作。从合作层次看，金融合作机制逐步完善，两国政府还积极搭建了上海合作组织银联体、中俄直接投资基金、亚投行、丝路基金等金融平台。从合作模式看，从传统的代理行模式逐步发展到互设机构跨境经营，从相邻地区商业银行合作发展到建立中俄金融联盟，银行从原有的结算机构发展为集结算、清算、跨境投融资为一体的金融主体。下文将从跨境贸易本币结算、商业银行间业务合作、货币互换、融资合作、反洗钱及反恐融资合作这五个方面对中俄两国在金融合作中所取得的进展进行论述。

（一）跨境贸易本币结算

1. 跨境贸易本币结算的发展历程

为了促进边境贸易的进一步发展，中俄两国央行积极推行跨境贸易本币结算业务。早在 2001 年下半年，中国黑龙江省黑河市各家银行就已与俄罗斯布拉戈维申斯克市各家账户行开始就本币结算问题进行接触，向企业客户进行多方面的业务需求调查，尝试草拟中俄两国银行以本币为计价单位结算的操作规程。2002 年 8 月 22 日，中俄银行合作分委会在上海签订了《中国人民银行与俄罗斯联邦中央银行关于边境地区贸易的银行结算协定》。2002 年 12 月，中俄两国又签订了《关于实施 2002 年 8 月 22 日签署的〈关于边境地区贸易的银行结算协定〉的纪要》。2003 年 3 月，中俄贸易本币结算在中国银行黑龙江省黑河分行与俄罗斯布拉戈维申斯克市远东外贸股份商业银行之间首次拉开序幕，这标志着中俄贸易本币结算正式进入试行阶段。2004 年 9 月，鉴于边贸本币结算试行情况良好，中俄双方签署纪要，决定从 2005 年 1 月 1 日起，将本币结算试点范围扩大至两国所有的边境口岸及俄方与中国接壤的六个联邦主体。纪要还规定，中国人民银行地方分支机构和俄罗斯联邦中央银行地方分支机构之间按照《信息交换指标清单》进行信息交换，信息交换的内容涵盖双方代理行账户间的资金流动、兑换业务数额、两国货币现金出入境数额等。2006年11月，中俄双方签署《关于扩大中国境内提供中俄边贸本币结算服务的银行所在地的地域范围的纪要》，将两国本币结算银行服务所在地的范围扩大到中方黑龙江、吉林、内蒙古、新疆四个省区全境。2007年11月，中俄双方签署《关于本币结算范围扩展至边境旅游服务的纪要》，决定从2008年1月1日起，将本币结算业务的服务范围扩大到旅游服务。2011年6月23日，中国人民银行与俄罗斯联邦中央银行又签订新的双边本币结算协定。协定签订后，中俄本币结算从边境贸易扩大到一般贸易，并扩大地域范围。协定规定两国经济活动主体可自行决定用自由兑换货币、人民币和卢布进行商品和服务的结算与支付。

2. 跨境贸易本币结算及清算

中俄银行间本币结算主要采取点对点的账户行汇划结算模式，即通过中俄银行互设的代理行办理本币结算资金的汇款业务。边境贸易本币结算业务试行之初，由于不存在卢布与人民币汇价，每笔业务均需要依靠美元进行结算。对于中方银行而言，每发生一笔卢布业务，均按照中俄双方每天询价汇率将卢布兑换成美元，调回国内或存放在国外代理行美元账户上，卢布账户余额始终保持为零。当时，中俄银行间结售汇业务均需通过美元账户进行周转，结算周期长、效率低。此后，国内各大商业银行会根据美元价格套算出人民币兑卢布汇价，并对外公布。2009年9月，哈尔滨银行首次对外公布人民币卢布牌价。人民币与卢布汇价的发布为人民币与卢布兑换提供了价格依据，这可以使银行在结算过程中无须每笔业务都通过美元账户进行中转，以银行公布的汇价通过代理行账户与国内银行进行结算。在清算模式上，采用互设单边账户的形式，即中方银行在俄方设立卢布账户，俄方银行在中方设立人民币账户，再通过第三国清算行进行清算。在头寸管理方面，为了规避汇率波动的风险，中国各商业银行对于结算账户采取日终零头寸的做法，即每日营业结束后，将卢布账户上的头寸通过第三国清算行兑换为美元调回境内，卢布账户余额始终保持为零。然而这种形式的本币结算既没有体现人民币与卢布直接汇兑的成本优势，又没有摆脱对第三方清算行的依赖，不能视为真正意义的本币结算。

2010年人民币与卢布挂牌交易后，人民币与卢布直接交易规模迅速扩大，人民币与卢布的国内交易市场逐渐建立。人民币与卢布交易市场的建立有助于本币结算实现真正落地。首先，在跨境贸易本币结算业务中，人民币与卢布汇价无须通过美元套算，降低了汇兑成本；其次，人民币与卢布交易市场可以使中方银行及时通过市场买卖卢布，提高了清算效率，以较低的成本解决了卢布头寸风险管理问题；最后，人民币与卢布交易市场为买卖双方银行提供高效交易平台，最大程度保证了买卖合同的执行，摆脱了代理行的垄断价格，降低了清算成本。

3. 中俄跨境贸易本币结算发展现状

2003 年，中俄双方边境贸易本币结算试行以来，黑龙江省本币结算业务从无到有，结算规模也呈快速增长趋势，本币结算在对俄贸易中的比重也逐年上升。2003 年，通过代理账户行办理的本币结算业务量为 1460 万美元，仅占黑龙江省当年对俄贸易的 0.5%；2009 年，本币结算业务量增长至 9.7 亿美元，约为 2003 年业务量的 67 倍，本币结算在黑龙江省当年对俄贸易额中的占比提高至 17.4%。这一时期，边境贸易本币结算的主要问题是卢布在本币结算中占绝对优势，人民币结算量非常小。2003～2009 年，黑龙江省中俄银行间本币结算累计金额为 29.17 亿美元。其中，卢布结算金额为 29 亿美元，占本币结算总量的 99.4%；而人民币结算金额仅为 1663 万美元，在本币结算总量中仅占 0.6%。形成本币结算卢布"一边倒"局面的主要原因包括：第一，在中俄边境贸易中主要以中国出口为主，俄罗斯人是中国商品的消费者，因此在结算币种的选择权上占有更多主动；第二，中国边境小额贸易出口经营者对俄罗斯出口的主要商品为低附加值的劳动密集型产品及农副产品，这类产品可替代性强，在市场中面临的竞争大多比较激烈，为了在对俄贸易中抢占市场，出口商被迫接受以卢布作为结算货币，大多采取在俄罗斯境内销售商品直接取得卢布再汇回中国进行核销的方式。

从 2010 年起，黑龙江省人民币结算量大幅攀升，到 2013 年，本币结算卢布"一边倒"的形势已发生根本性逆转。2013 年，黑龙江省中俄银行间办理本币结算业务 9.86 亿美元，其中，卢布结算业务为 4.69 亿美元，人民币结算业务 5.17 亿美元，人民币结算在中俄银行间本币结算中的比例超过卢布，达到 52.4%。① 2015 年，黑龙江省中俄本币结算业务量为 4.99 亿美元，其中人

---

① 《我省金融合作不断升级》，《黑龙江日报》2014 年 2 月 21 日，第 1 版。

民币结算量为 3.07 亿美元,在本币结算总量中的占比已达到 61.5%。① 人民币结算量迅速提高的主要原因包括以下几点。第一,2012 年之后俄罗斯经济结构性放缓,乌克兰危机爆发后,在美元走强、国际油价下跌、西方制裁等多重因素的叠加作用下,俄罗斯经济更是雪上加霜,卢布大幅贬值。相比之下,中国拥有强大的外汇储备、稳定的金融市场,宏观经济基本面向好,人民币币值稳定。币值稳定为人民币结算量快速增长创造了良好条件。第二,中俄贸易从以边境小额贸易为主向以一般贸易、加工贸易为主的方式转变,近 10 年来,一般贸易在中俄贸易中的比重逐渐加大。与边境小额贸易经营者相比,一般贸易经营者资金实力较强,管理更加规范,拥有稳定的贸易伙伴,因此,在结算的币种的选择上也拥有更强的议价能力。第三,2014 年以来,卢布大幅贬值,中国出口商品在俄罗斯的价格优势逐渐消失,出口锐减,而在电子商务蓬勃发展的推动下,中国自俄进口出现增长,中国作为进口方在结算币种的选择上可以掌握更多主动权。

内蒙古自治区在推动中俄本币结算方面也取得了相关进展。2005 年 12 月,中国农业银行满洲里分行与俄罗斯联邦外贸银行赤塔分行、俄罗斯远东对外贸易银行互设了代理行账户,内蒙古自治区中俄边贸本币结算取得了零的突破。到目前为止,该自治区贸易结算币种仍以美元为主,本币结算量相对较小。满洲里拥有中国最大的陆路口岸,所产生的对外贸易额和结算量都很大,随着人民币国际地位的提升,人民币结算量的增长仍具很大空间。

(二)商业银行间业务合作

1. 中俄两国银行互设机构及代理行

中俄两国银行互设金融机构及代理行能够有效缩短资金在途时间,提高结算效率,是促进贸易发展及推动本币结算的重要途径。

早在 1993 年,中国银行就在莫斯科设立了子银行,截至 2016 年底,共有 6 家中资银行在俄罗斯设有 5 家子行或分行,以及 2 家代表处(见表 1)。

---

① 《推进重大合作项目落地改革试点政策开展金融交流活动》,《黑龙江日报》2016 年 1 月 18 日,第 1 版。

表1　中资银行在俄机构情况

单位：%

银行名称	当地机构	设立时间
中国银行	中国银行（俄罗斯）	1993 年 4 月
	中国银行（俄罗斯）滨海分行	2013 年
中国工商银行	中国工商银行（莫斯科）股份公司	2007 年 11 月
中国建设银行	中国建设银行（俄罗斯）有限责任公司	2013 年 3 月
中国农业银行	中国农业银行（莫斯科）有限公司	2014 年
国家开发银行	莫斯科代表处	2010 年 9 月
中国进出口银行	圣彼得堡代表处	2007 年 6 月

资料来源：作者整理。

早在 1989 年俄罗斯外贸银行就在中国设立了代表处，随着中国经济的快速发展，俄罗斯对于中国这一合作伙伴的重视程度也与日俱增。截至 2016 年底，共有 9 家俄罗斯的银行在华设有 1 家分行和 10 家代表处（见表2）。

表2　俄资银行在华机构情况

银行名称	当地机构	设立时间
俄罗斯外贸银行公开股份公司	北京代表处	1989 年 9 月
	上海分行	2007 年 12 月
俄罗斯信贷商业银行	北京代表处	1996 年 4 月
俄罗斯开发与对外经济银行	北京代表处	1999 年 4 月
俄罗斯工业通讯银行开放式股份有限公司	北京代表处	2004 年 3 月
俄罗斯天然气工业银行股份公司	北京代表处	2006 年 7 月
俄罗斯兴盛银行开放式股份公司	北京代表处	2008 年 8 月
俄罗斯欧洲金融莫斯科人民银行公开股份公司	北京代表处	2009 年 7 月
俄罗斯储蓄银行公开股份公司	北京代表处	2010 年 6 月
俄罗斯农业银行	北京代表处	2015 年
俄罗斯中央银行	北京代表处	2016 年 6 月

资料来源：作者整理。

黑龙江省在与俄罗斯银行互设代理行方面走在全国前列。1995 年 5 月，中国农业银行黑河分行率先与俄罗斯阿穆尔州商业股份银行（现东方快捷银行）正式建立了代理行账户关系，互设美元结算账户，正式开通了美元现汇结算业务，这标志着中俄两国银行间直接通汇业务的开始。截至 2015 年底，黑龙江省已有 10 家银行机构与俄罗斯 24 家银行机构设代理行账户共 130 个，与俄方签约的代理行主要分布在俄罗斯滨海边疆区和远东地区的符拉迪沃斯托克、乌苏里斯克、哈巴罗夫斯克、布拉戈维申斯克等主要城市。[①]

内蒙古自治区也与俄罗斯相邻地区的商业银行合作，双方互设了代理行及账户行。截至 2015 年上半年，满洲里外汇指定银行与俄罗斯银行共建立了 13 个账户行，其中，中国工商银行建立了 2 个美元账户；中国银行建立了 1 个美元账户；中国建设银行建立了 1 个美元账户、1 个本币账户；中国农业银行建立了 5 个美元账户、3 个本币账户（见表 3）。

表 3　满洲里市与俄罗斯建立账户行基本情况

中方银行名称	俄方账户行名称	建立账户行时间	设立方式	账户币种
中国工商银行满洲里分行	俄罗斯储蓄银行贝加尔分行	2002 年 3 月	单方在俄罗斯	美元
	俄罗斯储蓄银行贝加尔分行	2009 年 12 月	单方在俄罗斯	美元
中国银行满洲里分行	俄罗斯储蓄银行贝加尔分行	2003 年 3 月	互设	美元
中国建设银行满洲里分行	俄罗斯工业服务银行	2011 年 4 月	单方在中国	美元、人民币
中国农业银行满洲里分行	俄罗斯外贸银行赤塔分行	2000 年 8 月	单方在俄罗斯	美元
	俄罗斯远东对外贸易银行（东方快捷银行）	2003 年 6 月	单方在中国	美元
	俄罗斯储蓄银行贝加尔分行	2004 年 9 月	互设	美元
	俄罗斯乌兰乌德 BIN 股份制商业银行	2004 年 11 月	单方在中国	美元
	俄罗斯储蓄银行贝加尔分行	2005 年 8 月	单方在俄罗斯	卢布
	俄罗斯远东对外贸易银行（东方快捷银行）	2005 年 12 月（人民币）2006 年 9 月（卢布）	互设	人民币、卢布
	俄罗斯外贸银行赤塔分行	2003 年 3 月（卢布）2005 年 12 月（人民币）	互设	人民币、卢布
	俄罗斯工业服务银行	2010 年 6 月	单方在中国	美元

资料来源：作者根据在人民银行满洲里分行调研资料整理。

---

① 《推进重大合作项目落地改革试点政策开展金融交流活动》，《黑龙江日报》2016 年 1 月 18 日，第 1 版。

2. 人民币与卢布挂牌交易

俄罗斯方面，2010 年 12 月 15 日，人民币在俄罗斯莫斯科外汇交易所挂牌上市。俄罗斯成为人民币在境外挂牌上市的首个国家。交易时，每笔交易以 1000 人民币为基本单位，采用当天交割方式进行资金清算。人民币在俄罗斯挂牌上市对于提高人民币结算量起到了积极作用。

中国方面，自 2010 年 11 月 22 日起，经中国人民银行授权，中国外汇交易中心银行间外汇市场开办人民币对俄罗斯卢布即期交易。交易主体为具备银行间即期外汇市场会员资格的机构，交易方式为询价和竞价，交易实行做市商制度。2010 年 12 月 17 日，哈尔滨银行依据国家边境贸易外汇管理规定，出资建立黑龙江卢布现钞交易中心，这为境内卢布现钞交易提供了合法的交易平台，有效打击了非法卢布兑换，满足了对俄边贸企业和旅游公司对外支付卢布现钞的需求。

3. 人民币与卢布现钞的兑换及使用

中俄两国积极推行跨境贸易本币结算的同时，在合作推广卢布在中国和人民币在俄罗斯现钞的兑换及使用方面也做出了相应努力。

卢布与人民币现钞兑换已开始试行并进展顺利。2007 年，中国银行黑龙江省黑河分行和哈尔滨银行率先试点开办卢布与人民币现钞双向兑换业务。目前，黑龙江省办理卢布与人民币现钞兑换业务的区域从哈尔滨、黑河两市扩大至绥芬河、东宁、佳木斯和同江等地。2013 年黑龙江省共办理人民币与卢布现钞兑换业务 7547 笔，金额 91.4 亿卢布。

绥芬河成为卢布现钞使用试点城市。绥芬河是黑龙江最大的边境口岸，在长期的贸易往来中，卢布在该市的使用形成了一定规模，虽然对俄罗斯游客服务的商场、酒店并未用卢布标价，但在这些场所都可以直接使用卢布进行交易，但卢布现钞使用长期处于非法状态。据估算，绥芬河口岸的卢布现钞流入量基本保持在年均 200 亿~300 亿卢布，折合人民币 20 亿~30 亿元，对人民币主体地位的冲击影响很小，完全在可控范围内。2013 年，绥芬河被批准成为中国首个卢布使用试点城市，这是中国首次允许一种外币在中国某个特定领域行使与主权货币同等功能。2015 年 8 月，卢布现钞试点工作在绥芬河正式开展，绥芬河市场中销售的商品可以用卢布标价，俄罗斯商人及游客可以直接用卢布消费，卢布在绥芬河市可以自由存取。允许在绥芬河使用卢布现钞，逐步将民间卢布现钞兑换市场纳入银行体系，使其公开化、市场化、合法化，这不仅有利于中俄经贸合作的健康发展，对人民币在俄罗斯取得对等地位也起到积极的带动作用。

为了应对现钞兑换的日常需要，在头寸管理方面，允许保留一定额度的卢布头寸。哈尔滨银行的做法是"总量控制，限额管理"，即设定所有境外代理行每日卢布头寸风险敞口总额的上限，根据各代理行的实际需求核定不同的头寸额度，代理行之间可以根据实际情况相互调剂，在中小型代理行中尽量少保留或不保留头寸；在大型代理行中可在规定额度内保留卢布头寸，如超过规定额度要及时平盘，并调回相应的外币或人民币。

4. 人民币与卢布现钞跨境调运

随着卢布与人民币现汇结算和现钞兑换业务的开展，中俄两国相关银行需对现钞头寸进行严格的管理，为满足现钞兑换的日常需要和应对风险管控，中俄双方合作代理行要进行资金跨境调运，对调本币，通过总量控制的办法最大限度降低汇率风险。

黑龙江省在卢布与人民币跨境调运方面进行了较早尝试。早在 2003 年 12 月，中国银行黑河分行与俄罗斯远东外贸银行就尝试了卢布调运业务，调运金额为 231 万卢布。近年来，卢布跨境调运逐渐专业化、规模化。2012 年，哈尔滨银行通过北京海关首次以空运模式向俄罗斯莫斯科波罗的海发展银行跨境调运 500 万卢布现钞。此后，哈尔滨银行与国际知名安保运输公司合作，建立哈尔滨—北京—莫斯科现钞调运渠道。2014 年，黑龙江省外汇局与哈尔滨银行协同俄罗斯远东金融管理局、符拉迪沃斯托克海关等相关部门开辟了哈尔滨—北京—符拉迪沃斯托克的远东地区卢布现钞跨境调运渠道，该渠道开辟后，现钞调运流程可由原来的 4~5 天缩短至 2~3 天，运费等资金成本也相应降低。2015 年上半年，哈尔滨银行卢布现钞交易量为 14.03 亿卢布，累计跨境调运卢布现钞 10.8 亿，同比增长 73%。①

人民币调运方面，2015 年，在中国人民银行北京营管部和哈尔滨中心支行的审核批准下，哈尔滨银行经北京海关以空运的方式向俄罗斯亚洲太平洋银

---

① 《哈尔滨银行成中国最大对俄人民币现钞跨境调缴金融机构》，中国新闻网，2016 年 2 月 18 日，http://www.chinanews.com/df/2016/02-18/7763346.shtml。

行跨境调运人民币现钞 500 万元。此次调运明确了人民币现钞跨境调运中中俄双方海关通关流程和手续，为此后现钞调运业务常态化运行积累了经验。截至 2015 年底，哈尔滨银行已对俄罗斯调运人民币现钞 3 笔，累计金额 3500 万元人民币。

此外，吉林省珲春口岸的金融机构也启动了卢布和人民币跨境调运业务。2015 年珲春农村商业银行从俄罗斯滨海边疆区商业银行以陆路汽车运输的方式调入 200 万卢布现钞和 2 万元人民币现钞，从珲春农商行向俄罗斯滨海边疆区商业银行调出 500 万卢布和 20 万元人民币现钞。

5. 银行卡合作

银行卡的使用避免了中俄双方客商随身携带大量外汇的不便，便利了商贸活动，也为人民币在俄罗斯的推广创造了条件。中俄银行间最早的银行卡合作始于 2002 年，中国农业银行边贸口岸行与俄罗斯银行签订了金冠卡代理协议，开始办理金冠卡代付业务。2009 年 2 月，中国农业银行黑龙江省分行与俄罗斯滨海社会商业银行签署合作协议，推出金穗借记卡境外取现业务。持卡人可通过中国农业银行设置在俄罗斯的 POS 机提取美元、卢布及人民币现钞。乌克兰危机之后，国际支付系统 VISA 和万事达一度停止了对俄业务，这间接为中国银联卡在俄罗斯的推广创造了有利机会。2014 年，银联国际与俄罗斯东方快捷银行签署合作协议，根据协议，银联国际与俄罗斯合作发行币种为卢布、人民币的银联白金卡或钻石卡。俄罗斯人持有东方快捷银行发行的银联卡，可以享受到与中国国内银联卡持卡人同样便捷、安全的金融服务。到 2015 年底，已有 20 余家俄罗斯的银行机构与中国银联开展合作，在俄共发行银联借记卡 41 万张，共 28 万俄罗斯商户办理了银联卡，近 4 万台 ATM 机开通了银联卡取现业务。①

6. 跨境电商支付结算

近年来，中俄跨境电子商务蓬勃发展，物流渠道和支付结算渠道的畅通是跨境电商顺利运营的保障，因此，搭建对俄跨境电商支付结算平台成为中俄银行间合作的重要内容。2015 年，中国银行绥芬河支行与易智付科技（北京）有限公司共同搭建"绥易通"跨境电商平台，整合金融、海关、税务、物流

---

① 《推进重大合作项目落地改革试点政策开展金融交流活动》，《黑龙江日报》2016 年 1 月 18 日。

和仓储等多方优势资源，支持以人民币或外币标价、结算，接受银行卡付款。哈尔滨银行是国内首家启动中俄跨境电子商务在线支付服务的银行，建立了跨境电子商务结算系统，与 20 余家在线支付服务商展开合作，能够支持俄罗斯大多数主流支付方式的跨境在线支付、收款、结算，涵盖俄电子钱包、银行卡、网上银行、手机支付终端等，解决了境内对俄电商企业收汇难、结汇难、网上支付成本高、支付安全缺乏保障等问题。该结算系统运营期间累计处理跨境在线支付交易 230 万笔，结算金额达 7.6 亿元人民币。①

（三）货币互换

央行间的货币互换是指两国央行签订协议，在一定规模内，以本国货币为抵押换取等额对方货币。2008 年全球金融危机后，货币当局间的货币互换迅速发展，这实际上是对美国滥用中心货币霸权的一种有力回应。就中国而言，这种机制也为人民币成为国际储备货币开辟了重要途径。在应对危机之后，这种货币互换安排还在国际贸易中发挥着重要的作用：央行间签订货币互换协议，将他国货币注入本国金融体系，本国商业机构可以借到对方货币，用于支付从对方进口的商品，对于本国的出口企业而言，得到的是本币计值的货款，有效地规避了汇率风险，降低了汇兑费用。②

2014 年 10 月，中俄总理第十九次会晤期间，中俄双方签署了 1500 亿元人民币/8150 亿卢布的本币互换协议，有效期为 3 年，经双方同意可以延期。具体操作流程为：假如俄方为发起方，俄方需向中国人民银行提出执行货币互换申请，俄方可发起的人民币贷款最高限额为 1500 亿元。假设俄罗斯央行发起 1 亿人民币贷款，发起时人民币兑卢布汇率为 1∶10，则俄罗斯央行在获得这 1 亿人民币的同时，需向中国人民银行缴纳 10 亿卢布作为抵押，到期后，俄罗斯央行应偿还中国 1 亿人民币，并按照中国人民银行相关利率支付利息，最后将 10 亿卢布收回。货币互换能够有效地规避汇率风险，有利于提高双边贸易和投资的便利性。

---

① 《加快金融创新，护航"龙江丝路带"》，《黑龙江日报》2016 年 9 月 3 日。
② 郭晓琼：《上海合作组织金融合作及中国的利益诉求》，《俄罗斯东欧中亚研究》2015 年第 2 期。

（四）融资合作

1. 开发性金融

开发性金融是对政策性金融的深化和发展，其资金主要用于支持国家重点开发项目，以融资支持项目运行的方式推动国家重点领域的市场建设及制度建设。开发性金融为国家发展目标服务，体现政府意志，具有国家信用，而其具体运作则采用市场化方式，这种财政资金信贷化的金融安排能够有效地将国家发展目标与市场原则相结合，弥补市场失灵，调控宏观经济。开发性金融方法在对俄合作中的运用，有利于维护中国经济和能源安全、开拓国际市场，支持中国企业"走出去"，在贯彻和落实国家的经济及外交战略等方面都发挥了积极、重要的作用。

国家开发银行是中国在对俄合作中实施开发性金融的主要机构。2005 年以来，国开行成功促成了中石油、中石化、中信等公司在俄罗斯的重大投资项目，为俄罗斯能源等基础设施项目提供了重要的资金支持。"贷款换石油"就是国开行实施开发性金融的典型案例。2008 年，时任中国总理温家宝访俄期间，中俄双方签署协议，根据协议，中国分别向俄罗斯石油公司和俄罗斯石油管道运输公司提供 150 亿美元和 100 亿美元的贷款用于铺设石油管道，俄罗斯则应于 2011 ~ 2030 年每年对华出口 1500 万吨石油。对于中国而言，一方面，"贷款换石油"为国内资本"走出去"开辟了渠道；另一方面，使中国获得了稳定的能源供应，为国家经济发展提供了有力的能源保障。2013 年，国开行还与俄罗斯对外经济银行签署 12 亿美元信贷协议，用于建设莫斯科"光荣"科技园区。

由政府主导的中俄投资基金和丝路基金是中国在对外经济合作中进行开发性金融的新举措，也是中国推行区域经济一体化进程中的新尝试。基金遵照市场化、国际化、专业化的原则，在未来"丝绸之路经济带"与"欧亚经济联盟"对接过程中，作为新的开发性金融举措将对推动中俄经贸合作的深化和发展发挥重要作用。

2. 出口买方信贷

中国为鼓励汽车、船舶等成套设备及机电产品等商品对俄出口，通过提供保险、融资、利息补贴等方式鼓励中国商业银行向俄罗斯的金融机构或进口商提供优惠贷款，支持俄方购买中国出口商品。出口买方信贷与普通贷款业务相比具有利率低、金额大、期限长的特点。早在 2002 年，中国进出口银行就与俄罗斯外贸银行签订了框架协议，由中方向俄方提供 1 亿美元的出口买方信贷。此后，中国银行、中国建设银行、中国工商银行和中国农业银行都与俄罗斯金融机构签订过出口买方信贷协议。对于中方企业而言，由于俄罗斯进口商获得了中方银行的信贷支持，增加了中国企业中标的可能性，提高了企业的竞争力。对于中方银行而言，出口买方信贷可以获得中国出口信用保险公司的保险，贷款业务的风险相对较低。可以说，出口买方信贷为中国企业及金融机构开拓俄罗斯市场提供了有力的支持和保障。

3. 银团贷款

银团贷款是指由两家或两家以上银行或金融机构采用同一贷款协议，根据约定的时间和比例，向某一企业或某一项目提供贷款的融资方式。2005 年，中国农业银行新加坡分行曾参与国际银团向俄罗斯对外经济银行的银团贷款，总额度为 3 亿美元。以参与银团贷款的方式对俄融资，为中国商业银行及金融机构以相对低的风险、相对少的资金涉足俄罗斯一些大型项目创造了更多可能。2016 年 7 月 13 日，哈尔滨银行联合郑州银行、九江银行、包商银行、中泰信托等 16 家中方金融机构与俄罗斯对外经济银行签署总金额为 100 亿人民币的银团贷款合作协议，根据协议，这笔资金将用于中俄两国经贸合作项目及基础设施建设。

（五）反洗钱及反恐融资合作

随着经济全球化进程的不断加快，洗钱和恐怖主义融资犯罪逐渐成为全球性威胁，新兴市场和发展中国家往往成为洗钱资金的中转站及流出地。近年来，中国和俄罗斯的跨境洗钱活动均出现增长势头，一些跨境洗钱活动还与贪污、腐败、电信诈骗、网络诈骗等经济犯罪相联系，成为危害国家金融安全及社会稳定的重大隐患。因此，广泛深入地参与反洗钱国际合作对中、俄两国而言都势在必行。

早在 2002 年 12 月，中国人民银行就与俄罗斯中央银行签署了《关于反洗钱信息交流和人员培训协议》，此后，中俄双方多次召开研讨会，就洗钱类型、趋势等问题进行探讨。2004 年 6 月，欧亚反洗钱与反恐融资小组（EAG）在莫斯科成立，中国和俄罗斯、白俄罗斯、哈萨克斯坦、塔吉克斯坦、吉尔吉斯斯坦六国成为该组织的创始成员国，这是中国参与反洗钱国际合作迈出的重要的一步，该组织已成为中国与俄罗斯、中亚及南亚国家开展非传统安全合作的重要平台。2005 年 1 月，中国成为反洗钱金融行动特别工作组（FATF）的观察员，2007 年 6 月，中国成为该组织正式成员，更加广泛地参与到国际反洗钱和反恐融资事务中。2006 年，中国人民银行与俄罗斯金融监管局专门就反洗钱和反恐融资形势进行了充分交流，双方签署了《反洗钱和反恐融资合作与信息交流协议》，此后在协议基础上，两国金融情报机构在情报交流、系统开发、前沿问题研究等方面开展广泛合作，提高打击洗钱和恐怖主义融资的力度。2007 年 3 月，中国反洗钱监测分析中心与俄罗斯金融监管局签订《反洗钱谅解备忘录》，根据备忘录，中俄双方在涉嫌洗钱、恐怖主义融资及相关犯罪情报的收集、分析等方面开展合作。2016 年 6 月，中国人民银行与俄罗斯中央银行签署《关于预防洗钱和恐怖融资谅解备忘录》，备忘录包含反洗钱监管合作、信息交流、现场检查、人员交流与培训等多方面内容，这份文件的签署对落实反洗钱和反恐融资国际标准及中俄双方加强在反洗钱监管交流、金融情报交换等领域的合作具有重要意义。

三　推进中俄金融合作的几点建议

经过多年的发展，中俄两国政府对于加强经贸合作都有着强烈迫切的愿望，提高经贸合作的水平和质量成为未来两国经贸合作的主要战略方向。金融合作是中俄经贸合作资金畅通的重要保障，它为两国经贸合作的扩展和深入创造了良好的条件。同时，贸易和投资规模的扩大、合作领域的扩展又对金融合作提出更高的要求。因此，完善金融合作机制、拓宽金融服务范围、创新金融合作模式将成为未来中俄金融合作的必要之举。

金融合作是一项长期的系统性工程，需要从顶层设计、配套措施、合作模式等多方面着手。从顶层设计看，应在中俄金融合作分委会机制下，对未来金融合作制定长期规划，充分发挥金融分委会的作用，提高效率和执行力；从配套措施看，应加强本币支付清算体系建设，促进形成人民币对卢布直接汇率，进一步扩大本币结算范围，优化跨国金融信用环境，建立对俄离岸金融市场等；从合作模式看，应鼓励两国金融主体互设机构，鼓励金融机构通过兼并、持股、收购等方式实行跨国经营，畅通投融资渠道，为企业"走出去"提供资金保障。

B.6
中俄区域和欧亚交通运输
走廊建设分析

C.Л. 萨佐诺夫　陈晓*

摘　要： 当前俄联邦远东是俄罗斯与亚太地区一体化进程的关键环节，为了远东联邦区的不断发展，必须把俄罗斯和中国的交通运输网连接起来。应共同实施中俄交通运输基础设施规划，这类规划确定了在欧亚基础设施一体化模式形成中的中俄边境交通运输合作发展最佳方案。融入一体化和利用其合作效应，使包括俄罗斯和中国在内的所有欧亚跨境运输项目的参与者都能获得潜在利益。

关键词： 交通运输网　基础设施一体化　边境口岸　跨境运输

　　与俄联邦欧洲部分相比，远东因地缘优势同中国及东北亚的关系更密切，远东和中国东北构成了"天然的地缘和经济带"。对俄联邦远东来说，与中国、日本、韩国和东南亚国家保持紧密的经济关系可以得到益处，就像其与俄罗斯的欧洲部分保持关系一样。而现存的政治和经济障碍影响了互利合作，可以通过建立有效的中俄区域交通运输系统来消除障碍。国家采取有针对性和适当的措施扶持远东联邦区交通运输的发展，吸引俄罗斯私人资本和外国直接投资，有助于把远东的基础设施网连通到中国和国际交通运输走廊中，并保障其与俄罗斯的交通运输系统连接起来。① 俄罗斯和中国应成为区域一体化的主导

---

* C.Л. 萨佐诺夫，经济学副博士，俄罗斯科学院远东研究所中国经济社会研究中心首席研究员；陈晓，俄罗斯科学院远东研究所研究生。

① 远东联邦区对外国直接投资的主要吸引力就是打造良好的投资环境。2015 年超前发展区和自由港法生效。新法规定对超前发展区的入驻企业实行 5 年的优惠政策，税率从 20% 降到 5%，对土地税和财产税实行暂时免税期，降低保险费。

力量，在一定的条件下能够保障把边境基础设施网变为多极化的区域跨境运输网络。① 毫无疑问，在实现这个区域跨境运输网络连接并利用其取得倍增效益的条件下，所有亚太国家都能得到实际利益。远东联邦区是最理想的试验区，它可能成为俄罗斯通向中国的"交通运输大门"，该区域交通运输基础设施的改善也是与亚太地区国家发展区域经济的"助推器"。中国和俄罗斯的共同利益是建设中俄区域一体化网，远东交通运输基础设施建设可能成为加强欧亚大陆国家之间经贸合作的新平台。

中国领导人正在研究建设北京至莫斯科高铁的可行性，将其作为"丝绸之路经济带的核心项目"，② 2015年6月中俄财团与俄罗斯铁路股份公司签订协议，规定拨款208亿卢布（3亿8000万美元）用于预先进行项目的技术鉴定。③ 需要指出的是，2015年11月中国国家总理李克强在苏州第四次中国领导人与中东欧领导人会晤时强调，中俄规划是"第一次在国外的建筑领域和高铁建设上利用中国技术"。④ 2022~2023年应积极进行莫斯科至喀山路段770公里高铁的建设工程，这有利于西伯利亚大铁路西部试验区的通行能力提升，⑤ 并增加中国中部和西部各省份铁路的跨境货运量，货物可经哈萨克斯坦在俄联邦境内运往西欧。⑥ 可以

---

① 如果国家不进行合理的税率调节，俄联邦铁路网通行能力的提高就不能带来应有的经济效益。不宜对俄罗斯跨境运输货物实行全程统一税率，而应规定最高和最低税率。那么就可以在现行的货物运输通道关税的框架下，根据市场商情的差异，灵活地制定关税政策，这样借助关税规定的部分条款就可以有效地应对市场的迅速变化。

② *China plans to build Beijing-Moscow high-speed rail*，URL，http://en.ce.cn/main/latest/201501/23/t20150123_4412604.shtml.

③ *Rolling stock company forges ahead in Russia*，URL，http://www.china.org.cn/business/2015 - 05/06/content_35498400.htm.

④ *Backgrounder*：*China high-speed train's overseas expansion*，URL，http://www.china.org.cn/china/Off_the_Wire/2015 - 11/26/content_37172221.htm.

⑤ 俄罗斯铁路股份公司正在制定高铁运输构想，高铁将在高铁路线上运行，可以运载300~600吨货物，速度在每小时300公里。现在几家中国公司和西门子集团正在与俄罗斯铁路股份公司开展合作，研究高铁车辆运输编组的技术问题。

⑥ 莫斯科至喀山的高铁可以成为"丝绸之路经济带"高速运输走廊的一部分，可以延长叶卡捷琳堡、车里雅宾斯克、彼得罗巴甫洛夫斯克、阿斯塔纳、多斯蒂克、乌鲁木齐、北京间的路线。也可以延长俄联邦境内的另一条路线，可以继续向北经鄂木斯克，再经新西伯利亚和巴尔瑙尔通往中国。两个首都之间陆上的运行时间可以从现在的127小时缩短到32小时。可以利用可伸缩的对轮间距的车厢缩减过境时间。因为现在跨境运输需要更换车厢厢体，耗费几个小时，而使用新车厢只需要几分钟。

选择一条路线连接和利用西伯利亚大铁路西部试验区的部分路段。俄罗斯铁路股份公司可经中俄满洲里－绥芬河边检站收到从中国发来的货物，或者沿俄罗斯与哈萨克斯坦边界把它们运往莫斯科，然后用乌斯季－卢加的集装箱专列快车把集装箱在 21 小时内运往俄联邦北方最大的港口之一乌斯季－卢加（距离810 公里）。① 集装箱可以通过公路在 18 小时之内运达。但是，莫斯科至乌斯季－卢加铁路运输的费用要比公路运输的费用低，价差在于用铁路运输 20 英尺和 40 英尺的集装箱的运费分别约为 150 欧元和 100 欧元。应当清楚的是，协调解决西伯利亚大铁路干线西部试验区通行能力明显提升的问题取决于具有重要价值的北京至莫斯科高铁运输走廊的建设，这也有助于提高这个走廊的通行能力，还要考虑到加快发展其他欧亚国家（哈萨克斯坦和白俄罗斯）跨境运输的交通运输系统。我们认为，这个项目需要大量资金，项目的协调和实施需要耗费很多时间，最佳和最现实的方案是俄罗斯主要铁路干线东段规划中的发展西伯利亚大铁路东部试验区和远东联邦区海港的项目，使其和中国国家主席习近平提出的"一带一路"倡议相对接。

目前，中国东北通向俄罗斯边界主要铁路口岸的交通基础设施在一定程度上存在货物不足的现象。因此，首要任务是要考虑今后货流的发展趋势，根本改造远东联邦区的交通运输综合体，并让俄联邦远东铁路外贝加尔斯克、格罗杰克沃至太平洋港口路段承担相当一部分货物，那些货物是中国东北和中部各省的产品，随后要运往欧洲和中国东部港口。由于现在西伯利亚大铁路干线的通行能力有限，部分跨境运输货流可以转向通往俄罗斯远东的中国铁路干线。中国中部和西北部跨境运输货流的潜在数量超过 4500 万吨，② 因跨境货物的数量增长了 0.5 倍，一些港口的货运量还可能增加。西伯利亚铁路干线东部试验区通向滨海边疆区港口的跨境运输量急剧增长，不仅成为地区基础设施一体化发展的强大推动力，也是与"一带一路"倡议对接和优先发展远东联邦区

---

① 乌斯季－卢加港是现代化的深水不冻港，港口有 13 个正在运行的码头，位于距离圣彼得堡150 公里处。全年结冰停航期短，每年的运行期能达到 330 天。港口水域很深（17.5 米），领航道很短（3.7 公里），使得港口变成波罗的海唯一具有竞争力的海港，吞吐量多达 16万个标准箱。2016 年港口的货运量约 1 亿吨，集装箱货运量 9 万个。所有国际主导航线都通往乌斯季－卢加港。

② 中国东北各省货运量 4500 万吨，占比 20%，来自中部和南部各地区。其中 2200 万吨是集装箱货物，2300 万吨是农产品（玉米、谷物、大豆）。

的范例，而且还会对远东联邦区和中国东北各省的经济发展做出很大贡献。俄联邦境内跨境运输走廊顺利发展的主要条件在于改变跨境货物运输的基本标准，应把通过边检的跨境货物运输的时间从 5 小时缩短到 4 小时，在海港换装的时间从 25 小时缩短到 10 小时，通过铁路和公路运输的跨境货物的运费最少降低 50%。在满足这些条件的情况下，俄罗斯境内跨境货物运输的时间和价格将大大吸引中国和其他亚太货运公司，毫无疑问，也将产生明显的效益。俄罗斯远东经济发展部部长 A. 加卢什卡认为，滨海边疆区发展国际交通运输走廊将保障俄联邦国内生产总值潜在增长 290 亿卢布，每年税收达到 57 亿卢布。①

实施 1990 年远东学者们制订的"滨海 1 号"和"滨海 2 号"国际运输走廊规划，我们可以获得明显效益。这两个项目规定中国东北各省的产品经滨海边疆区的港口运输过境。中国东北各省与亚太地区国家的货运总量每年超过 1000 万吨，其今后还将增长，现在经过滨海边疆区的跨境货运量低于 1%。② 中国东北各省总面积 145 万平方公里，人口超过 1 亿 2000 万，没有通向日本海的出海口，其生产的商品只能通过中国北方港口远距离运输出口，③ 致使商品成本大大增加。④ 比如说，从珲春到大连最近的港口也要运输 1500 公里，到波西耶特港 42 公里，到斯拉维扬卡港 200 公里。此外，中国东北各省铁路网的地方货运量超负荷无法承载外贸的货流。2015 年由于中国东北基础设施网受到限制，约 1 亿吨各种货物未能运出。

根据"滨海 1 号"和"滨海 2 号"两个国际运输走廊项目的规定，到 2030 年中国跨境货物运输总量可能达到 5000 吨左右，其中粮食产品 2300 万吨，集装箱货物 2700 万吨（190 万～200 万个集装箱）。据麦肯锡咨询公司测

---

① ГалушкаА. Плечо Востока. Приморье проложит новый путь для Китая. URL：https：// rg. ru/ 2016/03/28/primore – prolozhit – novyj – put – dlia – kitaia. html.

② Коридоры к морю. Транзитные контейнеры из китайских провинций переключают на приморские. порты. URL：http：//www. gudok. ru/newspaper/? ID = 1362712&archive = 20 (Дата обращения：26. 01. 2017).

③ 因哈尔滨、长春、沈阳、大连间的铁路货物超负荷，黑龙江省、吉林省和内蒙古自治区东部所有的进出口货物运输都经辽宁省的大连、营口和锦州港，或者是天津港，而日本海距离边防哨所（哈桑站）只有 13 公里。

④ На железнодорожном КПП Хунчунь на границе Китая и России резко повысилась пропускная способность, что стимулирует открытие второго рейса в Европу из Цзилиня. URL：http：//russian. china. org. cn/exclusive/txt/2017 – 02/11/content_ 40267954. htm.

算，到 2030 年运输公司的年收入可超过 900 亿卢布（滨海边疆区港口 400 亿卢布，铁路和公路运输公司 500 亿卢布）。① 除了中国的跨境货物，俄罗斯的出口货物和东南亚国家的集装箱也要经过这些运输线路。用现代化技术改造哈桑区的铁路基础设施（建设波扎尔斯科耶和巴尔斯基的让车道及珲春、马哈利诺、扎鲁比诺间的铁路），将有助于中国东北各省组织货物经过滨海边疆区（斯拉维扬卡、扎鲁比诺和波西耶特）南部的港口过境。马哈利诺（滨海边疆区）边境口岸至珲春（吉林）应成为中俄集装箱跨境运输的主要增长渠道，到 2030 年每年的过货量应从现在的 200 万吨增至 800 万 ~ 1000 万吨。在发展"滨海 1 号"国际运输走廊的项目中，符拉迪沃斯托克自由港法开始起到重要作用。根据自由港法的规定，从 2016 年 10 月 1 日起开始实行港口活动的一些新规定，规定边境口岸昼夜工作制，实行"一个窗口"的边检制度，对自由港的入驻企业实行自由关税区制度、货物预先电子报关制度，允许对外经贸活动的参与企业走"绿色通道"。② 采取这些新举措的目的是取消从中国、东南亚和东盟国家向俄罗斯海上运输货物时的行政壁垒。③ 目前，"滨海 1 号"国际运输走廊的基础设施向纳霍德卡港和符拉迪沃斯托克港的货运量保障达到700 万吨。从绥芬河到符拉迪沃斯托克港或者纳霍德卡至沃斯托奇纳亚铁路运输的货运时间占 13 个小时。④ 为了提高"滨海 1 号"国际运输走廊项目的跨境货流量，应扩大格罗杰克沃 – 绥芬河边检站俄罗斯部分的规模，改造格罗杰克沃车站，改建乌苏里斯克到国界线的地方公路。斯莫利亚尼诺沃至纳霍

---

① Артем разведет контейнеры по сухому. Заработала железнодорожная составляющая логистического центра в Приморье. URL：http：//www. kommersant. ru/doc/2494425（Дата обращения：08. 10. 2016）.

② Дальнему Востоку не хватило льгот. Свободному порту Владивостока готовят более привлекательный налоговый режим. URL：http：//www. kommersant. ru/doc/3249525（Дата обращения：23. 03. 2017）.

③ Коридоры к морю. Транзитные контейнеры из китайских провинций переключают на приморские. порты. URL：http：//www. gudok. ru/newspaper/？ ID = 1362712&archive = 20（Дата обращения：26. 01. 2017）.

④ 符拉迪沃斯托克自由港法出台和相关税法修正，为自由港的入驻企业规定了特殊制度：免去前五年的利润税和财产税，而下一个五年分别收取 12% 和 0.5% 的税费。整个十年的社会缴费率规定为 7.6%。2017 年 3 月远东发展部建议对入驻自由港的企业实行更优惠的统一利润税和财产税，对大型投资者收取 6% 的税费，期限为 15 年。10 年后入驻企业获得的主要利润都将来自统一的优惠税收政策，到 2035 年它们每年将节省税费 34 亿卢布左右。

德卡铁路路段的建设及通向纳霍德卡港和乌苏里斯克港的开发工程需要大量资金。

需要指出的是，在采取新的行政制度发展交通运输走廊时无需特别多的额外资金。根据现行运价测算，俄经济发展部确定了投资国际交通运输改造项目在十年内的年回报率为10%～12%。改造"滨海1号"和"滨海2号"国际运输走廊项目的全部基础设施（公路、部分铁路专用线、边检站和转运站、港口码头）将对投资者产生极大吸引力，有利于在对基础设施进行现代化的改造时吸引私人投资，尽最大可能减少预算支出。而且滨海边疆区将成为主要受益者，将获得约75%的利润。①

扎鲁比诺港应成为"滨海2号"国际运输走廊项目的主要环节，它位于符拉迪沃斯托克港西北部80公里处，距离中俄边界只有18公里，应成为中国货物经由铁路运输通往中国大连港的唯一铁路。改造俄罗斯扎鲁比诺港将有力地推动图们江流域、中国东北和东北亚国家的发展。② 吉林省政府拟投资30亿美元把扎鲁比诺不冻港的年货运量提高到6000万吨，以后再提高到1亿吨。③ 这个港口将连接起4000万吨的粮食码头、200万吨20英尺标准箱的集装箱码头、每年150万吨的滚装货物码头和杂物（2500万吨以上）换装码头。④ 预计港口改建项目将把码头的数量从现有的4个增至12～15个，⑤ 这可以使俄罗斯港口能力的利用率达到60%，用于将中国东北各省的产品运往国

---

① 2015年12月俄罗斯远东发展部和中国国家发改委领导人——A. 加卢什卡和徐绍史在北京签订了《中俄加强区域、生产和投资合作的相互谅解备忘录》，就合力发展"滨海1号"和"滨海2号"国际运输走廊项目及成立中俄政府间工作小组达成共识。

② Дальнему Востоку поставили в пример Африку. Правительство утвердило Концепцию развития транспортных коридоров《Приморье – 1》и《Приморье – 2》// Гудок. Выпуск № 5（26144）. 18. 01. 2017.

③ 扎鲁比诺港口建设项目得到俄联邦远东发展部的支持。2014年夏天该部把港口列入14个超前发展区。

④ Реконструкция российского порта Зарубино принесет новые возможности странам Северо-Восточной Азии – эксперты. URL：http：//russian. china. org. cn/exclusive/txt/2014 – 10/09/content_ 33 705174. htm. Расширение порта Зарубино будет способствовать возрождению Севморпути. URL：http：// russian. china. org. cn/business/txt/2014 – 10/13/content _ 33751106. htm.

⑤ Chen Yang（*Global Times*）. *Russia port has big regional goals，especially for Northeast China*. URL：http：//english. people. com. cn/business/n/2014/0918/c90778 – 8784185. html.

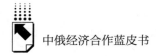

内南部地区，而30%的利用率是向亚太地区和北美国家运送出口商品。① 2014年吉林省政府同意把珲春310公顷的土地租赁给俄罗斯苏玛集团，租期50年，用于建设年吞吐能力为4000万吨货物的物流中心。这里将处理运到珲春的中国货物，把货物进行分类，制定船舶批次。② 苏玛集团找到了一个投资合伙人——中国招商国际控股公司（香港），将确保港口的货运基地在第一阶段运输粮食400万吨和标准集装箱50万个。③ 苏玛集团拟投资3亿~3.5亿美元建设物流中心，改造到扎鲁比诺港铁路的俄罗斯路段（修建第二条路并进行路段电气化），④ 还计划向国家福利基金申请为"大扎鲁比诺港"项目拨款460亿卢布左右。作为投资合伙人，中国和俄罗斯的银行也在研究这个问题。⑤ 2014年12月东北铁路集团吉林分公司表示愿意参加扎鲁比诺港铁路的改造。⑥ 俄经济发展部

---

① 中国几家公司和苏玛集团就经扎鲁比诺港转运产品事宜达成协议。吉林粮食公司每年拟转运1000万吨粮食（玉米、大豆）。世界上最大的大众汽车组装二厂长春工厂每年拟经扎鲁比诺港从欧洲和美洲进口汽车配件，总量为4万标准箱。苏玛集团向国家福利基金提出申请，要为扎鲁比诺港口项目共同拨款。

② 《Сумма》нашла партнера в Гонконге. Для строительства порта Зарубино. URL：http：//www. kommersant. ru/doc/2607724.

Попов Е. 《Сумма》выгружается в Китай. Компания планирует построить там 《сухой порт》. URL：http：//www. kommersant. ru/doc/2588607 （（Дата обращения：08. 04. 2016）.

《Сумма》подаст заявку в ФНБ на софинансирование проекта порта Зарубино. URL：http：//ria. ru/economy/20141109/1032441002. html.

Russia's Far Eastern region open for Chinese investment：Deputy PM Trutnev. URL：http：//www. globaltimes. cn/content/896354. shtml.

Russia's Far Eastern region open for Chinese investment：Deputy PM Trutnev. URL：http：//www. globaltimes. cn/content/896354. shtml.

ГалушкаА. ПлечоВостока. Приморье проложит новый путь для Китая. URL：https：//rg. ru/2016/03/28/primore－prolozhit－novyj－put－dlia－kitaia.

③ 《Сумма》нашла партнера в Гонконге. Для строительства порта Зарубино. URL：http：//www. kommersant. ru/doc/2607724.

④ Попов Е. 《Сумма》выгружается в Китай. Компания планирует построить там 《сухой порт》. URL：http：//www. kommersant. ru/doc/2588607 （Дата обращения：08. 04. 2016）.

⑤ 《Сумма》подаст заявку в ФНБ на софинансирование проекта порта Зарубино. URL：http：//ria. ru/economy/20141109/1032441002. html.

Russia's Far Eastern region open for Chinese investment：Deputy PM Trutnev. URL：http：//www. globaltimes. cn/content/896354. shtml.

⑥ *Russia's Far Eastern region open for Chinese investment：Deputy PM Trutnev. URL：http：//www. globaltimes. cn/content/896354. shtml.*

认为，扎鲁比诺港开发工程将创造3000多个新工作岗位，还可以为港口基础设施建设项目提供4000个新的服务岗位。①

2014年远东铁路局组织了一次珲春至扎鲁比诺港的大型集装箱试运，② 港口负责人说该港没有增加设施，每年准备处理5000个俄罗斯铁路公司的标准箱。中国一些专家认为，在扎鲁比诺港和西伯利亚铁路干线连接起来，港口设施增加，马哈利诺－珲春铁路口岸通行能力提高的条件下，10～15年后远东扎鲁比诺港将能够与中国的大连港和上海港竞争。③ 为了提高扎鲁比诺港的物流能力，吉林省政府领导人表示愿意投资建设符拉迪沃斯托克至珲春的高铁，并把这条铁路和中国铁路网连接起来。④ 吉林省领导不止一次地强调，在马哈利诺－珲春铁路口岸和俄罗斯滨海边疆区一些港口通行能力提高的情况下，不仅是中国和俄罗斯，日本、韩国和东南亚国家都能从跨境货流中获得效益。⑤

毫无疑问，如果实施和中方多次讨论过的建设从黑龙江省到滨海边疆区铁路的规划，即东宁、波尔塔夫卡、乌苏里斯克间和密山至图里罗格的铁路，那么俄联邦滨海边疆区港口货物运输的效率就会更高。为了提高地区贸易额，应尽快建设黑河和布拉戈维申斯克之间、虎林和列索扎沃茨克之间的铁路桥梁。外贝加尔边疆区的跨境运输具有很大的潜力。在中俄边界除外贝加尔斯克外，还有一个普里额尔古纳斯克口岸，它也和俄罗斯铁路网相连。中国境内从海拉尔到毗邻的普里额尔古纳斯克、黑山头口岸铁路路段（小河吉经埃尔古涅伊

---

① ГалушкаА. ПлечоВостока. Приморье проложит новый путь для Китая. URL：https：//rg. ru/2016/03/28/primore – prolozhit – novyj – put – dlia – kitaia. Html. （Дата обращения：29. 03. 2016）.

② 因此，国际铁路边境口岸重新投入使用，这个口岸还是在1999年由私人投资建成的，但2004年俄方决定将其关闭。从那时起到2014年滨海边疆区唯一的中俄铁路口岸是格罗杰克沃－绥芬河。

③ Китай и Россия вместе построят крупный морской порт в 18 км от границы с КНР. URL：http：//russian. china. org. cn/exclusive/txt/2014 – 09/18/content_ 33548057. htm.

④ Реконструкция российского порта Зарубино принесет новые возможности странам Северо-Восточной Азии – эксперты. URL：http：//russian. china. org. cn/exclusive/txt/2014 – 10/09/content_ 33705174. htm.

⑤ Fangchuan scenic spot. URL：http：//www. chinadaily. com. cn/m/jilin/2014 – 08/08/content_ 1827 6191. htm. Российский уголь отправлен в Южную Корею через новый терминал в северокорейском порту Раджин.

至格根果尔，内蒙古自治区）已建成。这些边境口岸尚未连接起来的原因是从普里额尔古纳斯克到旧楚鲁海图伊－黑山头边境口岸还有 20 公里的路段尚未建成联邦公路，而且没有经过阿穆尔河的铁路桥。在俄方允许的情况下，借助中国投资，在中俄边界可能将出现一个经过外贝加尔斯克－满洲里口岸，再到哈尔滨的现代化铁路边境通道。

2013 年朝鲜已改建完成从俄罗斯哈桑站到朝鲜北部罗津港的铁路。这条铁路有利于俄罗斯铁路股份公司把国际集装箱的运量在第一阶段增加 400 万吨，今后可增至 1700 万吨。预计未来物流增加，并扩展货物种类，包括集装箱换装（每年达到 10 万个）。① 中方也建成从珲春到罗津港的公路，它能够为通往俄罗斯的铁路（罗津、图们、哈桑间）增加货运量，或者接收部分俄罗斯货物，以便随后运往中国西部和哈萨克斯坦。为了实施这些规划必须排除俄罗斯境内的阻碍，应积极改造巴拉诺夫斯基至哈桑路段的基础设施，这个路段是把横贯朝鲜和西伯利亚的铁路干线连接在一起的关键环节。② 为此需要大量投资，由于巴拉诺夫斯基至哈桑路段是单线铁路，因此不只是进行改造，还要建设名副其实的现代化交通干线。③

主要的经济大国都分布在北半球，因此世界经济的主轴从西方转向了东方，那里将形成有俄罗斯和中国参与的东北亚地区的发达经济带。最近几年，亚丁湾和马六甲海峡的局势不稳，一些国家的政局动荡不安，威胁了洲际航运安全，提高了海运成本。④ 在这种背景下，北方海路（东至俄罗斯海岸沿线，西至加拿大海岸一带）是航海的安全地带，与传统的从欧洲到亚洲和北美洲

---

① URL：http：//www. interfax－russia. ru/FarEast/news. asp？id＝562674&sec＝1671.

② 2014 年 11 月末远东发展部部长 A. 加卢什卡说，俄联邦政府正在研究把西伯利亚大铁路和跨朝鲜半岛的铁路干线连接起来的可行性（俄联邦总统普京早在 2001 年就提出过类似建议）。俄罗斯计划为这个项目投资 150 亿美元。俄罗斯铁路公司投资一部分，国家预算拨款一部分，还有一部分将由国家福利基金会出资。

③ Северокорейский путь России. Завершена модернизация железной дороги из РФ в КНДР. URL：http：//www. kommersant. ru/doc/2303264？isSearch＝True.

④ *China-Europe rail prospers as alternative to sea*, *air cargo*. URL：http：//www. ecns. cn/business/ 2015/07－14/123843. shtml；Li Yan（*People's Daily Online*）. Chinese escort fleets expel 4 suspected pirate boats the Gulf of Aden. URL：http：//en. people. en/n3/2017/0103/c90000－ 9162317. html.

的货物运输路线相比，保障节省大约 40% 的时间。①

　　中国海运公司对北方海路表现出比其他北极海路——穿过加拿大和美国水域的西北通道更大的兴趣。② 原因是虽然西北通道和北方海路的长度相似，但冰冻的状况更严重，利用北方海路可以使船只的运输距离比从中国东部沿海港口到西欧、北海和波罗的海港口的传统货运路线缩短 25%～55%。③ 中国积极投资发展朝鲜罗津港，扩大从中国边界通向该港的交通运输走廊。这个港口是中国通向北冰洋最近的出口。④ 2013 年末中国远洋运输集团永生公司的一艘排水量 19.5 吨的商船在 33 天内完成沿北方海路的首次航行，这次航行从辽宁大连港经白令海峡到达鹿特丹港，约 2936 海里。丹东港、营口港、秦皇岛港、天津港、上海港特别是东北一些港口都很关注类似航行。同时，这些港口的有关人员普遍认为，沿北方海路航行时遇到的巨大困难与俄罗斯海岸基础设施不发达⑤和北方港口的物流质量不高有关。⑥ 一些中国专家认为，现在俄罗斯无法独立为北方海路的开发创造标准条件。一些中国分析家指出，俄罗斯有意寻找伙伴开拓与中国合作的新机遇。⑦ 中国的海船在沿北方航道航行时遇到了困难，中国愿意研究

---

① Zhou Siyu（*China Daily*）. Arctic shipping lanes open up. Routes between Asia and Europe to reduce fuel costs and CO$_2$ emissions. URL：http：//europe. chinadaily. com. cn/business/2015 –03/14/content_ 16307086. htm.

② *China Exclusive*：*China to build new icebreaker*. URL：http：//news. xinhuanet. com/english/ china/2014 –01/05/c_ 133019770. htm；Лабюк А. И. Интересы Китая в Арктическом регионе // У карты Тихого океана. Информационно-аналитический бюллетень ИИАЭ ДВО РАН № 36（234），2015. С 40.

③ Расширение порта Зарубино будет способствовать возрождению Севморпути. URL：http：// russian. china. org. cn/business/txt/2014 –10/13/content_ 33751106. htm.

④ Zhong Nan（*China Daily*）. Arctic trade route opens. URL：http：//usa. chinadaily. com. cn/business/2013 –08/10/content_ 16884426. htm.

⑤ 据 K. 库佐夫科夫（远东海运集团公司董事会成员）评估，北方海路沿线的 16 个港口现在只有摩尔曼斯克可以接待 3 万吨的船舶。其他港口除杜金卡外几乎都不能使用。因此，首要任务不是尽量增加北方海路的跨境运输量，而是改造港口，在这些港口建设现代化的维修基地，建设仓储设施和机场。据俄罗斯和西方一些专家评估，北方海路船舶的入港费用应降低 90%，以便和其他路线竞争。

⑥ *Northeast Asian countries eye Arctic seaway*. URL：http：//en. ce. cn/Industries/Transport/201509/11/t20130911_ 1468353. shtml.

⑦ Zhao Lei（*China Daily*）. China to release its first guidebook on Arctic shipping shortcut. URL：http：//usa. chinadaily. com. cn/china/2014 –06/20/content_ 17602556. htm.

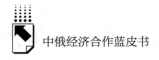
俄罗斯在高纬度航行的经验，与俄罗斯合作开发北方海路的北极道路，中国把这条路称为"冰上丝绸之路"。

俄罗斯和中国发展破冰和运输船队，① 加快改造北部港口，保障沿北方海路的航海安全，应依托正在快速发展的萨别塔港，保障充分利用北方海路。② 2015 年中俄曾就合作建设中俄航运公司的事宜进行谈判，将开发北方海路并经过这条海路运输商业货物。③ 2017 年中国保利集团公司表示愿意投资 3 亿美元开发俄罗斯摩尔曼斯克港口的能力，它可以成为接待和服务中国船舶的基地。④ 据中国极地研究所测算，2020 年中国的对外贸易额将达到 7.6 万亿美元，90% 的对外贸易都要由海运保障实现。2020 年对外贸易货物的 10% 由中国海运公司经北方海路运输，价值 6830 亿美元。中俄在开发北方海路中的紧密合作，以及中国和欧洲国家不断增长的外贸额，能够从根本上改变欧亚海洋运输的结构和路线。⑤ 中国最大的中国石油天然气集团公司、世界石化公司 50 强中排名第 3 的中国石油公司（2015 年资产价值 2.3 万亿元，约 3 亿 7840 万美元）对与俄罗斯合作开发北极资源表现出极大的兴趣。⑥ 为了向中国运输碳氢化合物，中国一些大型国有公司联手改造和共同开发北方海路，这将促进俄罗斯北纬航线通

---

① 中国和俄罗斯在从北极地区运输液化天然气的合作方面具有广阔前景。中国 4 家国有造船厂被列入世界上 13 个造船厂，它们有能力生产运输液化天然气的油船，而且生产的是可以在温度极低的条件下运输液化天然气的油船。类似油船的价格取决于尺寸，价格从 2.5 亿美元到 4.5 亿美元不等。到 2010 年前，中国造船厂将有 6 艘油船下水，现在容量 17.4 万立方米新油船的订单很多，每份订单是 14 艘。2015 年日本川崎重工有限集团公司计划和中国远洋运输集团合作组织江苏省造船厂生产油船运输液化天然气，到 2018 年将有两艘现代化超级油轮下水。

② *China, Russia to cooperate on marine high tech to serve Belt and Road Initiative.* URL：http：// www. chinadaily. com. cn/business/2017 – 03/09/content_ 28487070. htm.

③ Костин А. Китай пошел российским коридорчиком. Железнодорожники приступили к реконструкции путей на юге Приморья. URL: http：//www. kommersant. ru/doc/2531106? isSearch = True（Дата обращения：25. 10. 2015）.

④ Hu Weijia. *Northern Sea Route offers opportunity for stronger Sino – Russian relationship.* URL：http：//www. globaltimes. cn/content/1037596. shtml（Published：2017/3/14）.

⑤ *China Focus：Northeast Asian countries eye Arctic seaway.* URL：http：//news. xinhuanet. com/ english/china/2013 – 09/10/c_ 132709302. htm.

⑥ *China's energy giant willing to cooperate in Arctic resources extraction.* URL：http：//en. ce. cn/ main/latest/201501/21/t20150121_ 4396935. shtml；CNPC eyes Arctic oil collaboration. URL： http： // en. ce. cn/main/latest/201501/21/t20150121_ 4396290. shtml.

行能力的提升。①

伊尔库茨克知名学者 M. Ю. 伯加托夫、A. Π. 霍缅科、A. Я. 雅科布松等认为，如果构建经过俄联邦境内的区域运输走廊因投资不足而出现困难，那么就应寻找阶段性实施的可行性。第一阶段可以确定优先建设的铁路干线，把中国和俄罗斯的两个大型工业中心连接在一起。可以在相对短的时间内建设这个路段，而且可以在整个走廊总体建设完成之前长时间地获得利润，在这种情况下，交通运输路线可能只有几百公里。哈尔滨至伊尔库茨克路段可能成为区域交通运输走廊的一部分，这条走廊包括伊尔库茨克的大型交通枢纽和铁路干线沿线距离铁路 250 公里的那些城市。宜把交通运输走廊和新公路、输电线路及其他管道的建设结合起来。现有的地方机场和国内水路可以把这个交通运输枢纽变成从中国和其他亚太地区国家向俄联邦欧洲地区跨境出口商品的大中心。由于中国哈尔滨是物流出口的最近的"一体化中枢"，那么建设伊尔库茨克至哈尔滨的基础设施桥梁不仅能促进俄罗斯大地区的中心赤塔和乌兰乌德（中方是大庆、海拉尔、齐齐哈尔）的经济发展，而且还将成为俄联邦铁路干线沿线工业中心打造经济增长带的基础。②

应积极合作发展俄罗斯远东港口和毗邻的中国辽宁省大连港、丹东港、营口港，因为这种合作的潜力巨大。辽宁省拟建设东北亚最大的国际港口。2008年国务院通过了在大连港建设关税自由区的决议，这成为辽宁省开放战略发展中的重要步骤。③ 大连港是中国东北各省进出口的"主大门"，中国东北对外贸易货物的 90% 经该港运输。大连港不仅与韩国最大的港口釜山港相连，而且还与韩国、日本和东南亚国家的其他一些重要港口相连。2016 年大连港为 107 条国内和国际海洋航线服务，这些航线把该港和全世界 320 个港口连接起来。④

---

① сотрудничество Китая с Центральной Азией и Россией включает в себя стратегический план 《Один пояс，один путь》. URL：http：//russian. china. org. cn/exclusive/txt/ 2015 – 02/28/ content_ 34913747. htm.

② Цюй Цзин. Харбин：новый Шелковый путь，новый шанс // Китай. Ноябрь 2014，№ 11 （109）. C. 39；Россия готова открыть новую эру инвестиционного сотрудничества с Китаем. URL：http：//russian. china. org. cn/china/txt/2015 – 03/03/content_ 34938798. htm.

③ Wang Haiyun. Thoughts on Building Silk Road Economic Belt // *International Strategic Studies*. April 2014，№ 2. P. 14.

④ Zhang Xiaomin （*China Daily*）. Berth of a new era as Dalian rides wave of expansion. URL：http：// www. chinadaily. com. cn/business/2017 – 04/06/content_ 28811996. htm.

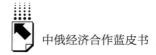

2015 年大连港处理货物 4.4 亿吨。① 2016 年营口港成为中国东北的主要港口，以海运和铁路运输的方式完成从东北亚向俄联邦及欧洲国家（经波兰）跨境货物的转运。② 中国东北各省类似的货运在该港占比 56%。③

辽宁省政府计划到 2018 年前投资 200 多亿元实施 35 个项目，项目规定建设新码头，在省级港口地区发展铁路和公路基础设施。④ 在第十三个五年规划之初，辽宁省 5 个大型海港投入使用，每个港口的年货运量都超过 1 亿吨，而该省所有港口的货运总量为 14 亿吨。⑤ 俄罗斯远东港口与地处中国大陆海岸线北端快速发展的丹东港和营口港的合作预示着美好的前景。这两个港口占据便捷的地理位置，都位于中国和朝鲜之间，毗邻俄罗斯、日本、韩国和蒙古，与多条海洋路线交汇，这些海路连接着 70 个国家的 90 个港口。⑥ 丹东港和营口港正在加速建设码头，专业服务于排水量 30 万吨以下的大型船舶。最近两三年，中国东北东部 14 个城市的食品、钢材、煤炭和铁矿石能够保障这两个港口的货运量增长 2 亿吨。⑦ 经过这些港口出口可以使中国东北各省企业的物流费用每年减少 60 亿~80 亿元。⑧ 从营口港到莫斯科的铁路开始定期运输，

① *Maiden rail freight service leaves Dalian with goods for Russia.* URL：http：//www. chinadaily. com. cn/business/2016 – 01/28/content_ 23286495. htm.

② 2016 年 12 月俄罗斯铁路公司总裁 O. 别洛泽罗夫和中国营口港口集团公司董事长李河忠签订了共同实施物流项目的合作协议。两个公司就依托"白色拉斯特"物流运输中心成立国际物流贸易中心达成协议。公开竞争的结果是营口港公司得到"白色拉斯特"物流运输中心的 49% 的固定资产。

③ *NE China port benefited from Belt and Road Initiative.* URL：http：//www. chinadaily. com. cn/business/2016 – 10/11/content_ 27026190. htm.

④ *China-Russia relations reach new heights.* URL：http：//russian. people. com. cn/31518/7626035. html.

⑤ *China's Northern-most Port Rises.* URL：http：//english. cri. cn/6826/2016/12/28/2702s805535. htm.

⑥ Yao Yao. （*Chinadaily*）. Belt and Road Initiative expands NE China's Yingkou port's business. URL：http：//www. chinadaily. com. cn/business/2016 – 10/20/content_ 27119624. htm.

⑦ Wu Yong, Zhang Xiaomin（*China Daily*）. Liaoning FTZ trades on its strategic location. URL：http：//www. chinadaily. com. cn/business/2017 – 04/06/content_ 28811064. htm.

⑧ На самой северной оконечности береговой линии Китая появился крупный порт, грузооборот которого превысил 100 млн тонн. URL：http：//russian. china. org. cn/business/txt/ 2016 – 12/25/content_ 31001032. htm.

和海运相比，陆运的时间缩短了一半，而且铁路集装箱的运费减少了 1000 美元。① 俄罗斯载货集装箱返回时可以从海上去往中国的其他城市，如天津、上海、广州。②

同样，发展中俄海运领域的合作是从中国东北港口向俄罗斯扩大集装箱运输的重要方向，首先是从天津港，要依托该港建设中国东北最大的自由贸易区。天津港和俄罗斯、日本、韩国、朝鲜及东南亚国家相连，它有 246 个码头，其中 100 多个能够接待排水量超过 1 万吨的海船，③ 和世界上 180 个国家的 500 多个港口保持着固定的运输联络。④ 天津港在实施"一带一路"倡议的框架下，在中国首次开辟了"中国—蒙古—俄罗斯"的国际公路运输路线，有利于大大提高货物运输的能力。⑤ 2016 年天津港的货运量增至 5.5 亿吨，集装箱周转量为 1452 万个标准箱。⑥ 为了提高天津港的通行能力，港口的水区增加了 1120 平方公里，达到 1590 平方公里，沿着现行的主水道还建了一些附加航道。⑦ 最近几年，港口沿线的长度将从 78.9 公里增至 148 公里，这些都有利于港口通行能力的提升。根据预测，到 2020 年每年将经过天津港运输货物为 6.5 亿吨。⑧ 天津

---

① Wu Yong (*China Daily*). Cargo trains put Yingkou port on track for success. URL：http：// www. chinadaily. com. cn/business/2017 – 04/06/content_ 28812490. htm.

② Yao Yao (*China Daily*). Belt and Road Initiative expands NE China's Yingkou port's business. URL：http：//europe. chinadaily. com. cn/business/2016 – 10/20/content_ 27119659. htm.

③ *Tianjin port starts construction of new dock.* http：//www. chinadaily. com. cn/china/2016 – 04/02/ content_ 24251905. htm.

④ Грузооборот порта Тяньцзинь быстро увеличится к 2020 году. URL：http：//russian. china. org. cn/exclusive/txt/2016 – 04/11/content_ 38213946. htm.

⑤ *Tianjin Port links sea and rail routes.* URL：http：//en. ce. cn/main/latest/201608/30/t2016 0830_ 15379780. shtml；Zheng Xin，Zhang Min (*China Daily*). Tianjin port applies brakes to coal truck transport. URL：http：//www. chinadaily. com. cn/business/2017 – 02/16/content_ 28218363. htm.

⑥ В 2016 году грузооборот в Тяньцзиньском порту достиг 550 млн тонн. URL：http：// russian. people. com. cn/n3/2017/0106/c31518 – 9163622. html；ВРП нового района Биньхай в Тяньцзине в 2016 году превысил 1 трлн юаней. URL：http：//russian. people. com. cn/n3/ 2017/0222/c31518 – 9181 105. html.

⑦ *China approves expanded opening of Tianjin port.* URL：http：//www. chinadaily. com. cn/ business/2015 – 05/06/content_ 18699681. htm.

⑧ *Through put of Tianjin port to jump by 2020.* URL：http：//www. china. org. cn/business/2016 – 04/11/ content_ 38215681. htm.

港是世界上四个最大的海港之一，也是主要的集装箱和货物运输的综合性港口枢纽，那些集装箱和货物运往中国南方港口、俄罗斯远东联邦区的海港和边检站、东北亚地区、东南亚地区、西亚和欧洲。①

　　尽管今天俄罗斯对亚太地区来说意义相对较小，但随着世界经济中心向亚太地区转移，远东地区对俄罗斯的作用必然增强。今后俄罗斯要充分融入亚太地区一体化进程，当前的首要任务就需要建设国内高科技运输系统，并尽量利用尚存的一些有利条件。显而易见，在中国交通运输网发展迅速的背景下，西伯利亚大铁路、贝阿干线、俄罗斯远东港口的发展滞后，对俄罗斯来说存在着明显的潜在挑战。主要原因是俄方没有在跨境运输中获取应得效益，虽然西伯利亚大铁路一直是国际欧亚交通运输走廊，但它还没有发挥作用。

　　当前，俄罗斯领导人必须放弃对地缘、交通运输和其他优势的依赖，这些优势能够保证俄罗斯在其他国家中的地位，应当保障其交通运输网的欧亚跨境货流充足。最近十年来的非一体化进程使俄罗斯失去了上述很多优势，或者说这些优势丧失了其基本作用。中国要想尽快变成欧亚运输的关键环节，俄罗斯领导人应积极发展中俄基础设施的一体化，这种一体化首先与俄罗斯远东和中国东北各省开展区域交通运输合作相关。由于没有通往海港的直接出口，中国工业发达的东北各省只能利用俄联邦远东联邦区的铁路交通运输网和海港出口自己的产品。今后依托俄罗斯扎鲁比诺和萨别塔港（在"滨海2号"国际交通运输走廊框架下），部分跨境货流可以经北方海路运输。中方愿意和俄罗斯合作实现中国东北各省政府的意愿，大量投资发展俄联邦远东

---

① 经过在天津的 6 年建设，2016 年 6 月东北亚和京津冀地区最大的铁路海运中心投入使用，每年可以处理 200 万个集装箱。以前从天津港通过海路往广州港运输货物需要 13～15 天，现在集装箱在天津换装后经铁路运输 40 小时内就可以运达。同时，一个集装箱的运输价格也降低了 800 元（约 120 美元）。天津铁路海运中心的投入使用有利于开辟 3 条陆路铁路路线，它们把港口和 4 个中国边检站连接起来：内蒙古自治区的满洲里、二连浩特、阿拉山口和新疆维吾尔自治区的霍尔果斯。可以利用这 10 条铁路线把天津和中国其他省连接起来，包括内蒙古自治区、山西和宁夏回族自治区。这些路线保障中国商品出口到中东和欧洲国家。2016 年 9 月从天津开始的中国、蒙古、俄罗斯间新国际铁路路线投入使用，货物运输时间从 10 天缩短到 3 天。这条路线由两个方向组成：天津至乌兰巴托和天津至乌兰乌德。现在广西壮族自治区的商品可以经天津港沿这条路线运到蒙古或者俄罗斯，比从前经绥芬河口岸运输的路线缩短 1000 公里，有利于把运输费用减少 10%。

联邦区交通运输综合体（建设珲春至符拉迪沃斯托克的高铁，改造边境口岸和扎鲁比诺海港）。如果借助中国的帮助，俄罗斯能够保证西伯利亚大铁路东部试验区、远东港口和北方海路通行能力的提升，那么俄罗斯将有更多的现实机遇保障远东联邦区变成从中国东北向东盟国家跨境运输的起重要作用的环节。现有的如中国这样主要的亚太伙伴，可能是这种重要战略项目的最有价值的优势伙伴。

B.7
中俄跨境电子商务合作发展
形势分析与预测

姜振军*

摘　要：　为促进"一带一路"倡议的稳步落实，中俄经贸合作迫切需要转型升级，作为双边经贸合作的一种创新形式，中俄跨境电子商务合作迎来了"黄金机遇期"，跨入了"黄金发展期"，期待着"黄金跨越期"。这种新的商业营销模式已经成为双边经贸合作的重要补充和新引擎，并且是助推其稳步持续发展的新路径和新的增长点。

关键词：　中国　俄罗斯　跨境电子商务合作　新路径

电子商务超越时空的交易方式（NF2F，No Face to Face）冲击了传统的商业营销模式，不仅使国内零售商品贸易得到快速发展，而且使国家间的空间距离明显缩短，促进了国家间跨境商品交易活动的迅猛发展。中俄跨境电子商务合作恰逢其时，迎来了"黄金机遇期"、"黄金发展期"和"黄金跨越期"，已经成为双边经贸合作的重要补充，以及助推其稳步持续发展的新路径和新增长点。

一　中俄跨境电子商务合作"黄金机遇期"的有利条件

中俄双边经贸合作持续快速稳步发展，其中电子商务合作在很短的时间内

---

* 姜振军，男，黑龙江大学俄罗斯研究院研究员，博士生导师。

得到迅速发展，已经成为双边经贸合作的一个重要组成部分。中俄两国政府出台了扶持开展跨境电子商务合作的相关优惠政策，为该合作创造了有利的政策条件。同时，两国资金、技术和资源等生产要素禀赋互补效应的不断释放、各自传统商品等比较优势作用的日益显现、产业结构方面存在的较大差异、乌克兰危机后俄罗斯与美国等西方国家的相互制裁、两国东部毗邻地区振兴与开发政策的契合等因素，为中俄扩大跨境电子商务合作规模、提升合作层次创造了良好条件，中俄跨境电子商务合作迎来了发展的"黄金机遇期"。

（一）"互联网＋"成为中国"走出去"战略的新路径，俄罗斯当下政策规定有利于开展跨境电子商务合作

中国政府出台了一系列扶持跨境电子商务发展的相关政策，批准设立了几个跨境电子商务试点，并逐步加以推广，尤其是国家"互联网＋"政策成为企业落实国家"走出去"战略的一个新路径。"互联网＋对外贸易"的跨境电商营销方式拓展了我国对外经贸合作的新局面。

俄罗斯政府出台给予居民跨境网购优惠的政策，跨境网购商品纳税标准为：一个月内个人网购总额不超过 1000 欧元，总重量不超过 31 千克的物品，免缴关税；超过上述规定的，缴纳 30% 的关税。该政策对于跨境购买商品的网购用户比较有利，有助于中俄开展跨境电子商务合作。

俄联邦海关总署曾向俄联邦经济发展部提出降低网购进口商品免税额度和分阶段对网购进口国际邮包征税的建议，其中将网购免税商品进口额由每人每月 1000 欧元降至 150 欧元或更低的 22 欧元，总重量不超过 10 千克。① 如果这一建议成为俄罗斯现实的政策规定，那么将对中俄跨境电子商务合作造成很大的负面冲击。

在中俄两国政策利好和双方市场需求两旺的共同影响下，两国跨境电子商务行业正在迅猛发展。我国对俄罗斯电子商务企业将不断增多，合作规模将不断扩大，服务质量将不断完善，物流通关结算将越来越便捷顺畅和安全。

---

① Беспошлинный ввоз в РФ снизили с 1000 до 150 евро. http：//forum. mobile – networks. ru/ viewtopic. php ＝650.

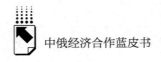

（二）中俄要素禀赋互补性依然很强，对双边跨境电子商务合作拉动效应显著

中俄在劳动力、资本、技术和资源等方面的要素禀赋互补性依然很强，中国在劳动力、资本和某些技术工艺方面优势较明显，而俄罗斯在资源、某些技术工艺方面优势较大。在中俄双边经贸合作中，两国各自的传统优势商品（中国为轻工产品，俄罗斯为能源原材料）的比重较高，是双边经贸合作的重要基础。

中俄两国应充分利用要素禀赋互补效应，以拉动两国经贸合作，尤其是中俄跨境电子商务合作的快速发展。

（三）俄罗斯与西方相互制裁为中俄经贸合作带来意外的机遇

乌克兰危机爆发后，克里米亚共和国和塞瓦斯托波尔加入俄罗斯引发了俄罗斯与西方持续的相互制裁，这种形势迫使俄罗斯"向东看"，逐步出台相关政策以扩大与亚太地区的合作，首先是进一步扩大与我国的经贸合作领域和规模，不断提高双边合作层次与水平。因而，中俄双边经贸合作进入"超常态"发展时期。中俄经贸合作"超常态"发展是指在俄罗斯实施"向东看"战略和"丝绸之路经济带"建设与欧亚经济联盟建设对接稳步推进的背景下，中俄两国在发挥要素禀赋互补等诸多传统优势的基础上，双边经贸合作将进入一种体量不断增大、层次不断提高、合作领域不断拓展（尤其是战略合作项目接连落实）、投资规模不断扩大的"超常规"发展状态。

2015 年 5 月 9 日，在访问俄罗斯期间，中国国家主席习近平指出："中俄双方要加大经贸合作，推动高铁、航空、航天等领域大项目合作尽早落到实处，加强远东地区合作、金融合作，用好亚洲基础设施投资银行和丝路基金等投融资平台。我们愿同俄方一道，加强人文领域交流，办好明后两年中俄媒体交流年活动。"在中俄高层领导的重视与引领下，在各地区的共同努力以及其他有利因素的影响下，中俄经贸合作将进入"超常态"发展时期。

1. 双边经贸合作步入"超常态"

中俄经贸合作总体不断稳步快速发展，从 1992 年的几十亿美元提升到 2014 年的近 1000 亿美元，与不断提升的双边政治关系总体呈现出正相关的发展态势。"地缘区位优势""要素禀赋互补性强""双方商品市场互为补充"等诸多得天独厚的有利内部因素成为中俄两国开展经贸合作的重要客观现实条件和有利因素。

俄罗斯着力实施"向东看"战略，不断改善和增强与东北亚地区国家乃至亚太地区国家的政治经济关系，努力扩大经济、贸易、投资合作的领域和范围，以化解西方制裁给其经济社会发展带来的强大冲击。

2014年5月，上海"亚信"第4次峰会期间，中俄签署了总额达4000亿美元的东线"西伯利亚力量"天然气合作协议，俄罗斯每年向中国供应380亿立方米的天然气。这是中俄经贸合作取得的又一重大突破性成果。在2014年11月9日，中俄签署了《关于通过中俄西线管道自俄罗斯联邦向中华人民共和国供应天然气领域合作的备忘录》和《中国石油天然气集团公司与俄罗斯天然气工业公司关于经中俄西线自俄罗斯向中国供应天然气的框架协议》（以下简称"协议"）。"协议"规定，在今后4~6年内，俄方将从西伯利亚西部通过阿尔泰管道向中国每年额外供应300亿立方米天然气，为期30年。两国积极推进油田大项目的勘探合作，谋划核电、水电合作新项目，加强和深化高新技术、航空航天、高速铁路、金融等多领域的合作。

《中华人民共和国与俄罗斯联邦关于丝绸之路经济带建设和欧亚经济联盟建设对接合作的联合声明》将在物流、交通基础设施共同开发项目、扩大投资贸易合作、加强金融合作、推动区域和全球多边合作等领域开展更加务实的合作。双方达成了关于战略性大项目的合作协议，同时开展了富有成效的合作，为提高中俄务实合作层次、助力双边经贸合作"超常态"发展奠定了较为坚实的基础。

中俄签署了"高铁合作备忘录"，将构建北京至莫斯科的欧亚高速运输走廊，即俄罗斯（莫斯科）至中国（北京）欧亚高速运输走廊，其中莫斯科至喀山高铁已基本完成勘察设计工作。莫斯科至喀山高铁线路全长770公里，将来经过叶卡捷琳堡、哈萨克斯坦首都阿斯塔纳，延伸至中国境内的乌鲁木齐，并最终融入中国"八纵八横"高速铁路网络。

2. 两国区域经贸合作"跨越式"发展

中俄区域经贸合作在两国双边经贸合作中占有重要的地位。两国边境贸易合作对于促进中俄民间往来沟通、增进人民之间相互了解和友谊等发挥着较为

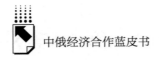

重要的作用。进入 21 世纪以来，中俄区域经贸合作整体上稳步快速发展，合作规模不断扩大，合作方式日益多元化，水平逐步提高。

为振兴和开发两国东部毗邻地区，中俄两国政府先后多次出台了推动该区域经济社会发展的专门政策。中国先后出台了关于东北老工业基地振兴的相关优惠政策、将长吉图沿边开发开放先导区及黑龙江和内蒙古东北地区沿边开发开放规划上升为国家战略的政策、关于支持东北振兴的若干重大政策举措、将黑龙江陆海丝绸之路经济带纳入国家规划的政策等；俄罗斯先后出台了关于远东及外贝尔地区经济社会联邦专项纲要、远东及贝尔地区经济社会发展长期战略，以及前不久颁布的《关于超前经济社会发展区及国家支持远东地区的其他措施》联邦法律等。这些政策的部分或全面实施为远东地区的经济社会发展创造了良好条件，尤其是关于超前经济社会发展区的联邦法律规定，在发展区内实行特殊的法律制度，可以有效地建设和完善超前经济社会发展区的基础设施，为开展企业经营和其他活动提供优惠条件。

上述中俄两国政策形成叠加效应，将有力地推动中国东北地区和俄罗斯东部地区经济社会的快速发展，以及两国东部毗邻地区各领域的密切合作，并发挥其辐射带动效应。

在诸多内外部因素的共同作用下，特别是在"丝绸之路经济带"与欧亚经济联盟建设对接合作、中蒙俄经济走廊建设的框架下，在中国东北振兴与俄罗斯远东地区经济社会超前发展区和符拉迪沃斯托克自由港建设的互动合作新机遇下，中俄双边和区域经贸合作将迎来"超常态"发展机遇期，一些中长期战略性大型项目的合作协议将陆续签订并实施，双边经贸合作的领域将持续拓宽，规模将不断扩大，层次将日益提升。由此，中俄经贸和区域合作将真正步入全方位的"提质增量"合作"超常态"时期，为巩固、深化和提升中俄全面战略协作伙伴关系奠定坚实的物质基础。

3. 中俄电子商务合作发展势头强劲

2013 年以来，中俄跨境电子商务合作发展迅猛，成为拉动双边经贸合作的一个重要新领域和发展新路径。2013 年，我国向俄罗斯发送的跨境网购包裹近 3000 万个；2014 年增长 1 倍多，高达 7000 万个；2015 年超过 1 亿个。2014 年阿里巴巴"双十一"国际大促销活动中，俄罗斯夺取了全球交易量第一的桂冠。由此可见，俄罗斯已成为中国跨境电商最具吸引力、最具价值和最具发展潜力的海外市场。

中国电子商务平台成为俄罗斯人最爱光顾的网上购物平台。俄罗斯电子商务企业协会的数据显示，阿里巴巴旗下的全球速卖通（Aliexpress）成为俄罗斯2015年最受欢迎的网店，每月独立访问者数量达到2380万人。2015年俄罗斯网民实现了1.35亿笔跨境采购，占俄罗斯电子商务市场营业总额的24.5%，跨境电商营业额为34.1亿美元，其中80%的是在中国网店采购，金额为27.3亿美元。2016年中国网店占俄罗斯跨境电子商务市场总额的52%，约为26亿美元。中国的钥匙链，手机壳，灯饰，小米、华为、联想手机和笔记本等商品已成为在俄罗斯颇受居民欢迎的商品。俄罗斯Brand Monitor公司经理沃比洛夫认为，中国商品因价格低廉对俄罗斯消费者颇具吸引力，但是一些商品品质不高，这可能是中国网店今后扩大规模一个制约因素。俄罗斯约90%的跨境网购商品来自中国，占所有外国网络零售商交易金额的49%。[①]

（四）对俄电子商务市场规模扩大为中俄合作带来新机遇

中国拥有世界人数最多的网民，其中网购用户群体庞大，网购市场规模巨大。中国IT研究中心（CNIT-Research）的《2014年Q1中国移动网购市场调研报告》显示，2014年第一季度，中国网购用户数量已超过3.1亿人（占中国网民总数的约50%，占中国人口总数的22%），而且呈现出网络购物平台正从PC端向移动端转移的明显趋势。预计未来几年，中国移动购物将迅猛增长。2014年，中国网购市场交易额高达2.8万亿元人民币（约合4600亿美元），增长48.7%，占社会消费品零售总额的10.7%，B2C的交易规模达12882亿元人民币（约合2200亿美元）。2015年市场规模超过3500亿元人民币（约合560亿美元），用户数量有望超过5.2亿人。

2010年以来，电子商务成为俄罗斯国内和国外风投的一个新选择，投资总额已超过10亿美元。到2012年年底，俄罗斯网购用户为1100万人，仅占网民总数的16%，其中近50%的用户从2011年才开始网上购物。2015年，俄罗斯网民数量自2013年的6800万人增长到8700万人。在30个发达国家和发

---

① 杨相红：《中俄跨境电商发展现状及其重要战略机遇研究》，《西伯利亚研究》2015年第4期。

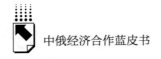

展中国家中，俄罗斯电子商务市场规模排在第13位。

俄罗斯每年互联网实物商品销售额达4400亿卢布，每个网购者年支出大约1.5万卢布。2012年俄罗斯网购用户在国外网站网购商品约20亿欧元，平均每单约合67欧元。邮政入境快递邮件、包裹和小包数量达3000万件，占俄罗斯邮政邮件投递总量的20%，其中从中国发送的入境邮件量占其国际邮件数量的17%。2014年，俄罗斯跨境电商销售总额为50亿美元，比2013年多出75%。①

2008～2012年，俄罗斯电子商务市场营业额增长了30%～40%。俄罗斯电子商务市场营业总额为：2010年80亿美元，2011年105亿美元，2012年120亿美元，2013年170亿美元，2014年150亿美元，2015年125亿美元，2016年高达160多亿美元。②

俄罗斯居民收入尚可，网络购买力较强。2013年俄罗斯居民人均月收入为30400卢布，约合1000美元，穷人的月收入为居民平均月收入的1/4。2015年起俄罗斯最低工资标准为59650卢布，约合1190美元。受国际金融危机的消极影响，俄罗斯零售业销售额持续走低，而其网店市场规模却呈现稳步快速增长的态势。据预测，俄罗斯电子商务市场将以每年25%～35%的速度持续增长，2016年营业额达到约178亿美元。据预测，2017年俄罗斯网店市场规模将增长25%以上，将达到211亿美元。

俄罗斯已成为中国跨境电商出口的第一大目的国。俄罗斯8000多万名网民之中有相当一部分乐于网购，尤其喜欢选购中国服装、鞋帽、电子产品和箱包等商品。在俄罗斯，每天接收的国际邮包中来自中国的就高达10万件。俄罗斯网购用户在淘宝网的购物量正在迅速攀升，该购物平台每天有400万美元的商品发往俄罗斯。

2013年，哈尔滨至俄罗斯叶卡捷琳堡货运包机航线开通，这是中国首条对俄罗斯的电商货运包机航线，随着货运量的不断加大，目前哈尔滨已成功开通了3条客货混载航线。2017年前10个月，哈尔滨市对俄罗斯货运包机运货

① 杨相红：《中俄跨境电商发展现状及其重要战略机遇研究》，《西伯利亚研究》2015年第4期。

② В 2016 году объем российского eCommerce достигнет 900 млрд рублей. https://e-pepper.ru/news/v-2016-godu-obem-rossijskogo-ecommerce-dostignet-900-mlrd-rublej.html.

量达 2390 吨，与上年同期相比增长 67%，成为我国对俄罗斯出口电商包裹数量最多和对俄罗斯跨境零售出口额最大的城市。

二　中俄电子商务合作"黄金发展期"的推动措施

中俄电子商务合作面临着"黄金机遇期"的诸多利好，经过各方通力协作，采取行之有效的助推措施，两国的电子商务合作将步入"黄金发展期"，成为双边经贸合作新的"亮点"和增长点。

（一）中俄战略建设对接合作为中俄电商合作完善物流通道

随着丝绸之路经济带建设与欧亚经济联盟建设对接合作、中蒙俄经济走廊建设的稳步推进，以往制约中俄电子商务合作快速发展的物流"瓶颈"将得以疏通，跨境网购商品的递送将更加快捷，效率更高。

物流在电子商务企业的成本中占较大比重，物流服务水平的高低尤其对跨境（外贸）电子商务企业的发展、市场拓展和盈利能力等方面产生着重要影响。跨境电商商品零售市场规模体量大、用户多分散，需要线下完善的物流链提供周密的配套服务，包括提供货物的运输、仓储、分拣、订单执行直至"最后 1 公里"送达客户的一体化供应链管理服务。

目前电子商务企业主要采取三种物流服务模式：以亚马逊（Amazon）为代表的"自建 + 外包"模式、以易贝（eBay）为代表的"外包"模式和以奥托（Otto）为代表的"自建"模式。前两种模式被更加广泛地采用，而第三种模式并不多见。阿里巴巴旗下面向全球市场打造的在线交易平台——全球速卖通，是融订单、支付、物流于一体的外贸在线交易平台，2013 年 3 月着手实施海外个人消费者的 C2C 模式。在物流方面主要以"自建"模式为主，其卖家可根据实际情况选择"在线发货"和"自主发货"两种发货方式。

目前中国在跨境邮递方面，大型电商企业有的采取"自建"模式，有的采取"自建 + 外包"模式；小型电商企业或卖家采取"外包"模式。在承接跨境商品投送业务方面，国内运营较为成熟的是中邮集团旗下的"邮政国际小包"和"国际 E 邮宝"两项业务，对推动两国电商合作的发展发挥着重要

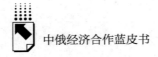

作用。

随着中俄共同建设"一带一路"合作的稳步有序推进，两国航空、铁路、公路等基础设施将不断连通和日益完善，物流通道将越来越通畅，将变得更加便捷，使中俄电商合作的发展条件日趋完善。

（二）结算方式多样化，安全便利快捷

欧美等西方发达国家的电子商务起步较早，其消费者网购意识较强，而有些新兴经济体的电子商务则发展较慢，存在着网络覆盖率低、网购支付难和投送时间长等一些现实问题。中国外贸零售电商企业的消费者来自世界不同国家和地区，遇到的实际结算问题较多。

俄罗斯宽带网络服务覆盖率约为 50%，根据俄罗斯通信部制定的《2012～2018 年网络发展规划》，每年发展 2000 万 4G 互联网用户，互联网接入速率达到 100Mb/s 的家庭用户达到 500 万。[1] 截至 2013 年 3 月底，仅有 70 多万名俄罗斯用户在全球速卖通平台注册。现阶段由于俄罗斯信息基础设施不完备，支付程序不规范，电子支付市场不够发达，在电子支付方面存在一定的困难。此外，有些俄罗斯网购用户对网上电子支付安全性心存疑虑。

为便于中俄两国网购用户自由选择，中俄电商企业应设计多种支付方式。例如，全球速卖通开通了面向俄罗斯消费者的电子支付平台，如 Webmoney，俄罗斯网购用户可以先对自己的 Webmoney 账户进行充值，再到全球速卖通平台购买商品，确认支付成功后，电商启动发货程序。另外，我国有的电商帮助俄罗斯一些地区发展电子支付业务，对当地的网购用户消费进行网络支付安全方面的宣讲，使其对网络支付充满信心。

（三）中俄两国海关互认跨境网购商品监管结果

目前，中国卖家向俄罗斯网购用户承诺货物运达时间上限为 90 天（2013年 5 月初前为 60 天），物流周期如此漫长，其主要原因在于货物包裹在俄罗斯海关滞留时间太长。一方面，这是因为国际邮件包裹数量的确庞大，每天从中国发往俄罗斯的国际邮政包裹就超过 4 万单；另一方面，俄罗斯海关工作人员

---

① 《俄罗斯：网络提速降费成为趋势》，《法制日报》2015 年 6 月 9 日。

人手明显不足，国际邮件包裹通关速度特别慢，因而交货期拖延太长。

中俄海关在不断加快电子口岸建设，完善电子商务出口新型海关监管模式和电子商务出口检验监管模式等功能，同时中方应加强与俄罗斯海关在监管结果互认方面的合作。按照 2013 年 10 月 22 日中俄海关签署的《中华人民共和国海关总署和俄罗斯联邦海关署关于开展特定商品海关监管结果互认的议定书》，中俄在试点口岸（东宁 - 波尔塔夫卡、绥芬河公路 - 波格拉尼奇内）启动特定商品（中方出口的果菜和俄方出口的锯材）适用"监管互认"程序。待条件成熟时，中俄两国扩大海关监管结果互认口岸和适用商品（特别是两国间的跨境网购商品）的范围，将使更多的中俄进出口企业（特别是外贸电子商务企业）能够享受到双向通关便利。在这种情况下，经中国海关（俄罗斯海关）查验的出口货物，俄罗斯海关（中国海关）一般不予再查验，直接放行给予通关便利。中俄海关既简化了通关程序，节省了人力物力，又可以使进出口企业节约通关时间和成本，期待中俄双方将来进一步扩大进出口商品和互认口岸范围，为双边经贸合作的"超常态"发展创造更加快捷便利的结关条件。

中俄两国政府应出台相关扶持政策，采取积极措施，为中俄电商外贸业务开设绿色通道，给予海关关税优惠，简化商品检疫流程，加快商品通关速度。

（四）中国电商在俄罗斯大力拓展业务

在中俄双边经贸合作稳步发展的背景下，我国电商瞄准俄罗斯市场，或开设对俄电子商务外贸平台，或独立赴俄建立"海外仓"，或取长补短合力拓展对俄电子商务合作。

跨境电商物流服务公司"递四方"加入全球速卖通对俄物流平台，成为全球速卖通对俄罗斯物流"速邮宝"的核心合作伙伴，在对俄电商合作方面取得了新的进展。2015 年 5 月 15 日，中国京东商城与俄 SPSR Express 快递公司签署了合作协议。京东计划成为俄罗斯最大电商平台之一，使其在俄罗斯的本地业务所占份额达 90%。未来 5 年，京东商城准备将营业额做到几千万美元，其将对于促进中俄跨境电子商务合作发挥重要的引领和示范作用。

2015 年 7 月 15 日，俄速通与莫斯科格林伍德国际贸易中心在莫斯科签署合作共建"俄速通 - 格林伍德"海外仓协议，旨在解决两国电商合作中存在

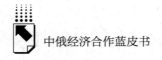

的诸如物流投送时间过长、无法进行退换货、没有售后服务等现实问题。中国电商可以通过海外仓提前在俄罗斯本土备货，产生交易后将交易信息传递给海外仓，由海外仓迅速完成订单接收、订单分拣、本土物流派送等一系列的业务，从而使俄罗斯网购用户体验到最快速的购物乐趣。该海外仓的建立可以将中俄跨境电商物流时间从原来的20~30天缩短到2~7天，同时也能实现其他以前俄罗斯网购用户享受不到的服务。

（五）在与俄罗斯毗邻地区建立物流仓储中心

在与俄罗斯毗邻的我国东北地区和新疆维吾尔自治区建立物流仓储中心，对发往俄罗斯的商品进行库存、分拣、包装、配送、结关及其信息处理等。例如在哈尔滨市、牡丹江市、绥芬河市、霍尔果斯等对俄罗斯和中亚国家口岸建立现代化的大型物流仓储中心，可以发挥地缘优势，优化组合各种相关优质资源，大大降低对俄电商的物流成本，缩短商品送达俄罗斯网购用户的时间。

（六）建立对俄电子商务合作联盟

可由我国对俄电商合作的大型电商企业（如全球速卖通或京东商城）牵头，联合国内对俄电子商务企业成立对俄电商合作联盟。该联盟制定行业规范，整合集聚业内优质资源，互通市场及相关信息，避免恶性竞争，共同促进对俄电商合作的稳步快速发展。

（七）建立电子商务信息咨询服务平台

建立对俄跨境电子商务信息咨询服务平台，为企业、公司提供相关信息咨询和指导，并提出促进和规范电子商务的对策建议等方面的服务，使中俄跨境电子商务稳步快速并可持续发展。

（八）加大对俄电子商务专门人才的培养力度

采取多种方式，加大对俄电子商务专门人才的培养力度。一是实行校企联合"订单式"人才培养模式。目前，国内有的高校已经采取这种方式培养对俄电子商务专门人才，如黑龙江大学经济与工商管理学院与俄速通签约，为企业"订单式"培养对俄电子商务专门人才，学生在学习期间边学相关专业基础知识，边到企业进行实习，提高适应未来工作的能力。二是根据现实需求，在相关学科增设对俄电子商务专业，如黑龙江大学俄语学院实行"急需 + 俄语"人才培养模式，培养包括对俄电子商务人才在内的应用型人才。三是依托国家电子商务人才继续教育基地，建立地方电子商务继续教育分基地，大力开展电子商务急需人才、高端人才和专业技能人才的培养工作。

三　中俄电子商务合作的未来发展趋势

跨境电子商务合作从根本上改变了传统国际贸易方式，将对中俄经贸合作转方式、调结构，并实现全面转型升级产生重要影响，助推战略建设对接合作的稳步快速发展，为巩固和深化中俄全面战略协作伙伴关系奠定较为坚实的物质基础。

中俄电子商务合作的未来走势将呈现出合作日益密切、平台日益增多、布局逐步合理、商品品质更加可靠、网上结算更加快捷、物流和通关等相关配套服务质量与水平逐步提高、合作规模不断扩大以及层次不断提高等新的良好发展态势。

中俄关系达到历史上最好水平，进入全面战略协作伙伴关系新阶段，丝绸之路经济带与欧亚经济联盟建设对接合作的逐步推进，两国毗邻地区开发与振兴的互动合作，为两国开展各领域合作，尤其是为跨境电子商务合作奠定了良好的基础，创造了前所未有的发展机遇和条件。在诸多有利因素叠加集聚的利好条件下，中俄电子商务合作将进入快速发展期，两国网购用户众多，各自电商市场容量和潜力巨大，因而拥有美好的发展愿景。

B.8
中俄旅游合作发展形势分析与预测

葛新蓉*

摘 要： 近年来，旅游合作成为中俄两国广泛关注的合作领域，前景良好，潜力巨大。中俄两国互为重要客源国和旅游目的地，互相把对方视为优先合作对象。旅游是两国人民相互了解的一个最直接渠道，有利于加深对彼此自然环境、历史渊源和文化传统的认知，增进彼此间的相互了解和交流，对于加强中俄全面战略协作伙伴关系的社会和民意基础、巩固和提升双边关系基础和水平具有极为重要意义。

关键词： 旅游合作 中国 俄罗斯 中俄关系

旅游业是现代经济发展的重要领域之一，能够满足人民物质文化需求，提高生活质量。从自身性质分析，旅游业不会对自然资源造成破坏，具有非生产性特征。当前，在世界金融危机背景下，旅游业是为数不多能够稳定发展的经济领域之一，同时，来自这一行业的直接和间接收入也促进了世界各国和地区经济社会的发展。

一 中俄旅游合作现状

中俄旅游合作有低谷、有问题，更有机遇。随着两国关系的日渐加强，合作机制不断完善、产品不断更新、市场日臻成熟。近年来，在两国政府的高度

---

* 葛新蓉，黑龙江大学俄罗斯研究院副研究员，博士。

重视和大力支持下，游客数量和旅游收入均保持平稳快速的上升态势。当前，中俄两国互为重要的旅游客源国和目的地，旅游业均进入大众化、产业化发展的新阶段。

（一）中俄旅游合作形式由单一向纵深发展

相比于其他领域，中俄旅游合作发展一度受制于经济社会发展水平相对滞后，以及政策层面的保障不力。近几年来，由于经济形势好转、政策扶持力度加大，两国旅游合作无论是形式、品质，还是规模，均有很大推进。同时，在中俄政府部门的共同努力下，两国旅游交流合作也日趋深化，已经由单纯的游客互访向全方位产业合作发展，由国家和省级层面合作向二、三线城市推进，由边境地区先行尝试向内陆更大范围延伸。

（二）中俄旅游市场规模总体呈增长态势

中国和俄罗斯具有开展旅游合作的地缘优势，便利的交通、优美的自然风光也为旅游合作的开展提供了基础。

对于中国旅游业而言，俄罗斯是继美国、越南、日本和韩国的第五大客源国。然而，最近几年卢布疲软降低了俄罗斯人出国旅游的热情。据国家旅游部门的数据，2015 年，到中国旅游的俄罗斯游客数量减少了 22.7%。但是此后又出现了反转，在俄罗斯游客到华旅游连续 4 年来都呈下降态势后，2016 年首先出现增长，1 月份 14.42 万俄罗斯游客到访中国，这比 2015 年同期多出 46.9%。①

俄罗斯游客传统赴华目的地主要是北京、上海及其周边地区，近年来，海南也成为俄罗斯人青睐的旅游度假胜地。而地缘优势也使得俄罗斯游客非常热衷于到中国东北部地区旅游。从产品特色上看，传统中医与休闲保健相结合的医疗保健游越来越吸引俄罗斯人；此外，随着汉语热的兴起，以语言强化为目的的旅游产品也开始受到追捧。

由于欧洲金融危机，中国游客成为俄罗斯旅游市场的主要客源，中国是当前俄罗斯最大的旅游合作战略伙伴。2015 年俄罗斯共接待中国游客 120 多万

---

① 徐万佳：《旅游合作成中俄战略合作新亮点》，《中国旅游报》2016 年 6 月 8 日。

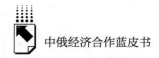

人次，该数字较 2014 年上升 87%。① "世界无国界"旅游协会的数据显示，2015 年在团队旅游互免签证框架下赴俄的中国游客达 53.7 万人次，较 2014 年的 28.6 万人次增加 87%；免签赴华的俄罗斯游客从 2014 年的 54.6 万人次下降至 24.3 万人次，降幅为 55.5%。

中国赴俄旅游出境的地域由过去的集中分布向多地分散发展。莫斯科是 2015 年最受中国游客欢迎的目的地，45% 的中国组团游客（24 万人次）访问莫斯科，这比 2014 年的人数（11 万人次）高出一倍有余。远东滨海边疆区的受欢迎程度排名第二，2015 年有 12 万中国游客免签访问边疆区，较 2014 年增加 75%。免签访问远东阿穆尔州的中国游客量为 6.7 万人次，较 2014 年增加 43%。2015 年免签访问圣彼得堡的中国游客量（近 5 万人次）较 2014 年（2.9 万人次）增长 72.48%。②

（三）中俄两国旅游合作辐射范围广

随着中俄两国"语言年""旅游年"等活动的成功举办，两国民众对彼此的了解和认知也与日俱增，到对方国家旅游成为民众深化这一过程的最佳选择。旅游业已经成为两国战略协作关系中的新亮点，促进了人文交流与合作。

当前，旅游业是中俄两国经贸合作的重要经济增长点，对关联产业具有辐射作用，促进了运输、通信、贸易、旅游服务业、旅游纪念品生产、食品业、农业、建筑业等行业的发展。两国很多地区也利用自身丰富的资源潜力，提高服务质量，打造各类旅游路线和产品，吸引国内外游客，发展旅游产业，带动地方经济发展，地区间的国际合作也不断推进。

二 中俄旅游合作存在的问题

目前，中国早已稳居俄罗斯的最大旅游客源国地位，赴俄中国游客人数自 2014 年起已经连续 3 年保持增势。相比之下，到访中国的俄罗斯游客数量还

---

① В Китае открывается второй Национальный офис по туризму . http：// www. visit - russia. ru/ news/ v - kitae - otkryvaetsya - vtoroy - nacionalnyy -.

② Сайт Федерального агентства по туризму. http：//www. russiatourism. ru/.

有很大的增长空间。如何实现两个市场的均衡发展，成为两国旅游业界共同面对的课题。

（一）中国市场投入有待进一步提高

中国旅游业的发展始于改革开放，进入 21 世纪以来，中国旅游业进入了加速发展阶段。2015 年，旅游业直接投资首次突破 1 万亿元，达到 10072 亿人民币，比全国固定资产投资 12% 的增速高出 30%，比全国第三产业 10.6% 的增速高出 31%。① 由以上数字可以看出，各级政府和部门均开始重视入境旅游市场这一新的经济增长点。但是，真正落实到对俄旅游市场开发的资金相对并不高，融资渠道有待进一步开发。同样，虽然市场前景广阔，但俄罗斯旅游市场也存在着制约因素，如基础设施不完善、旅游产品不健全、旅游项目缺乏吸引度等现实问题仍急需解决。

（二）俄罗斯市场潜力有待挖掘

俄罗斯地跨欧亚两大洲，地域辽阔，民众在出境地选择上有很大空间。中国的竞争对手既有欧美国家，又有东南亚国家。中国无论是在旅游景区的可游性、交通的便捷性、住宿的舒适性、资讯的全面性以及服务诚信、服务态度等方面都存在明显的竞争劣势，旅游竞争实力不强。同时，旅游成本问题影响俄罗斯游客赴华游览参观。

（三）边境游仍占较大比重

俄罗斯旅华市场还有非常明显的边境游痕迹，如果俄罗斯旅华市场局限在远东地区，而没有真正深入到莫斯科等处在欧洲版图中的那些出境旅游高消费能力地区和城市，就无法真正实现两国旅游业的纵深合作。

由此可见，中俄旅游合作要实现可持续发展，还应该在产品开发和营销上多下工夫，结合两国旅游资源或旅游的承受能力和客源市场的结构，以及与旅游业相关产业发展的基本情况，从两国的旅游地理、旅游资源和旅游市场的实

① 《中国旅游业对 GDP 综合贡献已达 10% 直接投资突破一万亿》，中研新闻频道_中国行业研究网，http://www.chinairn.com/news/20160521/09060274.shtml。

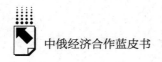

际情况出发，在资源互补、客源互动和产业联动的基础上定一个长期的发展规划，以促进中俄旅游合作协调、稳定、健康、持续发展。

三 中俄旅游合作的新变化

中俄旅游合作经过了 20 多年的实践，中俄旅游经营部门和管理部门都积累了较为丰富的经验，两国旅游合作领域亮点频现。

（一）政策支撑是助力器

中俄两国旅游合作具有战略意义，成效显著。两国旅游部门在国家层面开展了积极的协作，建立了多个政府间工作组，包括中俄人文合作委员会下设的旅游分委会。合作水平和层次也不断提升。

近年来，旅游业在俄罗斯国民经济中的贡献越来越大，创造了新的就业岗位，促进了外贸平衡，对交通、通信、建筑、农业及其他行业均有辐射作用。俄罗斯政府也把这一产业作为增加国民收入、短期快速创汇的重点行业扶持。为此，俄方制定并批准了一系列旨在加强和扩大两国合作的文件，在旅游签证简化上也给予了政策支持。当前，70% 以上的中国游客通过免签进入俄罗斯，并且免签团队人数降到 3 人，在俄罗斯境内停留时间为 3 周。俄罗斯政府还批准了《2020 年前旅游发展纲要》，根据这一纲要，俄罗斯旅游业未来发展的主要方向是提高产业的竞争力、提高旅游服务水平、增加入境客流数量、改善国家形象，为此将拨款 8.65 亿卢布以保证纲要落地实施。[①]

（二）旅游产品不断创新

中俄双方也共同致力于创新旅游产品，开放新的旅游领域。双方根据对方国家社会文化特点，推出适合的旅游产品。

历史文化遗迹是俄罗斯最具竞争优势的旅游资源。俄罗斯很多地区也利用自身丰富的资源潜力，提高服务质量，打造各类旅游路线和产品，吸引国内外游客，发展旅游产业，带动地方经济发展。当前，俄罗斯有意推出"商务旅

---

① Барометр международного туризма UNWTO. – Том 15. Январь 2017 г.

游"产品，此外，保健休闲旅游、农业游、汽车观光游、生态游等也在不断完善。中国游客主要目的地是莫斯科和圣彼得堡，两国旅游从业者也在开发新的旅游产品，如"红色旅游"线路，该线路包括喀山、乌里扬诺夫斯克等与十月革命领袖列宁生前活动有关的城市。而极地旅游也是中俄双方要打造的新产品，虽然价格不菲，但可以打开中国赴俄高端旅游市场。同时，俄罗斯针对中国旅游的线路还有：茶道之旅、远东地区的"东环"、北部地区的"银环"，以及中央地区的"金环"。

俄罗斯旅客则对中国历史悠久的名胜古迹兴趣深厚，"中国历史文化遗产旅游"是最受欢迎的项目，包括陕西西安、河南洛阳、浙江杭州、江苏苏州等城市。此外，中国方面还在打造了部分二、三线城市的旅游线路，拓宽中国市场。

（三）配套旅游服务全方位改进

在俄罗斯联邦旅游局、莫斯科旅游宾馆服务委员会、中国旅游事务管理局的共同支持下，自2014年起，俄罗斯启动"友好中国"项目，为中国游客打造舒适的入住环境、参观游览环境和娱乐休闲环境。参与这一项目的不仅有宾馆服务从业者，还包括饭店、博物馆、娱乐中心等。

旅游线路的开发、旅游范围的扩大也带动了交通运输业的发展。中俄两国之间航空运输线路也越来越密集，中国很多城市与俄罗斯莫斯科、圣彼得堡、符拉迪沃斯托克、哈巴罗夫斯克、南萨哈林斯克、克拉斯诺亚尔斯克、伊尔库茨克、雅库茨克、新西伯利亚、叶卡捷琳堡、乌兰乌德等城市开通了定期往返航班。而喀山至乌鲁木齐、索契至成都等城市间航线也在2017年开通。2016年前10个月，莫斯科谢列梅捷沃机场就接待了1200万中国旅客，比2015年同期多了12%。同期，俄罗斯新西伯利亚到中国的旅客为56300人次，同比增长36.4%，中国到新西伯利亚的旅客数量为56900人次，同比增长23.8%。

未来，随着市场需求的加大，新的航线还会继续开通，因为交通便利与否决定着旅游地的选择。中国方面有考虑开通广州到俄罗斯乌拉尔和西伯利亚地区的航线。

（四）广告宣传先行

俄罗斯方面计划通过拍摄电影、电视剧、动画片的方式进行文化推广，增

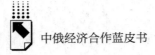

加国外游客对俄罗斯的认知和兴趣，吸引其来俄旅游。俄罗斯旅游部门还在中国设立办事处，主要工作就是进行旅游宣传和推广旅游产品。中国也在俄罗斯启动了"美丽中国"宣传活动，以广告片的形式向俄罗斯推介中国。中俄两国战略协作伙伴关系稳定持久发展，为旅游业的交往与合作奠定了基础。两国间旅游合作的发展促进了人文交流，增进了相互理解，拉近了民心，展示了国家形象，改善了彼此在对方国民中的形象。

B.9
中俄能源合作发展形势分析与前景预测

曹志宏*

摘　要： 当前，国际能源战略格局正酝酿着深刻变化，俄罗斯能源政策也经历着重要调整，中俄能源合作进入了一个新阶段。面对新形势，中国要正确看待中俄能源合作的现实困难与长远前景，适时调整思路，制定对俄能源合作的总体战略，特别是要综合考虑国际能源价格走势与国内能源价格政策改革之间的平衡，努力与俄罗斯实现互利共赢。

关键词： 俄罗斯　能源合作　中国

　　中俄能源合作能够体现两国的经济利益诉求，是拉动中俄贸易和投资最主要的驱动力。在当前中俄全面战略协作伙伴关系不断深化的形势下，推进两国能源合作具有重要的现实意义和战略意义。中国人均能源消费量正逐年提高，目前已达到世界平均水平，资源问题已成为中国经济发展的阻碍。无论是从经济基础、政治利益出发，还是结合区位因素考量，中俄两国加强能源合作都是双赢的选择。得益于国际能源格局的演变、区域经济合作与竞争，未来10年，中俄能源合作仍保持发展态势。从目前看，中俄能源合作虽进一步强化了国际能源合作的多元化，但不会对国际能源格局产生重要影响，未来如何发展还取决于一系列变量因素的动态发展。

---

　*　曹志宏，女，黑龙江省社会科学院东北亚研究所副研究员。主要研究方向：俄罗斯经济及远东问题。

一 中俄能源合作发展现状

在过去的十多年间，俄罗斯对华能源出口占俄能源总出口的比重呈上升态势，并在 2012 年达到最高点 8.4%（见表 1），中国通过石油供应和贷款优先权等方式对俄罗斯能源企业投资超过 1000 亿美元。[①] 2015 年中俄能源战略伙伴关系建立后，在欧洲降低对俄能源依赖、页岩气革命改变世界能源供需结构、全球油气需求向亚太地区转移、乌克兰危机后欧美联合制裁俄罗斯能源企业等多重因素影响下，中俄两国能源合作取得了新突破，在能源对话机制、原油贸易、上游勘探开发、油气管道建设、下游油气产品精炼等领域收获颇丰。预计到 2035 年，俄罗斯对中国的能源出口收入将占俄罗斯能源出口总收入的 20%。[②]

表 1 2005~2016 年俄罗斯对华能源产品出口占俄能源总出口比重

单位：%

年份	2005	2006	2007	2008	2009	2010	2011	2012	2013	2014	2015	2016
占比	4.1	4.3	4.0	3.8	5.4	5.0	6.9	8.4	7.9	7.9	7.8	7.7

资料来源：根据俄罗斯联邦统计局数据整理。

（一）石油合作

中俄能源合作的主要领域是石油贸易，进入 21 世纪俄罗斯对中国的石油出口呈快速增长趋势，2006 年达到 1596.5 万吨，2007 年由于对于石油出口价格的分歧，中俄两国石油贸易下降。2008 年受全球金融危机影响，贸易量降至 1163.8 万吨。随着全球经济复苏，2009 年中俄石油贸易量迅速上升，达到 1530.3 万吨，[③] 接近危机前水平。此后，中国从俄罗斯进口石油逐年增高。

---

① 商务部网站统计数据。
② 《2013 年俄罗斯仍是全球最大的石油生产国》，http//www.cnenergy.org/gi/giyw/201401/t20140114_280445.html。
③ http：//news.xinhuanet.com/ener‐gy/2017‐02/02/c_126081716.hom。

2009～2015 年，俄罗斯对东北亚地区（中日韩三国）的石油出口比重从
10.46% 升至 26.79%，其中对中国石油出口的占比从 5.37% 增至 15.78%（见
表2）。截至 2016 年底，中国自俄罗斯进口石油同比增长 24%，达到 5250 万
吨，俄罗斯首次成为中国最大的原油供应国。[①]

表2　俄罗斯石油生产比重及对东北亚国家（中日韩）的出口比重（2009～2015 年）

单位：%

年份	俄罗斯	中日韩	中国	日本	韩国
2009	12.87	10.46	5.37	2.37	2.72
2010	12.86	13.67	5.48	3.89	4.30
2011	12.93	17.46	9.73	3.23	4.50
2012	12.77	16.24	9.34	3.17	3.73
2013	12.86	18.56	9.73	4.83	4.00
2014	12.63	23.55	13.42	5.30	4.83
2015	12.40	26.79	15.78	5.96	5.05

资料来源：根据联合国商品贸易统计数据库整理。

2011 年中俄签署了贷款换石油协议，协议规定，中国向俄罗斯提供 250
亿美元贷款；俄罗斯以供油形式偿还，2011～2030 年按照每年 1500 万吨的规
模向中国提供总计 3 亿吨石油；同时，俄罗斯原本每年通过铁路对中国的石油
供应不变，并增加至 1500 万吨。这是中俄石油贸易的一个突破性进展。2013
年 6 月，中俄两国签署了一份总价超过 2700 亿美元的长期对华供油协议。该
协议计划在 25 年内每年对华供应约 4600 万吨原油。根据合同，俄罗斯将在东
线管道 1500 万吨/年输油量的基础上逐年向中国增加原油供应量，到 2018 年
达到 3000 万吨/年，合同期限为 25 年，可延长 5 年；通过西线管道的原油供
应从 2014 年 1 月 1 日开始增供 700 万吨/年，合同期 5 年，可延长 5 年。同时，
俄罗斯还将在天津炼厂建成运营后，每年向其供应 910 万吨原油，[②] 此项协议
的签署使中俄石油合作达到了前所未有的高度。

----

① http：//www.gov.cn/jrzg/2017-03-25/content_ 2684209.

② 《新京报》，2009 年 11 月 3 日，http：//money.163.com/13/0623/02/9216ECNN00253B0H.html.

（二）天然气合作

21 世纪以来，随着中国经济的快速增长，天然气消费量也呈不断增加态势。2015 年中国天然气消费量超过 1800 亿立方米，成为全球第三大天然气消费国，仅次于美国和俄罗斯。[①] 国家发改委预测，到 2020 年和 2040 年，中国天然气消费量将分别突破 4000 亿立方米和 6000 亿立方米，中国将成为继美国之后的全球第二大天然气消费国。相关数据显示，2015 年俄罗斯天然气总产量为 6780 亿立方米，当年出口量为 1855 亿立方米，为全球最大的天然气出口国。[②] 从实际情况来看，中俄天然气贸易体量很小。2009～2015 年，俄罗斯对东北亚地区的天然气出口比重从 2.90% 增至 6.85%，其中对中国的天然气出口比重 2010 年仅为 0.26%，此后更一度降至 2014 年的 0.09%，2015 年小幅升至 0.12%，远低于出口日本的平均水平（4%），也低于向韩国出口的平均水平（1.43%）（见表 3）。

表 3　俄罗斯天然气生产比重及对东北亚国家（中日韩）的出口比重（2009～2015 年）

单位：%

年份	俄罗斯	中日韩	中国	日本	韩国
2009	17.69	2.90	0.14	2.02	0.74
2010	18.35	6.33	0.26	4.12	1.95
2011	18.39	6.31	0.15	4.41	1.75
2012	17.61	7.38	0.26	5.63	1.49
2013	17.73	6.28	—	5.17	1.11
2014	16.80	7.09	0.09	5.69	1.31
2015	16.20	6.85	0.12	5.04	1.69

资料来源：根据联合国商品贸易统计数据库整理。

2013 年 11 月乌克兰危机爆发，美国和欧盟国家对俄罗斯能源企业采取经济制裁，这为中俄加强油气合作提供了新机遇，此前一直困扰中俄天然气合作的价格分歧得到解决，两国成功签署了多项合作协议。其中，"西伯利亚力

---

① 《中俄就能源合作达成突破性协议》，http：//china. cankaoxiaoxi. com/。

② 商务部网站统计数据。

量"项目（又被称为"中俄东线管道"）是一项年供气量达 380 亿立方米的输气管道项目，原计划于 2020 年完成，预计 2025 年实现运营输气；① "阿尔泰项目"（又被称为"中俄西线管道"）是一项年供气量达 300 亿立方米的输气管道项目。这两个天然气合作项目无论是投资还是供气规模，都堪称世界级项目，借此，中国将超过德国成为俄罗斯最大的天然气出口国。2016 年 3 月，中国"丝路基金"以 10.87 亿欧元价格获得了"亚马尔液化天然气项目" 9.9% 的股权，这是中俄最大的天然气合作项目，对全球天然气市场的供求格局将产生巨大影响。②

（三）其他项目合作

电力合作。1992 年中俄电力合作开始发展，但直至 2005 年合作才全面启动。2013 年国家电网公司与俄罗斯统一电力国际公司签署了《关于开展扩大中俄电力合作项目可行性研究的协议》和《中国国家电网公司与俄罗斯辛特斯集团股份公司合作框架协议》，协议中包括对远东及西伯利亚地区电力资源的扩大开发、建设煤炭水电供电一体化项目、进行输电站建设与改造以及其他电力项目开发。截至 2014 年，俄罗斯通过 110 千伏布黑线（布拉戈维申斯克变 – 110 千伏黑河变）、220 千伏布爱甲乙线（布拉戈维申斯克变 – 220 千伏爱辉变）和 500 千伏阿黑线（500 千伏阿穆尔变 – 500 伏黑河换流站）已累计向中国送电 136.39 亿千瓦时，节约境内煤耗 463.81 万吨，减排二氧化碳 1295.72 万吨。③ 2015 年 11 月，俄水电公司与中国电力建设集团有限公司、三峡公司分别签署了在俄合作建设蓄水储能电站以及在俄远东地区建造抗洪水电站两项协议。

煤炭合作。俄罗斯煤炭储量丰富，探明可采储量仅次于美国，居世界第二位。蒙古和澳大利亚一直是中国主要的煤炭贸易伙伴，但近年来中俄煤炭贸易额不断增加。2008 年中俄煤炭贸易仅为 76 万吨，到 2011 年已达 1057 万吨，

---

① 《习近平和普京共同见证中俄东线天然气合作协议签署》，http：//www.gov.cn/xinwen/2014 – 05/21/content_ 2684209。

② 《探访亚马尔 LNG 项目》，http：//sohu.com/n/447114109/。

③ 《中俄将建立全面能源合作伙伴关系》，http：//news.xinhuanet.com/ener – gy/2015 – 02/02/ c_ 126081716. hom/。

增加了近13倍。到2013年,中俄煤炭贸易规模已扩大至2728万吨(见图1)。2015年俄罗斯对华煤炭出口出现下滑,出口量为1360万吨,2016年略有回升增至1500万吨。

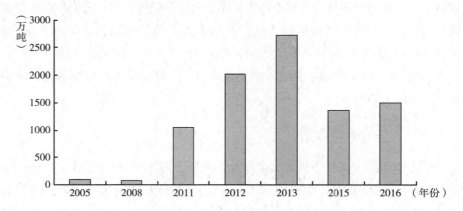

图1   2005～2016年俄罗斯对华煤炭出口量

资料来源:根据俄罗斯联邦统计局数据整理。

2014年4月俄罗斯审议并通过了《2030年前煤炭部门的发展规划》,① 决定大规模调整东西伯利亚及远东地区煤炭工业发展,扩大国内外销量,修建铁路通过蒙古向中国以及其他亚太国家出口。2014年10月,中俄两国制定煤炭领域合作"路线图",规定中国大公司可以参与俄罗斯境内的项目。由此,中国神华能源股份有限公司和中国中煤能源股份有限公司与俄罗斯煤炭企业达成了在开发、基础设施建设等方面的诸多合作意向。预计2015～2030年,俄罗斯将提高在亚太地区煤炭市场的占有额,从6%增加至15%。②

核能领域合作。由俄核物理学家提议修建的田湾核电站,是目前中国所有在建核电站中单机装机容量最大的中俄经济合作工程。当前中俄正探讨与第三国开展核能合作的相关事宜。俄杜布纳联合核子研究所将同中国科学院等离子体物理研究所等科研机构就重离子超导同步加速器(NICA)、先进实验超导托

---

① 《中俄能源合作20年大事记》,http://www.gov.cn/jrzg/2014/05/22/content_ 1624209。
② 《中俄全面能源合作伙伴关系日益加强》,http://news.xinhuanet.com/ener－gy/2014－12/02/c_ 1260816. hom/。

卡马克装置、水堆技术、浮动核热电站及快堆项目等展开合作。① 中国科技部、俄联邦教育科学部、杜布纳联合核子研究所将尽快商讨中国参与实施 NICA 项目签署补充协议，确定中国参加该项目的路径及费用。同时，双方将进一步扩大杜布纳联合核子研究所及俄联邦其他核物理科研中心同中国有关机构的合作，在强子和轻子对撞机物理、核聚变和等离子体物理、可替代核能等领域开展基础与应用研究。

可见，中俄能源合作正在形成集勘探、开采、炼化、装备制造等多领域齐头并进，全价值链式的合作格局。中俄能源相互依存度的不断提升，对开启中俄能源的稳定合作具有积极的促进作用。

二 中俄能源合作中存在的问题

多年来，中俄两国的能源结构互补性与发展水平差异决定了两国能源合作的长期性和必要性。从未来发展趋势看，中俄的能源合作势必从现在的以贸易合作为主逐步向贸易与投资并重、开发与合作并重转变。从中国角度看，必须重视制约和影响中俄能源合作的各种问题。

（一）"中国威胁论"的影响

因中俄两国历史上有过若干领土争端问题，现实中存在价值观分歧等客观因素，"中国威胁论"是俄罗斯民族挥之不去的阴影。特别是近年来，随着中国经济的崛起和实力增长，再加上受到西方反华势力和极端民族主义的煽动，俄罗斯上至国家官员下到普通百姓中的一些人心态出现变化，担心中国强大危及俄罗斯。从中俄资源合作角度看，"中国威胁论"主要体现在有些人担心中国控制俄罗斯的能源市场，担心俄罗斯成为中国崛起的原料附庸国，主张减少对中国的能源出口，导致俄罗斯部分官员对与中国的能源合作采取"不积极、不合作"的态度。俄罗斯总统普京多次在不同场合驳斥这种观点。②

---

① 余建华：《全球能源战略格局的可行性演进》，《文汇报》2014 年 12 月 5 日。
② 《普京反驳"中国威胁论"》，http：//cn. reuters. com/article/wtnews/id_ 29622020130907。

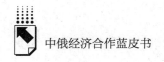
（二）多国参与形成的竞争

随着中国、日本、印度等主要亚洲国家经济持续发展，亚洲地区油气需求快速增长，逐渐取代欧洲和美国成为世界油气需求主力军。2014 年，中国、日本、印度分别位列世界第二、第三、第四大原油进口国，日本、中国、韩国分别位列全球第一、第四、第六大天然气进口国。[①] 但目前俄罗斯向亚洲地区油气出口份额相对较低，2014 年在俄罗斯原油出口总量中，亚太地区的出口份额仅占 26% 左右，天然气出口份额则不到 10% 。[②] 未来，随着俄罗斯向亚太地区油气出口数量的增加，在新增的油气出口分配中，中国不可避免地要面对来自日本、韩国、印度等亚洲主要油气进口国的份额竞争。2016 年 12 月，俄罗斯总统普京访问日本，两国在政治关系方面虽然取得的成绩不大，但双方出于国家利益的考量，在经贸领域特别是能源合作达成若干共识，客观上必然会对中俄能源合作产生影响。

（三）普京政府的能源国有化倾向

自 2004 年开始，随着俄罗斯经济复苏，出于对经济长期发展战略、能源安全以及政治稳定等多重因素考虑，普京开始通过一系列举措逐步收回之前被私有化的油气资源，加强了俄罗斯能源行业的国有化。2012 年 7 月，俄罗斯国家石油公司购买俄罗斯独立天然气生产商 ITERA 公司 6% 的股份。[③] 2013 年 3 月，俄罗斯国家控股的俄油分别以 277.3 亿美元、166.5 亿美元加 12.84% 股份的对价，完成了对秋明－英国石油公司的收购。通过以上种种国有化举措，普京将本国的油气产业牢牢掌握在政府手中，增加了包括中国在内的外资油气企业进入俄罗斯油气市场的难度。

（四）普京政府对于产品分成协议的调整

2003 年 6 月，普京签署《对俄罗斯联邦税法典第二部分补充条款》的联

---

① 根据商务部网站数据整理。
② 根据商务部网站数据整理。
③ 《2013 年我国石油进口增速放缓，进口来源多样化呈现》，http://news.xinhuanet.com/ener - gy/2013/02/02/c_ 126081。

邦法律，这项法律使俄联邦税法典第二部分中新的一章"适用于产品分成协议的税收制度"生效,[①] 此次修改使得俄罗斯产品分成协议的条件变得更加苛刻。从法律上讲，俄罗斯仍然保留了实行产品分成协议的可能性，但在实践中，除了法律特别划定的 5 个矿产地外，对于外国投资者来说，签署新的产品分成协议的可能性几近于零。普京政府对于本国矿产地产品分成政策的进一步收紧，会加大中国相关油气企业在此领域的参与难度。[②]

（五）中国能源企业竞争力不强

与俄罗斯开展能源合作是中国对外能源合作的一项重要内容之一，但在具体实施上不尽如人意。除在专业人才储备、能源项目谈判、企业并购、资本运作等方面存在不足外，中国能源企业在能源开发、勘探、开采、运输等相关领域的技术和管理上与国际先进国家的企业还存在明显差距，与发达国家竞争优势不大，出现了许多合作项目流失的现象。从对俄能源合作角度看，中国企业对俄罗斯的能源战略、能源法律和政策不甚了然。因此，中国能源企业应从长远战略眼光着手，注意培养专业人才，积极参与国际能源企业并购重组并积累经验，参与国际大型能源开发、勘探和开采的投招标工作，加大企业在国际能源工作力度。

三　国际能源格局深度调整背景下中俄能源合作的前景分析

当前，国际能源市场正在经历深刻和历史性的变化，页岩气革命给世界能源经济带来了颠覆性思维，再加上乌克兰危机的地缘政治冲击，俄罗斯认识到必须加快实现出口市场的多元化，这为中俄能源合作带来了新机遇，增强了中国在两国能源合作中的主动性和优势地位。

（一）中俄原油交易价格下降，利于我国增加国家石油储备

中俄原油贸易合同按惯例采取与国际原油价格挂钩浮动的定价方式，因

---

① Жить по-человечески: Владимир Путин выступил на расширенном заседании Госсовета. http://www.rg.ru/2008/02/09/putin.html.

② 黄佳音：《创新经济推进中俄油气合作》，《国际石油经济》2013 年第 7 期。

此，受国际原油价格影响较大。当国际原油价格出现下跌时，俄罗斯向中国出口的原油价格必须随之下调。以 2014 年 6 月至 2015 年 10 月期间情况为例，国际原油交易价格下降，[①] 中俄原油贸易总额也随之下降，然而，实际上中俄原油贸易从数量上来说是有所上升的。换言之，因为中俄原油贸易采取与国际原油价格挂钩浮动的定价方式，中国购买相同数量的俄罗斯原油付出的货币大量减少，降低了进口成本。目前，根据纽约商品交易所（NYMEX）统计，国际原油价格长期在 43～54 美元/桶徘徊，中国可以利国际油价上下波动较大的时机进行有步骤操作，分批购买包括从俄罗斯进口的国际原油，增加本国的石油储备。

（二）俄罗斯对华出口原油意愿增强，提升了中俄石油谈判中中方的议价能力

从俄罗斯角度看，面对国际油价下跌，很难与石油输出国组织成员等石油大国进行协调，以通过降低产量等方式遏制价格下跌。然而，俄罗斯为了保有其在国际原油市场的出口地位，只有保持原有产量甚至增加产量。因此，可以说，从国家利益来讲，目前，俄罗斯除稳定传统市场外，向更具有地缘优势、更具方便条件的亚太地区，尤其向中国、日本、韩国等增加原油出口的意愿更加明显。目前，虽然中国经济发展速度有所放缓，但庞大的经济总量以及处于发展期的能源消费结构必然还具有更多的能源需求。在俄罗斯探求原油出口多元化、为其原油寻找需求稳定而强劲的市场时，中国无疑是俄罗斯出口原油的不二选择。

国际原油从卖方市场到买方市场的转变以及国际原油价格上下波动较大，使中国在与俄罗斯的能源谈判中处于主动。也就是说，在国际原油市场上从价格、数量来看能够有更多选择时，俄罗斯向中国出口原油不再是一家独大，中国对中俄能源合作就掌握了更多的谈判筹码，具备了更强的议价能力。

（三）俄罗斯对中国转让上游油气资产积极性增加，利于中国油气企业抓住时机"走出去"

从对油气勘探开发上游领域来说，俄罗斯政府一直把控较严，严格控制外

---

① 富景筠、张中元：《世界能源体系中俄的结构性权力与中俄能源合作》，《俄罗斯东欧中亚研究》2016 年第 2 期。

资介入且门槛较高。[1] 然而，近年来国际油价下跌造成俄罗斯油气企业运行艰难，再加上乌克兰危机导致美国和欧盟等西方国家对俄罗斯的能源企业进行全方位经济制裁，以及俄罗斯油气产业发展战略的调整的需要，俄罗斯政府对外资进入俄罗斯油气田勘探开发的态度有所改变，特别是在中俄全面战略协作伙伴关系的背景下，对中国油气企业到俄罗斯勘探开发油气田持欢迎态度，主要目的是提高俄罗斯国有能源企业的生产和管理效率。俄罗斯政府认为，在当前国际油价处于低位徘徊、油气出口收入锐减的情况下，适当引进非国有资本将会缓解本国能源行业的资金紧张。根据目前情况判断，俄罗斯政府有可能加快外资进入油气田勘探开发的实施进度，降低外资企业准入门槛。因此，中国能源企业应抓住机会，加快"走出去"步伐，以独立、参股、并购等形式介入俄罗斯上游油气领域。

（四）俄罗斯对中国油气设备进口需求增加，利于中国油气装备和技术服务打入俄罗斯市场

虽然俄罗斯油气开采量等位列世界前茅，但俄罗斯油气装备及技术服务等方面的对外依赖度较高的现实并没有改变。近年来国际油价下跌及低位徘徊的状况使俄罗斯油气企业利润减少，导致企业再投资和运营资金紧张状况难以缓解。为改变这种情况，俄罗斯能源企业一方面加快本国油气装备及技术服务等方面的"进口替代"，另一方面开始寻求价格更低、质量更好的油气装备及技术服务。目前，尽管中国的油气装备制造和工程技术服务整体水平与国际先进水平有差距，但海上天然气勘探开发、致密油、测井、大型炼厂工程建设等方面已经具备国际一流技术和研发优势。[2] 从可比价格来说，与美欧能源企业相比，中国的油气设备和技术服务具有明显的价格优势。

从发展方向上来说，北极大陆架、西伯利亚及远东油气田等是俄罗斯未来油气开发的重中之重。乌克兰危机后，以美国为首的部分西方国家对俄罗斯的油气田勘探开采技术和技术服务等实施了出口禁令，使俄罗斯油气田企业陷入

---

① 郝宇彪、田春生：《中俄能源合作：进展、动因及影响》，《东北亚论坛》2014 年第 5 期。

② 徐洪峰：《普京第三任期以来中俄能源合作新进展及潜在障碍》，《俄罗斯东欧中亚研究》2016 年第 6 期。

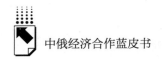

了资金紧张和技术困难的双重窘境。在此情况下，中国能源企业可以凭借自身的技术和价格优势，积极推进与俄罗斯油气田企业在油气装备制造及工程技术服务的合作，进入俄罗斯油气装备和技术服务市场。

四　深化中俄能源合作的对策建议

中俄能源合作以来，从开始的原油贸易、石油炼化等合作，发展到今天的油气管道建设、油气田勘探开发合作等，取得了一定进展。但双方的合作潜力还远远没有完全开发出来。面对国际能源形势的变化与俄罗斯能源政策的调整，适当改变对俄能源合作思路，探讨中俄能源合作途径，更具现实意义。

（一）从战略层面统筹和规划中俄能源合作

能源合作的规模大、领域多、周期长，与国家战略利益息息相关，由此做好整体的战略规划十分必要。考虑到今后能源各领域还会有大项目上马，需及时制订中俄能源合作的专项规划。根据俄东北振兴战略、俄罗斯远东开发战略以及"中蒙俄经济走廊"的建设要求，需对原有布局做出调整和适当补充，既要重视单体大项目的运作，也要做好能源各门类的衔接和整体平衡，在能源合作的大背景下统一布局，分步实施。妥善处理多重关联，既要看到细节需求，更要考虑全局利益；既要把握机遇，也要稀释风险；既要关注我方的利益，也要考虑俄方的利益需求，在兼顾中俄双方规划和诉求的基础上，实现两国能源中长期发展规划的对接。深入分析以往规划难以落实的原因，对重点项目的创新合作方式、市场需求、可行性、保障措施和融资规划等进行详细调研，制定有可操作性的政策和措施。

（二）完善对俄能源合作的工作机制

中俄能源合作是两国深化全面战略协作伙伴关系的基础之一，事关中俄双方未来经济社会可持续发展的核心要素。中俄作为最大的邻国，由于能源合作的互补性、重要性以及被赋予的特殊使命，需要进一步完善双边工作机制。一是要在充分发挥两国副总理级能源谈判机制、健全该机制功能；二是组建包括各相关部委领导和企业、智库参与的双边能源合作工作小组，调动和整合经贸、外交、金融等不同部门的资源，形成双边能源合作的整体效应；三是协调能源企业、境内和境外企业的利益，组织和引导智库研究涉双边的内政、经济、法律和民情等宏观问题；四是设置对俄能源合作代表处，从事协调和落实工作。

（三）创新能源合作形式，深化上下游产业链合作

能源产业链涉及面广、线长、点多，如上游的勘探开发、中游的运输、下游的炼化与销售等。中俄能源合作已经从开始的能源贸易初级水平发展到今天的油气田勘探开发合作。目前，中俄之间"贷款换石油"的方式还大量存在，技术含量不高，说到底仍然是演变的一种贸易形式。从经验教训上来看，以贸易为主的合作方式具有较大的脆弱性，很容易受到国际局势和政治因素的影响。因此，中俄能源合作的方式还有待于从以贸易为主向贸易和项目共同投资、合作开发并重转变。共同投资与技术开发更能将双方的利益联系在一起，更能加强合作的稳定性。例如，中俄双方共同出资天津炼化厂及亚马尔气田液化天然气等项目开启了中俄能源上下游产业链的合作。研究认为，通过中俄能源的下游产业合作，实际上不但为中国留出了更多的产业附加值空间，而且为俄罗斯进一步对中国开放能源上游合作提供机会，并且使中国能够获得长期、稳定和价格合理的能源供给。中俄两国能源的上下游产业链的深入合作，将进一步捆绑双方利益，大大提升中俄能源合作水平。

（四）以合作共赢的理念妥善处理双方利益关系

从最初的合作以来，中俄能源合作可谓一波三折，步履艰难。其中，最大的障碍是双方经济利益诉求难以达成共识。而关注对方诉求，寻求双方利益切合点也正是中俄能源合作破解障碍、取得成功的关键点。中俄双方应遵循和坚持"长远全面、市场、互利共赢"三原则，妥善处理利益关系。一是协调中俄能源价格分歧。价格分歧一直是双方落实政府间协议和扩大贸易规模、开展能源合作的重要障碍，尽管相关谈判的主体是两国能源企业，但由于双方能源企业基本上为国有或国家控股，两国政府对相关谈判具有很大的影响力。因此，两国政府需从长计议，致力于推动双方企业达成合理价格。从中俄能源进出口来讲，油气价格不仅关系到中国的经济利益，同时也是影响俄罗斯财政平

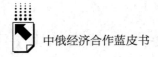

衡和经济社会稳定的关键因素。在当今动荡的世界形势下，俄罗斯的稳定对中国意义重大。因而在价格谈判中双方应互谅互让，保持灵活立场符合两国发展利益。二是探索天然气市场化定价机制。中俄两国作为全球天然气生产和消费大国，目前在天然气定价机制上还没有自己的话语权。在当今美国努力增加天然气出口的形势下，中俄两国联手推动天然气定价的市场化机制，对于提升两国在全球能源话语权十分必要，也将奠定两国在未来全球天然气定价机制形成的基础。

（五）加强能源互联互通建设

能源合作离不开运输。目前，中国的"一带一路"倡议及"中蒙俄经济走廊"得到了包括俄罗斯在内国家的高度认可，亚投行、丝路基金等的成立将为相关国家的互联互通建设提供机遇。从中俄能源运输渠道看，传统的海运已经难以满足两国能源合作需求，而两国间的管道油气运输能力又相对有限。因此，两国应加快推动中俄西部管线建设计划落地，尽快建成中俄东段天然气管线并推动两国达成新的管线建设协议，实现能源运力大幅度提升。建议开展两国间海上油气运输通道建设调研，实现能源运输方式的多元化。

B.10
中俄贸易发展形势分析与预测

顾晓滨　陈鸿鹏　牟洪波*

摘　要： 中俄两国经贸合作最早的形式主要以货物贸易为主，其占两国贸易额的八成以上，但也受诸如规模小、结构不合理等因素限制。在"一带一路"背景下，两国货物贸易合作只有不断地破解制约性因素，才能迎来新的发展机遇。

关键词： 中国　俄罗斯　货物贸易

在当今错综复杂的国际形势下，中俄战略互信加强，经贸关系稳定，高层交往密切。特别是中国共产党十八大以来，习近平主席每年多次与普京总统会晤，表明中俄战略协作伙伴关系处于历史最好时期，如果说中俄政治关系已经成为大国关系的典范，那么中俄经贸关系则是两国关系的基石，中俄经贸资源高度互补，合作潜力巨大。本报告通过回顾中俄贸易发展历程及近年来中俄贸易的发展情况，从政治、经济、历史等视角，结合中俄国内外环境和政策，特别是"一带一路"倡议的积极影响，对2017～2020年中俄贸易发展走势加以预测。

一　中俄贸易发展历程与形势分析

从中俄贸易相互地位看，俄罗斯长期处于中国前十大贸易伙伴之列，而中国自2011年以来连续6年成为俄第一大贸易伙伴。2016年中俄贸易额为

---

* 顾晓滨，女，黑龙江省对外贸易经济合作研究所所长、副教授；陈鸿鹏，男，黑龙江省商业经济研究所所长、副研究员；牟洪波，男，黑龙江省对外贸易经济合作研究所研究员。

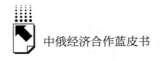
695.2亿美元，与2014年相比下降27%，距2020年达到2000亿美元的既定目标难度拉大。从中俄双方，特别是俄罗斯视角分析中俄贸易发展历程，更易发现其规律性和特点。

（一）中俄贸易受多重因素制约

中俄贸易受制于俄罗斯经济实力，俄罗斯经济又受到国内外政治关系、体制、结构以及国际油气价格、国际金融环境等多重因素制约。

2000年普京出任俄联邦总统，通过两个任期，到2008年，对内通过激发民众民族主义和爱国主义热情，强化中央权力和对战略部门的控制，如没收俄罗斯首富霍多尔科夫斯基的尤科斯石油公司资产，对外加大向东、向西开放，借助石油美元福利，使俄罗斯经济从严重的危机状态摆脱出来，走向复苏，进入了经济增长期。2000～2008年，中俄贸易也不断发展，2008年达到568.3亿美元，年均增长29%。20世纪90年代以来全球制造业开始向中国转移，特别是2001年底中国加入世界贸易组织，中国抓住国际资本、技术和产业转移的机会，依托积极的经济改革开放政策、廉价劳动力、生产资料资源在沿海地区建立起庞大的加工贸易集群，成为国际产业转移核心地带和世界工厂。

2008～2012年，普京转任总理。2008年，国际金融危机爆发，中俄贸易2009年暴跌31.7%。2008年国际原油价格出现大幅飙升，7月14日纽约商品交易所原油期货价格创出147.27美元/桶的历史高点。2009年，受金融危机冲击，国际油价出现大幅回落，2011年恢复至百元以上。在石油美元帮助下，梅普合作引领俄罗斯快速度过全球金融危机。2009年2月为摆脱金融危机影响，中国俄罗斯签订250亿美元贷款换石油协议，此举不仅推动中俄贸易跨上新台阶，从2011年起至今，每年增加约1500万吨原油计上百亿美元贸易额，还提高俄外汇流动性，进而改善其财政状况，扩大中国商品进口额。中俄贸易持续发展，尤其是俄对华出口大幅增加还得益于中国改革开放，特别是中国加入WTO后强大的出口创汇能力，中国贸易顺差位居世界第一位，外汇储备位居世界第一位，2014年外汇储备达3.843万亿美元，从而保证中国国力不断提高，并且在国际能源价格低迷时可以动用外汇储备战略性资源。但2015年以来中国进出口、净出口和外汇储备都出现下降，且2017年出任美国总统的特朗普揪住对华逆差问题不放，中国贸易顺差未来扩大难度加大。

　　2014 年，中俄贸易额达到历史峰值 952.8 亿美元（俄方统计为 884 亿美元），接近 2015 年实现 1000 亿美元的既定目标，下一目标是 2020 年达 2000 亿美元。世事难料，一是国际原油价格 2014 年 10 月近 100 美元/桶，2015 年 1 月跌至 45 美元/桶，2016 年下探至 35 美元/桶，且至今原油一直在 50 美元/桶左右徘徊；而受美国页岩气开发和国际新能源等替代能源应用影响，未来几年原油价格难以再有大的突破。2013 年石油天然气收入占俄罗斯出口总收入的 68%。二是克里米亚危机影响，西方国家对俄制裁，特别是金融制裁影响开始显现，俄罗斯国内大量外资撤离，外汇储备锐减，卢布贬值加剧，俄经济又一次遭到重创。此后，普京着力调整优化产业结构，农业、轻工业、军工产业、高科技以及战略新兴产业都取得了较大发展。针对第三产业发展不足的问题，普京认为是因为投资、现代技术、专业人才的缺乏，竞争发展不足，商业氛围有缺陷，为此，政府将支持中小企业的发展，大力反腐，促进社会公平，促使俄罗斯经济逐步复苏。[①] 为摆脱经济危机和西方制裁的不利影响，俄罗斯经济重心开始向东转移，借力中国推出一系列重大基础设施项目，例如设立超前发展区，在滨海地区建立自由港，发展中小型企业等，为远东营造良好经济环境。当然，欧洲仍是俄最大经济伙伴，"双头鹰"平衡战略不会改变。

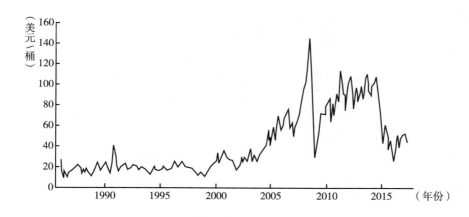

图 1　历年国际原油现货价格

[①] 《普京发表年度国情咨文展示"俄式自信"》，新华社，2016 年 12 月 3 日。

（二）中国有能力发挥更大作用

中国经济对中俄贸易具有明显带动作用，且受外部环境影响较小，有能力发挥更大作用。中俄紧密的政治、经贸合作也有助于抵抗西方势力和制裁压力。但要力挽中俄贸易回到上升通道，中方难度压力也很大。一是受国际金融危机影响，世界经济增速放缓，发达国家制造业回流，贸易保护抬头，国内劳动力红利优势减少，人民币汇率除对美元外升值显著，出口竞争力下降，中国对外贸易增速开始放缓降至个位，2015 年和 2016 年甚至出现负增长，这对进口也必然带来较大影响，2015 年中国进口量下降 14.3%，自俄进口量下降24.5%。二是中国国内靠投资和出口拉动的经济增长难以为继，2013 年开始步入经济新常态。为此，中国针对性地提出供给侧结构性改革加以应对，重点采取"去产能、去库存、去杠杆、降成本、补短板"的系列措施。对能源的需求也在放缓。三是互联网经济兴起对贸易影响较大，虽然其降低了买方成本，但在需求一定的情况下，也降低了交易环节成本，更多商家无利可图，贸易额也必然减少；而且对生产者也会产生影响，如为了突出竞争优势而缩减成本，减少附加值，只保留基本使用功能，这在经济不景气时对消费者更具吸引力。当然，对中国来说互联网经济也是优势，率先进入者具有先发优势，从而改变原有的落后不利格局。

从表 1 可以看出，2014～2016 年俄卢布对美元贬值较大，国内通货膨胀

表 1　2010～2016 年中俄对美元汇率及外汇储备

	中国				俄罗斯		
	1 美元兑人民币	人民币发行量 M2(万亿)	外汇储备(亿美元)	CPI 增幅(%)	1 美元兑卢布	外汇储备(亿美元)	通货膨胀率(%)
2000 年	8.2784	13.249	1656	0.4	24.6	243.0	20.2
2010 年	6.7695	72.585	28473	-0.7	30.4	4329.0	8.8
2011 年	6.4588	85.16	31812	5.4	29.4	4412.0	6.1
2012 年	6.2855	97.415	33116	2.6	31.1	4731.0	6.6
2013 年	6.0969	110.65	38213	2.6	33.4	4564.0	6.5
2014 年	6.1428	122.84	38430	2.0	40.8	3277.0	11.4
2015 年	6.2284	139.23	33304	1.4	65.6	3094.0	12.9
2016 年	6.6423	155.01	30105	2.0	66.8	3791.0	5.4

达到 2 位数，对其经济和国力影响较大，不得不动用外汇储备来平衡贬值压力，必然对进口带来较大影响。而人民币对美元连续三年贬值，这除了美元强势的原因，更重要的是人民币货币发行量 M2 自 2009 年起就处于高增长周期，年新增货币量都在十余万亿元，货币超发没有带来明显的通货膨胀和货币贬值，CPI 处于较低水平（甚至有通缩压力），中国国力显著提升，充足的外汇储备也有助于实施能源进口储备战略。

（三）影响中俄贸易走势的客观指标体系

中国对俄出口主要是机电产品，进口主要是矿产品，其他商品进出口规模偏低。据俄方统计，俄罗斯自华货物进口额最大的是锅炉、机械器具及零件，还有电机、电器、音像设备及零附件，2011～2016 年年均进口108 亿美元和 106 亿美元，每年进口量变化不大，这两年还有所下降，其他类产品如鞋靴服装，塑料及其制品，车辆及其零附件（铁道车辆除外），玩具、游戏或运动制品及零附件等年均进口不足 20 亿美元。到 2020 年，这些传统进口商品额即使上升也是恢复性的，至多回到 2014 年水平，即 500亿美元左右，年均增长 9.6%。

俄对华出口商品主要是矿产品，其次是木制品、化工产品和机电产品等，矿产品年均对华出口 182 亿美元，木制品年均 20 多亿美元，化工产品年均 15亿美元，机电产品年均 10 亿美元，石油、天然气、煤矿、铁矿、电力等贸易无疑是中俄贸易合作重点。①

综上，由于中俄进出口商品结构单一且稳定，对俄出口主要商品为机电产品，自俄进口主要商品为矿产品，影响中俄贸易走势客观主要看三大指标体系，即国际油气价格、俄外汇汇率及储备、中国外汇汇率及储备，三条线都与美元挂钩。当前三条线同时走低，中俄贸易走入上升通道难度很大。未来三年，三大指标根本改善的环境也不具备；乐观预计，到 2020 年可恢复至 2014年贸易水平，即约 1000 亿美元。

---

① 商务部综合司、商务部国际贸易经济合作研究院：《国别贸易报告·俄罗斯》（2011～2016 年）。

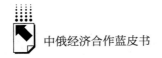
二 "一带一路"背景下中俄贸易 发展的潜力与展望

2016 年在中俄总理第 21 次定期会晤时,梅德韦杰夫表示,到 2020 年双方将有能力完成 2000 亿美元的双边贸易额目标,目前中俄双方一系列大型工程正在建设中,包括 2015 年动工的"西伯利亚力量"天然气管道东线等。① 可以看出,中国"一带一路"倡议和中俄能源合作为中俄贸易发展提供了希望。

2017～2020 年中俄能源项目几近完成的大项目是中俄东线天然气合作项目,预计 2018 年底建成,2019 年计划输气,每年 380 亿立方米,为期 30 年,项目总金额约 400 亿美元,每年贸易额增加约 130 亿美元。

海油工程获得俄最大 LNG 工程 YAMAL(亚马尔)项目。2015 年 12 月,在中国国务院总理李克强、俄罗斯总理梅德韦杰夫的见证下,中国丝路基金入股该项目,购得亚马尔 LNG 项目 9.9% 的股权。② 项目预计 2017 年投产,达产后预计中国每年至少采购 300 万吨 LNG,约 45 亿美元。

值得注意的是,原签订中俄西线天然气年 300 亿立方米合作项目和中俄石油二期 1500 万吨原油合作项目由于价格等原因还在议程中。

2016 年 8 月深圳中仁集团与俄罗斯联邦能源部签署合作协议,年进口 1 亿桶高达 1300 万吨的轻质原油,总价值超过 40 亿美元。中国的目标是到 2020 年战略储备从 2 亿桶提高到 5 亿桶,目前月进口原油约 3000 万吨,俄罗斯已成为中国第一大原油进口来源地。

军事贸易亮点也很多。2017 年 5 月,俄罗斯和中国签署了供应 24 架多功能战机苏-35 的最大军机合同,交易额达 20 亿美元。两国还将进一步扩大飞机发动机领域的合作。

高铁合作方面,中俄企业已于 2016 年签署莫斯科至喀山高铁勘测设计合同,该项目总工程费用 150 亿美元,2018 年竣工,也会带动数十亿美元的中

---

① 《李克强同梅德韦杰夫共同主持中俄总理第二十一次定期会晤》,新华社,2016 年 11 月 18 日。
② 《解密全球最大液化天然气项目—亚马尔 LNG 项目》,中国电力新闻网,2016 年 6 月 16 日。

国出口。此外，作为中国到欧洲"一带一路"的一部分，计划中的中俄高铁总价值达 1000 亿美元，将带动数百亿美元的中国出口。①

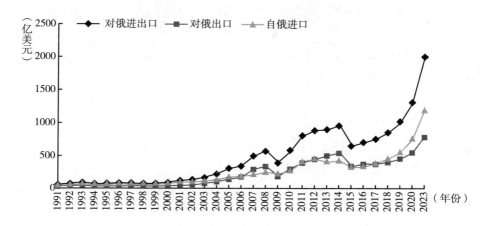

图 2　中俄货物贸易进出口趋势

综合以上因素，2020 年之前，中俄贸易还将处于恢复增长期，在"一带一路"框架下，中俄通过能源合作、航空合作、高铁合作等有望年增加贸易额约 250 亿美元。贸易增长将实现台阶式上行趋势，要想达到更高水平，中俄双方需更加努力，尤其是俄方在对外开放上要有所作为，而中国将发挥外汇储备优势进一步扩大自俄进口能源及高科技产品规模，对俄贸易逆差逐步拉大，到 2023 年左右中俄货物贸易额有望达到 2000 亿美元。

三　中俄贸易发展对策建议

从长远看，中俄政治关系稳定、经贸关系互补性强，俄能源资源储量丰富，中俄贸易前途光明。在中俄贸易恢复性增长期和"一带一路"倡议支持下，中俄贸易可从以下七个层面寻求突破。

一是基础设施层面，抓住"一带一路"政策、资金机遇，为贸易、物流迈上新台阶打好基础。俄罗斯目前基础设施，特别是路桥、港口、铁路方面基

---

① 《中俄签署高铁全面战略协议》，《21 世纪新闻报道》2016 年 6 月 26 日。

础较差，年久失修，有的仍停留在苏联时期的水平。应借助中国"一带一路"机遇，以工程承包项目与大项目合作为抓手和牵引，如在高铁交通、城建、港口、医院、学校、房地产、物流中心等领域开展工程承包合作并带动出口。应加大开放创新力度，可吸引中国投资及日韩等国共同投资。

二是金融层面，通过创新支付交易方式扩大贸易。加大两国货币互换额度，对汇率风险造成的损失予以国家赔偿。鼓励中国政策性银行、商业银行、信托机构、保险公司、担保公司等在俄设置分支机构或与俄金融机构合作开展人民币存储、贷款、债券、担保等业务，实现人民币投资和兑换自由。创新丰富贸易方式，可通过市场换技术、产能换能源、工程换能源、工程换技术，沿边地区可开展政府间易货记账贸易。

三是产业合作层面，发挥行业分工、比较和地缘优势，通过产业链合作促进贸易发展。要发挥中俄能源产业互补优势和地缘优势，重点在中俄沿边地区即黑龙江、内蒙古、吉林等省区，围绕农林牧渔生产加工及贸易、采矿和冶金、化工（石油化工、日化、煤化工、化肥）、机械电器数控设备及零件、汽车及零部件、建筑与建材、食品饮料酒水、生物制药、轻工纺织等产业领域开展合作。

四是制度机制层面，发展跨境自由贸易，实现区域经济一体化。近期目标是整合互市贸易区、边境经济合作区功能，建立跨境经济合作区，进而形成中俄次区域自贸区。该区域涵盖东北三省和内蒙古东部，俄罗斯可包括远东联邦区和西伯利亚联邦区东部。中长期目标是建立东北亚经济圈和亚洲经济共同体。如果中国对美顺差大幅下降势必影响全球采购主动权，所以在中美贸易顺差问题上要考虑到美在华加工贸易成分，中方轻易不能让步。中韩、中日贸易问题也要考虑到，其不仅涉及相关两国，而且涉及整个东北亚地区安全及贸易发展。

五是科技合作层面，民生和高科技合作带动贸易发展。中俄科技水平相对欧美发达国家还有一定差距，双方必须放眼大局，加强互信，加大科技合作深度和广度。优先在农业、食品、医疗、生物、智能机器人等民生领域开展合作；在航空航天、船舶、核电、新材料、新能源等围绕"中国制造业2025"的现代工业和高科技领域开展合作。要搭建跨境工业科技合作电子网络平台，促进中俄科研机构、高校在民用工业科技领域开展合作。

六是政府和市场关系层面，要发挥两国地方政府和民营企业积极性，赋予地方更多权力。地方政府要树立沿边开放大局观，努力改革创新，创造优良营商氛围，加强中俄地方政府交流合作。中俄毗邻地区经济发展相对滞后的主要原因也是囿于俄远东和中国东北地区市场经济发展水平、民营企业的落后。发展市场经济主体是摆脱地区落后面貌的根本，市场经济的主体应该主要是民营企业和股份制企业，国企也要逐步向股份制改造。因此需要国家和地方出台扶持政策，鼓励民营经济发展，降低国有经济比重，从而刺激民间生产和加工贸易发展。

七是服务贸易层面，要发展生产性服务和服务贸易，改善中俄贸易结构，促进货物贸易发展。中国对俄贸易第一大省黑龙江发布《对俄服务贸易中长期规划（2014—2023年)》，计划着力发展对俄旅游、金融、电子商务、中医药、文化等服务贸易。扩大服务贸易将有利于优化中俄贸易结构，为中俄贸易的升级和转型提供必要的支撑条件，并提升对俄开放水平，或将改变中俄贸易以货物贸易为主的增长模式。①

---

① 《数据简报：1970年以来国际原油价格走势与大事记》，《中国经济网》，2013年7月31日。

B.11
俄中东部毗邻地区天然气
合作分析与预测

B. A. 马特维耶夫*

正如世界上大多数专家推测的，在未来几十年，碳氢化合物仍将是主要的
能源。而在全世界都担心全球变暖并减少温室气体排放的情况下，天然气作为
最清洁矿产燃料的重要性将增强。据专家预测，天然气开采量将增加三分之一
以上，在总能量中的比重差不多达到四分之一，接近煤炭和石油的比重，成为
主要能源。[①]

在全球能源市场上可预测的进程对于中国和俄罗斯这样的世界市场主要参
与者非常重要。这就需要适当优先考虑其本身的发展模式，以及俄罗斯和中国
能源合作的载体。

在目前的发展阶段，中国国家能源战略的选择倾向于全部自给，包括依靠
更快速的天然气化。中国在油气资源开发过程中发现石油天然气产地的产油层
存在天然气。因此伴随着资本密集型项目的实施，中国国内发生了天然气革
命。第一，大量投资于勘探、开采及大规模修建天然气管道干线；第二，发展
再气化基础设施，并向主要分布在中国南部、东部和东北部各省份的能源、化
工、冶金等行业供应液化天然气的基础设施；第三，中国积极参与全球范围内
天然气资源的勘探和开发，并把天然气运输到中国；第四，集约化发展天然气
分配基础设施，特别是地下储气库和网络设施。

天然气生产本身快速发展。现在，中国正面临着传统天然气和替代气体广
泛的选择。据中国石油天然气公司经济技术研究院的初步测算，2016 年，中

---

* B. A. 马特维耶夫，俄罗斯科学院远东分院东北亚和上合组织战略问题研究中心高级研究
员，经济学博士。

① http://izvestia.ru/news/670767.

国的天然气生产达到 1341 亿立方米，然而，实际用气量达 2040 亿立方米。生产和消费之间的差额用进口管道天然气和液化天然气弥补。2016 年，中国进口 352 亿立方米管道天然气和 2500 万吨液化天然气（约 347 亿立方米）。因此，液化天然气消费的增长速度几乎高出管道天然气消费增长速度的 2 倍（与 2015 年相比分别增长 27.2% 和 15.6%）。[①] 2017 年中国天然气消费将增长 5.9%，达到 2162 亿立方米，并且天然气在初级能源消费总量中的比重增加到 6.2%。[②]

中国国家能源局在"十三五"规划（2016～2020 年）期内计划在能源平衡中增加天然气和可再生能源的比重，与 2015 年相比分别从 5.9% 增长到 10% 和从 12% 增长到 15%。[③] 然而，天然气在国家能源平衡表中的比例仍然非常低，其他工业强国的能源平衡表中天然气至少占 25%～35%。

根据国家能源局、中国国务院发展研究中心和国土资源部编写的《2016 中国天然气行业发展报告》，到 2020 年，预计天然气消费量增长至 3400 亿立方米。为了满足这个需求，中国首先是自己开采生产增长到 2200 亿立方米，其中传统天然气为 1700 亿立方米，页岩为 300 亿立方米，其余为煤层甲烷。由此进口量将从 699 亿立方米（2016 年）增长到 1200 亿立方米。根据长期战略规划，2030 年前，中国天然气进口可能会增加 1 倍多，高达 2700 亿立方米。[④] 也就是说，国家持续发展所需要的进口能源数量将不断增加。

因此中国对进口天然气的输送基础设施和再气化能力的投资开始明显增加。目前，气化程度最高的是北京及东部、南部沿海地区，主要是依靠"西气东输"输气管道从新疆产地运出天然气，以及从中亚地区进口天然气。此外，进口的液化天然气也会进入沿海地区的再气化终端。

与此同时，像中国东北这样的内陆老工业地区以及一些中部地区天然气严

---

① URL：http：//www. ngv. ru/news/gazoprovod_ tsentralnaya_ aziya_ kitay_ perekachal_ 170_ mlrd_ kub_ m_ gaza/？ sphrase_ id = 6882431.

② URL：http：//www. ngv. ru/news/gazoprovod_ tsentralnaya_ aziya_ kitay_ perekachal_ 170_ mlrd_ kub_ m_ gaza/？ sphrase_ id = 6882431.

③ Барсуков Ю. ，Коростиков М. Китай переходит на газ // Коммерсант. 19. 01. 2017. URL：http：//www. kommersant. ru/doc/3195636.

④ URL：http：//neftegaz. ru/news/view/156514 – Kitay – usilenno – razvivaet – svoyu – gazovuyu – otrasl – promyshlennosti – no – rech – ob – otkaze – ot – importnogo – gaza – ne – idet.

重不足。事实上，石油和天然气产地，如大庆，加工自己的油气资源较便利，而向其大规模供应进口液化天然气和中亚的资源是相当昂贵的，如冶金、机械制造、化学这样大型生产行业使用天然气也很贵。随着时间的推移，这种不利的情况只会加剧。中国在实施东北振兴规划中这点特别重要。2016 年，中国国家发改委制定了当前的方案，涉及交通、能源、工业等领域。新规划基本上不同于 2003 年版主要面向解决生存问题，现在是要解决发展方式转变的问题，① 为此重点改造传统生产，发展新兴产业。计划建立若干老工业基地改造和转型的示范区和园区。② 在这种情况下东北经济的天然气化必须加速。首先，这可以使生产工艺实现现代化，加快汽车使用气体燃料。其次，可以实现规划目标，通过减少有害气体排放改善城乡居民的生活质量。

这些问题在很大程度上使中国对 2014 年与俄罗斯签订恰扬金气田确保向中国供气合同表现出兴趣。看来，俄天然气工业公司与中国石油公司之间的交易将是互惠互利的。然而，目前中国对俄罗斯天然气的需求不是很大，中国需要大量的时间来修建天然气基础设施，以便大量接收天然气，包括中、低压天然气分配网，地下储气库，重新调整能源设备增加天然气等。在俄罗斯方面，该合同是根据自 2007 年以来国家实施的《考虑到天然气出口到中国市场和亚太地区其他国家的可能性，在东西伯利亚和远东建设天然气统一生产、运输和供应纲要》（也被称为"东部天然气纲要"）而签署的。该纲要的协调者是俄罗斯天然气工业公司，其主要目标是，在东西伯利亚和远东地区建设现代化的天然气工业和在此基础上为社会经济发展创造条件，提高居民生活水平。③

应当指出，东西伯利亚和萨哈（雅库特）共和国的天然气不仅能够满足未来 30 年俄东部地区的需求，而且可以把天然气出口到亚太地区的国家。东西伯利亚和雅库特的天然气探明储量（C_1）为 4.08 万亿立方米。现有原材料基地足以形成新的开采中心，如雅库茨克和伊尔库茨克这样的天然气开采中心，它们生产的大部分天然气可以出口。④ 建立统一的天然气出口通道是东部天然气纲要的当务之急，当然，这是在保证符合俄罗斯天然气供应价格

---

① http：//russian. news. cn/2016 – 05/11/c_ 135350579. htm.

② http：//russian. cri. cn/3060/2016/08/23/1s588385. htm.

③ http：//www. worldenergy. ru/index. php？ id = 20_ 42//Мировая энергетика. 2007. №11.

④ http：//www. worldenergy. ru/index. php？ id = 20_ 42//Мировая энергетика. 2007. №11.

的条件下出口。

目前，根据俄天然气工业公司与中石油的合同，俄天然气工业公司将继续建设天然气运输管道——"西伯利亚力量"，它的输气量为 610 亿立方米，通过它天然气从俄罗斯东部产地（萨哈共和国的恰扬金和伊尔库茨克州的科维克金）将被运到国内市场（通过哈巴罗夫斯克到符拉迪沃斯托克），并出口到中国。"西伯利亚力量"天然气运输管道长度大约为 4000 公里，其中雅库特经哈巴罗夫斯克至符拉迪沃斯托克约 3200 公里，伊尔库茨克州至雅库特约 800 公里。① 在中国东部地区的"东线"天然气管道，将修建在中俄边境的布拉戈维申斯克至黑河地区。此前，俄天然气工业公司总裁阿列克谢·米勒表示，俄罗斯通过"西伯利亚力量"管道向中国供应天然气的合同 2015 年 5 月生效，开始供应天然气的时间是签订合同后 4~6 年。因此，可能在 2019 年 5 月至 2021 年 5 月期间开始向中国供应天然气。② 现在管道已经修建了将近四分之一。

除了正在建设的"东线"（"西伯利亚力量"管道）和计划未来修建的"西线"（"西伯利亚力量-2"管道），被认为是第三条通往中国的输气线路是从"萨哈林 3 号"的基林斯克和南基林斯克产地修建到哈巴罗夫斯克，然后到别洛戈尔斯克（阿穆尔州）的管道，在别洛戈尔斯克有"西伯利亚力量"管道通往中国。关于萨哈林天然气供应中国这条线路，2015 年秋，俄天然气工业公司和中石油讨论并签署了谅解备忘录，比其他两条输气线路晚。然而，这条线路甚至可能比前两条主要的线路先修好。根据备忘录，"萨哈林 3 号"每年可供应天然气 250 亿~380 亿立方米。③ 2017 年 4 月，俄罗斯天然气工业公司总裁米勒与中国国务院副总理张高丽会面时确认了这条自俄远东供应天然气的路线，④ 但是，这条线路在很大程度上取决于全球天然气价格的长期趋势。

根据俄罗斯天然气工业公司与中石油签署的合同，天然气价格为在中俄边境 350~380 美元/千立方米。价格公式是在亚洲石油产品和液化天然气一篮子基

---

① http://oilcapital.ru/transport/context/sila_sibiri.html.

② http://tass.ru/ekonomika/4056774.

③ http://www.oilcapital.ru/transport/284108.html.

④ https://ria.ru/economy/20170412/1492056785.html.

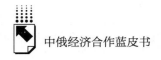

础上预估的。^①目前，俄罗斯天然气工业公司副总裁亚历山大·梅德韦杰夫称，该公司没有理由调整通过"西伯利亚力量"供应给中国的天然气价格。价格调整的可能性既属于卖方，也属于买方，但对于价格调整的原因，我们没有看到。^②

目前天然气价格是相当低的。例如，根据国际文传电讯社消息，2017年2月，"萨哈林－2"项目的液化天然气从萨哈林海关出口到亚太地区市场的价格，首先在日本这个主要市场已经下降到大约每千立方米188美元，与日本福岛核电站事故后能源危机时期相比下降66.7%。^③同时，分析师预测在未来几年液化天然气将保持较低的价格。此外，中国经济对天然气的需求水平稳定，最终价格的确定取决于消费量，并逐步实施国内天然气价格改革，使其提高到世界水平。

根据最近的资料，"西伯利亚力量"管道将不迟于2020年建成投产，输气量逐渐增加，根据压缩机站准备程度和东北天然气消费量从50亿立方米增加到380亿立方米。中国段始于中俄边境（黑河市），终点为上海，穿过中国八个地区。中国段的长度是3170公里，其中包括1800公里的现有天然气管道。管道沿线建设九个地下储气库。这条管道的目标市场是：北京、天津、河北、长三角和东北地区。^④

预计上述大规模的长期协议将使两国经济联系更加紧密，并能给参与者带来许多利益，不仅有经济的利益，也有政治的利益。同时对于中国天然气工业未来的改革进程最重要的是，继续与俄罗斯合作，逐步实施国内天然气价格改革，提价到世界水平。消费者使用天然气的最终价格取决于天然气消费量，包括不同进口来源天然气的供应的因素。

中国政府已决定逐步提高国内天然气价格，达到世界水平。与此同时，决定大幅降低经济的能源消耗量，减少企业的环境污染。此外，完善天然气定价方法，调整给予石油天然气公司的特惠机制，以推动国家天然气资源的有效开发。这一切都证明了促进天然气工业是中国能源政策在现阶段发展的战略方向之一。

---

① http：//www. vedomosti. ru/companies/news/20361851/rossiya－nashla－kitayu－gaz # ixzz2nnxNSx7a.

② https：//ria. ru/economy/20170302/1489083728. html.

③ http：//www. kommersant. ru/doc/3260409.

④ http：//www. vestifinance. ru/articles/74783.

俄罗斯能够帮助实现这一战略目标。此外，在中国广东省和广西壮族自治区继续试点天然气价格自由化。两省区规定价格由公式确定，与石油和烃类气体价格关联。广东省城市消费者购买 1000 立方米煤气将支付不超过 433 美元，广西则不超过 406 美元。① 如果天然气工业能进入天然气分配市场，这自然使中国市场更有吸引力（包括对于俄罗斯），而中国倾向更加灵活和建设性的合作。

在这些条件下，中国坚持以优惠价格购买东西伯利亚和远东产地的天然气，但前提应是俄罗斯公司在中国天然气企业获得占有股份的可能。俄罗斯的天然气供应商直达中国终端消费者是附加条件，可以提高天然气供给效率。获得这种可能既可以通过俄中合资企业，也可以通过购买俄天然气工业公司的天然气分销网络公司股份。选择哪种方案进入俄罗斯天然气工业公司的最终决定权在中国政府主管部门手中。

俄罗斯天然气工业公司在中国努力的方向是实现直达终端消费者的目标，这也是其在欧洲采用的战略。由于消费者使用天然气的最终价格往往超过天然气输气公司销售价格的 2 倍多，如果公司能控制从天然气生产到零售的环节，那么其效率比开采公司高。在我们看来，如果这些条件没有实现，俄天然气工业公司未必会大量投资建设新的从俄罗斯到中国的天然气运输走廊大型项目。

现在讨论的是，不仅要扩大俄罗斯天然气对中国的供应，而且中国企业要积极参与西伯利亚天然气田的开发。例如，签署了把亚马尔半岛凝析气田的天然气以液化天然气的形式供应中国的协议。中石油公司已通过子公司获得"亚马尔液化天然气"项目 20% 的股权，开发南塔姆别伊斯基凝析气田，包括建设液化天然气厂项目，规划阶段项目投资预计为 1 万亿卢布。② 伙伴公司的战略性项目可以涉及共同参与天然气开采、运输和销售，以及电力行业。例如，2016 年 6 月 25 日，俄罗斯天然气工业公司和中石油就地下储气库及在中国天然气发电领域签署了谅解备忘录。③

值得关注的是俄罗斯其他公司——俄罗斯石油公司等对中国天然气市场也很积极。俄罗斯天然气工业公司垄断俄天然气出口，这些石油天然气公司不可

---

① http：//www. vedomosti. ru/companies/news/21050951/ft – cena – gaza – gazproma – na – granice – s – kitaem – mozhet – sostavit#ixzz2pdaZzg1z.

② URL：http：//www. nakanune. ru/news/2014/5/15/22352839.

③ http：//topneftegaz. ru/news/view/113089/.

能直接向中国市场出口天然气。因此，俄罗斯石油公司被迫利用复杂的方式与中方合作。例如，2016 年底，俄罗斯石油公司已与北京燃气集团签署了天然气业务合作协议。俄罗斯石油公司与北京燃气集团就该公司东西伯利亚中博杜奥比斯基、上涅乔斯基、尤鲁布钦诺－托霍姆斯基产地的天然气向中国供应进行了谈判。① 该协议保证俄罗斯石油公司获得了中国天然气大市场，并形成全球一体化链条：在俄罗斯之外开采天然气—在国际市场上进行液化天然气贸易—天然气销售给中国。全球一体化链条是促进俄罗斯石油公司发展的重要战略。建立能源生产者和消费者的国际协会是俄罗斯石油公司的主要任务，这些协会可以保证公司为其产品生产和销售进行的投资。②

在中国油气资源开发过程中，人们确定了石油天然气产地的产油层中主要是天然气。中国国内发生了真正的天然气革命，同时在天然气工业领域实施资本密集型项目。

目前，中国国内生产的天然气已经不能满足经济增长的需求，在经济发展对天然气需求急剧增长的情况下对进口天然气的运输基础设施和再气化能力投入巨资，可以保证中国的能源安全和天然气出口国最大的价格竞争优势。所有这些措施导致供应给中国天然气终端消费者的成本一直增长，这就需要适当提高天然气销售的最终价格。中国政府已经决定逐步提高国内天然气价格，使其达到世界水平。与此同时，应大幅降低经济的能源消耗量，减少企业的环境污染。此外，完善能源定价方法，确定煤炭和天然气价格的最佳比值，并调整给予石油天然气公司的特惠机制，以推动国家天然气资源的有效开发。这一切都证明了促进天然气工业是中国能源政策在现阶段发展的战略方向之一。

中国对俄罗斯天然气产生兴趣，并于 2014 年与俄罗斯签订了保证俄罗斯天然气向中国供应的大合同。对中俄合作极其重要的是，天然气中期前景不佳，天然气在中国各地区分布不均匀。

---

① http：//www. rbc. ru/business/19/05/2016/573d779f9a79474b61282000.
② http：//www. rbc. ru/business/19/05/2016/573d779f9a79474b61282000.

专 题 篇

B.12
俄中边境地区交通及能源
运输一体化研究

С. Л. 萨佐诺夫　陈　晓*

摘　要： 本文分析了俄中边境基础设施合作的优先发展方向。俄远东联邦区交通运输系统发展和俄中边境基础设施一体化对接新框架形成方面具体方案的落实，将提高俄中交通运输合作的安全性水平。这将促进并激发中国对从亚太地区国家出发经俄联邦境内路线到达欧洲的过境货物运输的兴趣，同时也能促进两大邻国间区域贸易的发展。

关键词： 中国东北地区　俄罗斯远东联邦区　边境基础设施一体化
区域交通运输发展规划　基础设施对接

* С. Л. 萨佐诺夫，经济学副博士，俄罗斯科学院远东研究所中国经济社会研究中心首席研究员；陈晓，俄罗斯科学院远东研究所研究生。

充分利用交通基础设施网络、实现交通基础设施网络的发展与现代化是俄中合作的必要条件和优先方向。两国领导人签署的文件强调，要积极发展跨境运输网，改善中国货物过境的条件。在拟定的条款中，对俄中在铁路、公路、航空和包括港口现代化在内的水路运输领域合作的现状和前景以及能源领域合作都有仔细考量。

一 铁路运输的发展

俄中铁路运输服务量超过两国过境货运总量的 75%。在过去几十年里，双边铁路运输出现了严重的不平衡。从俄罗斯到中国的货运总量超过俄中铁路货运总量的 90%。① 而从中国到俄罗斯的货运量约占整个铁路货运总量的 9%，占两国过境货运量的比例不到 1%。②

外贝加尔边疆区铁路全长 2400 公里，西伯利亚大铁路和贝阿干线构成了外贝加尔铁路段。外贝加尔铁路连接俄罗斯中心和远东，俄罗斯经济发达地区的主要部分以及包括黑龙江省和内蒙古自治区在内的中国边境地区也都处于它所影响的区域内。今天主要借助俄中外贝加尔斯克至满洲里过境铁路来增加两国的货运量，2016 年该跨境铁路过货量 3000 万吨，达俄中铁路货运总量的 70%。③ 俄罗斯向中国出口的 60% 和从中国到欧洲的大部分过境货物是在这条通道上实现运输的。2013 年 9 月，中国苏州市的首趟货运班列发往欧洲，而 2016 年，经过外贝加尔斯克－满洲里进出口检验站（КПП）的国际货运铁路直达货运列车有 25 条线路，连通了中国与俄罗斯、波兰、德国和其他欧洲国家的城市。2016 年，经过外贝加尔斯克－满洲里进出口检验站的国际列车共计 1036 班次（比 2015 年增加了 88%），中欧班列运送了 72972 个货物集装箱，总价值 3.67 亿美元（分别增加了 52% 和 47%）。

---

① *Railway route to be key conduit.* http：//www. china. org. cn/business/2016 – 05/24/ content_ 38525462. htm.

② *China-Russia freight railway resumes service.* http：//www. chinadaily. com. cn/business/2015 – 08/03/content_ 16868637. htm.

③ Комплексная беспошлинная зона в Маньчжоули послужит развитию внешнеэкономического сотрудничества Внутренней Монголии. http：//russian. china. org. cn/business/txt/ 2016 – 12/ 29/content_ 40008252. htm.

2015 年 2 月，首趟满载石油勘探设备的集装箱货运班列从哈尔滨出发至俄罗斯中部。班列全程运行 6578 公里，终点是比克良站（鞑靼斯坦，古比雪夫铁路），路上需要 10 天。① 2015 年 10 月，从武汉（湖北）出发经外贝加尔斯克 - 满洲里进出口检验站到达莫斯科的铁路货运班列运行，首趟班列（41 个集装箱）从武汉运载着电子和计算机设备等运行 9779 公里，历时 12 天，回程时该班列运载木材和锯材。② 2016 年 2 月，装载 47 个集装箱的货运班列从哈尔滨出发开往俄罗斯，运载的中国商品价值 1000 万人民币（约合 146 万美元），这是两国间新开通的定期货运路线，该集装箱班列经外贝加尔斯克 - 满洲里进出口检验站，从哈尔滨（香坊火车站）经新西伯利亚到达叶卡捷琳堡，全程 5889 公里。今后，哈尔滨至叶卡捷琳堡路线将延伸到莫斯科和其他俄罗斯的主要城市，该班列每周双向对发。这趟铁路货运路线开通前，从中国南方到达俄罗斯的货物主要是经大连港走海路运输，交货需约 40 天。新的路线可以把运输时间减少到 10 天。③ 2016 年 11 月 10 日，首班带有冷藏车厢的货运列车从大连出发开往莫斯科。新的路线与以往的铁路海路联运相比，能够使两个城市间货物运输时间缩减 60%。④

2016 年 4 月 9 日，货运火车从辽宁营口港出发，运行 6500 多公里抵达莫斯科·霍夫里诺站。由于运输路程优化、中间环节减少、海关手续简化，从营口港到莫斯科交付货只需 10 天时间。⑤ 2016 年 11 月，营口港务集团公司收购了位于莫斯科附属于俄罗斯铁路公司的白拉斯特物流中心 49% 的股份，该物流中心是日处理 21 列集装箱班列的交通枢纽，保障了中国和欧洲国家间的货物运输。两家公司同意投资 180 亿卢布（合 2.83 亿美元），将这个物流终端

---

① *Cargo train links China's Heilongjiang with Russia.* http：//en. people. cn/business/n/2015/0228/c90778 - 8855248. html.

② *China opens cargo train service from central city to Russia.* http：//www. ecns. cn/ business/2015/10 - 25/185684. shtml.

③ Открыт новый железнодорожный грузовой маршрут между Китаем и Россией. http：//russian. china. org. cn/business/txt/2016 - 02/27/content_ 37888224. htm.

④ *China's first refrigerated container train leaves for Moscow.* http：//en. ce. cn/main/latest/ 201608/09/t20160809_ 14643666. shtml.

⑤ Грузы из порта Инкоу в Москву теперь доставляются по железной дороге всего за 10 дней. http：//russian. china. org. cn/business/txt/2016 - 04/10/content_ 38212093. htm.

打造成莫斯科最大的集装箱货物收发中心，这将有助于增加中国与俄罗斯和欧洲国家间的过货量。2016 年 7 月，从江苏南京出发的货运集装箱专列试运行，经过 15 天抵达莫斯科。按照计划，这条线路从 2017 年起将每周一次向俄罗斯首都运输产自江苏以及其他长三角地区省份的商品。2016 年 8 月，浙江义乌与俄罗斯车里雅宾斯克间开通了新的货物运输线路。X8024 次火车在两个城市间运行 7200 公里，历时 8 天，而义乌与车里雅宾斯克间走海路所需时间是 35 天。① 预计，这条线路将延伸到莫斯科。② 2016 年 8 月 28 日，首班载有电子和轻工产品的货运集装箱专列从广州出发，经过 14 天，运行距离 11500 公里，抵达俄罗斯卡卢加州的沃尔西诺站，那里的物流中心最近已投入使用，每年能收发 35 万个集装箱。③ 2016 年 10 月，首趟定期货运班列从沈阳出发抵达叶卡捷琳堡，④ 该班列经外贝加尔斯克－满洲里进出口检验站运送 50 个集装箱的建筑和电信设备，从沈阳到终点叶卡捷琳堡站的时间共计 10 天。

在与中国的运输协作问题上，作为接通西伯利亚大铁路的一环，远东铁路扮演了重要角色。远东铁路总长 7500 公里，沿线有 350 多个站，它是铁路运输网的重要支撑，也是俄联邦远东地区基础设施的重要组成部分。远东铁路为运往瓦尼诺、纳霍德卡、符拉迪沃斯托克、波西耶特、扎鲁比诺的货物提供了出口，也包括与中国和朝鲜三边通行的铁路站，格罗捷阔沃至绥芬河、马哈林诺至珲春（滨海边疆区）、哈桑至图们铁路均与远东铁路有重合段。俄中易货贸易的持续增长受经格罗捷阔沃－绥芬河边境口岸铁路货运量增多的影响，2016 年该口岸货运量占俄中铁路货运量的三分之一，占黑龙江省与俄联邦货运吞吐量的 80%。2015 年经该进出口检验站的过货量超过 700 万吨。经该口

---

① 2015 年义乌对俄罗斯的外贸额达到 5.074 亿元。每天从义乌发往俄罗斯的包裹达 2.3 万个，其中几乎一半的包裹是网购。
② *China-Europe freight train adds new route to Russia's Chelyabinsk*. http：//www. china. org. cn/china/Off_ the_ Wire/2016－08/13/content_ 39086195. htm.
③ *Guangzhou launches China-Europe cargo train service to Russia*. http：//en. ce. cn/main/latest/201608/28/t20160828_ 15311267. shtml.
④ 沈阳是中国各个港口（广州、深圳、厦门、宁波、舟山、上海、天津、青岛）货物的聚集地，这些货物都要经营口海港到达沈阳。

岸的过货量当前仍不大——2016 年经该边境口岸铁路运送约 2900 个过境集装箱。① 哈尔滨铁路局与远东铁路局同意进一步发展经格罗捷阔沃 - 绥芬河进出口检验站的集装箱过境运输。2015～2016 年，绥芬河边境铁路枢纽的扩能改造工作持续加强，以便口岸每年能顺利通过超 3000 万吨的货物。② 2016 年 11 月，绥芬河火车站完成货运站现代化升级改造，增强了国际集装箱运输能力。得益于现代化改造，该站的装卸能力增加了 5 倍。③

针对发展滨海边疆区和中国东北间的交通运输，俄罗斯联邦政府目前正在实施"滨海 1 号"项目。④ 2013 年 12 月，由 40 个集装箱组成的过境集装箱列车经格罗捷阔沃 - 绥芬河进出口检验站从中国出发试运行，经过 11 个小时抵达东方港，这些集装箱被运到中国南方港口和韩国。这个交通运输走廊是经过今天已经明显超载的大连港路线的替代路线。2016 年 11 月 30 日，载有 484 吨黄豆的集装箱列车从黑龙江出发，经绥芬河进出口检验站，这些货物经海路被运到上海。这条线路运行花费 15 天的时间。新的过境线路的开通不仅能节约农产品运输的时间，还降低了运输成本。⑤

前身为中东铁路的中国东北铁路网和西伯利亚干线相衔接，使俄罗斯与中国东北实现直接连通。在西伯利亚干线施工期间，中东铁路曾直接延续到满洲里地区，而且在过去几十年里，中东铁路是西伯利亚干线（Транссиба）不可分割的一部分。哈尔滨铁路通过铁路网的分支经满洲里、海拉尔、齐齐哈尔、哈尔滨、牡丹江、绥芬河贯穿中国东北地区。然而，由于阿穆尔河（黑龙江）

---

① Коридоры к морю. Транзитные контейнеры из китайских провинций переключают на приморские. порты. http：//www. gudok. ru/newspaper/？ ID = 1362712&archive = 20（2017 - 01 - 26）.

② *Heilongjiang on the road to transformation.* http：//www. china. org. cn/opinion/2017 - 01/26/content_ 40185463_ 2. htm.

③ На станции《 Суйфэньхэ》 завершили модернизацию грузового терминала. http：//russian. china. org. cn/business/txt/2016 - 10/25/content_ 39563613. htm.

④ "滨海 1 号"国际运输走廊连接着中国边境城市绥芬河、格罗捷阔沃站、滨海边疆区的边境地区和边疆区东部的港口。通过这个走廊是中国东北地区的货物经滨海边疆区东部的俄罗斯港口出口到亚太地区国家最短的路线。

⑤ Китайская провинция Хэйлунцзян начала поставлять сельскохозяйственную продукцию на юг страны через территорию России. http：//russian. china. org. cn/china/txt/2016 - 11/30/content_ 39817384. htm.

和乌苏里江间没有桥相通，所有这些路都不能直接进入俄罗斯境内。哈尔滨铁路能与中国境内的铁路网分支连接，经丹东至新义州进出口检验站与朝鲜铁路连接，经图们（吉林）与西伯利亚大铁路修复线路规划相连接。

2015 年中国铁路总公司在东北三省和内蒙古自治区的参与下详细制订了通往俄罗斯方向的中国东北铁路网修建规划，铁路全长 1500 公里。在中国东北三省对接俄罗斯远东联邦区过程中，这个铁路网将发挥独特的桥梁作用。铁路施工方案规定：铺设齐齐哈尔到满洲里的客运铁路专线 640 公里；扩能改造绥芬河至牡丹江铁路 138.8 公里；修建古莲至洛古河铁路 85 公里；修建全长 33 公里的同江大桥；扩建并重建福利屯到同江的铁路 180 公里；修建汤旺河至嘉荫的铁路 97 公里、鹤北至名山的铁路 50 公里、韩家园子经呼玛至黑河的铁路 324 公里。① 2015 年，黑龙江省政府制订了到 2020 年建成 160 个铁路运输基础设施项目的规划，② 全长 1300 公里，沿海岸线铺设的丹东到大连线的运行标志着中国东北地区东部铁路运输走廊正式开通。新建成的高铁是中国东北地区东部铁路运输通道的重要组成部分，该高铁与沈阳至大连高铁和哈尔滨至大连高铁一起作为铁路网骨干线，覆盖了辽宁省中南部地区。2016 年，哈尔滨到满洲里支线的电气化改造工程持续推进，边境城市东宁、绥芬河、同江和黑河的铁路互连工作也在进行。③ 2016 年 11 月 1 日，具有一百多年历史的哈尔滨至满洲里铁路线第一标段电气化改造工程交付运行。④ 这一全长 282 公里的路段连接哈尔滨和齐齐哈尔，设计列车运行速度为 160 公里/小时。

2015 年，吉林省省长蒋超良提出修建珲春至符拉迪沃斯托克线跨境高铁的建议。珲春距符拉迪沃斯托克 180 多公里，每天有 1000 多俄罗斯人开车途经珲春市，然而驾车单程需要 5 个小时。高铁的修建不仅将刺激吉林省与俄远东联邦区的旅游和贸易往来，也将加强中国省份与东北亚国家间的合作。2016

---

① *Northeast poised to rejuvenate.* http：//en. ce. cn/main/latest/201603/24/t20160324_ 9772395. shtml.

② Li Nan. *More Westbound Cross-border Trains.* http：//www. bjreview. com. cn/World/ 201701/ t20170106_ 800084780. html.

③ Строительство экономического пояса Шелкового пути способствует развитию инфраструктуры на Дальнем Востоке. http：//russian. people. com. cn/n/2016/0127/c31518 – 8841909. html.

④ 哈尔滨至满洲里铁路 1903 年正式通车，是中国首批修建的铁路线之一。该铁路全长 934.8 公里。

年吉林省领导提出最近三年内开通连接长春、乌兰巴托和俄罗斯一些主要城市的国际铁路线的意向。为了应对日益增长的货流，2016 年吉林省政府积极进行珲春铁路进出口检验站的重建和扩建工作。在停工 9 年后，2013 年俄罗斯方面恢复了马哈林、卡梅绍娃亚、珲春间 100 公里铁路线的少量货物运输（俄联邦滨海边疆区南部，"滨海 2 号"国际运输走廊①）。2014 年，这条线路开始定期运输煤炭，2016 年该路段中转货物 200 万吨，其中超过 100 万吨是煤炭②。马哈林、卡梅绍娃亚、珲春间干线具备巨大的优势：这是吉林省与滨海边疆区间唯一的铁路线，拥有达日本海的出口。该线路将使来自中国的货物经扎鲁比诺港过境运输到日本、韩国和其他亚太地区国家成为可能。

至于哈桑 – 图们边境口岸，目前货运量不大，而且为了今后将货物运送到相邻港口韩国浦项港，进出口检验站重建规划使其与 54 公里长的哈桑至罗津港（朝鲜）铁路线煤炭运输项目相连接。项目的发展将加快朝鲜半岛两部分协作的进程，未来保障西伯利亚大铁路能运载来自韩国、中国和其他亚太地区国家的货物。

俄中铁路运输领域一体化进一步发展规划主要受基础设施的限制。综观俄中总长 4300 公里的国境线，真正投入使用的只有两个一百多年前修建的铁路通道，这就是外贝加尔斯克至满洲里线和格罗捷阔沃至绥芬河线，它们间相距 3200 公里。因此，跨阿穆尔河（黑龙江）修建辅助的常年通关的桥梁通道线早已成为迫切需要完成的任务。如今通道修建思路具体化为与犹太自治州境内连接。2014 年，下列宁斯阔耶至同江大桥开始修建，主桥长 2.215 公里，其中 1.9 公里在中国境内。它将从同江北站出发，与下列宁斯阔耶至格罗捷阔沃铁路支线连接并进一步与远东铁路连接。桥上列车最快运行速度达 100 公里/每小时。③ 2016 年 5 月大桥的中国境内部分全面建成竣工，然而直到 2016 年

---

① "滨海 2 号"国际运输走廊的设计，是为了连接滨海边疆区西南部的港口（波西耶特、扎鲁比诺港、斯拉维扬卡）和中国东北地区。该走廊将使中国东北地区的货物快速抵达中国东南地区省份和亚太地区国家。

② В 2016 году по китайско-российской железной дороге Хуньчунь -Махалино в Китай ввезено более 2 млн тонн грузов. http：//russian. china. org. cn/business/txt/2017 – 02/03/content_ 40215622. htm.

③ *China-Russia cross-border railway bridge under construction.* http：//news. xinhuanet. com/english/ china/2014 – 02/26/c_ 133145379. htm.

末，俄罗斯方面也没建成自己境内的路段。①

从中国出发经蒙古国境内达俄罗斯的铁路运输也得到发展。2016 年，内蒙古自治区建成两条铁路，起点是抚顺市（辽宁）和通辽市（内蒙古自治区），终点只有一个，即二连浩特口岸，该口岸 2016 年货运量为 1500 万吨。② 两条新铁路明显提高了北京、二连浩特、扎门乌德、乌兰巴托、纳乌什基、乌兰乌德、伊尔库茨克间陆路铁路线的货运量，2016 年该铁路开始积极开发通往蒙古国和俄罗斯的西线。该货运列车运行 7858 公里抵达伊尔库茨克需 132 个小时（共设 33 个站），列车往返北京需 13 天。③ 为了增加俄罗斯到中国的货运量，反向经蒙古国探讨以下项目：中心方向——进行电气化改造和修建第二条铁路线，即全长 1100 公里的苏赫巴托尔、赛音山达、扎门乌德间路段；北向——修建 545 公里长额尔登特至敖包特铁路，修建敖包特至阿日策苏日 215 公里支线可以进入俄罗斯境内与克孜勒至库拉吉诺铁路对接；西向——进行铁路线现代化改造，以发展从俄罗斯到中国、巴基斯坦和印度的过境运输；东向——对乔巴山至阿尔山段铁路进行现代化改造，以便发展前景广阔的胡特至毕其格图方向过境运输。④ 基于上合组织乌法峰会上首脑会晤的决议，2016 年《中蒙俄经济走廊建设规划》制订，规划提出与丝绸之路经济带、欧亚经济联盟和蒙古国的"草原之路"倡议对接，并将推动俄中铁路线与蒙古国的铁路、公路网融合。

二　联合公路运输

公路交通运输便捷、货运量大，在边境互通中其重要性排在第二位。2016

---

① *China-Russia railway bridge nears completion.* http：//www. china. org. cn/business/2016 – 05/17/ content_ 38473356. htm.

② Yao Jing. President promotes economic upgrade. *China Daily.* http：//www. chinadaily. com. cn/ world/2014xivisitmongolia/2016 – 08/23/content_ 18473253. htm.

③ *China-Mongolia-Russia train route completes trial.* http：//www. ecns. cn/cns – wire/2016/ 03 – 18/54653. shtml.

④ Дондоков З. Б. , Борисов Г. О. , Намжилова В. О. Россия-Монголия-Китай：перспективы трехстороннего сотрудничества. Проблемы Дальнего Востока. № 1, 2016. С. 97；*China expands economic corridor with Mongolia, Russia.* http：//www. chinadaily. com. cn/ business/2016 – 07/13/content_ 26076253. htm.

年，俄中通过公路运输的货运量超过 200 万吨，在俄中货运总量中只占很小的
部分，① 主要原因是俄远东联邦区的公路网欠发达。俄罗斯边境地区公路网密
度和覆盖率很低，每 1000 平方公里只有 6.6 公里的公路，明显低于俄联邦整
体的平均水平——每 1000 平方公里有公路 31.7 公里。② 公路网各分支的技术
水平较低，很大一部分道路还是 1980 年时修建的，没有经过改造。因此，在
速度、负载量、运行安全方面道路运输网的运载能力和它的参数都不符合现今
的要求。一些公路没有替代路线，无法完成联邦公路主干网建设。显著体现在
通往边境交通运输枢纽和海港的公路网的通过能力欠缺。与边境口岸一样，从
铁路干线和联邦公路线到国境线间的公路也是交通运输链上相当重要的一部
分。当务之急是对波格拉尼奇内至绥芬河、波尔塔夫卡至东宁、克拉斯基诺至
珲春和布拉戈维申斯克至黑河的公路进行现代化升级改造。同时，近年中国方
面修建了新的先进的高速公路线，建设了从南端到北端贯穿中国境内的公
路——从香港到同江和黑河。在中国东北地区开通了大连至黑河、满洲里至绥
芬河、牡丹江至珲春的高速公路线，这些线路使中国东北的城市直接与俄罗斯
的边境口岸布拉戈维申斯克、外贝加尔斯克、格罗捷阔沃和克拉斯基诺连接。
2014 年长春至珲春线高速公路全面改造后开通运行。耗资 35 亿元（约合 5 亿
美元）重建的新高速路，显著改善了珲春的物流环境，使珲春成为东北地区
对俄罗斯和朝鲜商品出口的通道。中国新公路线路的运行和珲春、克拉斯基诺、
斯拉维扬卡间路线的重修促进 2014 年俄中两国边境城市间货运吞吐量增加了
25%，价值 5 亿美元。③ 现在，有 300 多条公路经过哈尔滨，连通了哈尔滨和
黑龙江省内外其他人口密集地区。

2015 年，后贝加尔边疆区政府和内蒙古自治区政府签署了在边境地区合
作修建铁路和公路并发展口岸基础设施的协议。主要包括修建经黑山头－旧楚
鲁海图伊进出口检验站的海拉尔至普里阿尔贡斯克铁路和莫尔道嘎
（Мордагэ）、室韦、奥洛奇间公路，改造旧楚鲁海图伊、普里阿尔贡斯克、博

---

① 2012 年俄中公路货运总量达到 157 万吨，2013 年为 164 万吨，2014 年为 170 万吨，2015 年
为 200 万吨。

② Ишаев В. И. Регион надежды. Россия в АТР. Сентябрь 2014，№ 3 (24). С. 11.

③ Отмечен значительный рост торговли между северо-восточным китайским городом Хунчунь
и Россией. http：//russian. people. com. cn/31518/8127619. html.

尔贾间和拉布大林至黑山头公路。决定变更旧楚鲁海图伊－黑山头进出口检验站为每周七个工作日，增加拉布大林至普里阿尔贡斯克公路线班次为每天一班，把奥洛奇－室韦口岸由货运变为客运并且海关每天24小时工作。在后贝加尔边疆区的普里额尔古纳斯克区计划修建边境贸易区。[①] 中方计划在2013～2018年完成大批东北公路的新建和改造工程，这些公路将能与中国国内的公路网密切相连，也能利用其进行俄中间的跨境货物运输。在中国境内计划修建能够连接石油开采和冶炼方面大的工业中心的公路，如大庆（黑龙江省）和满洲里（内蒙古自治区）口岸的满洲里至大庆高速；还有东宁至牡丹江公路，这条公路将成为绥芬河至满洲里高速的一部分。此外，中方还计划修建连接珲春边境公路检验站与珲春至图们公路的支线，以能进入珲春至长春高速公路。计划还将开辟从洛古河口岸到漠河（黑龙江）的公路，重修满洲里至呼伦贝尔（内蒙古自治区）301国道和黑山头至哈布大林（内蒙古自治区）公路。[②] 这些对接规划得以实现的结果是俄中边境将出现4个年货运量达400万～600万吨的公路通道。[③]

连接布拉戈维申斯克和黑河市，全长19.9公里的跨阿穆尔河（黑龙江）高速公路桥已于2016年12月末在阿穆尔州开工修建。该项目成本约24.7亿元人民币（合3.556亿美元），计划修建11公里的专用线路，将于2019年10月交工通车。[④] 预计，从2020年起，新公路桥的年承载能力将达到300万吨货物和300万人次旅客。[⑤] 现今，两个城市间的交通运输借助以16个气垫船充当临时浮桥的渡口。2016年11月8日，黑河口岸新的边境海关检查终端（即口岸旅检大厅——译者注）交付使用。新的口岸旅检大厅包括6条过境通道，占

---

① Китай делает акцент на сотрудничестве с Россией. http：//russian. china. org. cn/exclusive/txt/2016－04/01/content_ 38160779. htm.

② Китайско-российское ЭКСПО : когда заработает транспортная артерия Хабаровск － Харбин? http：//russian. china. org. cn/exclusive/txt/2014－07/04/content_ 32857856. htm.

③ *China's largest land port to expand capacity.* http：//www. ecns. cn/business/2016/03 － 23/204021. shtml.

④ *Highway bridge linking N China, Russia to start construction.* http：//www. chinadaily. com. cn/business/2016－12/22/content_ 27746376. htm.

⑤ *Highway bridge to link China, Russia.* http：//www. china. org. cn/business/2016－12/24/ content_ 39978318. htm.

地面积 4879 平方米，该中国口岸的过客能力将由过去的每年 200 万人次提升到 300 万人次。①

为了应对蒙古国铁路线货运量衰减，中国公司开始修建长 124 公里、从扎门乌德到东戈壁省省会赛音山达市的高速公路。② 伴随高速公路的建成，从蒙古国首都乌兰巴托到中蒙边境上二连浩特口岸的 660 公里高速公路也将开通运行。新高速不仅能提高二连浩特－扎门乌德口岸的货运吞吐量，更重要的是中蒙俄三国公路线将互联互通。2016 年 9 月，新开通了从天津港经蒙古国境内达俄罗斯的公路线，该线能缩短 2/3 的路程（约 3 天时间），与铁路运输相比减少了 10% 的货运成本。以前经绥芬河－格罗捷阔沃口岸进入俄罗斯境内铁路列车需要行驶 1000 多公里。新公路线路试点运行标志着从天津到乌兰巴托（蒙古）和乌兰乌德（俄罗斯）的直达公路运输替代铁路运输成为可能。③

三　跨境航空基础设施建设

2009～2018 年合作规划确定哈尔滨、沈阳、长春和呼和浩特的航空港为振兴中国东北地区的国际航空枢纽，俄远东联邦区对应的机场是彼得罗巴甫洛夫斯克－堪察加、哈巴罗夫斯克、符拉迪沃斯托克、伊尔库茨克和雅库茨克。根据这一规划，俄方已经重建了赤塔、克拉斯诺卡缅斯克和布拉戈维申斯克的机场，拟计划在外贝加尔斯克修建机场。中方开始在长海、绥芬河、抚远、五大连池、亚布力这些地方修建机场，完成综合体改造和延长呼和浩特、哈尔滨、沈阳、大连、长春的机场跑道建设。④ 中国东北地区的省级政府也开始在以前没有航空港的城市修建机场——白山、通化和白城（吉林省），漠河和大

---

①　Объем импорта зерна через КПП между Китаем и Россией достиг 200 тыс. тонн. http：//russian. china. org. cn/exclusive/txt/2017－01/17/content_ 40121656. htm.

②　Юй Чжочао. Китайско-монгольские отношения переживают лучший период за всю историю. Россия и Китай. 2016，№ 15. С. 26.

③　Zhang Min. *New Tianjin road cuts transportation time, cost to Mongolia, Russia*. http：//www. chinadaily. com. cn/business/2016－09/28/content_ 26922236. htm.

④　*China Air Transport and Airport Industry Report*，2013－2016. http：//www. researchinchina. com/Htmls/Report/2014/6810. html.

庆（黑龙江省）。① 2016 年绥芬河开始修建机场，该机场将配备航向下滑着陆系统和 6 个 C 级机场停机坪，将接收波音 737 和空客 A320 客机执飞。预计机场每年旅客吞吐量将达 45 万人次，受理 3600 吨货物。② 哈尔滨太平国际机场被中国政府确定为发展对俄航空运输的优先机场。按照对俄航线的数量看，在中国东北所有的机场中，哈尔滨太平国际机场排在第一位。③ 2013 年，哈尔滨新开通了 11 条到俄罗斯城市哈巴罗夫斯克、符拉迪沃斯托克、雅库茨克、南萨哈林、布拉戈维申斯克、车里雅宾斯克、伊尔库茨克的航空路线④。2014 年哈尔滨开通了经哈萨克斯坦阿克托别市中转到莫斯科的国际包机航线，而从 2015 年起，借助哈尔滨至新西伯利亚、哈尔滨至克拉斯诺亚尔斯克和哈尔滨经叶卡捷琳堡至莫斯科航线，客货混载运输活跃起来。开通两年后，哈尔滨经叶卡捷琳堡至莫斯科线航空包机运送的货物总价值超过 4 亿美元，包裹送达俄罗斯的平均时间由原来的 2 个月缩短到 7 天，货物周转量占中国商家发往俄罗斯包裹总量的 30%。⑤ 2016 年 4 月，俄"乌拉尔航空公司"开通了哈尔滨经叶卡捷琳堡中转到圣彼得堡的新航线。新航线由 A320 机型执行，每周一班。航线的开通将扩大哈尔滨机场国际航行规模，当前每周抵达俄罗斯各城市的航班量为 20 班。⑥ "十三五"期间，哈尔滨市政府计划打造通往俄罗斯的"国际空中丝绸之路"。⑦ 哈尔滨市委市政府计划开拓俄中货物运输到东北亚和北美洲国家的渠道，并计划采取税收优惠政策以吸引俄罗斯以及其他国家的航空公

---

① *News Analysis*：*Chinese president's Russia visit yields concrete results.* http：//www. china. org. cn/world/Off_ the_ Wire/2013 – 03/25/content_ 28343613. htm.

② В г. Суйфэньхэ на границе Китая с Россией будет построен аэропорт. http：//russian. china. org. cn/exclusive/txt/2016 – 10/17/content_ 39499552. htm.

③ Харбин выделил субсидии для поддержки развития авиагрузовых перевозок с Россией. http：//russian. china. org. cn/exclusive/txt/2014 – 04/22/content_ 28620217. htm.

④ Gao Qihui（*China Daily*）. Harbin seeks to promote economic ties with Russia. http：//www. chinadaily. com. cn/business/2015 – 04/15/content_ 17434407. htm.

⑤ Провинция Хэйлунцзян воспользуется стратегией 《Пояс и Путь》, чтобы подтолкнуть торговлю и экономику между Китаем и Россией к модернизации и вывести на новый уровень. http：//russian. china. org. cn/exclusive/txt/2016 – 03/08/content_ 37966311. htm.

⑥ Открыт регулярный рейс Харбин -Санкт-Петербург. http：//ru. ce. cn/economy/2016 04/20/t20160420_ 2381513. shtml.

⑦ 《Воздушный шелковый путь》 - китайско-российский воздушный коридор для грузоперевозок. http：//russian. china. org. cn/exclusive/txt/2015 – 04/12/content_ 28524281. htm.

司和物流航空公司进入哈尔滨机场。^① 从 2016 年起，中国民营航空公司吉祥航空公司开通了上海至伊尔库茨克直飞航线。航线采用全新空客 A320 系列飞机执飞，每周三班。吉祥航空公司是中国的民营航空公司，入驻上海浦东和虹桥两个机场，专注于中国国内与俄罗斯和东南亚国家间的航空运输。2016 年 4 月，雅库特航空公司开始执飞哈巴罗夫斯克到中国抚远市的航线。^② 2016 年，天津航空公司开始执飞天津到莫斯科的航线并计划凭借开通到伊尔库茨克和乌兰巴托的航线来扩大航线网。^③ 2015 年，中国民用航空总局和新疆维吾尔自治区政府签署了关于发展当地航空的协议，包括在乌鲁木齐机场成立国际航空枢纽。计划改造乌鲁木齐地窝堡国际机场，修建第二条飞机起降跑道，更新机场终端及其配套设施。经过改造，乌鲁木齐机场可成为欧亚航线上的航空交通枢纽，而欧洲人和俄联邦欧洲部分的俄罗斯人到中国南方度假胜地三亚和广州将不再需要到北京的机场去中转。^④ 2016 年，有 33 家中外航空公司在乌鲁木齐航空港运转，飞机从该机场执飞到 100 个中外的城市。新疆维吾尔自治区领导预计，到 2020 年乌鲁木齐航空港的客流量将从 2016 年的 2000 万人次增加到 3000 万人次。^⑤ 2017 年新疆维吾尔自治区将建成并投入使用库尔勒市和和田市的机场，以及莎车县和若羌县的机场，同时扩建另外 5 个机场。此外，在自治区内还将筹备建设 9 个新机场。^⑥ 2017 年初，在新疆维吾尔自治区有 18 个

---

① *China builds on border trade.* http：//www. china. org. cn/china/NPC_ CPPCC_ 2013/2013 – 03/ 04/content_ 28119332_ 3. htm.

② Sukhoi Superjet 100 совершил первый рейс из Хабаровска в Китай. http： // russian. people. com. cn/n3/2016/0413/c31519 – 9043620. html.

③ Лайнер А-330 авиакомпании Tianjin Airlines будет выполнять рейс Тяньцзинь-Москва. http：//russian. china. org. cn/china/txt/2016 – 04/07/content_ 38188653. htm.

④ В 2017 г. из аэропорта Шереметьево воздушные суда Аэрофлота ежедневно совершали 2 рейса в Пекин, 2 – в Шанхай и 1 рейс в Сянган. В Гуанчжоу совершалось 11 рейсов в неделю [Zhao Tingting (*China daily*). China one of top markets: Aeroflot. http：// usa. chinadaily. com. cn/business/2017 – 01/20/content_ 28012756. htm].

⑤ *Urumqi airport sees record number of travelers.* http：//www. chinadaily. com. cn/business/ 2016 – 12/29/content_ 27815479. htm.

⑥ *Xinjiang to build 9 new airports in 2017.* http：//www. chinadaily. com. cn/business/2017 – 01/16/ content_ 27966521. htm.

机场在运行,自治区这个指标领先于中国所有省级行政单位。[①] 2014 年,经新疆中转的航线有 45 条,中国最大的航空公司之一中国南方航空公司占了其中 15 条国际航线。[②] 航空公司的航线覆盖了所有中亚和西亚国家,而航运货运执飞距离最远的是到达圣彼得堡(圣彼得堡经乌鲁木齐至兰州)、莫斯科、新西伯利亚和伊斯坦布尔的航班。[③] 2016 年航空公司在新疆维吾尔自治区开通了 15 条国际航线,而中国民用航空总局宣布给当地航空公司乌鲁木齐航空公司颁发运行合格证(该证是于 2013 年颁发的——译者注),该航空公司计划加入俄联邦东西伯利亚地区和远东联邦区直航系统。[④]

为了发展俄罗斯方向的航线,内蒙古自治区地方政府 2015 年借助中国国际航空股份有限公司的投资成立了本地的内蒙古航空公司。[⑤] 2016 年 8 月,鄂尔多斯国际机场开通了发往伊尔库茨克的新航线。航线每周执飞两班,单程运行 2 个半小时。[⑥] 为了扩大对俄跨境合作,在民用航空发展领域,2015 年黑龙江省政府决定在绥芬河修建现代化机场,机场内将建 4500 平方米的候机大厅和 2500 米长的飞机起降跑道。[⑦] 机场修建成本将达 9.44 亿元人民币(约合 1.53 亿美元)。2019 年机场交付使用,预计到 2025 年该地区性航空港将能年中转货物 3600 吨,运送乘客 45 万人次。[⑧]

[①]　В Синьцзяне в 2017 году будет построено девять новых аэропортов. http：//russian. china. org. cn/business/txt/2017 – 01/16/content_ 40113028. htm.

[②]　*Xinjiang establishes first airline.* http：//www. china. org. cn/china/2014 – 08/29/content _ 33373083. htm.

[③]　China Southern Airlines и China Eastern Airlines признаны одними из самых динамично развивающихся авиакомпаний на рынке Санкт-Петербурга. http：//russian. people. com. cn/ n3/2017/0126/c31518 – 9171910. html.

[④]　*Xinjiang establishes first airline.* http：//www. china. org. cn/china/2016 – 08/29/content_ 33373 083. htm.

[⑤]　*Urumqi Air set to take off with New Silk Road.* http：//www. ecns. cn/business/2015/08 – 29/ 132103. shtml.

[⑥]　*Inner Mongolia opens two new international air routes.* http：//www. china. org. cn/ business/2016 – 08/13/content_ 39085062. htm.

[⑦]　*China plans airport in border city near Russia.* http：//www. china. org. cn/business/2015 – 02/12/ content_ 34807282. htm.

[⑧]　*Airport of border city to be operational in 2019.* http：//en. ce. cn/main/latest/2015 02/22/ t20150222_ 4633934. shtml.

四 港口现代化、海河联运的扩建

　　跨境基础设施联合发展的任务意味着必须扩大远东地区现有港口的通过能力，同时要提高区域铁路运输的货物吞吐量。现今俄罗斯有 22 个港口位于远东海岸。俄远东联邦区 95% 的外贸货运量是通过这些港口运送的，其中运往东北亚、东南亚国家（中国、日本、韩国、新加坡）的份额约占货运总量的 90%。规模最大的交通节点是符拉迪沃斯托克港、纳霍德卡港、东方港、瓦尼诺港、苏维埃港。石油制品出口主要通过纳霍德卡港，部分经符拉迪沃斯托克港、斯拉维扬卡港、苏维埃港，而煤炭出口主要是经瓦尼诺港、东方港、波西耶特港。鉴于中国东北地区陆路交通基础设施吞吐能力有限，发挥俄远东地区的海港中转潜力与发展中国东北地区经俄罗斯港口（符拉迪沃斯托克港、东方港、纳霍德卡港、扎鲁比诺港和斯拉维扬卡港）运抵日本、美国和加拿大的集装箱货运的前景广阔。

　　当今，计划建立从中国东北地区到东北亚国家的陆海联运路线与滨海边疆区的扎鲁比诺港衔接，并将该港打造成过境运输的关键节点。2014 年，陆海联运国际交通运输走廊恢复运营，这条珲春经扎鲁比诺（俄罗斯）至束草（韩国）的陆海联运线路 2010 年被暂停使用。① 这是从吉林省到达日本海最短的路线，全长 585 公里，该线路直接连接中国东北地区、俄远东地区和韩国东海岸沿线地区。第二条开通运行的陆海联运线路是珲春经扎鲁比诺至釜山港（被认为是世界第五大国际货运中转港）。现在的第三条线路——珲春经扎鲁比诺至新潟（日本）线，每月进行三次定期集装箱航行。以前货物要从吉林省运到大连港，然后用船运到新潟，这条线航程几乎是扎鲁比诺至新潟线的二倍。新线路总长 900 公里。珲春经马哈利诺至扎鲁比诺港线路的陆路部分长仅为 65 公里，而扎鲁比诺至新潟线的海上路程为 820 公里，路上用时不超过 40 小时。②

---

① Движение по линии морских перевозок Китай – Россия – РК будет возобновлено 19 марта 2013 года. http：//russian. people. com. cn/31520/8161422. html.

② КПП Хуньчунь: строительство коридора приносит заметные результаты, пограничная торговля с Россией увеличивается с каждым днем. http：//russian. china. org. cn/ business/ txt/2014 – 07/07/content_ 29345679. htm.

2014 年，开通了第一条每周一次的俄中海上集装箱运输线路，即从宁波港（中国东部地区）到东方港。集装箱到达俄罗斯港口后换装经铁路运送到东欧国家。①

从 2016 年 4 月开始，货运专列每周从绥芬河出发到达符拉迪沃斯托克港或东方港，这些集装箱通过海路运行 6 天抵达韩国的釜山港和东海港。② 哈尔滨经绥芬河至符拉迪沃斯托克线运程要比哈尔滨至大连线路程短，能够平均缩短交货时间 2~3 天。因此，到韩国的交货期减少了 4 天，到日本的交货期减少了 5 天。经俄罗斯境内的过境运输实现了通关程序简化，交货期缩短并且通关手续简化也降低了运输成本。

五　能源方面的合作

中国现有的煤气系统主要能为中国东部地区和东南地区的省份提供保障，而中国东北地区的煤气供应还不够发达，尽管该地区燃气市场消费潜力非常大。中国东北地区的居住人口超过全国人口的 10%，该地区有大型工业生产，冬天对天然气的需求量是夏天的 3 倍。③ 历时 10 年的谈判，2014 年 5 月 21 日，在俄罗斯总统普京访问中国时，俄罗斯天然气工业公司与中国石油天然气总公司（以下简称"中石油"）签署了向中国供应天然气的合同。为期 30 年的合同总价 4000 亿美元，预计从 2019 年 5 月开始每年向中国输送 380 亿立方米的天然气（有可能增长到 640 亿立方米）。④ 俄罗斯天然气将从恰扬金气田和科维克金气田通过"西伯利亚力量"天然气管道向中国供应，管道全长4000 公里。天然气将出口到中国东北地区、京津冀地区城市和长江三角洲工业中心。2014 年底，俄中东线天然气管道中国段的修建项目获中国国家发展

---

① *Shipping firms open first container route to Russia.* http：//europe. chinadaily. com. cn/ business/ 2014 – 12/29/content_ 11772609. htm.

② Открыт новый канал наземно-морских международных смешанных перевозок. http：// russian. people. com. cn/n3/2016/0413/c31518 – 9044036. html.

③ *Mainland moves to use more natural gas.* http：//www. chinadaily. com. cn/business/2016 – 12/22/ content_ 27740569. htm.

④ Ding Ying. *A Gas Bond. Energy cooperation will serve as a new link between China and Russia.* http：//www. bjreview. com. cn/print/txt/2016 – 05/19/content_ 619401_ 2. htm.

和改革委员会批复。天然气管道包括三段。北段：黑河市（黑龙江）至长岭县（吉林）及长岭至长春支线。中段：长岭县至永清县（河北）。南段：永清县至上海。① 天然气管道在中国境内从黑河市（黑龙江省）共经过 8 个省份——黑龙江省、吉林省、内蒙古自治区、辽宁省、河北省、天津市、山东省、江苏省——最后到达上海市。② 2014 年 11 月，第 22 届亚太经合组织（APEC）领导人峰会前夕，俄总统普京和中国国家主席习近平在北京会晤期间，俄罗斯天然气工业公司和中石油的领导签署了沿西线天然气管道（阿尔泰天然气管道）从俄罗斯向中国供应天然气的备忘录和公司间关于天然气供应的框架性协议。俄罗斯天然气工业公司负责人指出，中期的目标是通过两条管道向中国出口的天然气总量超过俄罗斯出口欧盟国家的天然气总量。西线将成为俄中交通运输和能源领域合作的优先发展方向。西线天然气管道（新乌连戈伊、托木斯克、新西伯利亚、巴尔瑙尔、比斯克间）从西西伯利亚气田进入新疆维吾尔自治区（阿尔泰附近的吉克普林地区），在那里将与中国的"东－西"天然气管道对接。西线天然气管道全长 2700 公里，在 30 年供应期里，计划每年供气 300 亿立方米。按照计划 2020 年天然气管道交付使用。③ 俄方不会拒绝液化天然气从符拉迪沃斯托克液化气田和"萨哈林 2 号"液化气田出口到中国的可能。由于萨哈林经哈巴罗夫斯克至符拉迪沃斯托克输气管道已经建成，2017 年 2 月，俄罗斯天然气工业公司开始与中石油就从萨哈林沿输气管道向中国供应天然气进行谈判，萨哈林线供气管道将成为东线的支线。④

2015 年 12 月，上海合作组织政府首脑理事会第十四次会议期间，丝路基金会代表与俄罗斯液化天然气制造商——诺瓦泰克公司签署了购买亚马尔

---

① Провинция Цзилинь ускорит реализацию китайско-российского проекта строительства газопровода по восточному маршруту. http：// russian. china. org. cn/exclusive/txt/2014 – 10/29/ content_ 33902704. htm.

② China approves plan for Sino-Russia pipeline. http：//english. people. com. cn/business/n/ 2014/1009/c90778 – 8792442. html.

③ *China，Russia ink big energy deals.* http：//english. people. com. cn/n/2014/1110/c90883 – 807098. html.

④ Китай призывает Россию расширить энергетическое сотрудничество - вице-премьер Госсовета. http：//russian. people. com. cn/n3/2017/0216/c31521 – 9178466. html.

液化天然气一体化项目 9.9% 股权的协议，[1] 并向诺瓦泰克公司提供为期 15 年总额约 7.3 亿欧元（合 7.9 亿美元）的贷款，以支持亚马尔项目建设。[2] 政府间协议生效后该交易开始兑现，按照中方意见，2018 年从亚马尔液化天然气田进口的液化天然气总量能够满足中国天然气需求的 1.6%，估计 2018 年供气量为 2570 亿立方米。[3] 2015 年，俄罗斯石油公司和中石油就长期石油天然气合同达成了本币结算协议。俄中天然气合同为在中国技术和财政援助下俄东西伯利亚、远东的开发项目得到实际落实带来真正的机会。此外，据高等经济学校的经济学家研究，与中国的天然气合同的落实将使俄罗斯每年的国内生产总值提高 0.2%，俄罗斯经济发展部专家认为这一数据应为 0.3% ~ 0.4%。[4]

由于俄中斯科沃罗季诺至大庆石油运输管道石油运输量增加，经远东铁路线运输的石油产品总量下降，这为通过俄罗斯铁路和公路增加俄罗斯的天然气出口量提供了机会。在缺乏天然气管网的条件下，集装箱是液化石油气陆路运输的有效手段。其能承受 200 ~ 250 帕的压力，气缸连接在一个组件（集装箱）上，能使它们在铁路或公路平车上适应天然气的批量运输。中国东北地区使用俄罗斯道路运输液化石油气的方法不需要吸引用来修建基础设施的投资，因为运输液化石油气时用的都是已有的远东铁路网，这些毗邻边境的交通设施能够把俄罗斯气田和中国消费者连接起来。2015 年末，经外贝加尔斯克 - 满洲里进出口检验站俄罗斯液化石油气运输实现铁路交货试运行，2017 年 2 月载有 32.5 吨液化石油气的集装箱专列经过检查站开始定期从俄罗斯向中国供货，并借助换装在这里中转。[5] 2014 年 6 月，俄中边境上第一辆载有 11

---

[1] 亚马尔液化天然气项目位于亚马尔半岛，是世界上最大的天然气开采、液化、运输与销售项目，气田设计天然气年产量 280 亿立方米。

[2] *China's Silk Road Fund to buy into Russian LNG project.* http：//en. people. cn/n/ 2015/1222/ c90000 - 8992762. html.

[3] *To Russia with energetic love.* http：//www. china. org. cn/business/2017 - 01/23/content_ 40160 507. htm.

[4] Нарастающий эффект трубопроводной дипломатии. http：//www. kommersant. ru/doc/ 2482091？isSearch = True （2016 - 09 - 20）

[5] Через погранпереход Маньчжоули начался регулярный импорт СУГ из России. http：// russian. china. org. cn/business/txt/2017 - 02/21/content_ 40332012. htm.

吨液化石油气的俄罗斯罐车通过波尔塔夫卡－东宁检查站，① 2016 年 1 月，载运 190 吨液化石油气的罐式集装箱车辆从俄罗斯通过跨阿穆尔河浮桥进入同江哈鱼岛进出口检验站抵达中国，中方进一步计划每个月从俄罗斯进口 100 吨液化石油气。② 向中国调运液化石油气计划的实施能对俄罗斯产生宏观经济效应——俄中天然气管道干线交付使用后，液化石油气运输就能毫不费力重新确定运达中国东南省份和亚太地区国家的海路出口方向。

2011 年，斯科沃罗季诺（俄罗斯）至大庆（经漠河边检站）段输油管道交付试运行，年吞吐 150 万吨石油。俄罗斯段长 70 公里，中方管线长 960 公里。③ 2013 年圣彼得堡国际经济论坛期间，中石油和俄罗斯石油天然气公司的领导签署了 25 年内通过俄中石油运输管道向中国提供原油共 3.6 亿吨，供货总价值估计为 2700 亿美元的合同；在第 22 届亚太经合组织峰会期间（北京，2014 年），签署了 2015～2017 年暂时改变俄罗斯向中国的供应石油的供应量协议，协议规定每年增加供油量 500 万吨。④ 2016 年通过这条石油运输管道俄罗斯向中国的供油量达到 1650 万吨，而从该石油运输管道交付使用以来，2011～2016 年，共运输了 9447 万吨石油。⑤ 目前，俄罗斯石油公司对中国的碳氢化合物出口交货也将从俄罗斯科济米诺港借助油轮来实现。2016 年俄罗斯超越沙特阿拉伯成为中国最大的石油供应国——从俄罗斯出口中国的石油量几乎增加了 1000 万吨，达到 5250 万吨。⑥ 2017 年 1 月，俄罗斯石油天然气公

---

① Российская автоцистерна со сжиженным нефтегазом впервые пересекла китайскую границу через КПП Дуннин. http：//russian. china. org. cn/exclusive/txt/2014－06/28/ content _ 32800161. htm.

② Китайско-российский Шелковый путь замерзшей реки － канал поставок нефтяного газа из России в Китай. http：//russian. china. org. cn/exclusive/txt/2016 － 02/26/content _ 37881939. htm.

③ China, Russia oil pipeline starts operation. http：//www. chinadaily. com. cn/m/dalian/2011－01/01/content_ 11791739. htm.

④ Роснефть. планирует поставлять в Китай дополнительно 5 млн тонн нефти. http：//ria. ru/east_ economy/20151110/1032484412. html.

⑤ За шесть лет Китай импортировал из России 95 млн тонн сырой нефти по нефтепроводу Россия-Китай. http：//russian. china. org. cn/business/txt/2017－01/03/content _ 40032133. htm.

⑥ Huang Ge. Economic cooperation with Russia to expand. http：//www. globaltimes. cn/content/1034169. shtml（2017－02－21）.

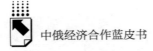

司与中石油（CNPC）签署了一份协议，将2013年签订的石油供应合同期限延长5年，并在这5年间增加30%的石油供应量，达到年供油1000万吨。[①] 2017～2024年，经哈萨克斯坦境内的石油供应总量将达到7000万吨。[②] 俄罗斯石油天然气公司成为向中国供应石油产品的领导者：2005～2016年，该公司在长期合同框架下向中国出口了超过18600吨的石油产品，总价值超过950亿美元。俄罗斯石油天然气公司和中石油计划在天津合建炼油厂，年原油加工能力为1600万吨，其中910万吨将由俄罗斯石油公司通过东西伯利亚－太平洋石油运输管道供应。俄罗斯石油公司占炼油厂49%的股份，石油加工深度将达到95%。2016年，中国北京燃气集团购买了俄罗斯石油公司全资子公司"上乔纳斯科油气田开发公司"20%的股份，该公司所拥有的油气田现时采储量为1.73亿吨石油和凝析油以及1150亿立方米天然气。当前水平下油田年产原油约850万吨，合同金额达11亿美元。[③]

由此可以看出，俄罗斯、中国以及蒙古国的交通基础设施是至关重要的环节，这个环节的各方都与现代欧亚一体化项目紧密对接。

（白晓光译）

---

① Из Казахстана с транзитом. Роснефть. увеличит поставки в Китай. http：//www. kommersant. ru/doc/3187360（2016－11－17）.

② 根据经哈萨克斯坦的石油供应过境路线，俄罗斯石油公司将向巴甫洛达尔炼油厂供应自己的石油产品，而哈萨克斯坦代之经阿塔苏至阿拉山口石油运输管道出口自己的石油到中国，这使俄罗斯石油公司节省了运费。

③ Роснефть. намерена увеличить поставки нефти в КНР до 70 млн тонн. https：//www. gazeta. ru/business/news/2017/01/09/n_ 9539933. shtml.

B. 13
"一带一路"背景下俄远东
开发与人口发展趋势

E. C. 巴热诺娃 *

摘　要：　远东是俄联邦重要的地缘政治和战略地区，可以确保俄罗斯亚太地区利益的实现。当前，东部地区发展战略确定为其国家四大优先发展战略之一，因此实现人口稳定的地缘政治目标成为远东发展的战略任务。

关键词：　俄罗斯远东　移民　人口

一　人口发展的经济和地理条件

远东联邦区是俄罗斯领土面积最大的一个联邦区。远东联邦区与外贝加尔边疆区的领土面积（6215900平方公里）占全俄领土总面积的36%。同时，远东联邦区也是俄罗斯人口数量最少的地区之一，人口数量为620万人，占俄联邦人口总数的4.2%（1991年人口810万人，占5.4%）。1991~2014年，远东地区的人口数量减少了23%。

远东地区蕴藏着俄罗斯50%的煤炭、20%的碳氢化合物、30%的木材、10%的铁矿，还储备有大量的稀土和有色金属，如95%的锑、硼和锡。远东地区出产全俄98%左右的金刚石、50%的黄金以及40%的渔产品和海产品。①

＊　E. C. 巴热诺娃，俄罗斯科学院远东研究所政治研究与预测中心经济学副博士，研究员。

①　География России. Население и хозяйство. / В. П. Дронов. В. Я. Ром. － Дрофа. 2010. С. 285.

远东地区气候条件复杂，温差较大，温暖季节短促，为矿藏开采增加难度较大，成本相应提高。远东人口密度在全俄最低，平均每平方公里 3 人左右。① 远东与人口众多的中国、日本、朝鲜相邻。为保证远东乃至全俄稳定发展，这一区域必须拥有较高的人口潜力。

（一）俄远东发展中的问题与挑战

远东和外贝加尔地区发展面临最严峻的挑战是人口数量下降，自然减少和人口外流是造成人口数量下降的主要原因。截至 2014 年，远东联邦区人口与 1990 年相比减少 180 万人，与 2000 年相比减少 6 万人。在 20 年时间内，西伯利亚和远东人口自然减少和移居到欧俄部分及国外的人数约为 300 万人，占全俄人口减少总量的 3/5。远东地区人口数量减少造成本地区劳动力短缺，个别州和边疆区失业率居高不下，如外贝加尔边疆区为 11.4%，萨哈林州为 9.3%。人口外流到俄罗斯其他地区，死亡率高于出生率，这些都是人口减少的原因。远东地区人口年龄结构失衡使人口状况更加恶化，最先流失的是适龄劳动人口。人口数量减少的同时，人口质量也发生变化。尽管自 2012 年起，俄罗斯的人口状况呈现积极变化，但远东仍然由于人口密度低和大片土地无人居住成为问题地区。未开发的广阔土地引起投资者的兴趣，但劳动力短缺使远东地区的发展举步维艰。

2005 年，远东联邦区适龄劳动力在该地区人口总数中所占比例为 66%，目前这一比例下降到 60%。欧俄居民与远东居民的工资差距拉大，从 2000 年的 15% 扩大到 2010 年的近 30%。②

大体可以将 2050 年前俄远东发展面临的主要挑战归纳为：①人口减少，人口密度低，迁出人口具有举家迁移性；②交通运输、能源和信息基础设施发展落后；③创新发展滞后；④当地居民面对上述问题表现出悲观情绪。

---

① Дудченко Г. Китай и Дальний Восток России: к вопросу о демографическом дисбалансе // Вестник Евразии. 2002. № 3. С. 142 – 149.

② Рыбаковский Л. Л., Кожевникова Н. И., Храмова М. Н. Векторы реализации демографической политики на Дальнем Востоке //Демографическое развитие российского Дальнего Востока: Сборник статей. Серия ? демография. Социология. Экономика? Том 2, № 1 / Под редакцией чл. -корр. РАН Рязанцева С. В., к. ф. - м. н. Храмовой М. Н. Изд – во ? Экон – Информ? 2016. С. 15.

解决这些问题与以下几个战略的实施密切相关,包括:加快俄远东和亚太国家一体化战略,俄罗斯对外经济活动重心从大西洋转向太平洋,以及俄罗斯通过加入"一带一路"构想,实行符合本国战略利益转向东方的战略。

(二)远东移民现状

移民在远东地区的人口发展中发挥了战略性作用。1991~2014年,远东移居到其他地区或国家的人数达166.68万人,占远东人口减少总数的89.9%。远东人口发展风险加大是由于俄罗斯各地区间的社会经济发展不平衡导致远东吸引力下降。

远东在与俄罗斯其他地区的人口流动中常常处于被动地位。2002年,迁出人口比迁入人口多56.5%,2010年这一数据为89.5%,2013年更是达到150%。2002年,远东地区每外流100个人有64人定居,2013年是56人。离开远东的人口更喜欢在俄罗斯的中心地区定居,如中央联邦区、西北联邦区和南部联邦区。

2013年,与1995年相比,全俄居民的名义工资增长62.8倍,远东联邦区仅增长45.3倍。这一时间段内,远东联邦区的实际工资增加了2.4倍,全俄增长3.2倍。1995年,远东地区居民的平均退休金比全俄高27.2%,2013年这一数据为18%。[1]

落实《2025年前远东和外贝加尔地区社会经济发展纲要》可以改善远东地区现状,因为"为居民创造舒适的居住环境"是纲要的基础。人口外流使地区经济发展所需的劳动力无法得到保障,须从独联体国家和其他国家吸引劳动力加以补充。加快远东发展纲要中最重要和迫切解决的问题是具有专业技能的劳动力短缺,远东地区社会经济发展的国家级纲要和有限的劳动力资源之间出现严重矛盾,需要吸引和补充劳动力。这些补充劳动力的现实来源只能是亚太国家的移民。分析2010~2013年从中亚各国吸引大量劳动力到远东各联邦主体的实践可以发现,缺乏应有的监管对远东地区劳动力市场产生严重的负面

---

① Мотрич Е. Л. , Найден С. Н. Демографические реалии и социальные перспективы регионов Дальнего Востока и Забайкалья // Уровень жизни населения регионов России. 2015. № 1. С. 84 – 94.

社会影响：非专业的外来移民取代具有专业技能的工人，常住居民的工作被临时居住移民所代替，劳动力市场出现消极竞争。

　　来到远东的移民以临时居住为主。有调查显示，他们在远东定居率低的主要原因是不适应恶劣的气候，以及当地社会基础设施发展落后、住房奇缺和价格偏高、食品和交通费用偏高。20 世纪二三十年代，每 7 名来到远东的移民中就会有 1 名选择在这里定居（即定居移民占移民总数的 14% 左右）；70 年代，定居移民比例不足 7% ~ 8%；目前，远东外流移民要多于迁入移民，每年离开远东联邦区的外流人口约为 10 万人。①

　　远东与独联体国家的移民往来非常频繁，特别是塔吉克斯坦、乌兹别克斯坦和吉尔吉斯斯坦。远东与这三国的迁入移民与迁出移民比例为 10∶1。2002 ~ 2010 年，塔吉克斯坦移民人数增长 1.3 倍，乌兹别克斯坦移民人数增长 2.4 倍，吉尔吉斯斯坦移民增长 2.8 倍。来自上述三国的移民中几乎没有斯拉夫人。2008 ~ 2010 年，远东地区移民大部分为俄罗斯人，其中 2008 年和 2009 年俄罗斯移民占 80% 以上，2010 年为 55%。自 2011 年开始，外国移民所占比重大幅增多，超过了俄罗斯移民的占比，并且大部分外国移民都是独联体国家的公民。

　　分析远东各联邦主体的移民流，可以看出其构成成分差别明显，这种差别在很大程度上由地理条件和远东工业结构所决定。实际上，除犹太自治州和楚科奇自治区外，其他联邦主体接收的乌兹别克斯坦移民占较大比例。中国移民更多在与其故土邻近的边境地区（犹太自治州、阿穆尔州、哈巴罗夫斯克边疆区、滨海边疆区）工作。来到楚科奇自治区的多是乌克兰移民，他们大部分从事煤炭工业。2010 年与 2002 年相比，中国移民人数增加了 1.8 倍（2010 年每 10 名来到远东地区的中国移民中有 3.9 名移民又从远东离开）。②

　　根据官方统计数据，30.5% 的外国劳动移民在远东从事建筑业，21.0% 从

①　Приморский край в Дальневосточном федеральном округе по итогам 2014 г. // Аналитический обзор. Примстат. 2014. 32 С. 2.

②　Мотрич Е. Л. Трансформация миграционных процессов на Дальнем Востоке России / Социологическое образование: достижения, проблемы и пути развития: сборник научныхтрудов / ред. колл.: В. И. Зырянов и др. – Хабаровск: ДВИУ – филиал РАНХиГС, 2014. С. 161 – 162.

事农业，11.5% 从事工业。移民在不同领域就业的分配比例与全俄移民就业分配比例基本相同。在远东联邦区的个别地区，如在滨海边疆区近 10 年的时间内形成和发展出一些主要接纳移民就业的经济领域，主要吸收非专业技术领域的劳动力就业，包括建筑业（占 33.1%）、批发零售和餐饮业（29.1%）、农业（13.8%）。[①]

二　远东居民的年龄和受教育情况

将俄罗斯最近两次的人口普查（2002 年和 2010 年）进行比较，可以发现，全俄低于劳动年龄人口的比重下降了 10.5%，远东则下降了 12.1%。全俄适龄劳动人口比重增长 0.4%，远东地区下降 2.0%。远东高于劳动年龄人口的比重变化量比全俄水平高 2 倍（相应为 24.0% 和 8.2%）。1989 年苏联人口普查数据表明，远东人口结构中高于劳动年龄人口的比重为 10.4%；2002 年的全俄人口普查这一比重为 15.4%；2010 年为 19.1%。远东地区人口的平均年龄不断增长：1979 年为 29.5 岁，1989 年为 30.4 岁，2002 年为 33.9 岁，2012 年 1 月 1 日前为 37.3 岁。从远东人口的年龄构成预计，未来人口状况不会好转，因为各年龄段人口数量没有向好的方面转变，2013 年远东外流的移民中 77.4% 为适龄劳动人口，13.5% 为低于劳动年龄的人口。

为解决远东发展面临的问题，提高居民的受教育水平至关重要。在 2002 年和 2010 年两次全俄人口普查期间，年龄在 15 岁及以上具有高等专业教育水平的人数增长了 43.4%，远东增长了 40.5%；全俄具有中等专业教育水平的人数增长了 13.5%，远东增长了 9.0%。远东呈现这样的变化加速了具有高等教育水平的人口外流。2002 年，外流人口中年龄在 14 岁及以上的占 21.5%，2013 年，外流人口中拥有高等专业教育学历的比例为 26.7%。2014 年，具有高等专业教育学历的人口占远东联邦区外流人口总数的 50.6%，具有中等专业水平学历的外流人口占 21.4%，具有中等（完全）普通学历的外

---

① Н. В. Ивашина. Анализ структуры международной трудовой миграции на Дальнем Востоке России // Демографическое развитие российского Дальнего Востока: Сборник статей. Серия демография. Социология. Экономика. Том 2, № 1 / Под редакцией чл. -корр. РАН Рязанцева С. В. , к. ф. -м. н. Храмовой М. Н. Изд-во Экон-Информ. 2016. С. 148.

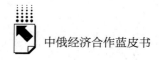

流人口占 12.6%。①

通过分析远东现有的人口和移民状况，可以认为，在俄联邦各地区生活水平和质量不平衡的前提下，远东地区的人口数量变化还将持续恶化。到 2030 年前，远东联邦区的人数将下降到 590 万人（相当于 1970 年的水平）。②

三 吸引中国劳动力的发展趋势

人口迁移是俄罗斯和中国经济社会关系中的一个重要现象，劳动力移民是中国最主要的移民潮。近些年，在向俄罗斯远东移入工人和专家的国家中，中国当之无愧占据第一的位置，领先于朝鲜、土耳其、越南和美国。中国劳动移民主要在俄罗斯的建筑业、贸易、工业、农业和林业等经济领域工作。在最近 25 年时间内，俄联邦经济增长呈现的不平衡性使生活在俄罗斯的中国劳动移民的发展也不尽相同。

自 2000 年开始，在俄联邦经济发展的基础上吸引和利用中国劳动力呈现上升势头。2000~2008 年，俄罗斯境内登记的中国劳动移民数量从 2.62 万人增加到 28.17 万人。这一时期，远东和外贝加尔地区的合法中国工人总人数增加了 5 倍。俄罗斯与中国经济关系的快速发展促进了中国劳动移民的迅速增长。

21 世纪的第一个十年结束时，受 2008~2009 年世界性金融经济危机影响，俄罗斯的经济增长趋势被经济下降所取代。当前，在俄罗斯国内劳动力市场防范危机措施的影响下，劳动力配额限制制度愈加严格，俄罗斯经济发展中使用的中国劳动力数量下降。最初的下降幅度并不明显，俄罗斯统计局的数据显示，2009 年与 2008 年相比，俄联邦境内中国劳动移民的数量从 28.17 万人减少到 26.99 万人，即减少了 1.18 万人（减少 4.2%）。此后受外国劳动力在俄罗斯市场就业限制措施不断加强的影响，中国劳务参与俄罗斯经济发展的人数下降非常明显，2010 年与 2009 年相比减少 8.34 万人（减少 33%）。按照官方统计数字，危机后的 2010~2013 年，俄罗斯境内登记的中国劳务人数变化不大，徘徊在 7.0 万至

---

① Официальный сайт Федеральной службы государственной статистики РФ（Росстат）www.gks.ru.

② Предположительная численность населения Российской Федерации до 2013 года. Статистический бюллетень ФСГС. М. 2010. С. 233.

7.7 万人之间。中国在俄罗斯境内的劳务人口数量不断下降，根据官方统计数据，2015 年上半年在俄境内从事劳务活动的中国公民人数为 5.83 万人，即与 2014 年同期相比减少了 20.0%，与 2013 年前相比则减少了 25%。[①]

中国人的移民计划和安排与能否在俄境内长期居住密切相关，中国人在俄境内居住时间长短与他们返回故土的计划之间存在着双向依赖，他们在俄居住时间越长，就越少返回中国。可以发现，中国赴俄的短期临时劳务移民有所增加。中国东北地区由于邻近俄劳动力短缺地区，中国劳务人口仍会出于经济原因短期内赴俄远东。在一些与中国接壤的边境地区，包括哈巴罗夫斯克边疆区在内由于外来劳工移民配额大幅缩减，近些年吸引的中国劳务人口数量与独联体国家劳务人口数量相当（每年 6000 人）。

总体来看，俄罗斯对中国移民已经失去了吸引力，大量中国移民的流失可以证实这一结论。今后，中国移民前往俄罗斯还将受到以下因素影响：①与俄罗斯相比，中国人在国内的工资额有所增长（在中国城市与俄罗斯城市工作的平均工资比为 1∶1.2）；②中国内地居民涌入国内沿海省份，这些省份的发展水平已经与发达国家接近；③由于俄罗斯经济结构特点和行政措施限制，在俄罗斯境内大规模就业存在困难；④在俄居住成本偏高；⑤受到独联体国家的俄语移民和其他国家更为廉价劳动力的竞争；⑥中国人在俄罗斯接受教育的兴趣降低。[②]

在对中国移民趋势进行分析后，我们发现，中国移民既是当前地缘政治、人口和社会经济问题，也是未来一种大规模移民现象，今后在俄罗斯出现人口危机、劳动力减少以及俄中两国区域经济合作加强的情况下，将为在全俄特别是远东地区经济发展中更多使用中国劳动力创造客观前提。因此中国劳务的发展趋势及其调控问题应成为此后一段时期俄联邦移民政策关注的重点。

这些问题的解决和加快俄远东与亚太国家一体化进程、俄罗斯对外经济重心从大西洋转向太平洋，以及俄罗斯通过加入"一带一路"构想、实行符合

---

① Рязанцев С. В., Ян Хунмэй. Китайская миграция в Россию: тенденции, последствия и подходы к регулированию. М. Экономическое образование, 2010.

② Мотрич Е. Л. Миграционные компоненты демографического развития Дальневосточного федерального округа // Демографическое развитие российского Дальнего Востока: Сборник статей. Серия ? демография. Социология. Экономика? Том 2, № 1 / Под редакцией чл. - корр. РАН Рязанцева С. В., к. ф. -м. н. Храмовой М. Н. Изд-во ? Экон-Информ? . 2016. С. 82.

本国战略利益的转向东方政策密切相关。俄罗斯在亚太地区合作的主要方向是开发自然资源和能源，发展交通基础设施，以及提高远东、外贝加尔居民的生活质量。

分析最近 20～25 年内西伯利亚和远东发展成绩可以发现，俄罗斯在这些地区没有开展循序渐进的活动。早在 20 世纪 90 年代前，远东发展战略就已逐步实施。苏联解体后，远东战略被搁置起来。近年来，俄罗斯政府开始恢复从前的远东发展战略。俄联邦政府制定的《2020 年前西伯利亚社会经济发展战略》和《2015 年前远东和外贝加尔地区社会经济发展战略》，以及将全俄石油供应系统连接起来的"西伯利亚力量"天然气管道的开始修建，都是俄政府重提远东发展战略的佐证。俄政府还制定了建立远东社会经济超前发展区的政策和国家扶持该地区发展的其他政策，远东对经营活动实行特殊的法律法规（租金优惠、海关手续简化、减免房产和土地税、五年内免征盈利税、采矿税费优惠、下调保险等费用）。①

目前，俄中区域合作纲要建立在两份主要文件的基础上，即 2009 年 10 月签署的《2018 年前俄联邦远东和东西伯利亚与中国东北地区合作纲要》和《中华人民共和国东北地区与俄罗斯联邦远东及东西伯利亚地区合作重点项目目录》。

对各种因素进行全面分析可知，目前俄罗斯在亚太地区的主要伙伴就是中国。落实上述合作纲要，特别是在能源和交通运输领域的合作可以使俄罗斯最大限度地利用其亚洲部分领土广阔的优势，但当前俄中两国经贸合作水平显著落后于政治合作水平。

俄中边境经贸合作的一个主要问题是两国领导人 2009 年签署的经济合作纲要落实进展缓慢。纲要签署后，俄罗斯提出了东西伯利亚和远东发展纲要，中国也通过了振兴东北老工业基地和开发西部的纲要。② 尽管签署了地区合作

---

① См. Демографическое развитие российского Дальнего Востока. Серия ? Демография. Социология. Экономика? Том 2. № 1. М. 2016. С. 16.

② См.: Федеральная целевая программа Экономическое и социальное развитие Дальнего Востока и Забайкалья на 2008 – 2015 годы и до 2020 года? М. 2006; Лю Шицин, Ло Ван, Жэнь Чжицзюнь и др. Сибу дакайфа цзыцзинь чжаньлюэ яньцзю баогао (Исследовательский доклад об инвестиционной стратегии в развитии западных районов). Пекин. Цзинцзи кэсюэ чубаньшэ. 2005. С. 2

协议，但其落实非常缓慢。

总体来讲，签署 2009～2018 年合作纲要只是建立和发展区域合作的第一步，在俄远东和东西伯利亚与中国东北地区的土地上建立起来的不仅有工业区、科技合作区，还有各种边境经贸合作区，这些地区可以成为改进俄中经贸合作形式的飞地（集群），边贸合作区的经验可以推广到远东和西伯利亚的其他地区。

我们认为，为发展俄远东和东西伯利亚，必须划拨出大量资金用于基础设施（交通、能源）项目发展和矿产开采，既要有国家预算资金，还要有外国投资者以建立合资企业的方式注入的资金。显然，在当前条件下开发远东，必须扩大与中国东北老工业基地边境地区的切实合作，这种合作只有在得到来自俄联邦从事远东社会经济发展国家机构的领导和扶持下才能完成。

因此，俄罗斯应更多关注边境贸易和跨区贸易的发展，以及如何解决向中国供应能源、用俄罗斯高新技术领域取得的成果换取中方投资大型基础设施项目的问题，中方投资项目包括在俄远东和东西伯利亚境内的交通基础设施项目，如建设石油和天然气管道、铁路、海港、口岸，可在俄境内毗邻俄中边界的赤塔市、阿穆尔州、犹太自治区、滨海边疆区和哈巴罗夫斯克边疆区建立自贸区和出口加工区的过程中借鉴中方经验。

借助 2013 年 9 月中国国家主席习近平出访哈萨克斯坦时提出的"一带一路"倡议，能够合理实现俄远东和西伯利亚发展，加强俄东部地区与中国东北地区的经贸合作。"一带一路"倡议为尽可能发挥俄东部地区与中国东北地区的地理、自然、经济和文化优势及特点提供了依据，在现有基础上与"一带一路"沿线其他国家和地区协同发展、实现全面开放能够保证古丝绸之路的未来振兴。"一带一路"倡议为改善人口状况、提高人力资源潜力，为扩大俄远东和西伯利亚与中国东北合作开辟出新的道路。

（陈秋杰译）

B.14
中俄经贸合作发展前景预测

程亦军*

摘　要： 近年来中俄经贸合作取得一系列新进展，在全球贸易不景气的背景下双边贸易额逆势增长，能源合作水平进一步提高，基础设施建设获得重大突破，金融合作成绩斐然，非传统合作领域不断扩大，"一带一路"与欧亚联盟正在有效对接。与此同时，两国经贸合作中也存在一些值得注意的问题：两国经济发展的不平衡制约着双边经贸合作的发展，两国企业进入对方市场的意愿不强，贸易结构依然没有充分反映两国的技术优势和科学潜力，双方市场还有待进一步相互开放。展望未来，中俄经贸合作正由规模速度型向质量效益型转变；能源仍将是双边合作的重点领域，但中国对俄能源的依赖程度正在逐渐减弱；对俄贸易已非中国外贸主要方向，但依然是重要方向；双边农业合作有望迎来大发展；大项目、高科技合作将引领中俄经贸合作登上新台阶。

关键词： 规模速度型　质量效益型　大项目、高科技合作

近年来，中俄经贸合作顺利发展，不仅惠及两国民众、促进欧亚区域经济繁荣，也为世界经济注入了活力，成为新兴经济体之间相互补充、相互推动的典范。经过多年的发展、积累和沉淀，两国双边经贸合作的基础日益厚实和牢固，合作形态正由相对低级的规模速度型向相对高级的质量效益型转变。

---

* 程亦军，男，中国社会科学院俄罗斯东欧中亚研究所研究员，博士生导师。

一 两国经贸合作取得一系列新进展

（一）双边贸易额逆势增长

2008 年世界金融危机爆发以来，世界各国经济相继遭受严重冲击，为了自救，很多国家采取了经济民族主义政策，贸易保护主义思潮在全球范围内再度泛滥，原有的国际贸易秩序受到严重干扰。主要经济体增长乏力，拉动效应明显降低，导致世界经济增长缓慢，市场需求不旺，石油、铁矿石等大宗商品价格普遍走低。在此背景下，全球总体贸易形势不佳，许多经济体对外贸易出现负增长。世界贸易组织于 2017 年 4 月公布的最新统计数据显示，2016 年全球货物贸易进出口总额同比分别下降了 3.2% 和 3.3%。[①]

2016 年，中俄两国的对外贸易额都出现负增长。中国对外贸易总额为 24.33 万亿元人民币，同比下降了 0.9%。其中，出口 13.84 万亿元，同比下降 2%；进口 10.49 万亿元，同比增长 0.6%。贸易顺差 3.35 万亿元，收窄 9.1%。俄罗斯对外贸易总额为 4677.5 亿美元，同比下降 11.1%。其中，出口 2854.9 亿美元，下降 16.9%；进口 1822.6 亿美元，下降 0.3%。贸易顺差 1032.3 亿美元，下降 35.8%。

尽管中俄双方对外贸易均出现下降，但是两国双边贸易却逆势增长。据中国海关统计，2016 年中俄双边贸易额达到 695 亿美元，同比增长 2.2%。其中，中国对俄出口 373 亿美元，增长 7%；自俄进口 322 亿美元，下降 3%。由于统计口径不一，俄方公布的相关数据与中方略有差异。据俄罗斯海关统计，中俄双边贸易额为 661.1 亿美元，增长 4.0%。其中，俄罗斯对中国出口 280.2 亿美元，减少 2.0%；自中国进口 380.9 亿美元，增长 9.0%。[②] 虽然这个增长幅度并不大，而且是在上年度大幅下降 28.6% 的基础上出现的，带有

---

① 《世贸组织公布数据：2016 年中国货物贸易总额被美国反超，原因何在？》，http://mt.sohu.com/20170414/n488480781.shtml。

② 资料来源：《去年中俄贸易额达 695 亿美元，系中国前十大贸易伙伴中唯一增长》，http://www.jiemian.com/article/1081812.html；中国商务部国别贸易报告《2016 年俄罗斯货物贸易及中俄双边贸易概况》，http://countryreport.mofecom.gov.cn/record/view110209.asp? News_ id =53249。

明显的恢复性质，但因其增长背景非同寻常，所以具有特殊意义。这一方面说明中俄两国间的经济联系进一步密切，相互依存度明显提高；另一方面也说明两国的经贸合作仍有巨大的增长潜力。进入 2017 年以来，中俄双边贸易出现了几年来少有的快速增长局面。据中国海关统计，2017 年前几个月，中国对俄进出口贸易双双实现两位数的增长。

（二）能源合作水平进一步提高

多年来，能源合作一直是中俄经贸合作中的重头戏，因而被普京总统称为"两国商业关系的火车头"。2014 年，中国石油天然气集团公司与俄罗斯天然气工业公司签署了为期 30 年总额达 4000 亿美元的天然气供销合同（通过"西伯利亚力量"天然气管道输送）。继这个被称为"世纪大单"的协议之后，双方又于 2015 年签署了俄方自西西伯利亚通过西线（"西伯利亚力量 2 号"天然气管道）向中方供应天然气的基本条件协议，初步确定供气规模为每年 300 亿立方米。

2016 年以来，这个"火车头"仍在持续加速，在原有的多项能源合作项目之外两国又相继签署了一系列能源合作协议。中国化工集团公司与俄罗斯石油公司签署了新的年度石油供应合同，同时就中方公司出资收购俄罗斯远东石化公司（VNHK）40% 的股权等事项达成协议。中方资金的投入将使远东石化公司的加工能力大幅提高，每年可加工 2400 万吨石油和 680 万吨石化原料。俄罗斯石油公司总裁伊戈尔·谢钦表示："达成该协议标志着在建设现代化远东石化综合体进程中迈出了全新且重要的一步。"俄罗斯石油公司与中石化集团公司签署了关于起草东西伯利亚天然气加工和油气化综合体项目的框架协议，计划在新古比雪夫斯克及西西伯利亚地区建造三座油气化工综合体。① 此外，在两国总理见证下，俄罗斯石油公司与北京燃气集团公司签署了天然气业务合作协议，内容包括俄方向中国公司出售上琼斯克石油天然气公司 20% 的股份。该项目落实后，将形成垂直一体化的合作结构：中方获得东西伯利亚最

---

① 《俄罗斯成为中国第一大原油供应国》，中俄双语杂志《莫斯科－北京》2016 年 9～10 月，第 52～52 页。

大油田之一的股份，俄方获得进入中国天然气市场的机会。① 2017 年上半年，俄罗斯进一步加大了对华石油出口力度，目前已成为中国最大的石油供给国。

（三）基础设施建设获重大进展

基础设施建设落后长期制约中俄经贸合作和人员交往。在双方共同努力下，情况近年来有了实质性改善。继连接中国同江口岸与俄罗斯下列宁斯阔伊口岸的同江铁路大桥开建之后，又一座现代化跨江（跨界）大桥在黑龙江上游进入施工阶段——连接黑河市与布拉戈维申斯克市的公路大桥于 2016 年 12 月正式开工建设。该项目的前期谈判和准备工作进行得非常艰难，前后持续了 20 余年，但在后期却出现了戏剧性的变化：项目于 2016 年 6 月正式签约，12 月便开工建设，这个速度在中俄经贸合作史上是少有的。该桥长 1283 米，宽 14.5 米，主航道跨径 147 米，桥型为双车道矮塔斜拉桥。加上引桥线路全长 19.9 公里，起点位于中国黑河市长发屯，终点位于俄罗斯布拉戈维申斯克市卡尼库尔干村，其中中方境内长约 6.5 公里，俄方境内长约 13.4 公里，标准为二级公路。项目概算总投资 24.7 亿元人民币，计划工期 3 年，2019 年 10 月交付通车。大桥建成后将形成一条新的国际公路大通道，实现中俄两个地级市直接互通互连。预计到 2020 年两岸间客货运输量将分别达到 148 万人次和 309 万吨，比目前分别增长 2 倍和 10 倍，仅在俄罗斯一方便可创造 1400 个就业岗位。② 此外，2017 年 5 月在北京召开的"一带一路"国际合作高峰论坛期间，酝酿多时的连接中国哈尔滨和俄罗斯符拉迪沃斯托克的"滨海 1 号"国际运输走廊合作协议正式签署。上述两项重大事件不仅是中俄合作中的盛事，也标志着"中俄蒙经济走廊"区域合作规划取得重大进展。

（四）非传统领域合作不断扩大

近年来，中俄双边贸易结构有所改善，不仅贸易领域不断拓宽，交易方式

---

① 《俄媒：中俄签多项合作协议夯实战略合作基础》，http：//news. ifeng. com/a/20161109/ 50227946_ 0. shtml。

② 柯仲甲：《中俄跨黑龙江首座公路大桥将开建》，《人民日报》2016 年 12 月 23 日，第 1 版。中俄双方公布的数据略有差异。第一阶段建造公路，第二阶段铺设铁路。建桥总成本为 188 亿卢布，俄方将投资 140 亿卢布。资料见《俄罗斯布拉戈维申斯克与中国黑河之间的桥梁建设即将开工》，中俄双语杂志《莫斯科－北京》2016 年 9~10 月，第 58~60 页。

也在创新，彼此间的经济优势和互补性得到越来越恰如其分的反映。在传统贸易领域业务量不断扩大的同时，一些非传统领域的交易量也在成倍增长。作为机电生产大国，中国对俄机电产品出口量不断增长，在整个对俄贸易中占比已经超过 60%。同时，中国医药产品也在快步进入俄罗斯市场。据俄方统计，销往俄罗斯的中国药剂已超过 500 种，来自中国的制药原料占俄罗斯同类商品进口总量的 70.5%，俄罗斯出口到独联体国家的医药品大约 50% 是使用中国的原料药加工生产的。① 在俄罗斯对华出口方面，除了能源产品外，农产品出口种类和数量大幅增加，已成为双边贸易新的增长点。随着俄罗斯政府加大对农业的投入，以及中国逐步放宽对俄农产品进口的限制，大量俄罗斯农产品涌入中国市场。2015 年俄罗斯对华谷物出口同比增长了 160%。② 俄产巧克力、矿泉水、冰激凌、葵花籽油、啤酒等商品相继登上中国商场的货架。

伴随着互联网和物联网的快速发展，中俄电子商务合作迅速崛起，并开始在双边贸易特别是民间小额贸易中占据重要地位。中国的阿里巴巴、京东等龙头电商以及俄罗斯相关的跨境电子商家竞相在对方市场布局，抢占商机。根据俄方统计，2015 年俄罗斯网上零售交易总量大约为 400 亿美元，跨境贸易约为 40 亿美元，其中中俄跨境贸易约 30 亿美元，占其跨境贸易总额的 75%。③

旅游业已逐渐成为中俄经贸合作中的重要内容。在过去一些年，旅游业基本呈单边发展态势，即大量俄罗斯游客源源不断涌入中国，而去俄罗斯的中国游客却寥寥无几。近年来这一情况发生了根本变化。据俄罗斯统计，最近 5 年，前往俄罗斯观光的中国游客增长了 5 倍，年度客流量超过 100 万人次，而且数量还在持续上升。2015 年，中国游客在俄罗斯消费支出超过 25 亿美元。④

---

① 《上瘾了!》，中俄双语杂志《莫斯科－北京》2016 年 9～10 月，第 84～86 页。
② 《去年中俄贸易额达 695 亿美元　系中国前十大贸易伙伴中唯一增长》，http://www.jiemian.com/article/1081812.html；《160%——2015 年向中国出口俄罗斯谷物增长》，中俄双语杂志《莫斯科－北京》2016 年 11～12 月，第 80 页。
③ 中俄双语杂志《莫斯科－北京》2016 年 9～10 月，第 89 页。
④ 《中国游客首选俄罗斯!》，中俄双语杂志《莫斯科－北京》2016 年 11～12 月，第 126～129 页。

（五）"一带一路"与欧亚联盟正在有效对接

自从中国领导人提出"一带一路"倡议以来，俄罗斯方面从不解、怀疑、猜忌，到逐渐认可、支持和积极参与，说明两国政治互信达到了新的高度，两国经济联系更加密切。目前，双方已经从最初的相互了解、彼此研判阶段进入务实对接、密切合作阶段，这必将有力推动中俄双边全面合作，同时对促进欧亚区域经济乃至繁荣整个世界的经济发展都将发挥积极作用。

二　双边经贸合作中存在的问题

（一）两国经济发展的不平衡制约着双边经贸合作的发展

20 多年来，中俄两国的经济规模都有了明显扩大，但彼此间的差距却变得日益悬殊。据世界银行统计，1992 年中国国内生产总值为 4227 亿美元，占全球经济的 1.7%，位居世界第十。当年，俄罗斯的国内生产总值略高于中国，为 4602 亿美元，占全球经济的 1.9%，位居世界第九。[①] 随后，由于经济发展路径和发展速度的巨大差异，两国经济地位和在世界经济中的占比均发生了巨大变化。根据 2017 年初世界银行发布的报告，2015 年全球国内生产总值超过 1 万亿美元的经济体共有 15 个（见表 1），中国和俄罗斯都进入了这个"万亿美元俱乐部"，但并不在一个等量级别上——中国的经济总量超过 11 万亿美元，占全球经济的 14.8%，稳居世界第二。俄罗斯的经济总量只有 1.3 万亿美元，占全球经济的 1.8%，位居第十三，且面临着多个快速发展经济体的挑战，地位很不稳固。

1992 年，俄罗斯对外贸易总额为 966 亿美元，其中出口 536 亿美元，进口 430 美元；当年，中国对外贸易总额为 1655 亿美元，其中出口 849 亿美元，进口 806 亿美元。到了 2015 年，俄罗斯外贸总额增加到 5258 亿美元，其中出口

---

① 《历年世界前十大经济体 GDP 及所占世界经济比重一览表（1960～2011）》，http：//blog. sina. com. cn/s/blog_ 52f526870102ebb0. html。

表 1　2015 年世界主要经济体国内生产总值（GDP）排名

排序	经济体	名义 GDP（万亿美元）	占比（%）
	全　球	74.0	100
1	美　国	18.0	24.3
2	中　国	11.0	14.8
3	日　本	4.4	5.9
4	德　国	3.4	4.5
5	英　国	2.9	3.9
6	法　国	2.4	3.3
7	印　度	2.1	2.8
8	意大利	1.8	2.5
9	巴　西	1.8	2.4
10	加拿大	1.6	2.1
11	韩　国	1.4	1.9
12	澳大利亚	1.3	1.8
13	俄罗斯	1.3	1.8
14	西班牙	1.2	1.6
15	墨西哥	1.1	1.5

资料来源：《世界银行：2015 年全球 GDP 总量达 74 万亿美元各国占比排行榜公布》，http：//news. steelhome. cn/2017/02/25/n2988731. html。

3434 亿美元，进口 1824 亿美元；中国外贸总额则达到 3.95 万亿美元，其中出口 2.27 万亿美元，进口 1.68 万亿美元。[1]

1992～2015 年，俄罗斯经济总量增加了 1.8 倍，对外贸易规模增加了 4 倍；而中国经济总量则增加了 25 倍，对外贸易规模增加了 23 倍。同一时期，中俄双边贸易规模从 51 亿美元增加到 681 亿美元，增加了 12 倍。[2] 由此可见，相对于俄罗斯经济总量和对外贸易的扩张速度，中俄双边贸易量增长幅度已经相当可观，但是远远落后于中国经济总量和外贸规模的扩张速度。两国经济发展的不平衡已成为发展双边贸易的制约因素，在未来一个时期双边贸易难以与

---

[1]　俄方数据见《2015 年俄罗斯外贸形势》，中国商务部网站，http：//oys. mofcom. gov. cn/article/oyjjss/201603/20160301284104. shtml；中方数据见《2015 年中国对外贸易发展情况》，中华人民共和国商务部综合司，http：//zhs. mofcom. gov. cn/article/Nocategory/201605/20160501314688. shtml。

[2]　资料来源：中国海关网，http：//www. chinacustomsstat. com。

中国经济发展同步的状况还将持续，这也在一定程度上意味着双边经济合作对中国经济发展的贡献率在下降。

（二）两国企业进入对方市场的意愿不强

企业是市场经济的主体，国内经济发展如此，跨国经济合作亦然。目前制约中俄经贸合作向更高层次发展的主要原因之一就是两国企业进入对方市场的意愿不强。由于历史的原因，相对于中俄国家层面的合作，两国企业均更多地将目光聚焦于西方发达国家和其他联系更为密切的新兴市场国家，将与这些国家的经济合作放在更为重要的位置，不注重甚至忽略在中俄之间开展合作。俄罗斯方面的调查结果显示，愿意与中国企业开展合作、有意愿进入中国市场的企业占比很小，只有 8%。[①] 中国方面尚未见到相关统计，但鉴于俄罗斯恶劣的投资环境和营商环境等不利因素，多数企业对进入俄罗斯市场持负面立场，大型企业更是如此，上面谈到的"人民币–卢布联盟"没有大型中国金融机构参与便是突出的例子。

（三）贸易结构依然没有充分反映两国的技术优势和科学潜力

贸易结构失衡、不合理是长期困扰中俄双边贸易的老问题，这一问题始终没有得到有效解决。这种状况近年来有所改观，突出的例子便是 2016 年俄罗斯对华机电产品贸易大幅增加。但需要指出的是，这种增加是在原来极低的基础上实现的，原材料以及大量低端的初级产品仍然在两国贸易中占据绝对的主导地位，各自所具有的技术优势和科学潜力远未得到充分体现。事实上，双方完全有能力向对方提供更多、更好、技术含量更高的商品。

（四）双方市场还有待进一步相互开放

由于历史的原因，中俄之间依然存在部分贸易壁垒，对有些商品的跨境贸易限制过多。这种现象既存在于货物贸易领域，也存在于服务贸易领域。它显然不利于进一步扩大双边贸易规模、加强彼此间的经济联系，也有碍于"一带一路"与"欧亚经济联盟"的对接。为了使双边经贸合作开展得更加顺利和富有成效，双方均有义务在合理保护民族产业的同时，根据当前的形势和市

---

① 《东方商务对话》，中俄双语杂志《莫斯科–北京》，2016 年 11~12 月，第 22~25 页。

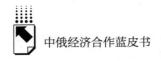

场状况，通过友好协商取消部分过时的、不甚合理的限制，更大限度地向对方开放市场，为对方商品提供更多的公平竞争机会，从而丰富合作内容，扩大合作领域，提高合作档次。

三　中俄经贸合作形势分析与预测

（一）中俄经贸合作正由规模速度型向质量效益型转变

2000～2014 年，中俄贸易经历了一个长时间的高速增长阶段，双边贸易额从 80 亿美元猛增到 953 亿美元，增长了将近 11 倍，年均增长幅度超过70%。2011 年中国首次成为俄罗斯最大的贸易伙伴，随后这一地位不断稳固，一直持续至今。2015 年以来，受地缘政治和国际大宗商品行情等多种复杂因素的影响，双边贸易规模出现萎缩。虽然 2016 年出现小幅回升，但仍未达到2014 年的水平。不过，通过仔细分析可以发现，这一时期的实际货物量并没有减少，其中许多品种还有所增加，只是因为商品价格下跌反映在贸易金额上出现了下降。在某种程度上说，两国经济并没有因为贸易金额的减少而受到明显损失，相反却获得了更多的利益，两国企业和消费者也因此得到了更多的实惠。同时，特别值得关注的是双边贸易结构在改善，商品的科技含量有所增加。

承接上年度的增长态势，中俄双边贸易在 2017 年上半年继续保持增长，并且增长幅度显著扩大，发展势头令人振奋。展望未来，目前这种恢复性高速增长的趋势还将维持一段时间，之后将进入相对平稳的发展时期，但过去十余年那种持续的高速增长将难以再现。这主要是由俄罗斯的经济总量和外贸规模特别是其经济发展现实以及国际大宗商品行情所决定的。多年来，中国在俄罗斯对外贸易中扮演着相当重要的角色，目前中国是俄罗斯的第一大进口来源国和第二大出口市场，进出口总量位居第一。2016 年，中俄双边贸易在俄罗斯对外贸易总额中的占比达到 14.13%，其中，俄罗斯对华出口占其出口总额的9.8%，自华进口占其进口总额的 20.9%。[①] 客观地说，目前两国双边贸易在

---

① 中国商务部国别贸易报告《2016 年俄罗斯货物贸易及中俄双边贸易概况》，http：//countryreport. mofecom. gov. cn/record/view110209. asp？ News_ id = 53249。

俄罗斯整个对外贸易中的占比已经相当高，短期内更大幅度提升的难度很大。因此，今后几年双边经贸合作的重点应由数量转向质量。经过长期的合作与磨合，中俄双边合作已经越来越成熟和务实，相互合作中的优势因素正在不断地被发掘、积累、聚集和扩大，并且正在开始发挥重要作用，这些因素将引导双边经贸合作从基础的规模速度型向高层次的质量效益型转变。如果说过去十余年中俄经贸合作最突出的特点是规模持续扩大和速度不断加快，那么，未来十余年它的突出特点将更多地表现在质量和效益不断提高上。

（二）能源仍将是双边合作的重点领域，但中国对俄能源的依赖程度正在逐渐减弱

21 世纪以来，能源合作始终是中俄经贸合作中的重要一环，这是由其在两国经贸合作中所占比重以及其对中国国民经济发展的重要意义所决定的，未来一个时期这种状况不会发生根本变化，能源合作仍将是中俄经贸合作中最有前景的领域之一。不过，中国对俄能源的依赖程度正在逐渐减弱，这也是个不争的事实。

首先，能源来源的多样化削弱了俄罗斯能源对中国的重要性。近年来，中国能源的进口格局正在悄然变化，截至目前，已经构建了多条重要并且稳定的能源通道，未来数十年国内能源需求已经得到切实的保障。不仅如此，由于国际能源供应格局的变化，一些原本并非中国能源传统来源的国家也成为中国的能源供应国。2016 年底欧佩克成员国和非欧佩克产油国分别达成限产和减产协议，国际市场供应过剩的局面开始发生变化，石油价格也随之显著回升，进而导致迪拜原油价格（亚洲基准）超过了美国原油价格，原本在价格上处于劣势的美国石油商趁此机会扩大出口。截至 2017 年上半年，美国原油出口量已经超过许多欧佩克国家，而中国则是美国石油的最大买家，购买量成倍增长，美国已经名副其实地成为中国的重要能源供应国。此外，从 2016 年夏季开始，美国还开始向中国供应天然气。与此同时，由于工艺的改进和成本的降低，液化天然气大量涌入国际市场，在此背景下加拿大和澳大利亚加大了对华能源出口的力度。其次，科技进步和生产效率的提高减缓了中国能源需求的增长速度，中国能源需求过快增长的趋势已经得到初步遏制，未来一个时期能源需求的增长速度还将进一步下降。最后，绿色能源的大力开发和利用降低了中

国对外部能源的需求。出于能源安全的考虑，同时也迫于环境保护的压力，中国加大了对绿色能源的开发和利用，其力度超过以往任何时期，也超过同期任何经济体。近年来，中国在大量减少煤炭使用的同时极大加强了对风能、水力和太阳能等绿色能源的投资和利用。目前中国已是全球最大的风力发电国，在清洁能源方面的人均投资已经超过一向注重清洁能源利用的欧盟。上述变化都直接或间接地降低了中国对俄罗斯能源的依赖程度，由原先的刚性需求逐渐转变为柔性需求。

（三）对俄贸易已非中国外贸主要方向，但依然是重要方向

在历史上，俄罗斯曾经是中国的第五大贸易伙伴，但近年来其位次不断被其他贸易伙伴所超越。2016 年，在不景气的国际贸易大背景下，中国与美国、日本和韩国的贸易额均出现下降，但总额依然分别达到 5196.1 亿美元、2748.0 亿美元和 2524.3 亿美元。此外，对华贸易额超过 1000 亿美元的国家（或地区）还有 4 个。同一时期，中俄贸易额虽然实现增长，但总额不足 700 亿美元，不仅远远低于中美、中日、中韩、中德贸易额，甚至明显低于中国与很多东南亚国家的贸易额，只排在第 14 位（见表 2）。在中国对外贸易总盘子中，中俄双边贸易额占比曾达到 3.9%，但目前已下降到 1.9%，并且存在继续下降的可能。

表 2　2016 年中国与主要贸易伙伴商品进出口总值

单位：千美元，%

目的地国（地区）	进出口	出口	进口	累计同比		
				进出口	出口	进口
总值	3684925029	2097444193	1587480835	-6.8	-7.7	-5.5
美国	519614344	385203733	134410611	-6.7	-5.9	-9.1
中国香港	305246490	288369972	16876518	-11.1	-12.7	32.4
日本	274800031	129244936	145555095	-1.3	-4.7	1.9
韩国	252431614	93537626	158893987	-8.5	-7.7	-8.9
中国台湾	179595407	40367282	139228125	-4.5	-10.1	-2.8
德国	151293398	65249288	86044110	-3.5	-5.6	-1.8
澳大利亚	107826726	37161313	70665412	-5.3	-7.8	-3.9
越南	98205221	61059168	37146053	2.5	-7.5	24.5

目的地国（地区）	进出口	出口	进口	累计同比		
				进出口	出口	进口
马来西亚	86720573	37510149	49210423	−10.8	−14.7	−7.6
泰国	75763445	37086399	38677045	0.4	−3.1	4.1
英国	74338299	55686814	18651486	−5.3	−6.5	−1.5
新加坡	70388466	44446947	25941519	−11.5	−14.4	−5.9
印度	70075816	58317412	11758404	−2.1	0.2	−12.0
俄罗斯	69525626	37297041	32228585	2.2	7.3	−3.1
巴西	67705787	21968124	45737663	−5.3	−19.9	3.7
荷兰	67215410	57425595	9789814	−1.5	−3.4	11.5
印度尼西亚	53464177	32071368	21392809	−1.4	−6.6	7.6
菲律宾	47158576	29788685	17369891	3.3	11.7	−8.4
法国	47118992	24642465	22476527	−8.3	−7.9	−8.7
加拿大	45627957	27321694	18306263	−18.0	−7.1	−30.2
意大利	43054302	26350270	16704031	−3.6	−5.3	−0.7
南非	35321772	12837460	22484312	−23.2	−19.0	−25.4

资料来源：全球经济数据网，http://www.qqjjsj.com/list3ga/。

在对中国经济结构和外贸体系进行综合考察的基础上可以得出这样几个结论：第一，单从绝对量和所占比重来看，中俄双边贸易额的小幅升降对中国对外贸易乃至整体经济发展的影响有限；第二，俄罗斯不是中国先进技术、设备、高科技产品、先进理念、先进管理方法的主要来源国，也不是外资的主要来源国，更不是中国商品的主要销售市场，这些决定了对俄贸易不是中国对外贸易的主要方向；第三，从贸易结构来看，自俄罗斯进口的能源原材料是中国经济所紧缺的，构成对中国经济的战略补充，具有战略意义，是中国对外贸易的重要方向，如果考虑到维系和发展良好的对俄贸易关系是巩固中俄两国业已形成的战略协作伙伴关系的重要手段，那么这种重要性就显得更加突出。

（四）双边农业合作有望迎来大发展

由于联邦政府的大力扶持，加之自然环境原因，俄罗斯农作物连年丰收，不仅一举成为粮食生产大国，而且成为粮食出口大国，小麦出口额已经超过美国和加拿大等传统小麦出口大国。在俄罗斯的对外贸易中，农产品已经成为继能源之后的第二大类出口商品。俄罗斯对中国的农业市场寄予很大希望，急于向中国市场大规模销售农产品。不仅如此，俄罗斯还希望在粮食销售通道的建设中借助中国的资本和设备。俄罗斯农业部宣布，联邦政府计划在 2025 年之前建成一条通向中国的粮食运输走廊，沿着这条走廊将建设一系列货运站和粮仓，总投资超过 10 亿美元，俄方呼吁中国企业参与建设。

据统计，最近 5 年，中国进口食品量平均每年增加 15%。目前，中国每年进口食品金额均超过 1000 亿美元，就数量而言位居世界第三。根据美国食品工业协会的预测，中国进口食品市场将持续扩大，到 2018 年有望成为全球最大的食品进口国。另据有关方面的评估，到 2025 年中国市场主要农产品需求量的 7% 将来自海外。其中，85% 的黄豆、25% 的棉花、25% 的奶制品和10% 的食糖均依赖进口。① 可以想见，未来中俄两国的农业合作空间巨大。

（五）大项目、高科技合作将引领中俄经贸合作登上新台阶

俄罗斯是公认的科技大国，而且还是全球数量有限的几个科技强国之一，其在许多科研领域处于世界领先地位，虽然最近 20 年其技术力量和科研潜力所有削弱，但其科技强国的地位依然牢固。经过 40 年的改革开放，中国的科技水平和科研能力有了极大提高，目前也已进入世界科技大国行列。两国在不同领域各具优势，这为彼此合作提供了良好的基础。双方在航天航空、传统能源的清洁利用、新能源新材料的开发、高速铁路、环境保护等许多领域具有广阔的合作空间。至今，中俄双方已经在航天、民用核能等多个领域进行了富有成效的合作。不久前，双方经过多轮商谈终于就共同研发设计新一代宽体客机和重型直升机达成协议，计划于 2025 ~ 2027 年将其投放市场。② 这项合作充分体现了双方的技术、材料、金融和市场优势，无论对于中俄双边合作还是对于国际市场均具有重大的历史意义。从中俄两国的国情、经济发展现状和发展潜力来看，双方合作的优势领域主要集中于能源、农业、林业、渔业、旅游业、基础设施建设、科技等，而其中最有潜力、最富前景的领域当是大项目、高科技合作，它将引领两国经贸合作不断登上新的台阶。

---

① 《1170 亿美元——中国进口农产品总量》、《中国人食品消耗量》，中俄双语杂志《莫斯科 – 北京》2016 年 11 ~ 12 月，第 79、87 页。
② 〔俄〕伊戈尔：《冲上云霄》，中俄双语杂志《莫斯科 – 北京》2016 年 9 ~ 10 月，第 54 ~ 55 页。

俄罗斯"跨欧亚发展带"与
"北方海路":统一的欧亚构想*

李　新**

摘　要： 本报告系统研究了俄罗斯"跨欧亚发展带"和"北方海路"开
发构想的提出、内容、论证和实施；并结合中国"一带一路"
倡议的战略规划，分别从与俄罗斯"跨欧亚发展带"、欧亚经
济联盟对接，以及参与俄罗斯北极和"北方海路"开发、打通
中俄西部跨境通道等方面对跨境基础设施互联互通提出建议。

关键词： 一带一路　跨欧亚发展带　北方海路

自全球金融危机爆发以来，虽然世界经济在各国的强烈刺激下短期内出现
了某种复苏的现象，除了美国在 2012 年触底反弹持续上升之外，欧盟增长乏
力，日本动力不足，而包括中国在内的作为世界经济"火车头"的亚太新兴
经济体增速持续下滑，不见谷底，特别是俄罗斯和巴西出现负增长。为了摆脱
全球性经济萧条的影响，美国分别与太平洋国家和欧洲国家启动跨太平洋伙伴
关系（TPP）和跨大西洋贸易和投资伙伴关系（TTIP）谈判；亚洲国家除了启
动区域全面经济伙伴关系（RCEP）之外，发起了庞大的基础设施投资倡议，
如中国推动的"一带一路"以及为之提供融资支持的丝路基金、亚洲基础设
施投资银行等，还有"亚洲基础设施无缝衔接"计划、"大湄公河次区域开发

---

　*　本报告系作者主持的国家社科基金重点研究课题"丝绸之路经济带建设研究"（14AGJ006）和参
　　与的国家社科基金一般课题"丝绸之路经济带对接俄罗斯跨欧亚发展带研究"（15BJL080）阶段
　　性研究成果。
　**　李新，上海国际问题研究院俄罗斯中亚研究中心主任，上海财经大学世界经济专业博士生导师。

计划"、印度"新德里－孟买交通走廊"计划等。亚洲率先掀起了新的一轮交通基础设施建设热潮，以期摆脱经济"新常态"陷阱，实现经济增长。在这一背景下，俄罗斯也提出了自己的区域发展构想，即开发沿西伯利亚大铁路、东向石油天然气管道为主干的"跨欧亚发展带"（Транс-Евразийский пояс RAZVITIE－ТЕПР）和"北方海路"（Северный морской путь－СМП）。

一 "跨欧亚发展带"构想

21 世纪初，随着经济"大跃进"，俄罗斯中长期发展规划的制订提上议事日程，各部门、各领域都在制定 2020 年发展战略。俄罗斯科学院社会政治研究所牵头开始研究建设综合（多式联运）基础交通干线的构想。计划将太平洋沿岸与白俄罗斯西部边界联系起来，并使之成为东南亚经济圈和西欧经济圈之间的桥梁，最终穿过白令海峡与美洲联系起来。该项目依据现有的西伯利亚大铁路、能源运输管道、电信线路等基础设施，将西伯利亚大铁路改造成高速铁路，南北两边也将建设新的铁路。沿这一干线还将建设高速公路，以及陆、海、河、空等各种运输换装枢纽。俄罗斯寄希望于这一工程会成为其经济新的增长点，将沿线所有地区纳入国民经济统一体，并带动西伯利亚和远东地区的开发和该地区人口的增加。沿线地带将成为创新产业和新兴城市的"发展带"。俄罗斯科学院主席团经济与社会规划学术委员会对这一互联互通的欧亚基础设施体系基本思想进行了认真讨论，于 2007 年 12 月向俄罗斯总统提交了报告。

2012 年 11 月，俄罗斯铁路公司总裁 B. 亚库宁领导的世界"文明对话"公众论坛与意大利博科尼大学国际政治研究所（ISPI）在米兰举行了"跨欧亚发展带：合作的新尺度"研讨会，意在探讨利用欧洲资源加强俄罗斯基础设施建设的合作途径，实现欧亚大陆的再工业化，试图以启动"跨欧亚发展带"这一宏大项目来寻求引导世界经济摆脱全球萧条的"发动机"。正像会后发表的《米兰备忘录》指出的，"跨欧亚发展带项目是欧俄合作进程的重要一步，并且应当成为欧盟和正在建设中的欧亚经济联盟之间近距离对话的基础"。[1]

---

[1] М. Байдаков, Ф. Бассанини, Ю. Громыко и др., Трансевразийский пояс Razvitie. М.：Праксис, 2012 г. С. 252.

"跨欧亚发展带"就是铁路、公路、能源管道、水路、信息线路等多式联运的交通基础设施，相伴而生的是新的科技中心和拥有更多新的就业岗位的城市群的出现。①"跨欧亚发展带"是新商品、新服务和新技术生产与消费的新平台，将欧洲经济体、俄罗斯和亚洲国家联系起来。此次会议还探讨了俄罗斯与欧洲企业合作建立"跨欧亚发展带基金"的基金（母基金，FOF），评估风险，吸引投资，为可能的先进项目提供融资支持；建立产业间项目服务平台，作为"跨欧亚发展带"实施的组织机构，共同筛选欧洲适合俄罗斯的先进项目。会议结束之后出版了《跨欧亚发展带》学术专著。

2013 年，莫斯科国立大学校长 B. 萨多夫尼奇、俄罗斯科学院社会政治研究所所长 Г. 奥希波夫和俄罗斯铁路公司总裁 B. 亚库宁共同发表了《互联互通的欧亚基础设施体系是国家发展的优先方向》报告。报告指出，这一宏大项目就是要在俄罗斯领土上建设多式联运交通网络，将远东与西欧联系起来。要求整合所有各种交通（铁路、公路、航空、河运和海运）为统一网络。这一交通体系的首要核心是高速铁路（4.7 万公里）和高速公路体系（12 万公里），沿途建设电信线路（2.3 万公里光纤）。这一交通体系的建成，可以借欧亚高速运输线路将俄罗斯东西部边界上的海路和陆路节点联系起来，在交通节点布局物流中心，在俄罗斯亚洲部分建设现代信息空间，以及欧洲－亚洲和欧洲－美洲的信息转运，甚至有可能与美国联系起来。这一交通体系沿线将会形成以创新技术产业为主的经济区，即发展走廊，将所有运输体系纳入俄罗斯的"交通网"，使物流进入与能源流、信息流、知识流和技术流互动的体系。②

2014 年 3 月，B. 亚库宁在俄罗斯科学院主席团会议上发表《欧亚大陆团结发展的互联互通项目》报告，全面阐述"跨欧亚发展带"构想。100 多位院士为其开了绿灯。此构想的真正意义在于整合交通、能源、通信、水运、石油和天然气，保障在西伯利亚大铁路和贝阿大铁路沿线，以及沿交通和能源走廊200～300 公里的宽度，形成新的产业部门和以科学技术与设计为核心的城市，在西伯利亚和远东地区形成以高新技术产业和社会文化为核心的集聚区。B.

---

① M. Байдаков, Ф. Бассанини, Ю. Громыко и др., Трансевразийский пояс Razvitie. M. : Праксис, 2012 г. C. 252.

② B. Садовничий, Г. Осипов, B. Якунин, Интегральная евразийская инфраструктурная система как приоритет национального развития страны. M. : ИСПИ РАН, 2013. Стр. 10.

亚库宁为"跨欧亚发展带"赋予了全新的地缘经济、地缘政治和地缘文化含义。其基本要素就是互联互通的基础设施体系,它是形成新技术成分和国家现代化的基础。这不仅需要削弱各国之间现有产品交换的关税壁垒,更重要的是启动生产全新商品、服务和技术的新型工业化过程。必须改变俄罗斯经济的部门性质,从单一部门的项目转向跨部门项目,从单纯建设基础设施的项目转向利用基础设施的项目。"跨欧亚发展带"意味着形成庞大的国内需求:仅铁路运输就为 19 个部门提供服务,更不要说整个互联互通基础设施了。铁路的发展带动重型机械制造业、机车、电力设备的加速发展,创造新材料、通信手段等。

"跨欧亚发展带"要实现的目标有以下几个。首先是社会经济发展目标,形成 10～15 个新的产业部门,创造战略性就要岗位,它们的落地将会增加地方人口。其次,使基础设施的部门间割据实现互联互通,形成统一的多元基础设施。再次,"跨欧亚发展带"本身需要依靠吸引能够在俄罗斯领土产生宏大项目参与国产业和技术超前发展溢出效应的西方公司与政府。最后,为了形成社会财富的世界生产中心,长期发展投资的优先方面是保障来去自由。①

二 "北方海路"开发

"北方海路"从新地岛喀拉门(喀拉海峡)到白令海的普罗维杰尼亚湾,全长 5600 公里。它是俄罗斯欧洲地区和远东之间最北的海上航线,跨越北冰洋和太平洋,也是连接欧洲和亚洲、整个东南亚地区和北美西部的最短航线。1878～1879 年瑞典国王奥斯卡二世出资,A. 诺尔登绍尔德考察队乘驳船历史上第一次对其进行了全线考察。1919 年 4 月根据海军少将 A. 高尔察克的命令,沙俄政府成立"北方海路"委员会。1935 年"万彩机"号和"星火"号两艘木材运输船从 7 月 8 日到 10 月 9 日完成了从列宁格勒到符拉迪沃斯托克(海参崴)的航行,行程 14000 公里。这是历史上"北方海路"的第一次全程

---

① Доклад В. И. Якунина на заседании Президиума РАН, Москва, 11 марта 2014 г. Интегральный проект солидарного развития на Евро-Азиатском континенте (научно-практическая концепция). Стр. 21 – 22.

货物运输。卫国战争期间，"北方海路"成为苏联北方重要的运输线，太平洋舰队经"北方海路"经常出没在巴伦支海，运输大量军事和经济物资。整个苏联时期，对北极和"北方海路"利用各种手段（包括破冰船、客船和战舰、潜艇、航空和漂流北极站等）进行了积极的研究和开发。随着科学技术的发展，特别是核动力破冰船的使用，以及诺里尔斯克联合公司的发展要求摩尔曼斯克—杜金卡航线的全年导航，20 世纪七八十年代"北方海路"进入繁忙期，年运输货物 500 万～600 万吨。苏联解体后，这一航线几近中断。只有诺里尔斯克镍业公司、天然气工业公司、卢克石油公司、俄罗斯石油公司、俄罗斯大陆架公司等大型企业因业务需要，以及北冰洋沿岸地区如克拉斯诺亚尔斯克边疆区、萨哈（雅库特）共和国和楚科奇自治区各自为政，"北方海路"被零散地开发和利用。苏联时期"北方海路"是作为国内航线使用的，出于国防目的没有对外开放。苏联解体后，1991 年这一航线开始向国际船舶运输开放，但直到 15 年后随着北极冰盖融化，这一运输线路才让外国公司产生兴趣。2009 年两艘德国商船完成了亚洲到欧洲的航行。2010 年诺里尔斯克镍业公司"曼彻各尔斯克"号货船沿俄罗斯摩尔曼斯克经韩国至中国上海航线第一次完成了出口航行。2011 年选择这一航线的已经有 34 艘船。2016 年"北方海路"发放航行许可 718 张，其中向 27 个国家船运公司发放 144 张，运输货物超过700 万吨，创下历史纪录。① 亚马尔液化天然气项目开始于 2017 年投入运营，随着该项目达到满负荷运营，年产液化天然气将达到 1650 万吨，并将沿"北方海路"运往亚洲和欧洲。俄联邦政府在 2014 年批准的《2020 年前俄联邦北极区社会经济发展国家纲要》规定了"北方海路"船舶航行导航和水文地理保障以及发展大型港口的具体措施，其中包括阿尔汉格尔斯克和摩尔曼斯克，计划2020 年"北方海路"技术装备水平达到 40.5%，年运输货物达到 6370 万吨。②2015 年 6 月，俄罗斯副总理 A. 德沃尔科维奇预计，到 2030 年这一航路运输的货物数量将达到 2015 年的 20 倍，即 8000 万吨，主要向外运输俄罗斯境内开采

---

① Северный морской путь стал на 30 процентов оживлённе. http：//geo – politica. info/severnyy – morskoy – put – stal – na – 30 – protsentov – ozhivlyonnee. html

② Государственная программа Российской Федерации 《Социально-экономическое развитие Арктической зоны Российской Федерации на период до 2020 года》. Стр. 13 – 14. http：// goverment. ru/media/files/AtEYgOHutVc. pdf。

生产的石油、液化天然气、煤炭和金属。①

随着北极海冰快速融化，适宜航行日期增加，"北方海路"全年通航可能性日益增大，开发前景日趋明朗，商业价值为世界所关注，俄罗斯启动了以"北方海路"为主轴的北极发展战略。2008年9月，时任俄罗斯总统梅德韦杰夫签署《2020年前及更长时期俄罗斯联邦北极国家政策基础》，强调"在北极地区利用'北方海路'是俄联邦国家统一交通体系的重要组成部分，俄罗斯在北极地区国家政策的战略方向之一就是促进组织和有效利用跨越北极的运输和空中航线，以及有效利用'北方海路'在俄罗斯司法管辖下和俄联邦相应国际条约框架内的国际航运"。② 2013年2月，俄罗斯总统普京签署了《2020年前俄联邦北极区发展及国家安全保障战略》，在改造和发展北极交通设施体系方面规定了一系列具体措施，其中包括发展包括"北方海路"在内的统一的北极交通体系，将其作为全年通航的国家海上运输干线，布局纵向河运和铁路运输以及机场网络；依靠国家支持建造破冰、搜救和辅助船舶以及发展岸上基础设施，重构和增加"北方海路"货物运输的规模；改造北极地区"北方海路"沿线港口和机场设施，建设新的港口生产综合体；计划2020年前主要发展"北方海路"基础设施和建设船队。③ 2015年6月，俄罗斯政府批准了《"北方海路"发展综合方案（2015～2030年)》，目的是保障北极地区航海安全、船舶和军舰航行、俄联邦主体北向运输，以及保护海洋环境不受污染，提高碳氢原料从北冰洋沿岸、俄罗斯北极大陆架产地运输的可靠性。该方案规定了船舶沿"北方海路"航行的水流、水文、导航保障、搜救保障、港口发展，以及该航线的国防安全保障、海洋机械的研制和海洋系统的建立。④ 2015年2

---

① Северный морской путь не стал Суэцем. Независимая газета, 19. 05. 2016 г. , Экономика.

② Основы государственной политики Российской Федерации в Арктике на период до 2020 года и дальнейшую перспективу. Стр. 4. http：//goverment. ru/media/files/A4qP6brLNJ 175I4 0U0R46x4SsKRHGfUO. pdf.

③ Стратегия развития Арктической зоны Российской Федерации и обеспечения национальной безопасности на период до 2020 года. Стр. 13. http：//goverment. ru/media/files/2RpSA3sct EIhAGn4RN9dHrtzk0A3wZm8. pdf.

④ 该方案涉及国防机密而没有公开，俄罗斯政府网站只有一个简短的介绍，见 Справка о Комплексном проекте развития Северного морского пути（http：//goverment. ru/orders/ 18405）。

月，俄罗斯总统批准设立国家北极发展问题委员会，由副总理罗格津担任该委员会主席。

三　俄罗斯区域发展方案——统一的欧亚

2016 年 8 月，俄联邦安全委员会向副总理 A. 德沃尔科维奇提交了安全委员会委员、莫斯科经济学院（莫斯科国立大学）院长、俄罗斯科学院院士 A. 涅基别洛夫《关于建设空间交通物流走廊体系的建议》。[①] 建议从俄罗斯自己的利益和安全出发，整合西伯利亚大铁路、贝阿大铁路和"北方海路"，将欧洲与亚太地区连接起来。这一庞大基础设施项目被称作"统一的欧亚"（Единная Евразия），试图借助西伯利亚、远东和北极地区的深度开发，使俄罗斯社会经济提高到一个新的水平。这一建议已经得到俄罗斯外交部、国防部和科学院的支持。

2016 年 12 月，俄罗斯联邦会议联邦委员会主席 B. 马特维延科主持学者和官员共同参加的会议，接受了莫斯科国立大学校长 B. 萨多夫尼奇院士、莫斯科经济学院院长 A. 涅基别洛夫院士、俄罗斯科学院社会政治研究所所长 Г. 奥希波夫院士和经济研究所 И. 斯塔利科夫教授等共同设计的国家方案《在俄罗斯境内建设连接亚太和欧盟的立体交通物流走廊》（代号：统一的欧亚 - "跨欧亚发展带"）。该项目旨在通过建设欧洲和亚洲之间以西伯利亚大铁路、贝阿大铁路为基础的高铁干线和"北方海路"，以及乌拉尔、西伯利亚、远东和北极地区战略性交通枢纽网络为支撑的立体交通物流走廊，通过利用水上运输、铁路和公路运输、创新型无机场大吨位远距离运输工具、多式联运区间枢纽网络、小型或无机场航空快速起降平台以及能源和信息通信系统，相互之间连接成统一的交通物流基础设施，为深度综合开发西伯利亚、远东和北极地区创造条件。[②] АТЛАНТ 型货运飞艇（新型空气静力运输飞行器）将保障"北

---

① Дирижабли поднимут ＄200 млрд：Совет безопасности выдвинул новый мегапроект. Коммерсантъ，11. 08. 2016 г.

② Национальный проект《Создание пространственных транспортно-логистических коридоров на территории Российской Федерации，соединяющих Азиатско-Тихоокеанский регион и Европейский союз》Шифр《Единная Евразия - ТЕПР》. 2016. Стр. 2.

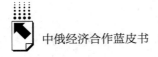

方海路"和西伯利亚大铁路之间的物流。这种飞艇载重量可达 16～170 吨，飞行速度为每小时 140 公里，飞行距离 2000～5000 公里，运输成本为每公里7～25 卢布/吨。

该项目所要达到的目标包括：在地缘政治方面实现俄罗斯国家安全战略，积极落实国家在加强与东亚和西欧国家合作的对外政策等问题形成新的认识，提高俄罗斯在 21 世纪全球经济分工中的地位，巩固国家的政治法律和社会经济基础；在地缘经济方面依靠现代交通物流基础设施、能源和居民生活保障体系，摆脱原料模式的经济多元化，努力消除地区间社会经济发展差距，增加就业岗位，深度综合开发西伯利亚、远东和北极地区；在科学技术发展方面，将俄罗斯科技实力提高到新的水平，研究和设计现代交通线路、基础设施、运输工具和物流自动化手段。项目旨在使目标地区得到大规模开发，形成高技术产业，鼓励劳动力流动和旅游，通过创造 700 万个就业岗位促使该地区人口增加。

这一工程将分三阶段实施。2018 年前做好充分准备，协调国内基础和应用科学力量、国有和私有企业以及社会组织，组织财团参与者和国际合作伙伴，确定项目的法律、经济、财政、科技等方面的基础和任务。2018～2025 年完成交通物流基础设施、能源体系，以及西伯利亚、远东和北极地区生活保障系统建筑的基础性科学技术规章的制定，制定"路线图"和基础性建筑设计及高新技术产业发展方向。根据本方案设定的目标，对地区和全国社会经济发展进行战略规划。建设高速铁路及其基础设施，建设和开发交通物流设施以及"北方海路"所需要的基础设施，建设破冰船队，在西伯利亚、远东和北极地区水、空运输线路上改造并建设新的多式联运基础设施，组建联邦级多式联运物流运营公司。2025～2035 年及以后完成以高速铁路和"北方海路"及其相互之间交通物流、能源基础设施为基础的立体交通物流走廊建设，在此基础上基本形成高新技术产业和农业综合体，将产品推向国内和国际市场。发展和完善西伯利亚、远东和北极地区社会经济和居民日常生活基础设施，为开展国内和国际旅游创造条件；就俄罗斯进一步融入全球经济采取一系列措施，吸引中国、美国和欧洲国家参与项目建设。俄罗斯认为这一项目从地缘政治角度来说是最安全的，与欧盟和美国的新的互利合作伙伴关系有着更加坚实的基础，并能够突破西方制裁。

据初步计算，这一方案完成第一和第二阶段的任务需要 3100 亿~3200 亿美元的投资，其中高铁项目 2700 亿~2800 亿美元。据俄罗斯科学院中央经济数学研究所初步计算，第一和第二阶段高铁及其他附属项目投入运营后的回收期估计为 12~15 年。这一方案的实施可以创造 2000 万个新的就业岗位，其中建设高铁及其沿线经济发展带可以创造 700 万个。

马特维延科在会议总结时指出，"我们已经做了很多工作，现在需要付诸具体的行动。我们需要向总统提交一份报告，启动责成政府落实这一项目的程序。在提交报告之前需要对跨欧亚基础设施带方案进一步细化，进行更细致的经济技术论证"。①

四　中国"一带一路"倡议与俄罗斯　"统一的欧亚"构想的对接

中国"一带一路"倡议与俄罗斯"统一的欧亚"构想相比，最大的区别在于，中国"一带一路"倡议穿越欧、亚、非三大洲及相关海域，以与几十个国家之间的经济合作为主线，以贸易和投资规则的确立与基础设施互联互通为根本，实现该地区的经济一体化发展；而俄罗斯"统一的欧亚"构想主要的还是以境内交通基础设施建设为主，并延伸到西欧和亚太地区。所以，对中国来说，要落实"一带一路"倡议，最主要的是与相关国家实现战略对接。

2013 年 9 月，习近平主席在哈萨克斯坦发出共建"丝绸之路经济带"倡议之后，引起俄罗斯的不安。他们认为，中国"丝绸之路经济带"在于向中亚地区经济扩张以及随之而来的政治扩张，严重冲击俄罗斯在该地区主导的欧亚经济一体化进程。在对"丝绸之路经济带"是遏制还是参与问题上经过长时间的纠结，"对中国的邻国特别是俄罗斯、中亚国家来说，需要清楚的一点就是在可预见的将来中国的影响力上升是不可避免的。因此对其遏制是没有前

---

① Евразийская интеграция: современные вызовы и новые горизонты. Ежегодный доклад Интеграционного клуба при Председателе Совета Федерации за 2016 год. М.: Издание Совета Федерации. 2017. Стр. 38.

途的，应该利用它来实现自己的发展利益"；①"俄罗斯的主要目标是让'丝绸之路经济带'成为巩固和完善欧亚经济联盟的工具，避免相互之间的竞争，从长期来看就是用'丝绸之路经济带'的资源奠定'大欧亚'经济政治共同体形成的基础"。② 为此，俄罗斯终于在 2015 年 5 月提出了欧亚经济联盟建设与"丝绸之路经济带"建设进行 сопряжение（中文翻译为"对接"）的建议。但是这个俄语单词并非"对接"（состыковка），充其量也就是"联系"与"合作"的意思。

（一）中国 "丝绸之路经济带" 对接俄罗斯 "跨欧亚发展带" 和蒙古国 "草原之路" ——中蒙俄经济走廊

2013 年 12 月，笔者在莫斯科听到俄罗斯铁路公司总裁 B. 亚库宁对丝绸之路经济带的担忧。他担心丝绸之路经济带与以西伯利亚大铁路为主干的"跨欧亚发展带"形成激烈竞争。笔者向他建议俄罗斯主动参与中国"一带一路"建设，一方面，"丝绸之路经济带"穿越俄罗斯主导的与白俄罗斯和哈萨克斯坦的关税同盟，俄罗斯不能不参与；另一方面，中国和俄罗斯同步推进东北振兴和远东开发战略，如果实现两大战略对接将会充分发挥西伯利亚大铁路的引领作用。B. 亚库宁采纳了笔者的建议，并提出以"跨欧亚发展带"对接"丝绸之路经济带"的建议。这一建议得到俄罗斯总统普京和中国国家主席习近平的支持。2014 年 2 月，习近平主席在索契出席冬奥会开幕式并会见普京总统时正式邀请俄罗斯参与中国"一带一路"建设，普京则积极回应"以跨欧亚大铁路对接'一带一路'"。③ 2014 年 3 月，笔者应邀出席俄罗斯科学院主席团会议，听取俄罗斯铁路公司总裁 B. 亚库宁关于"跨欧亚发展带"的报告，并就"丝绸之路经济带"对接"跨欧亚发展带"进行大会发言。2014 年 7 月，上海国际问题研究院与俄罗斯铁路公司专家代表团在上海以"丝绸之路经济带"对接"跨欧亚发展带"为主题举行国际研讨会，会议成果分别报送

① A. Лукин，С. Лузянин，Ли Синь и др.，Китайчкий глобальный проект для Евразии：поставка задачи（аналитический доклад）. М.：Научный эксперт，2016. Стр. 51.

② Т. Бордачев，Новое евразийство：как сделать сопряжение работающим. Россия в глобальной политике，№5. 2015 г. Стр. 196.

③ 《习近平会见俄罗斯总统普京》，《人民日报》2014 年 2 月 7 日，第 1 版。

给了两国最高层领导。2016 年 12 月，笔者应邀出席俄联邦议会上院联邦委员会主席 B. 马特维延科主持的国家项目《统一的欧亚－跨欧亚发展带》方案的验收会议，并在会议上发表了关于"丝绸之路经济带"对接欧亚经济联盟的演讲。马特维延科在讲话中强调，"必须建设现代化的基础设施网络，将欧亚经济联盟的东西和南北边界连接起来，并使欧亚经济联盟的交通体系与中国的'丝绸之路经济带'连接起来"。①

2014 年 8 月和 9 月，中国国家主席习近平和俄罗斯总统普京相继访问蒙古国，蒙古国总统额勒贝格道尔吉建议"草原之路"分别对接"丝绸之路经济带"和跨欧亚大铁路。习近平在杜尚别出席中俄蒙三国元首会晤时提出，"中方提出的共建丝绸之路经济带倡议，获得俄方和蒙方积极响应。我们可以把丝绸之路经济带同俄罗斯跨欧亚大铁路、蒙古国草原之路进行对接，打造中蒙俄经济走廊"。② 2015 年和 2016 年三国元首相继批准了《中俄蒙发展三方合作中期路线图》和《建设中蒙俄经济走廊规划纲要》。

中蒙俄经济走廊作为"一带一路"的重要组成部分，切实实现中国东北振兴与俄罗斯远东开发两大战略对接，带动整个东北亚区域经济一体化发展。为了实现中俄两国毗邻地区开发战略的对接，早在 2009 年两国元首就签署了《中国东北地区与俄罗斯联邦远东及东西伯利亚地区合作规划纲要（2009～2018 年）》。2013 年习近平主席访问俄罗斯期间与普京总统共同签署的《中俄联合声明》强调，"充分发挥中俄地方领导人定期会晤的作用，加大《中国东北地区与俄罗斯远东及东西伯利亚地区合作规划纲要》的实施力度，扩大地区合作范围，提高地方合作效率"。③ 俄罗斯开发西伯利亚和远东战略与中国振兴东北战略相互对接，一方面，将会充实和促进亚太地区的经济合作，推动东北亚安全合作机制的诞生，使该地区国际力量更加均衡化，地区合作机制得到优化和整合；另一方面，还将会拓展中俄合作的领域，促进合作模式的转型。

---

① Евразийская интеграция: современные вызовы и новые горизонты. Ежегодный доклад Интеграционного клуба при Председателе Совета Федерации за 2016 год. М.: Издание Совета Федерации. 2017. Стр. 32.

② 《习近平出席中俄蒙三国元首会晤》，《人民日报》2014 年 9 月 12 日，第 1 版。

③ 《中华人民共和国和俄罗斯联邦关于合作共赢、深化全面战略协作伙伴关系的联合声明》，《人民日报》2013 年 3 月 23 日，第 3 版。

为此，2015 年 9 月召开了俄罗斯远东地区和中国东北地区合作理事会第一次会议，2016 年在举行第二次会议时双方商定将理事会转型为政府间委员会。

经国务院授权，国家发改委、外交部和商务部于 2015 年 3 月发布的《推进共建丝绸之路经济带和 21 世纪海上丝绸之路的愿景与行动》在中蒙俄经济走廊建设方面指出，"发挥内蒙古联通俄蒙的区位优势，完善黑龙江对俄铁路通道和区域铁路网，以及黑龙江、吉林、辽宁与俄远东地区陆海联运合作，推进构建北京 - 莫斯科欧亚高速运输走廊，建设向北开放的重要窗口"。① 打造中蒙俄经济走廊，首先需要加强国际交通基础设施建设，实现中俄蒙互联互通。

2016 年 12 月，俄罗斯政府批准了《"滨海 1 号"和"滨海 2 号"国际交通走廊发展构想》，目的在于加强相关国家之间的国际经济合作，使俄罗斯融入亚太经济体，促进俄罗斯相关地区特别是远东和贝加尔地区的社会经济发展；其任务是通过开发、更新和改造基础设施，提高其通过能力，优化货物运输布局，建设现代物流中心，消除行政障碍来提高运输效率，降低风险和运输成本，保证运输货物的完整性和按时交货。根据联合国开发署"大图们江倡议"中、蒙、俄、韩四国政府间合作机制交通委员会会议，规划中的"滨海 1 号"跨境交通走廊西起哈尔滨，经牡丹江、中俄边境绥芬河/波格拉尼奇内或绥芬河/格罗杰科沃或杜宁/波尔塔夫卡、乌苏里斯克，到符拉迪沃斯托克或东方或纳霍德卡港，再进入海上航线；"滨海 2 号"跨境交通走廊西起长春，经吉林、珲春/克拉斯基诺或珲春/马哈林诺（卡梅绍瓦亚）到扎鲁比诺港再进入海上航线。主要物流包括俄罗斯国内到滨海边疆区港口之间、中国和俄罗斯之间陆路货物运输，中国东北与其他国家进出口物流，经过中国到中亚的过境物流，中国对亚太及其他国家货物向没有出海口的中亚国家的再出口，中国国内东北省份与中部和南部各省份之间的货物运输。到 2030 年这些物流接入"滨海 1 号"和"滨海 2 号"交通走廊的货物运输规模将达到每年 4500 万吨。②

---

① 《推动共建丝绸之路经济带和 21 世纪海上丝绸之路的愿景与行动》，《人民日报》2015 年 3 月 29 日，第 4 版。

② Концепция развития международных транспортных коридоров 《 Приморье － 1 》 и 《Приморье －2》. Стр. 1 －6. http：//www. government. ru/news/25953/。

对中国来说, 主要是发挥三条大通道的作用。一是中国华北京津冀—二连浩特—蒙古乌兰巴托—俄罗斯乌兰乌德。蒙古国境内已经规划为"草原之路"并与中、俄两国进行合作, 进行铁路电气化改造, 修建高速公路, 铺设石油和天然气管道, 架设高压输电线路。俄罗斯境内也在对西伯利亚大铁路和贝阿大铁路进行现代化改造。二是俄罗斯赤塔—中国满洲里—哈尔滨—绥芬河—俄罗斯符拉迪沃斯托克。这一通道将黑龙江省与欧洲联系起来, 同时黑龙江省也在太平洋确立了出海口。《黑龙江省与内蒙古东部沿边开发开放规划》和《中国东北地区面向东北亚区域开放规划纲要》已将这条通道建设作为重要战略之一。现已开通津满欧、苏满欧、粤满欧、沈满欧等中俄欧铁路国际货物班列, 并基本实现常态化运营。三是蒙古乌兰巴托—乔巴山—霍特—中国阿尔山—白城—长春—珲春—俄罗斯扎鲁比诺港。早在 2009 年 8 月国务院就批复了《中国图们江区域合作开发规划纲要——以长吉图为开发开放先导区》,① 对中、蒙、俄、朝国际合作及这条中俄蒙国际大通道做出了详细规划。根据吉林省政府发布的《关于国务院近期支持东北振兴若干重大政策举措的落实意见》, 吉林省将积极开辟珲春—俄罗斯扎鲁比诺港—日本新潟、珲春—扎鲁比诺港—韩国釜山陆海联运航线, 加快推进中蒙"两山"铁路前期工作。2013 年 8 月, 中国珲春—俄罗斯马哈林诺国际联运铁路列车重启。2015 年 5 月, 中国吉林珲春—俄罗斯马哈林诺—扎鲁比诺—韩国釜山国际陆海联运航线开通。

2015 年《中俄总理第二十次定期会晤联合公报》在交通基础设施互联互通合作方面表示,"在使用俄罗斯远东港口等交通运输基础设施发展中俄过境运输及陆海联运方面加强合作; 继续合作建设同江—下列宁斯阔耶跨境铁路桥; 继续开展滨海通道 1 号和滨海通道 2 号过境运输……", 落实黑河—布拉格维申斯克跨境索道和大桥的建设计划。② 2016 年《中俄总理第二十一次定期会晤联合公报》强调要"推动落实《建设州蒙俄经济走廊规划纲要》"。③

---

① 《中国图们江区域合作开发规划纲要》, 中国网: http://www.china.com.cn/news/txt/2009 –11/17/content_ 18902483. htm。
② 《中俄总理第二十次定期会晤联合公报》,《人民日报》2015 年 12 月 18 日, 第 3 版。
③ 《中俄总理第二十一次定期会晤联合公报》,《人民日报》2016 年 11 月 8 日, 第 3 版。

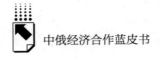

（二）中国参与俄罗斯"北方海路"开发

2014 年乌克兰危机和随之而来的美欧制裁、国际油价暴跌等因素打乱了普京的北极战略部署。美欧企业中断与俄罗斯在其北极区已经开展的和将要开展的合作项目，停止向俄罗斯提供用于深海、北极资源开发的技术、设备和资金等。在西方不断加重对俄罗斯经济制裁的情况下，俄罗斯被迫重新考虑其在北极国际合作中"重视西方，排斥东方"的战略思路，开始转向经济发展迅速的亚太地区，中国自然成为其选择的主要对象之一。俄罗斯主动要求与中国的"一带一路"倡议对接，希望中国能参与俄罗斯"北方海路"基础设施建设，参与亚马尔地区能源基地建设，参股进行北极能源开采等活动。

中俄北极合作开始进入务实阶段。2013 年中国石油天然气集团公司入股俄罗斯北极地区的"亚马尔液化气"项目。该项目是目前全球最大的天然气勘探开发、液化、运输、销售一体化项目，是俄罗斯北极发展战略成败的关键性项目。2015 年 12 月，丝路基金从俄方股东诺瓦泰克公司购买 9.9% 的股权，成为继诺瓦泰克公司（50.1% 股权）、法国道达尔公司（20% 股权）和中石油（20% 股权）之后的第四个股权持有者。该项目表明中俄北极经济合作开始起步。2015 年两国总理定期会晤联合公报中首次提到将"北方海路"的开发利用列入今后的主要工作之中，表示"加强北方海航道开发利用合作，开展北极航运研究"。[①] 中俄北极合作进入实际运作阶段，为两国在俄北极地区开展合作奠定了基础。

现在中俄北极经济合作刚刚起步，中国有能力参与的项目主要还是集中在港口、工业设施、道路等基础设施建设领域，尚无能力涉足需要高端技术支持的领域，如北极大陆架资源开发、极地船舶制造等。但是，西方的制裁和技术、资本的撤离迫使俄罗斯加快自主技术和设备的研发与创新，为中俄两国在极地高新技术和创新领域提供了广泛的合作空间。2014 年俄罗斯运用本国技术在伯朝拉海域建立起全球首座抗冰石油钻井平台"普里拉兹诺姆"。俄罗斯虽然在大陆架油气开发领域技术和设备不及一些国际能源大集团，但是该钻井平台的建立表明俄罗斯在北极大陆架油气资源开发领域具备一定的技术和能

---

① 《中俄总理第二十次定期会晤联合公报》，《人民日报》2015 年 12 月 18 日，第 3 版。

力。另外，俄罗斯在极地环境下的陆地开采技术先进、经验丰富，有些技术甚至是独一无二的。中俄北极合作将为"21世纪海上丝绸之路"打开通向北冰洋的通道，中国"海上丝绸之路"倡议与俄罗斯"北方海路"开发计划相互对接，将打通整个欧亚大陆的海上环绕通道。

（三）"丝绸之路经济带"对接欧亚经济联盟框架的基础设施互联互通

2015年5月，中俄两国元首签署《关于丝绸之路经济带建设与欧亚经济联盟建设对接合作的联合声明》。2016年，笔者发表《丝绸之路经济带对接欧亚经济联盟：共建欧亚共同经济空间》的报告，设计了对接"路线图"。① 该"路线图"将基础设施对接划分为硬件基础设施对接和软件基础设施对接，认为两者应齐头并进。软件基础设施对接，即实现相关国家之间或中国与欧亚经济联盟之间贸易和投资规则、技术标准、规章制度以及法律法规的相互适应与统一；硬件基础设施对接，即交通等基础设施互联互通，其中包括产能合作与直接投资合作。该"路线图"已经被中俄双方相关部门接受。本报告仅限于讨论硬件基础设施对接。

2015年和2016年的中俄总理定期会晤联合公报都强调了"一带一路"建设与欧亚经济联盟建设对接合作框架下推动交通、跨境基础设施、物流等领域的项目合作。② 2015年欧亚经济联盟成员国领导人责成欧亚经济委员会组织"丝绸之路经济带"与欧亚经济联盟对接框架下确定优先项目，制定与中国进一步合作的"路线图"。为此专门成立了工作组，研究共同建设的交通和基础设施项目。经过对各国交通部门提供的信息进行分析和采用协商一致的标准进行筛选，形成了初步的项目清单。2016年年底，交通部长会议确定并通过了这一项目清单。该清单囊括了40多个项目，主要是大型基础设施和跨国交通走廊，包括改造现有道路、修建新的道路、建设交通物流中心和交通枢纽等。亚美尼亚主张建设亚美尼亚—伊朗铁路，借伊朗进入哈萨克斯坦、中国市场；

① 李新等：《丝绸之路经济带对接欧亚经济联盟：共建欧亚共同经济空间》，上海国际问题研究院系列课题报告，2016，第54~63页。
② 《中俄总理第二十次定期会晤联合公报》，《人民日报》2015年12月18日，第3版；《中俄总理第二十一次定期会晤联合公报》，《人民日报》，2016年11月8日，第3版。

俄罗斯提出修建从圣彼得堡到哈萨克斯坦边境的公路，这是"欧洲西部－中国西部"交通走廊的一部分；俄罗斯最感兴趣的就是西伯利亚大铁路和贝阿大铁路的现代化改造；白俄罗斯计划建设从波兰边境的布列斯特经明斯克、奥尔沙到俄罗斯边境的高铁，这是规划中的柏林－北京项目的一部分；哈萨克斯坦计划改造一些公路和铁路以及 6 个交通物流中心；吉尔吉斯斯坦要求建设 3 个物流中心和几个铁路项目，其中包括中吉乌铁路。联合交通物流公司也写入了谈判框架，该公司是由俄罗斯、白俄罗斯和哈萨克斯坦铁路部门共同组建来负责欧亚跨境运输的运营商。这些项目投资总额超过 500 亿美元。[①]

（四）启动中俄西部通道经济技术论证

中俄天然气西线运输管道的规划使中俄西部跨境互联互通建设开始进入人们的视野。在与俄罗斯学者交流期间，笔者不止一次听到开通俄、哈、中额尔齐斯河河运的建议，即中国的货物可以从额尔齐斯河的上游新疆布尔津装船启运，穿越哈萨克斯坦，运抵西伯利亚重要城市鄂木斯克换装到西伯利亚大铁路，发往欧洲或远东，或向北继续经汗特曼西斯克进入鄂毕河到达北冰洋。但实际情况是，额尔齐斯河上游中哈边境地区只有在新中国成立前的夏季才有过通航，目前实际上变成了湿地，已经谈不上航运问题。

本报告建议以修建中俄天然气西线运输管道为契机，并行修建跨越阿尔泰山的铁路和公路，向北经巴尔瑙尔在新西伯利亚接入西伯利亚大铁路，向南到达乌鲁木齐，将两条欧亚大陆桥连接起来，形成中、俄、哈、蒙阿尔泰次区域经济合作区。早在 2000 年 7 月四国相关地区的学者和政府官员在中国新疆阿勒泰举办了首届阿尔泰区域科技合作与经济发展国际研讨会，并签署了《阿尔泰区域合作倡议》。2002 年四国相关地方政府还成立了阿尔泰区域合作国际协调委员会。加快阿尔泰次区域经济合作区建设有利于发挥各自潜力，实现优势互补，扩大合作空间，带动本地区经济繁荣。

---

① Евразийская интеграция: современные вызовы и новые горизонты. Ежегодный доклад Интеграционного клуба при Председателе Совета Федерации за 2016 год. М.: Издание Совета Федерации. 2017. Стр. 82－83.

B.16
中俄沿边地区合作历史与发展趋势

Л. А. 潘克拉托娃*

摘　要： 本报告全面梳理最近30年间中俄跨境合作的成果，深入分析这一时期中俄两国的制度变化，以及商品和服务贸易、人口迁移、劳动力引进和旅游等对外贸易活动对此做出的反应，总结出不同阶段两国跨境合作的特点和未来发展趋势。

关键词： 跨境合作　中国　俄罗斯远东　劳务合作　商品和服务贸易

跨境经济合作是许多国家、地区发展的重要因素。在欧亚地区实施诸如"一带一路"倡议和欧亚经济联盟一体化等旨在缩短国家、地区之间的距离、加快发展各类形式跨境合作的大项目条件下，这种合作形式的现实意义得以凸显。

跨境经济合作效果很大程度上取决于一个国家边界的性质和职能。可以根据边界确定中俄以及两国边境毗邻地区的开放或者封闭程度。应当指出，按照西方的边界研究传统，边界分为若干种类，每种类型边界对跨境合作和交流的影响不同。屏障性边界（границу-барьер /barrier）、边境线（границу-рубеж / limit）、边界线（границу-межу /boundary）、国境（государственную границу /border）和边疆（границу-фронтир /frontier）均属于边界类型。涉及边境合作时，人们经常提到的是国境和边疆。

边界对跨境合作和商品贸易的影响取决于边界有效行使主要职能（合法化、监督、经济职能）的程度。根据边界职能以及实现职能的程度，边界可

＊ Л. А. 潘克拉托娃，阿穆尔国立大学世界经济系主任，教授。

以发挥"屏障"、"过滤器"或者"桥梁"等不同作用。我们认为,在中俄合作的不同阶段,边界行使过上述所有职能,但程度存在差异,具体取决于国家相关政策的落实情况。目前,很大程度上可以认为中俄边界是促进两国各领域合作的桥梁。

过去的30年里,俄罗斯实行对外经济活动自由化政策,中俄边境的人口流动和商品交流从没有中断过,个别年份出现与边界职能和制度环境调整有关的起伏及结构性变化。因此,分析中俄跨境交流进程、结构以及不断变化的制度环境,查明各种跨境因素对这些变化的反应,是一项迫切而且适时的任务。根据以前的研究成果,① 以及远东地区中俄跨境交流监测数据,② 两国跨境合作可以分为七个阶段,每个阶段表现出不同的发展特点和人流及物流变化。阿穆尔州是本研究的主要地区,因为该州与中国的边界线最长。

第一阶段（1988~1990年）:开放边界。中俄跨境合作关系确立的起步阶段,两国贸易有限。

对外经济活动自由化政策是中俄开放边界的基础。1978年中国开始实行改革开放政策,到1988年事实上消除边境贸易垄断。1986年,在保留国家垄断对外贸易的条件下,苏联扩大各部委权力,允许小部分企业进军国外市场,出现放松限制的端倪。这一时期中苏地区间合作的基础初步形成,1988年双方签署《中苏关于中华人民共和国省、区、市与苏维埃社会主义共和国联盟边疆区、州之间以及相关企业和组织之间建立和发展经贸关系的协定》便是证明。因此,这个阶段商品贸易（首先是易货贸易）是两国合作的主要形式,有限的人员交流基本上服务于贸易活动。1988年7月15日签署的《中华人民共和国政府和苏维埃社会主义共和国联盟政府关于双方公民相互往来的协定》

---

① Понкратова Л. А., Трансграничные обмены и взаимодействие приграничных регионов России и Китая// Проблемы Дальнего Востока. 2010. №6. С. 99 – 115; Русские и китайцы: этномиграционные процессы на Дальнем Востоке /Забияко А. П., Кобызов Р. А., Понкратова Л. А. – Благовещенск, 2009. С. 53.

② Понкратова Л. А., Красинец Е. С., Царевская Е. А. Мигранты в контактной зоне России и Китая: направления деятельности и факторы нелегальной занятости// Россия и Китай: новый вектор развития социально-экономического сотрудничества: Материалы II международной научно-практической конференции: Вып. 2. Ч. 2. Благовещенск: Изд-во Амур. гос. ун-та, 2014. С. 122 – 134.

是调整两国人口流动活动的法律基础。这份协议形成了以企业为基础在边境地区发展旅游业的开端。

第二阶段（1991～1993 年）：增长。跨境合作和交流日新月异的发展。

这个阶段的特点是人员往来和商品贸易高速增长，其主要动因是 1991～1992 年双方签署一系列国家间协定（包括旅游和劳务交流协定）和俄罗斯联邦通过取消对外经济活动限制的法律法规。

这一阶段始于 1991 年 1 月 4 日中国外交部和 1991 年 3 月 1 日苏联驻中国大使馆以照会形式确认的双边协议——《中华人民共和国政府和苏维埃社会主义共和国联盟政府关于互免团体旅游签证的换文》。苏联解体后，俄罗斯联邦和中华人民共和国继续致力于发展双边关系，先后签署《中华人民共和国政府和俄罗斯联邦政府关于经济贸易关系的协定》（1992 年 3 月 5 日）、《关于派遣和吸收中国公民在俄罗斯联邦企业、联合公司和机构工作的原则协定》（1992 年 8 月 19 日）、俄罗斯联邦劳动部和中华人民共和国国家外国专家局《关于俄罗斯联邦向中华人民共和国派遣俄罗斯技术专家的协定》（1992 年 12 月 18 日）和《中华人民共和国政府和俄罗斯联邦政府关于互免团体旅游签证的协定》（1992 年 12 月 18 日）等政府间协定。

至于俄罗斯，应当认为俄罗斯总统 1991 年 11 月 15 日签署的《关于俄罗斯苏维埃联邦社会主义共和国境内对外经济活动自由化的法令》实际上标志着俄罗斯开始对外经济活动领域的改革。根据该法令，允许所有法人和自然人从事对外经济活动，不论其所有制形式如何；允许从事各类经济活动，包括中介活动，取消对外贸易中对易货贸易的限制；所有法人和自然人可以开设外汇账户。这些举措不仅促进了两国贸易数额增长，而且使俄罗斯公民国际流动性增强。此外，俄罗斯大众消费品匮乏，国际和国内市场商品价格差距巨大，在外汇短缺的条件下，这些原因导致中俄边境地区的易货贸易激增。1992 年，易货贸易占阿穆尔州出口量的比重高达 90.6%。①

这一时期中国通过的法令对活跃边境地区的人员交流发挥重要作用。1991 年 1 月，黑龙江省人民政府下发《黑龙江省中苏边民互市贸易暂行管理办

---

① Внешнеэкономическая деятельность Амурской области за 2005－2014 годы：Сборник／Амурстат. Благовещенск，2015. 39 с.

法》。1991 年 3 月 6 日，中国黑河大黑河岛中俄民间互市贸易市场开业。随后，绥芬河也开通了民间贸易市场。1991 年 4 月公布的中华人民共和国国务院国发 25 号文件证明了民间贸易对于边境地区发展的重要作用。该文件把边民互市贸易作为边境贸易的一种形式从概念上明确下来。① 中国继续实行对外开放政策。1992 年，按照中华人民共和国国务院的决定，沿着中国边界陆续建立边境合作区。同年 3 月，国务院批准设立黑河边境经济合作区（黑河东北部），这是享受特殊优惠政策的国家级边境经济合作区。从 1992 年起，布拉戈维申斯克（俄罗斯联邦）开始举办阿穆尔展览会。这个展览会已经成为享誉俄罗斯国内外的知名品牌。

综合分析制度环境可知，这一时期通过的大部分文件旨在开放边界，减少贸易壁垒，使国家保持最低程度的监督，这些突出表现在边境贸易（首先是倒包贸易和购物游）的发展过程中。中俄经济贸易联系建立初期，政府监督薄弱和贸易秩序混乱给国家造成巨大损失。从 1992 年下半年起，俄罗斯开始强化国家的调控作用，联邦政府先后通过《外汇调节和监督法》、《海关法》和《关税税则》。这些文件对国际贸易产生影响，但未影响到人口流动数量，因为中俄人口流动活动的基础是与两国倒包贸易有关的人员往来。

应当指出，这一阶段采取的措施吸引大量中国和俄罗斯公民参与商品交流（主要是易货贸易），增强了各个渠道的（首先是在互免签证旅游框架下）跨境人口流动性。1993 年，仅经由阿穆尔州口岸进入俄罗斯的中国公民就达 17.7 万人，② 其中大多数为因公人员（45.6%）。同年前往中国的俄罗斯公民为 18.5 万人，出境人员中旅游者（包括倒包商人）占主导（57.6%）。1993 年成为 20 世纪最后十年间中俄人口跨境流动数量最多的一年。

第三阶段（1994～1998 年）：稳定发展。在国家调控作用加强的背景下，两国交流呈稳定态势。

在这个阶段，中俄人口流动交流表现出一定的稳定势头，原因是俄罗斯联

---

① Хэйлунцзяншэн Э-Чжун бяньцзин миньцзянь маои цюйюй（Хуши）де цзяньшэ.［Строительство российско-китайских зон приграничной народной взаимной торговли провинции Хэйлунцзян（зоны《Хуши》）］// Хэйлунцзян цзинмао，2004. № 6.

② Внешнеэкономическая деятельность Амурской области за 2005–2014 годы：Сборник / Амурстат. Благовещенск，2015. 39 с.

邦加强了对逗留本国的外国公民的人口流动监督。

强化人口流动监督的结果是两国政府签署《中华人民共和国政府和俄罗斯联邦政府关于公民往来签证协定》。协定自 1994 年 1 月起生效，从此两国公民到访对方国家以及解决各类商务问题需持办理费用不菲的签证。这项措施导致俄罗斯公民前往中国和中国公民前往俄罗斯的公务旅行数量锐减。值得指出的是，这一阶段俄罗斯方面总体上加强国家对国外人口流动的调节作用，这从一系列加强监督所有外国公民入境和逗留俄罗斯联邦的法令中可见一斑。1993年 12 月 16 日叶利钦签署的《关于在俄罗斯联邦吸收和使用外国劳动力的俄罗斯联邦总统令》对引进外国劳动力产生重大影响。该法令规定雇主招收的外国劳动力必须持有许可证并必须取得签证，外国公民在俄就业的条件更加严格。由于系列措施的实行，1994 年中国公民到阿穆尔州旅行的次数大幅减少，仅相当于 1993 年水平的 1/3.6，俄罗斯公民到中国的旅行次数则减少 1/2。

从时间上看，国家整顿人口流动秩序的努力与 1994 年俄罗斯远东联邦主体和中国东北省份双边贸易额史无前例的下跌相一致。这很大程度上与俄罗斯国内价格上涨有关，后者严重削弱了商品出口交易的效率。

这一时期的重大事件当数 1995 年 6 月 26 日两国签署《中华人民共和国政府和俄罗斯联邦政府关于共同建设黑河—布拉戈维申斯克黑龙江（阿穆尔河）大桥的协定》。但这一协定迟迟没有得到落实。

这一时期中国特别重视边境贸易未来的发展。可资证明的是，1996 年中华人民共和国国务院国发 2 号文件把边民互市作为边境贸易的一种形式在法律上确定下来。① 初期中国允许边民通过互市贸易每人每日免税进口价值人民币1000 元以下的商品，1998 年外经贸政发第 844 号文件把这个数字提高至 3000 元人民币。中华人民共和国国务院国发 2 号文件颁发后，黑龙江省先后批准黑河、绥芬河、东宁、同江、密山、虎林、抚远、饶河、萝北 9 个边境互市贸易区。②

---

① Хэйлунцзяншэн Э-Чжун бяньцзин миньцзянь маои цюйюй（Хуши）де цзяньшэ.〔Строительство российско-китайских зон приграничной народной взаимной торговли провинции Хэйлунцзян（зоны《Хуши》）〕// Хэйлунцзян цзинмао，2004. No 6.

② Хэйлунцзяншэн Э-Чжун бяньцзин миньцзянь маои цюйюй（Хуши）де цзяньшэ.〔Строительство российско-китайских зон приграничной народной взаимной торговли провинции Хэйлунцзян（зоны《Хуши》）〕// Хэйлунцзян цзинмао，2004. No 6.

但这些互市贸易区中，只有黑河市大黑河岛互市贸易区（位于布拉戈维申斯克对面）完全符合中华人民共和国国务院国发 2 号文件的要求。

在此背景下，俄罗斯开始整顿倒包（民间）贸易，限制自然人通过俄罗斯联邦关境携带商品。这与当时《中华人民共和国政府和俄罗斯联邦政府关于互免团体旅游签证的协定》继续生效有关。这项协定为相互往来保留了巨大空间（尤其是其涉及逗留期限），而且俄罗斯民众仍然需求廉价的中国商品。这一时期采取的措施不仅没能限制倒包贸易规模和居民往来数量，相反，一定程度上起到促进作用：同 1994 年相比，1997 年依靠因公旅行中国公民的跨境人数增长了 1.2 倍，依靠旅游业的快速发展，俄罗斯公民的跨境人数增长了 0.7 倍，旅游出行占比达 84.7%。①

到这个时期结束时，中俄跨境交流总体上出现增长（1998 年下半年危机爆发后俄罗斯居民的出行数量小幅下降）。这就是人员往来对俄罗斯试图限制倒包贸易做出的反应。

第四阶段（1999～2003 年）：跨境交流对俄罗斯危机和两国国家政策产生反应。中俄跨境贸易趋于平衡和人口迁移结构的变化。

20 世纪与 21 世纪初，中俄边境地区商品交流和人员往来的主要变化很大程度上源于俄罗斯的经济危机和由于危机引发的卢布贬值，以及 1998 年 2 月 17 日签订的《中华人民共和国政府与俄罗斯联邦政府关于建立互市贸易区及简化俄罗斯公民进入位于中俄国界线中方一侧贸易综合体手续的协议》（以换文形式）。自 1999 年 8 月 18 日起，黑河市大黑河岛边境互市贸易区开始实施俄罗斯公民简化手续进入，该制度延续至今。同年，绥芬河互市贸易区启动俄罗斯公民简化手续进入互市贸易区的尝试，但尝试很快被叫停。2001 年 6 月，相关人士在哈尔滨积极讨论建立中俄东宁－波尔塔夫卡互市贸易区，但当时未就此问题通过决议。

在这个阶段，大黑河岛互市贸易区对俄罗斯公民实行免签入境的简化程序，显著促进了俄罗斯公民经阿穆尔州布拉戈维申斯克口岸往返次数的增长，其中主要是购物游和以倒包贸易为主的出境游。旅行数量的增长很大程度上与

---

① Внешнеэкономическая деятельность Амурской области за 2005 – 2014 годы: Сборник / Амурстат. Благовещенск, 2015. 39 с.

俄罗斯经济危机和日益严重的通货膨胀有关，后者不仅使购物游有利可图，而且主要使在俄罗斯市场经商的中国商贩利用简化签证制度通过运送商品获利。

1998 年经济危机使俄罗斯成为对中国游客和中国贸易企业颇具吸引力的国家，原因是中俄两国市场商品价格差距巨大（特别是 1999~2001 年）。2000年到访阿穆尔州的中国公民的绝对数量（16.69 万）达到 1991~2008 年的第二高值，这一年经阿穆尔州口岸入境俄罗斯的中国公民人数占中国公民入境俄罗斯总人数的比重达到峰值（33.8%）。中国减少出境游限制也是使赴俄旅游的中国游客数量增加的重要因素。

应当指出，这一时期俄罗斯多次提出通过免签旅游或持公务签证进入俄罗斯的中国公民在俄市场就业的合法性问题，以及倒包贸易已经不合时宜、经济迫切需要与不断变化的环境相适应的国家间调节制度的问题。2000 年中俄签署 4 项政府间协议，这些协议某种程度上应使两国贸易和人员往来更加规范，或者将个别合作方向纳入法律框架。俄罗斯政府采取措施降低卢布贬值的影响，实行新的统计制度（只有在俄境内停留时间不少于一昼夜的旅行者才能归入游客范畴）。2003 年 SARS 疫情暴发并蔓延。上述多种因素导致两国居民经由远东地区口岸的旅行次数减少。与此同时，中国对俄罗斯的劳务输出开始提速。中国的政策调整对此发挥重要作用。21 世纪初中国在国际市场日益活跃，这很大程度上是实施 2000 年春季全国人民代表大会会议提出的"走出去"对外经济战略的结果。

这一时期，中俄签订《中华人民共和国政府与俄罗斯联邦政府关于共同开发森林资源合作的协定》（2000 年 11 月 3 日）。根据这份协定，俄罗斯首次吸收中国工人从事木材采伐。我们同样应当强调签订《中华人民共和国与俄罗斯联邦 2001~2005 年贸易协定》和《中国人民银行与俄罗斯中央银行关于边境地区贸易银行间结算的协定》（2002 年 8 月 22 日）的重要意义。根据后一项协定，作为试点，从 2003 年 1 月 1 日起，在黑河市的中方银行和在俄罗斯联邦阿穆尔州布拉戈维申斯克市注册的俄方银行之间的边境贸易结算和支付，除使用自由兑换货币以外，允许使用中华人民共和国货币（人民币）和俄罗斯联邦货币（卢布）。2004 年，该协定有效期延长并将适用范围扩大到中国和俄罗斯的其他边境地区。应当指出的是，这份协定至今仍然有效。此外，2002 年阿穆尔州出台法令，规定外国公民只有在取得工作许可的条件下方可

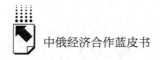

从事商业活动，因此，需签订为办理工作许可的外国公民提供经营场地的合同。所有这一切促进了两国商品和劳务贸易的集约化。

与 1999 年相比，2003 年俄罗斯远东靠近边境的联邦主体的中国劳动人口流动数量增长 1.7 倍，为 2.28 万人。这部分人口流动主要集中在阿穆尔州和哈巴罗夫斯克边疆区，其中大多数人从事贸易和木材采伐工作。

2001 年 2 月 9 日俄罗斯联邦政府批准的《俄罗斯联邦边境合作规划》是继续发展中俄地区间合作和边境合作的重要基础。该规划明确了边境合作的原则和主要发展方向。

因此，这一阶段两国跨境合作的特点表现为以下两个方面。一方面，初期由于俄罗斯卢布贬值和通货膨胀，倒包贸易和购物旅游有利可图，中俄跨境贸易呈增长势头。另一方面，国家调节旅游和劳务交流的作用加强。俄罗斯强化调控以及降低卢布贬值的影响导致这个阶段末期两国人员往来数量减少。同时，赴俄劳动人口流动出现增长趋势。

第五阶段（2004～2008 年）：从吸引到保持距离。中俄贸易和跨境人口迁移不对称发展——俄罗斯人口跨境迁移占据优势，中国商品贸易占据优势。

《黑龙江省人民政府关于扩大中俄边境互市贸易区的决定》和 2003 年印发的《黑河市中俄边境互市贸易区优惠政策暂行条例》（规定俄罗斯公民免签进入互市贸易区准许居留 30 日）等文件增大了跨境贸易的不对称性，这些措施至今有效。[①] 2004 年 1 月 16 日，黑河中俄边境互市贸易区正式开始运营。此举促使到黑河旅行的俄罗斯公民数量猛增，使得他们在人口跨境迁移中占多数。

2008 年，在远东所有边境口岸中，布拉戈维申斯克（阿穆尔州）- 黑河（黑龙江省）边境口岸中俄公民出入境数量[②]和增速居第二位，仅次于波格拉尼奇内（滨海边疆区）- 绥芬河（黑龙江省）口岸。这个时期来华的俄罗斯公民不仅绝对数量和增速最高（2003 年 13.15 万人，2008 年 58.37 万人，增长了 3.4 倍），而且不对称性明显（见图 1）。同时，俄罗斯公民的穿梭式旅行

① Интервью заместителя мэра г. Хэйхэ Ху Дуншэна по вопросу расширения территории зоны российско-китайской приграничной народной торговли 《Хуши》 // Хэйхэ жибао, 15. 01. 2004. （пер. с кит.）

② Данные пограничной статистики.

具有多重性意义，既包括为中国商人携带货物，也包括低价旅游购物、休息、享受各类医疗和日常服务以及娱乐，从而使旅行更具效率性。

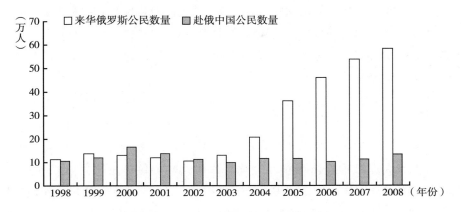

图1　1998～2008年中俄居民经阿穆尔州口岸出入境情况

值得强调的是，这个阶段国家通过限制过境次数和货物重量整顿倒包贸易的措施不仅没有减少俄罗斯公民出入境次数，相反，由于存在大量行使运输工职能的"职业倒爷"，这个数字反而有所上升。

从2003年到2008年，中国公民经阿穆尔州口岸入境俄罗斯的数量增长36.4%，达到13.26万人，但未超过1993年和2000年的最高值。中国居民的跨境流动受到三个重大事件的影响：第一，2006年俄罗斯限制外国人从事零售贸易；第二，同年中俄两国政府修改《中华人民共和国政府和俄罗斯联邦政府关于互免团体旅游签证的协定》，将外国旅游团体在本国境内逗留时间减少至15日；第三，中国禁止办理1992年版旅游护照，起因是在中国集中打击赌博违法犯罪活动过程中，由于发现中国官员现身俄罗斯边境城市的赌场，2005年黑龙江省公安厅要求停止发放1992年版一次性旅游护照。所有这些因素导致中国到俄罗斯的官方旅游人员减少。

同时，俄罗斯不断增长的劳动力需求决定了中国赴俄劳动人口流动的增长。需要指出，中国赴俄劳动人口流动存在两个高峰期：第一个高峰期还是在1992～1993年，第二个高峰期则是在2004～2008年。这个时期俄罗斯经济复苏促使企业和组织加快引进中国劳动力。从1999年到2008年的十年间，俄罗斯远东边境地区从中国引进的劳动力数量增长了5.1倍，在这个时期末达

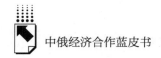
5.72万人。① 至于官方贸易，中国对俄贸易首现顺差。

总结这一时期的中俄跨境合作情况，应当指出，在中国居民跨境流动稳定的情况下俄罗斯居民在两国国际人口流动中占据不对称优势，在卢布汇率得到巩固的背景下中国对俄出口占据优势。由此可以得出结论，在这个阶段，对俄罗斯公民而言边界的屏障功能显著下降，他们到中国边境城市黑河休闲和解决商务问题的机会增加。

第六阶段（2009~2013年）：两国贸易和人员往来保持平衡，跨境贸易趋于平衡。

可以认为，2009年4月14日《中华人民共和国黑龙江省人民政府与俄罗斯联邦阿穆尔州政府经济科技和文化合作协议》的签订是这个阶段的开始。这一协议促进了两国之间，特别是两国毗邻地区之间信任水平的提高和相互关系的发展。2009年9月27日签署的《中华人民共和国黑河市与俄罗斯联邦布拉戈维申斯克市关于建立友好城市关系的协议书》是关于边境合作的重要决议。友好城市之间的商业联系更为紧密，官方访问，教育、体育、文化、旅游、医疗等领域的交流，以及青年交流更加频繁。

此外，2009年2月23日中华人民共和国公安部、监察部和国家旅游局联合下发文件，批准包括黑龙江省黑河市、绥芬河市和东宁县在内的五个市县作为试点，办理团体旅游护照，开展边境旅游"异地办照"工作。② 这份文件极大地推动了边境旅游（首先是赴俄旅游）的发展。

影响中俄跨境贸易和人员往来的其他因素包括：第一，这个阶段初期卢布贬值，致使俄罗斯居民到中国的"购物游"和青年人的短期休闲旅行变得不是很划算；第二，从2009年初开始，俄罗斯加强对自然人过境的海关监督（首先是过境次数），使利用简化海关手续为商人携带商品的"职业运输工"出入境的次数减少；第三，由于发生经济危机，俄罗斯压缩吸收外国劳动力，其中包括中国劳动力的配额。

阿穆尔州跨境交流对发生变化的环境做出的反应是，2009年到中国旅行

---

① Внешнеэкономическая деятельность Амурской области за 2005 – 2014 годы: Сборник / Амурстат. Благовещенск, 2015. 39 с.

② Китайские туристы въезжают в Россию по одноразовым паспортам. URL: http://www.ratanews.ru/news/news_ 20042009_ 12. stm.

的俄罗斯居民人数比上一年下降48%，主要是"职业运输工"数量减少所致。至于中国公民赴俄情况，这个数字实际上没有变化，为13.5万人，2%的增长主要是免签旅游者增加的结果。相反，阿穆尔州的中国劳动人口流动数量减少。

2010年，俄罗斯、白俄罗斯、哈萨克斯坦关税同盟协定生效，关税同盟海关法典开始实施，统一关区建立，以及三国《关税同盟关于自然人携带个人自用商品过境以及清关手续的协议》签署，使中俄边境合作出现活跃迹象。以上文件对自然人过境次数和携带个人自用商品重量的限制做出有利于自然人的调整（从35公斤提高到50公斤）。

这些变化以及俄罗斯逐渐摆脱危机导致俄罗斯公民来华数量和中国公民赴俄数量出现一定的增长。① 中俄人员往来数量的增长主要依靠旅游尤其是私人旅行，中国赴俄劳动人口流动则由于独联体国家居民在免签框架下到俄罗斯边境地区工作的人员增加而继续减少。这一时期两国贸易同样对经济危机和汇率变化做出反应，2009年边境地区的贸易额下降，到2012年才出现复苏。2012年俄罗斯联邦阿穆尔州和中国的贸易额达到顶峰（10.03亿美元)②。

第七阶段（2014年至今）：跨境合作的多方向发展。俄罗斯公民来华旅行次数减少，中国公民赴俄旅游数量增加；两国文化交流更加频繁，俄罗斯对华商品出口增加，中国对俄投资规模扩大。

新阶段的划分与影响两国经济合作基本趋势的重大事件有关。因此，应当强调2014年俄罗斯、白俄罗斯和哈萨克斯坦三国签订的《欧亚经济联盟条约》的重要意义。根据条约，三国着手建立统一的经济空间。统一关区有利于保障从中国（经哈萨克斯坦、俄罗斯和白俄罗斯）向欧盟边界顺畅地运输货物。此外，2013年中国国家主席习近平在哈萨克斯坦提出"丝绸之路经济带"倡议。2015年5月，中俄元首签署《中华人民共和国与俄罗斯联邦关于丝绸之路经济带建设和欧亚经济联盟建设对接合作的联合声明》，确认两国将深化全面战略协作伙伴关系，两国和地区经济共同发展的新阶段正式起步。

---

① Китайские туристы въезжают в Россию по одноразовым паспортам. URL：http：// www. ratanews. ru/news/news_ 20042009_ 12. stm.

② Внешнеэкономическая деятельность Амурской области за 2005 – 2014 годы：Сборник / Амурстат. Благовещенск，2015. 39 с.

最近两年，在中俄领导人的支持下，两国积极开展各项工作，落实该协议，挖掘投资潜力，以具体项目丰富和充实协议内容。双方正在完成能源、建筑、航空工业和旅游等领域的新规划。中国东北和俄罗斯远东的边境地区也在开展类似工作。2013 年，为推动两国边境合作，布拉戈维申斯克市属企业国际合作中心驻黑河代表处正式成立。此外，根据 2013 年 6 月 18 日签署的《中华人民共和国黑龙江省人民政府与俄罗斯联邦阿穆尔州政府合作发展备忘录》，从 2014 年起，中国黑龙江省黑河市和俄罗斯阿穆尔州布拉戈维申斯克市开始同期举办大黑河岛国际经贸洽谈会和阿穆尔州国际展销会。

2015 年，主办方以"边境城市——独特的商业和旅游伙伴关系"为主题举办阿穆尔州国际展览会。展览会分为旅游博览会、商业博览会、建筑博览会、装备博览会和粮食博览会五大板块。从 2016 年起，大黑河岛国际经贸洽谈会和阿穆尔州国际展销会开始使用统一的名称——"中俄边境城市国际展览会"。2016 年，在中俄边境城市国际展览会框架下成功举办了"中俄边境地区——展望未来"国际论坛。

基础设施建设是中俄在黑龙江省和阿穆尔州边境地区开展合作的主要项目之一，这里指的是黑河黑龙江大桥和跨江索道工程。2016 年 12 月 24 日，黑河－布拉戈维申斯克黑龙江（阿穆尔河）大桥举行正式开工仪式。目前大桥建设工作正在高速进行，计划 2019 年建成通车。这是在国家－私人伙伴关系基础上实施的重大国际项目。

与此同时，中俄在边境地区联合实施"西伯利亚力量"天然气管道建设项目。为铺设跨境管道，2017 年 5 月俄罗斯开放上布拉戈维申斯基临时口岸。中方专家开始建设黑龙江（阿穆尔河）底管道，预计 2018 年完工。目前"西伯利亚力量"天然气管道是世界最大的投资项目。正如中国石油天然气集团公司副总经理汪东进在致辞中指出的那样，"跨境管道是重大的示范性项目，引起全世界的关注。项目对于保证中国东北地区天然气的稳定供应具有重要意义"。①

阿穆尔州超前发展区正在实施的利用中国投资的项目包括：阿穆尔炼油厂

---

① Временный пункт пропуска через госграницу открыли для строительства《Силы Сибири》. RL：http：//www. amur. info/news/2017/05/11/124405.

等（别洛戈尔斯克超前发展区）、阿穆尔石油加工厂和水泥熟料加工生产（阿穆尔河沿岸超前发展区）。"阿穆尔"旅游休闲综合体项目（包括"黄金海里"项目）也处于实施阶段，这一项目将促进中国赴俄游客出现增长。恢复贾林达－漠河口岸功能对于扩大跨境客货运输非常必要。

2016年，两国在边境合作框架内组织了一系列国际文化活动，如黑河市和阿穆尔州组织妇女代表团互访，共同庆祝三八国际劳动妇女节。类似扩大两国跨境合作的活动还有哈尔滨中俄博览会（从2014年开始在中国举办）、"中俄边界——和平与合作的边界"中俄主流媒体联合采访活动、第14届横渡阿穆尔河国际游泳友谊赛、黑龙江省第四届游泳友谊赛、第七届中俄文化大集（2016年8月9～14日在布拉戈维申斯克市举办）等。

阿穆尔州国立戏剧院演员和阿穆尔州文化与艺术学院大学生多次受邀参拍《狂吻俄罗斯》《西伯利亚流亡记》《这里的黎明静悄悄》等中国电影和电视剧。此外，阿穆尔国立大学和布拉戈维申斯克国立师范大学实施多项中俄教育和科学项目。中俄双方每年联合举办多项重大活动，组织中俄老战士代表团互访，共同庆祝第二次世界大战结束纪念日和从日本侵略者手中解放中国东北纪念日。

由于黑河市和布拉戈维申斯克市有利的边境地理位置与简化的出入境程序，阿穆尔河（黑龙江）沿岸地区的居民和游客可以在休息日与节日到访中国边境城市黑河。2016年大约14万人出国旅行，但由于近年来卢布贬值（实际上持续到2015年），官方旅游人数下降。俄罗斯居民组团参加中国五大连池市医疗保健旅游的人数最多，前往黑河的俄罗斯游客数量居第二位。根据阿穆尔州对外经济联系、商业厅处旅游处提供的数据，中国到阿穆尔州的游客数量超过8万人，比上一年大幅增加。

分析这一阶段的中俄跨境合作，应当指出，一系列因素对两国贸易和人员往来的发展势态产生影响。第一，由于石油价格下跌，卢布贬值，中国居民到俄罗斯购物和旅游成本降低，中国公民赴俄购物游增多。第二，中国商品和服务价格提高，两国商品和服务价格差距缩小，加之卢布贬值，对俄罗斯公民而言，到中国旅游购物的吸引力下降。第三，西方国家对俄罗斯实施制裁，加之国际能源价格走低，造成俄罗斯经济出现危机，由此导致俄罗斯减少引进外国劳动力的配额，包括中国。第四，从2015年开始，俄罗斯要求来俄工作的外

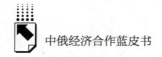
国人掌握俄语，中俄工资水平逐步接近，以及俄罗斯加大对行政违法行为的惩罚力度，导致在俄中国劳动力数量下降。

最后，我们应当对不远的将来中俄跨境贸易和人员往来的趋势做出分析。

第一，中俄居民的跨境人口迁移将受到国际总体经济环境的影响，而且取决于两国的经济状况。

第二，近年来两国商品价格逐渐接近和卢布贬值，导致俄罗斯到中国的跨境迁移人口数量减少，中国到俄罗斯的跨境迁移人口增加，包括以购物为目的的旅游，这是最近 20 年来的新现象。

第三，尽管存在经济因素和汇率波动的影响，旅游和教育人口流动将成为最稳定的跨境流动人口，尤其是两国的文化和教育潜力巨大，尚未得到充分挖掘。

第四，中国第六次全国人口普查结果显示，由于出生率下降，中国人口增速放缓，人口老龄化速度加快，从 2011 年开始劳动力人口数量减少。[1] 正在发生的人口变化过程可能导致中国劳动力短缺，而两国工资水平趋于一致将减小俄罗斯远东地区对外来劳动力的吸引力。所有这些因素将制约中国到俄罗斯的劳动人口流动，这一趋势已经得到远东地区专家问卷调查结果的证实。[2]

第五，在欧亚空间内实施诸如"一带一路"、欧亚经济联盟与丝绸之路经济带对接等重大长期经济项目，加快建设跨境能源和交通走廊（包括"滨海 1 号"和"滨海 2 号"），以及实施其他长期合作项目将影响俄罗斯对中国劳动力的需求，因为远东劳动力资源的增长潜力有限。

---

[1] China Statistical abstract. 2014 / National Bureau of Statistics. Beijing：China Statistics Press，2015；Баженова Е. С. Новые аспекты демографической ситуации в КНР // Китайская народная республика：политика，экономика，культура. К 65 – летию КНР. М.：ИД 《Форум》，2014. С. 192.

[2] Зайончковская Ж. Перед лицом иммиграции // Pro et Contra，2005，№3（30）. С. 72 – 87；Понкратова Л. А.，Красинец Е. С.，Царевская Е. А. Мигранты в контактной зоне России и Китая：направления деятельности и факторы нелегальной занятости// Россия и Китай：новый вектор развития социально-экономического сотрудничества：Материалы II международной научно-практической конференции：Вып. 2. Ч. 2. Благовещенск：Изд-во Амур. гос. ун-та，2014. С. 122 – 134；Баженова Е. С. Новые аспекты демографической ситуации в КНР // Китайская народная республика：политика，экономика，культура. К 65-летию КНР. М.：ИД《Форум》，2014. С. 192.

第六，双边贸易将趋于平衡，无论是进出口数量还是商品结构。

第七，中俄边境地区的状况和阿穆尔河（黑龙江）大桥的建设将成为两国跨境贸易与跨境人口迁移的推动因素。在交通物流领域开展新形式的跨境合作，中国东北老工业基地改造以及俄罗斯远东地区建立超前发展区将促进跨境贸易和跨境人口迁移的增长。

鉴于此，明确边境地区未来发展战略，制定结合地区特点的相应国家政策具有重要意义。

（钟建平译）

参考文献

Баженова Е. С. Новые аспекты демографической ситуации в КНР // Китайская народная республика: политика, экономика, культура. К 65-летию КНР. М.: ИД《Форум》, 2014. С. 192.

Внешнеэкономическая деятельность Амурской области за 2005 – 2014 годы: Сборник / Амурстат. Благовещенск, 2015. 39 с.

Временный пункт пропуска через госграницу открыли для строительства 《Силы Сибири》. RL: http: //www. amur. info/news/2017/05/11/124405

Данные пограничной статистики.

Зайончковская Ж. Перед лицом иммиграции // Pro et Contra, 2005, №3 (30). С. 72 – 87.

Интервью заместителя мэра г. Хэйхэ Ху Дуншэна по вопросу расширения территории зоны российско-китайской приграничной народной торговли 《Хуши》 // Хэйхэ жибао, 15. 01. 2004. (пер. с кит.)

Китайские туристы въезжают в Россию по одноразовым паспортам.

URL: http: //www. ratanews. ru/news/news_ 20042009_ 12. stm

Островский А. В. Китай на новом витке экономической реформы // Экономическая реформа в КНР: на рубеже веков / Сост.: П. Б. Каменнов. М., Ин-т Дальнего Востока РАН, 2008. С. 6 – 13.

О приграничном сотрудничестве Амурской области с Китаем. Записка. Благовещенск, 2008.

Понкратова Л. А., Трансграничные обмены и взаимодействие приграничных регионов

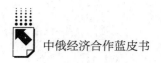
России и Китая// Проблемы Дальнего Востока. 2010. №6. С. 99 – 115.

Понкратова Л. А., Красинец Е. С., Царевская Е. А. Мигранты в контактной зоне России и Китая: направления деятельности и факторы нелегальной занятости// Россия и Китай: новый вектор развития социально-экономического сотрудничества: Материалы II международной научно-практической конференции: Вып. 2. Ч. 2. Благовещенск: Изд-во Амур. гос. ун-та, 2014. С. 122 – 134.

Портяков В. О новых моментах в иммиграционной политике России // Проблемы Дальнего Востока, 2008, № 5. С. 105 – 110

Русские и китайцы: этномиграционные процессы на Дальнем Востоке /Забияко А. П., Кобызов Р. А., Понкратова Л. А.. – Благовещенск, 2009. С. 53.

Туризм и туристские ресурсы в Амурской области: Записка / Амурстат. Благовещенск, 2014. С. 21.

Хэйлунцзяншэн Э-Чжун бяньцзин миньцзянь маои цюйюй (Хуши) де цзяньшэ. [Строительство российско-китайских зон приграничной народной взаимной торговли провинции Хэйлунцзян (зоны 《Хуши》)] // Хэйлунцзян цзинмао, 2004. № 6.

Reichman S. Barriers and Strategic Planning: Spatial and Institutional Formulations // Ratti R., Reichman S. (Eds.) *Theory and practice of transborder cooperation.* Basel-Frankfurt am Main, 1993.

China Statistical Abstract. 2014 / National Bureauof Statistics. Beijing: China Statistics Press, 2015.

B.17
俄远东超前发展区与中俄
产业合作新机遇[*]

程红泽[**]

摘　要： 在俄罗斯远东发展战略和中国"一带一路"倡议高度相容的大背景下，俄罗斯联邦远东超前经济社会发展区为中俄产业合作带来新机遇，技术与资本密集型产业全方位合作的外部环境大大改善。双方产业合作深化尚需有效改善一系列制约，包括人力资源"瓶颈"、信息与风险管控机制不完善以及交通运输不畅等问题，应引起双方决策部门的关注，完善对接合作机制，实质性推动中俄经贸合作向质量型、效益型同步增长转变。

关键词： 超前发展区　中俄产业合作

为适应后国际金融危机形势以及安全结构新变化，设立极具竞争能力的超前发展区，是俄罗斯挖掘远东地区发展潜力、克服社会经济结构缺陷、拓展亚太利益空间的战略举措。超前发展区规划的实施为中俄产业合作带来重要新机遇，同时也应看到，由于超前发展区规划的庞杂性和不确定性，中方在参与投资合作中也面临挑战。

* 基金项目：国家社科基金一般项目"中国东北地区与俄罗斯远东地区跨境产业合作研究"（项目编号：17BGJ023）阶段成果之一。

** 程红泽，黑龙江省社会科学院俄罗斯研究所副研究员，主要从事俄罗斯远东经济及中俄区域合作研究。

一 俄罗斯联邦远东超前经济社会发展区

2014 年俄罗斯国家杜马通过《俄罗斯联邦远东超前经济社会发展区法》（"超前经济社会发展区"以下简称"超前发展区"），为远东地区加速发展注入新动力。根据该法案，俄罗斯远东发展部在远东设立超前发展区（ТОСЭР），优先发展石化、渔业与林业、航空与汽车制造、船舶制造、建筑材料、农业等领域的投资项目。截至 2017 年 6 月，在俄罗斯远东地区设立的 17 个超前发展区内已有 17 家企业启动运营，总投资 300 亿卢布，财政部门已拨款 40 亿卢布用于建设相关基础设施，计划 2017 年底前再启动 44 家新企业，涉及总投资 1370 亿卢布，同时在滨海边疆区增设"俄罗斯岛"超前发展区。①

按照优先发展产业导向，考虑到各地投资需求、基础设施建设和发展潜力等因素，远东超前发展区大体可分为四种类型（超前发展区具体情况见表 1）。第一种类型以农牧业及农产品深加工业为导向，如滨海边疆区的"米哈伊洛夫斯基"、阿穆尔州的"别洛戈尔斯克"、萨哈林州的"南方"均属于远东农产品生产基地，农牧业是当地主要支柱产业。截至 2016 年底，上述超前发展区已有 11 家入驻企业计划实施农业项目，预计总投资 540 亿卢布，涉及奶牛和畜牧养殖、农业种植、大豆加工、榨油等。

第二种类型以工业集群为主，依靠自身技术储备及资源优势，面向国内外招商，发展制造业，如楚科奇自治州的"白令戈夫斯基"煤炭丰富，该超前发展区主要发展煤炭开发和相关基础设施；滨海边疆区"大卡缅"重点发展造船业，生产船舶出口导向和进口替代产品；"哈巴罗夫斯克"、"共青城"和"纳杰日金斯卡亚"等超前发展区邻近铁路、公路和机场，交通、电网、给水等基础设施较好，与其他类型超前发展区相比制造业入驻较多，"哈巴罗夫斯克"超前发展区累计入驻企业 14 家（2016 年底），其中 10 家是制造业企业，"坎加拉瑟"超前发展区入驻企业 10 家，其中 9 家是制造业企业。②

---

① 《俄远东发展部长表示 2017 年远东地区将再增设 2 个跨越式发展区》，中国驻哈巴罗夫斯克总领馆经商室网站，http：//khabarovsk. mofcom. gov. cn/article/jmxw/201705/20170502571438. shtml。
② 封安全：《俄远东超前发展区与自由港建设状况综述》，《西伯利亚研究》2017 年第 2 期。

第三种类型是以服务业为主，如萨哈林州的"山间空气"、堪察加边疆区的"堪察加"利用其滑雪场、宾馆等设施发展旅游、休闲度假产业。"堪察加"超前发展区地处太平洋北部交通枢纽，具有海空交通运输发展潜力，故物流业也是其主导产业。

第四种类型是以综合类为主，犹太自治州的超前发展区"阿穆尔－兴安岭"目前有"阿穆尔工业"公司、"物流"公司、"远东石墨"公司、"比罗比詹"钢结构加工公司等企业申请入区，拟在超前发展区开展包括大豆加工、木材加工、宾馆和会展综合体建设在内的综合生产业务；建立石墨矿石采选综合体（4万吨/年）以及钢构加工厂（3万吨/年）。

表1 俄罗斯联邦远东超前经济社会发展区概要

超前发展区名称	优先发展产业类型	当前预计创建就业岗位数（个）	所在联邦主体	建立时间
纳杰日金斯卡亚	工业、交通运输、物流	5431	滨海边疆区	2015年
米哈伊洛夫斯基	农业、农产品深加工	3962	滨海边疆区	2015年
大卡缅	船舶制造业	7633	滨海边疆区	2016年
石油化工	石化加工	4420	滨海边疆区	2017年
哈巴罗夫斯克	加工业、农业、物流	4645	哈巴罗夫斯克边疆区	2015年
共青城	航空配件、设备制造、金属加工和木材加工	4431	哈巴罗夫斯克边疆区	2015年
尼古拉耶夫斯克	渔业、船舶维修、物流	1272	哈巴罗夫斯克边疆区	2017年
阿穆尔河沿岸	工业、物流	1893	阿穆尔州	2015年
别洛戈尔斯克	农业、农产品深加工	711	阿穆尔州	2015年
自由城	工业	—	阿穆尔州	2017年
南雅库特	采矿业、物流	1562	萨哈（雅库特）共和国	2016年
坎加拉瑟	制造业、农业、渔业	1190	萨哈（雅库特）共和国	2015年
山间空气	旅游疗养	938	萨哈林州	2016年
南方	农业、畜牧业	834	萨哈林州	2016年
阿穆尔－兴安岭	农工综合体、物流	1190	犹太自治州	2016年
堪察加	物流、旅游业	3983	堪察加边疆区	2015年
白令科夫斯基	采矿业、港口设施、物流	1157	楚科奇自治区	2015年

资料来源：根据俄罗斯远东发展部网站数据整理，https://minvr.ru/。

2014 年以来，俄远东发展部同中国、日本、韩国、新加坡等国家的企业签署 20 余项合作备忘录，接洽国内外企业数百家。目前远东地区的 17 个超前发展区已累计批准 136 家企业入驻，项目协议金额近 4863 亿卢布，将提供 26467 个就业岗位，其中，"纳杰日金斯卡亚""堪察加""哈巴罗夫斯克"等超前发展区规划较早，已产生良好社会效应，入驻企业准入数量较多；受理申请入驻企业 293 家，项目涉及金额近 14887 亿卢布，预计提供 45252 个就业岗位（见表 1、表 2）。中方在远东超前发展区已实施 20 多个项目，总投资额约 1800 亿卢布（约 200 亿元人民币），占超前发展区投资总额的 15%，项目涉及领域很宽，包括：养殖场和建筑材料企业（"坎加拉瑟""哈巴罗夫斯克"），炼油厂、食品加工（"米哈伊洛夫斯基"），还包括边境基础设施项目（"阿穆尔河沿岸"），建设超前发展区已成为中俄产业合作的有效途径。

表 2　俄罗斯联邦远东超前经济社会发展区入驻企业情况

超前发展区名称	已签约企业数量	正在签署入驻协议的企业数	申请入驻的企业数量	预计投资总额（亿卢布）
纳杰日金斯卡亚	19	14	14	450.35
米哈伊洛夫斯基	7	1	8	650.60
大卡缅	10	6	3	1278.73
石油化工	—	—	1	7965.00
哈巴罗夫斯克	19	5	22	469.46
共青城	14	4	9	911.94
尼古拉耶夫斯克	—	—	8	38.45
阿穆尔河沿岸	4	1	—	1365.61
别洛戈尔斯克	3	—	1	21.96
南雅库特	2	—	—	284.16
坎加拉瑟	10	5	8	52.76
山间空气	7	—	4	163.20
南方	3	—	4	177.58
阿穆尔 – 兴安岭	4	—	—	159.31
堪察加	22	7	21	268.06
白令科夫斯基	14	4	5	178.87
自由城	—	—	—	—

资料来源：根据俄罗斯远东发展部网站数据整理，https://minvr.ru/。

二　中方参与俄罗斯联邦远东超前经济
社会发展区前景

远东超前发展区立足本地产业结构，依靠可支配资源进行政策引导，以实体经济为载体构建产业聚集带的战略规划，为中俄深化合作提供了新机遇，这主要源于双方发展规划在目标上高度吻合、方向上相向而行、需求上互补互利。

（一）中俄双方发展规划高度吻合

中俄经贸合作具有较好基础，相互合作中的优势因素正不断被挖掘和聚集，未来合作将更多地表现在质量和效益提升上。积极参与超前发展区产业投资有利于推动中俄经贸合作从基本规模型向高附加值的效益型转变，特别是有助于推动中国东北产业结构转型加速。2016 年 4 月，《中共中央　国务院关于全面振兴东北地区等老工业基地的若干意见》出台，对推动东北经济增效升级提出新的要求，以黑龙江省为代表的东北省份积极参与"中蒙俄经济走廊"建设，制订实施"龙江丝路带"规划，加强与俄罗斯远东地区的合作，力求在创新边贸方式及跨境产业合作等方面有新的突破正是振兴计划的主要内容。

近年来，为推动远东开发，俄罗斯相继制定了若干国家纲要。《远东和贝加尔地区 2025 年前经济社会发展战略》就该地区未来与东北亚国家开展国际合作做出总体规划，中国东北地区被视为最为关键的优先方向，双方认为中国东北地区和俄罗斯东部地区合作有着稳固而坚实的基础。中俄在区域发展战略上已经形成广泛共识，共同利益更为明显，地区发展模式更为趋近：加强双边跨境及沿边交通、口岸等基础设施，构建互联互通的双边国际通道和国际运输网络；推进一批规模大、带动作用强、彼此共同关注的地区重点项目的投资与合作；深化两国经贸、旅游、科技、环保、人文等各领域合作。① 根据俄远东发展纲要，初步规划对超前发展区的总投资为 3760 亿卢布，其中预算拨款

---

① 《俄总理普京签署政府令批准〈远东和贝加尔地区 2025 年前经济社会发展战略〉》，国家发改委东北等老工业基地振兴司网，http：//dbzxs. ndrc. gov. cn/zttp/dwkf/201005/t20100518_347439. html。

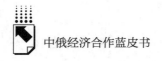

420 亿卢布，其余资金将通过超前发展区引资自筹。

可见，中俄两国的发展战略在推出时间和战略目标上有明显交集，特别是"一带一路"与欧亚经济联盟对接日益深化而具体，双方诉求高度趋同，中国东北和俄罗斯远东既是各自国家战略发展的目标区也是重点合作区域。超前发展区作为中俄上述地区合作的新亮点和重要支撑，对找准中俄区域合作的利益契合点、扎实推动毗邻地方产业合作、实现优势互补起到推动作用。在实现2020 年中俄贸易达到 2000 亿美元目标的过程中，中俄在远东超前发展区的多层次经贸合作将发挥不可替代的作用，首批项目成果预计将在未来 2 到 3 年呈现。

（二）中俄产业合作平台形成体系

中俄毗邻区域拥有的合作平台日益丰富，政策支持力度和优惠程度空前，"中俄博览会"与连续举办 27 届的"哈洽会"等国家级展会成为中俄合作的标志性平台。在地方层面上，经国家批准，仅黑龙江省就拥有哈尔滨和绥芬河两个综合保税区，拥有哈尔滨国际多式联运海关监管中心以及绥芬河－东宁国家沿边重点开发开放试验区；哈尔滨新区是中国唯一的以对俄合作为主的国家级新区；哈尔滨、牡丹江、绥芬河被确定为国家跨境贸易电子商务服务试点城市。黑龙江（哈尔滨）跨境贸易电子商务综合服务平台建成并上线运行，解决了长期以来对俄电商企业收汇难、网上支付成本高等问题。除此之外，黑龙江省在俄罗斯已经建立 18 个境外产业园区，其中有 3 个属于国家级境外园区，累计投资超过 15 亿美元。这些先期平台已形成完善的体系，对接俄远东超前发展区无疑能为双方快速开展跨境产业合作提供有力的保障，更主要的是双方能从资源合作向产业合作过渡，使双方在务实合作中不断深化发展。

（三）发展领域与需求互补性强

中俄在资源禀赋、产业发展环境等方面具有互补性极强的地缘经济特征，为两国开展深入产业合作提供了前提和可能。俄工业领域的很多技术龙头企业都在远东地区，远东超前发展区涉及工业技术领域有机械零部件，包括压缩机、汽车零部件、特种设备以及飞机和船舶零部件，重点投资领域和项目包括建设大型石化、基础设施，可增加农林深加工项目。近年来，中国在工业化方面取得较大成就，科技进步贡献率上升到 56.2%，创新对产业发展的支撑作用明显增强，工程设备、机电、农业、建材、化工、电子和新材料等产业正在寻求新的国外合作市场。双方可以发挥俄方在技术、产业基础等方面的优势和中方在资金、市场、制造能力等方面优势，通过加强在产业层次上的合作，获得各自发展急需的资源。在具体项目上，两国正在扩大产能和装备制造合作，黑龙江鑫城实业集团拟投资石化项目，涉及金额近 300 亿元人民币；中国 LAOKEN 医疗科技股份有限公司计划在纳杰日金斯卡亚超前发展区内建立医疗集群；中国重汽集团与俄公司合作在共青城超前发展区组建中国豪沃品牌（HOWO）卡车装配线；中航西安飞机工业集团与远东发展部就组装涡轮 MA－600 飞机以及在超前发展区生产相关零件达成协议。

在农业科技投资、农业科技贡献率、农机拥有量、道路建设和水利 5 项生产要素指标中，中俄双方各自具有禀赋优势，而且优势互补明显。中国每年需从国外进口大量粮食，近 5 年农产品进口平均每年递增 15%，金额超过 1000 亿美元。根据数据评估，到 2025 年中国市场主要农产品需求量的 7% 将来自海外，其中大豆消费对外依存度为 85%，棉花与奶制品为 25%，食糖进口量将占国内消费量的 10%。为抢占市场先机，中方企业尤其是很多中小企业在积极寻找境外农业合作市场，随着超前发展区农业及食品加工业的快速发展，中粮集团、中鼎牧业股份公司、嘉宝农业技术有限公司等企业计划通过入驻"阿穆尔－兴安岭""米哈伊洛夫斯基"等超前发展区，建立农业生产与深加工基地来获得俄农产品的稳定供应，这对投资商来说意味着税收减免和行政壁垒减弱。俄罗斯对中国的农业市场同样寄予很大希望，农产品已成为继能源之后的第二大类出口商品，俄远东超前发展区推动农业项目，带动农产品出口，不失为在石油价格下跌以及西方制裁背景下出口创汇的渠道。不仅如此，俄罗斯还希望在粮食生产销售中借助中方资本和设备，中国的农业开发技术和人力资源都是超前发展区所急需的。农业企业在超前发展区推广现代化技术，培训当地劳动力承担技术工作，成为俄远东发展部衡量企业入驻申请的重要组成部分。

三 深化合作面临的主要问题

在俄罗斯推动的欧亚经济联盟和中国倡导的"一带一路"相向而行的背

景下，中俄贸易结构出现明显变化，投资与产业合作重点向双方优势要素聚集，合作潜力得到进一步挖掘。从中俄经贸合作的现状和前景考虑，在获得诸多机遇的同时，双方也面临着一系列的障碍和制约因素，这些障碍和制约因素有的属于长期遗留问题，有的是新形势下出现的新问题。

（一）专业技术与管理人才缺乏

随着中俄战略伙伴关系全面深化，双方在政治、经济、人文与科技等领域合作日益加深，所涉及行业范围明显增大，经贸合作中对技术与管理人才的需求急剧扩大，中国东北地区与俄远东地区产业合作过程中的人才短缺问题尤为突出。以黑龙江省为例，在中俄贸易中黑龙江省占对俄贸易的25%左右，但根据黑龙江省发布的《重点产业（行业）急需紧缺人才目录（2017～2018年）》，未来黑龙江省对俄翻译、营销管理、财务管理处于紧缺或急缺的状况，反映出整体对俄专业人才储备不足、知识能力单一等问题。部分中企从业人员的整体素质与对俄投资合作的复杂要求之间存在着较大差距，超前发展区宣布2021年前将创造3.2万个新就业机会，其需求已经由体能型劳动力向智力型劳动力转变，中企外派人员目前主要从事制造业、建筑业和农牧业产业链中的低附加值部分，面对信息技术、农业生物技术、医护等产业市场明显缺乏竞争力。俄语人才储备不足与激励机制缺失导致俄语生源断代，间接致使目前既精通俄语又精通技术、经济、法律的高素质复合型人才极为匮乏，如果不能完善长效培训机制，必然会制约中俄企业在超前发展区合作的规模和质量，从根本上影响双方战略规划对接以及创新合作的进展和效果。

同样，远东超前发展区的发展离不开人才，尽管超前发展区实施各项优惠政策吸引企业入驻，但从长远来看，超前发展区企业会面临专业技术人才匮乏的挑战。未来5年远东在超前发展区和自由港区落实发展项目需要近6万名专业技术人员，仅在造船业领域就需要7500名技术工人，在远东当地仅能找到1500人左右，而剩余的6000人需要从其他地区吸引过来。问题是俄罗斯国内人力资源市场对远东的人力资源补充远远赶不上超前发展区规划需求，远东经济的规模性发展需要引进大批外籍熟练技术人才，显然目前远东社会对外籍人口的增长尚有机制性和心理性障碍。

（二）交通等基础设施问题

远东地区在资源产地、生产基地和主要市场之间缺乏高效运转的交通运输网络，联运发展水平较低，难以形成有效的物流链，在这种情况下，远东超前发展区的经济发展很难达到稳定的高水准。尽管近几年俄罗斯加大了对远东交通基础设施建设的投入力度，但由于基础设施整体"欠账"太多，远东联邦区9个联邦主体中有3个不通铁路，联邦区铁路网密度仅为全俄平均水平的27%，公路网密度仅为全俄平均水平的15%，每千平方公里公路里程仅9.5公里（2015年全俄平均为61公里），交通运输环境难以得到迅速改善。交通基础设施薄弱造成的主要后果是过境运输货物周转量和国内运输货物周转量指数偏低。2015年，远东联邦区在全俄公路运输货物周转量中所占比重为2.8%（14200万吨），铁路运输货物周转量比重为4%（6130万吨）。在全俄交通运输货物周转量整体增长的背景下，远东联邦区公路、铁路货运量实际上几乎停滞在原有水平。与此同时，交通设施和机车车辆陈旧，磨损率普遍超出50%，给运输安全埋下不小隐患。原本应在社会经济发展中起到最重要作用的交通运输业，在远东联邦区却成为限制经济发展的因素，其技术指标无法满足超前发展区吸引投资、带动区域经济发展的要求。

除交通运输问题外，随着超前发展区各项工作的开展，入驻企业对当地电网基础设施提出更高的要求。由于地方政府负责的相关基础设施项目进展缓慢，在纳杰日金斯卡亚超前发展区即使是经过最认真筹备的工地也存在供电、供水问题。俄联邦电网公司在2017～2020年期间需要完善相关电网基础设施，2017年底前必须保障超前发展区超过250兆瓦用电量增长的需求，这对远东地区的电力基础设施是个考验。从目前来看，俄远东地区的电力改造升级涉及7个超前发展区，阿穆尔河沿岸超前发展区在建的炼油项目用电量超过50兆瓦，需要铺设110千伏输电线路35公里并新建110千伏变电站；大卡缅和米哈伊洛夫斯基超前发展区项目用电需求超过56兆瓦；别洛戈尔斯克、哈巴罗夫斯克、共青城超前发展区需要对现有电力基础设施进行升级改造。按照现有计划，完善相关电网基础设施的工作需要到2020年，为超前发展区入驻企业进行低压供电（电压小于110千伏）则需要到2018年才能实现。上述这些影

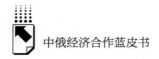

响投资合作的不利因素，急需加以妥善解决，基础设施建设进展缓慢必然会严重影响入驻企业的利润和投资信心。

（三）法律风险意识问题

中方在对俄投资合作普遍存在法律风险认识不足的问题，企业尤其是中小企业在投资前不详细进行相关法律分析和项目风险调查，因而无法预警投资项目潜在的法律风险，致使中方企业对俄投资经常遭遇法律风险，导致投资失败或发生损失。超前发展区投资合作项目涉及土地、房地产等不动产、项目参股、劳资关系以及对投资所得征税等诸多方面的法律法规，两国政府有关部门、企业界应通过各种平台加强解读与双边合作关系密切的法律，提高合作成功率。对投资项目而言，企业首先需要了解对外国企业的市场准入机制、对资源类投资的限制性规定，在俄投资的国有企业和民营企业经常会面临完全不同的法律条件和要求。比如投资镍矿，镍矿是俄罗斯的联邦级矿产资源，受联邦政府管控，中方国有企业投资这类项目、获得5%的表决权股，就必须通过俄罗斯政府的专门委员会，取得预先确认后才能合法进行；而私营公司就没有这么严格的限制，取得20%的股权不需要通过俄联邦政府的预先确认。[①] 中国要想实现企业"走出去"、实现全球化发展，就需要改善企业对俄合作法律信息匮乏的现状，帮助企业树立风险评估的经营意识，使项目能够在投资前完成法律评估，改变对俄经贸合作中风险防范缺失的状况。

（四）面临国际竞争加剧的态势

俄远东开发的特点是资金、技术和劳动力来源多样化。俄罗斯在利用远东丰富的自然资源、进行高附加值产品加工出口、带动远东地区经济发展的过程中，不仅仅竭力吸引中方投资远东地区，也积极借助上合组织会议、亚太经合组织峰会、东方经济论坛等多边平台与日本、韩国、蒙古及东南亚国家寻找合作发展机会，邀请日、韩公司参与远东超前发展区管理，为经济增长寻求新的

---

① 朱南平：《对俄合作企业应加强法律保护意识》，《黑龙江日报》2016年11月15日，第11版。

突破口。综合来看，在远东联邦区实施大量投资的主要国家中，中国的排名并不靠前。以中资较多的滨海边疆区为例，尽管双方外贸额占该边区外贸总额的50%左右，但在超前发展区的投资规模远不及日本和韩国。截至2016年底，中方向滨海边疆区超前发展区项目投资约13亿卢布，主要涉及商品贸易、社会餐饮、建筑、林业加工和农业投资，中方企业的投资产业多属于初加工和低附加值类型，参与创新合作能力不足。

必须清醒地看到，日本与韩国均对参与俄远东超前发展区产业合作表现出浓厚兴趣。日韩企业通过采取加大资金投入力度、成立专门合作机构、参与超前发展区管理等举措积极抢占对俄远东开发的主导权。2017年，日本国际协力银行（JBIC）同俄罗斯签署协议为日本投资远东争取优惠政策，俄方还计划近期与韩国金融平台签署类似协议。此外，在参与超前发展区规划方面，日本走到了中国前面。受俄远东发展集团委托，日本野村综合研究所与俄相关咨询公司负责为远东大卡缅、米哈伊洛夫斯基、阿穆尔河沿岸、阿穆尔－兴安岭、山间空气、南方、别洛戈尔斯克、坎加拉瑟、堪察加、白令科夫斯基10个超前发展区制订未来发展规划，项目规划推介已在萨哈林州、阿穆尔州、犹太自治州、滨海边疆区等联邦主体展开。这在很大程度上会使未能及时转化的产业技术及项目被其他国家挖走，弱化中方企业参与超前发展区管理和产业合作的竞争优势，进而导致中国东北地区对俄远东合作的传统优势有被进一步削弱的可能，应引起中方智库及相关机构的重视。远东超前发展区对韩国而言同样有着巨大的合作前景，在韩国的跨欧亚伙伴关系计划中，俄罗斯是其重要的伙伴之一。为扩大和巩固与俄远东经济伙伴关系，韩国在积极参与合作开发远东的计划，2015年韩俄设立投资合作协商机制，共同寻找合作项目并制定金融援助方案，韩国三星、乐天、LG、大宇、大韩贸易投资振兴公社等企业表现出的兴趣最浓厚。2017年初，俄方向韩方提交的投资项目方案总金额近75亿美元，涉及远东农业和港口基础建设等项目。除东北亚国家外，还有其他亚太国家希望与俄合作开发远东地区，印度塔塔电力公司希望加强能源领域的合作；新加坡计划在农业、制造业、运输及物流领域参与对俄远东投资。这种外资参与俄远东产业合作的基本格局短期内不会改变，客观上使中国在投资超前发展区产业合作过程中将更多面临与日韩等国日益激烈的竞争。

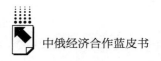

四　推进双方合作的对策建议

一是挖掘高新技术、大项目，提升产业合作深度与规模。从中俄两国产业合作的发展现状与潜力来看，优势合作领域主要集中在能源、机电设备、农业、林业、基础设施建设、旅游业等方面，而其中最有潜力及前景的方向当数大项目、高科技合作，这也是迅速提高中俄经贸水平和规模的最有效途径之一。目前，双方大项目实际合作仍局限在能源、航天等领域，在新能源、新材料、环境保护、高速铁路、生物技术等领域的合作潜力尚未完全挖掘出来，并且在诸多高技术领域合作中技术吸收转化有限，这些都制约着中俄产业创新合作的规模。对于远东"超前发展区"即将推出及规划的石油化工、航空和汽车、船舶修理和造船、建筑材料、农业等领域的投资项目，非多数中小企业所能承担。中方应该根据自身社会经济发展规划和实际需要，引导大型集团企业承担起高新大项目合作的核心作用，切实做好几个重要项目，充分发挥辐射效应，形成跨境产业链通道，为中俄大项目合作创造互利共赢的成功经验，发挥示范效应。

二是发挥中小企业投资灵活的作用，大企业与中小企业有机结合加强产业合作。提升中俄贸易规模、改善贸易结构的另一主要动力应来自中小企业，中国企业中的95%属于中小微企业，它们对消费市场需求反应迅速、经营灵活。多年来对俄投资合作，尤其是中国东北地区对俄远东地区的投资主体同样多为中小民营企业，受自身资金和技术限制，多数企业局限在产业链低端、劳动密集型加工环节上，属于低附加值的劳动密集型企业，难以参与运作超前发展区的一些发展前景好的大项目，也很难享受到超前发展区在保险费税率、土地税率、增值税和矿产开采税等方面提供的优惠待遇。建议中小企业联合入驻超前发展区，重点在工程承包、运输物流、电子商务、科技创新、农业、食品销售等非原材料性、非能源性制造领域与俄罗斯企业展开合作，既可解决融资难问题，又能互利共赢。这一方面有利于创造更多就业机会，另一方面在产业加工环节也可以为大企业提供配套、降低各自经营成本，带动大项目合作。

三是完善与建立多层次的信息支撑保障机制。专家智库对推进中俄经贸合作升级起到先导作用，应尽快就对俄超前发展区合作建立智库联合协商机制，由中俄双方精通相关产业经济及法律等方面的学者专家组成智库，针对企业合作模式、项目潜力以及超前发展区未来发展规划提出具体建议和可行性论证，并制订出短期、中期和长期发展规划，为双方企业合作提供咨询服务，为中俄政府相关机构决策提供智力支持。随着双方企业在超前发展区合作的逐步展开，应视发展情况就重点领域设立相应分支研究咨询机构。此外，应为企业搭建有效的信息交流与培训平台，提供重要的法律、商务咨询与培训，改变对俄投资企业粗放式经营、对远东地区投资环境调研能力与资金缺乏的弊病。现有平台信息更新不及时、流于形式，为有效整合资源，建议信息交流平台构建应以对俄沿边省区企业为主体，联合俄远东地区各相关机构及企业，最终形成及时有效的行业大数据服务平台。

B.18
亚洲基础设施投资银行与中俄
基础设施项目合作报告[*]

于小琴[**]

摘　要： 近年来，快速发展的亚洲经济成为拉动世界经济增长的重要力量，而区域内发展中国家基础设施落后问题显得尤为突出。先前的国际金融架构已无法满足地区发展需求，中国作为亚洲第一大经济体，承担了促进区域内基础设施联通及经济发展的使命与责任，并于2015年末成立亚洲基础设施投资银行，主要致力于发展中国家基础设施投资建设。在地理位置上俄罗斯贯通欧亚大陆，与中国不仅地域毗邻，而且政治、经济、人文联系密切。亚洲基础设施投资银行的建立，为两国基础设施项目合作提供了融资平台。尤其在当前俄罗斯受到西方国家经济制裁的背景下，两国基础设施项目合作是促进经济发展、深化合作的重要保障。

关键词： 亚洲基础设施投资银行　中俄项目合作

自2008年以来，动态发展的亚洲经济成为世界经济萧条背景下的一抹亮色。快速增长的亚太经济为世界经济走出低迷提供了新的动力。同时，亚洲地区基础设施严重落后，一些区域内国家身处危机，无力完成本国的基础设施建

---

* 基金项目：国家社会科学基金项目"俄罗斯城市化问题研究"（项目编号：15BSS036）；黑龙江大学杰出青年基金项目"社会现代化视阈下俄罗斯城市化多维分析"（项目编号：JC2015105）阶段性成果。
** 于小琴，女，黑龙江大学俄罗斯研究院副研究员，博士。

设。据亚洲开发银行最新估算，在保持当前经济发展速度的情况下，2016~2030年，亚洲地区基础设施投资需求达22.6万亿美元，平均每年1.5万亿美元。[①] 而当前由美日主导的多边发展银行设立的投资门槛较高，年平均投资仅为200亿美元，远远满足不了亚洲国家的发展需求。

为了有效解决亚洲地区基础设施建设不足的问题，促进区域内国家基础设施互联互通，中国国家主席习近平于2013年10月提出成立亚洲基础设施投资银行（以下简称"亚投行"）的倡议。亚投行是一个政府间性质的亚洲区域多边发展机构，旨在发展亚太地区的基础设施和生产部门，促进经济一体化，降低贫困，提高区域内各国社会经济发展水平。

一　中俄基础设施项目合作现状及问题

2013年，中国国家主席习近平提出"丝绸之路经济带"倡议。2015年5月，中俄首脑签订"丝绸之路经济带"与"欧亚经济联盟"对接合作的共同声明，中俄双方表示支持对方提出的倡议，加强联系，扩大两国经贸与投资领域合作。

"丝绸之路经济带"倡议与"欧亚经济联盟"构想之间存在诸多契合点。欧亚经济联盟提出的目标是消除边境阻碍、建立统一市场。该构想实现效果不理想，联盟内国家急需大量的基础设施投资基金，开发基础设施项目，促进地区经济一体化，而俄罗斯经济无力支撑先前提出的这一宏伟规划。"丝绸之路经济带"倡议通过建立亚投行和丝路基金，能够为多边及双边合作提供资金保障。另外，西方国家的压力与经济制裁也促使俄罗斯将政治和经济发展向东调整，尤其是尽可能地吸引中国资金和项目，而中国经济处于上升阶段，中俄两国发展方向契合。

（一）俄罗斯基础设施发展现状及问题

俄罗斯基础设施发展缓慢，大部分完成于20世纪，设施陈旧、老化，落后于欧盟国家25%~80%。在交通基础设施中，港口设施发展较快，公路网

---

① Потребности в финансировании инфраструктуры Азии выросли более чем вдвое, http://www.trend.az/business/economy/2726455.html.

和铁路网设施发展缓慢。2014 年以来，俄罗斯宏观经济趋势不断恶化，地缘政治风险持续上升，这些因素从根本上影响着国内基础设施的发展。

1. 基础设施发展落后

俄罗斯交通基础设施技术水平低，生产基础薄弱，甚至不少联邦级公路处于急需维修的状态，新公路建设缓慢，地区公路网不发达。俄罗斯的机场设施严重滞后于国际民航标准，俄罗斯近 80% 的航空路线集中在欧洲地区，多数联邦主体至今没有形成空运网络。港口及相应的交通设施发展不均衡，固定资产老化，使用效率低下，生产设施比较陈旧。

从图 1 可以看出，2012～2014 年俄罗斯基础设施物流绩效指数快速增长，2014 年后又急剧下滑到此前水平。基础设施物流绩效指数是世界银行对俄罗斯基础设施运营效率做出的综合评价，反映了俄罗斯基础设施质量与服务发展滞后的问题。

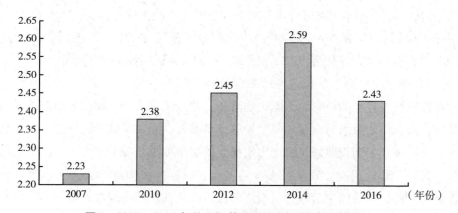

图 1　2007～2016 年俄罗斯基础设施物流绩效指数动态

资料来源：Ноциональное рейтинговое агенство Развитие транспортной инфраструктуры в России в 2015 году，http：//www. ra－national. ru.

2. 经济颓势带来基础设施投资下降

国际石油价格下跌、俄罗斯预算支出减少带来国内基础设施投资下降。据统计，基础设施投资占国民生产总值的比重从先前的 3. 5% 降至 2. 5% ，① 2015

———————

① 　Газпромбанк Инфраструктура России инвестиции сократить нельзя увеличить //Департамент анализа рыночной инюъктуры 25 июня 2015г.

年俄罗斯基础设施投资比计划额减少 10% ~ 15%。据测算，2030 年前俄罗斯基础设施投资在国民生产总值中的比重只有超过 3.5%，才能支持经济增长。因此，俄罗斯要加大基础设施投入力度，以刺激经济增长。

然而，国家宏观经济形势使俄罗斯一些基础设施投资规划难以实施。首先，国家预算不足。2015 年俄罗斯联邦预算收入下降 12%，而预算支出相对于最初的计划扩大了 2%。预算赤字首先令公路等基础设施项目难以实施。其次，高通货膨胀率不利于基础设施发展。据俄罗斯经济发展部统计，2015 年俄罗斯的通货膨胀率约为 12%，建材价格增长使承包者成本提高，导致项目建设运营艰难。加之该领域债务额高、回收周期长，通货膨胀率的些许波动都会对项目资金流和资本回收产生很大影响。再次，贷款利率高抑制基础设施发展。由于俄联邦预算对承建企业的项目预付款支出分布不均衡，一些建筑公司通常吸收银行短期贷款，而贷款利率平均高出 13% ~ 15%，高利率使一些建筑公司债台高筑，被迫停产或宣布破产。最后，卢布贬值也是造成俄罗斯基础设施领域资金不足的重要因素。汇率风险阻碍了俄罗斯基础设施领域吸引外资，外资在总投资中占比很低，在俄罗斯基础设施领域西方国家参与率很低，尽管亚洲投资者的参与愿望较高，但高风险使其望而却步。

3. 未来俄罗斯基础设施建设任重道远

根据 2016 ~ 2020 年交通基础设施投资规划，基础设施领域投资额将达到 11 万亿卢布，年平均 2.2 万亿卢布。其中，电站和电网设施投资比重分别占 12% 和 9%，与 2011 ~ 2015 年相比，电能设施投资降幅达 37%，减幅最大；机场和港口基础设施投资在总投资中比重分别为 3% 和 2%，与 2011 ~ 2015 年相比，分别增长 12% 和 45%；公路建设投资比重占 42%，铁路基础设施投资占总投资的 12%，发展处于停滞状态。

2016 ~ 2020 年铁路领域需要投资约 4150 亿卢布，当前上马的大项目有西伯利亚铁路和贝阿铁路扩建。据俄罗斯铁路公司消息，2017 年俄罗斯铁路投资与上年相比持续减少，赤字额为 856 亿卢布，西伯利亚铁路和贝阿铁路项目资金困难；在建的另一个项目为莫斯科至喀山高铁建设，该项目与中国合作，需要投资 10680 亿卢布。

2016 ~ 2020 年公路建设总投资额约为 2.7 万亿卢布，年平均 5400 亿卢布，主要完成在建项目，至 2018 年需要完成莫斯科至圣彼得堡和莫斯科地区外环公路建设。

2016～2020年港口基础设施投资约为2800亿卢布，实际投资额约占其一半，主要用于扩大海洋港口通货能力，公私合营伙伴关系的融资模式在港口建设中使用更为普遍。

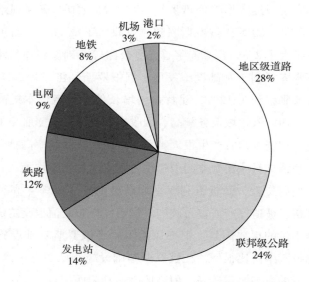

图2 2016～2020年俄罗斯基础设施投资结构

资料来源：Газпромбанк Инфраструктура России инвестиции сократить нельзя увеличить //Департамент анализа рыночной инюъктуры 25 июня 2015г。

机场建设是交通领域发展最快的部门。2010～2014年空运客流量增长5600万人，年平均增长10%。外币汇率升高使俄罗斯原趋向于国外游的游客转向了国内，而客流量并未大幅减少，因而机场服务设施完善需求仍很紧迫，这些因素促使机场建设快速发展，更新设施，进行私有化改造，并探索新的融资模式——租赁制。2016～2020年机场建设需要投资约3300亿卢布，2018年完成11个城市的机场扩建，其中包括莫斯科的谢列梅捷沃机场建设。

总体来看，俄罗斯基础设施投资大部分依靠国家预算，经济颓势使预算收缩，降低了基础设施投资额度，同时也影响到大型能源公司再投入。俄罗斯基础设施老化严重，更新速度慢，亟待投资来源多样化，加速改造进程。在基础设施融资方面，公私合作制度环境不发达，缺少项目合作经验；参与主体投资吸引力不强，租赁制融资模式尚未普及。

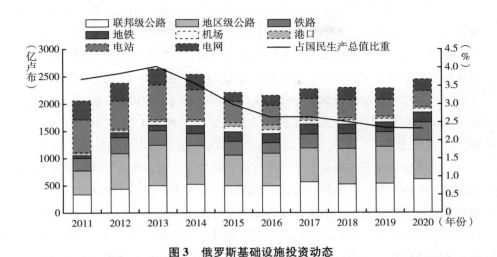

图3 俄罗斯基础设施投资动态

资料来源：Газпромбанк Инфраструктура России инвестиции сократиь нельзя увеличить //Департамент анализа рыночной инюъктуры 25 июня 2015г。

（二）中俄基础设施项目合作状况

基础设施领域合作是中俄战略合作的重要部分，中俄在铁路建设合作方面取得了实质性进展，包括共同实施大型交通运输走廊的计划、联合推进跨境铁路桥建设等共同投资项目。中俄交通领域合作确定的优先项目包括：建设莫斯科至喀山高铁、改造西伯利亚和贝阿铁路、发展远东港口及建设"滨海1号"和"滨海2号"铁路。

莫斯科至喀山高铁项目是中俄高铁领域合作的典范项目，也是莫斯科至北京高铁项目的一部分。中国高铁以技术、价格、质量等优势赢得了国际社会的认可。2015年5月，中俄两国签订高铁合作备忘录，中铁二院和俄罗斯铁路公司签署协议，建立合资公司，在公私合作伙伴关系模式下共同建设莫斯科—喀山高铁。该项目建设成本为156亿美元，中国出资59亿，预计2020年投入使用，目前莫斯科至弗拉基米尔路段正在通过国家验收。

目前，中俄企业正在讨论建设中俄合资企业，生产高速列车，投入俄罗斯高铁市场。俄方企业申请签订协议，至少需要签订100辆高速列车，以满足莫斯科至喀山高铁建设需要。中俄高铁领域合作契合了俄方高铁市场的发展需

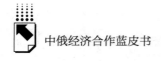

求，证明了中国铁路装备制造业的实力，两国高铁领域的密切合作促进了中俄战略伙伴关系的深化。

中俄在公路及桥梁建设领域合作也在加快发展，黑河至布拉戈维申斯克界桥项目近年来取得了重大突破。该项目建设协议早在 1995 年就已签署，但由于俄罗斯高层对该桥建设意见分歧、承建公司资金问题等影响，桥梁建设一度停滞。2015 年该项目建设取得了跨越式推进，中方投资 4.25 亿美元，计划于 2019 年正式通车。

中俄电能领域合作侧重于水电站与核电站建设。俄罗斯水力资源丰富，但东部地区电网不发达，中俄该领域合作存在巨大潜力。当前，中俄开展的水电站项目包括俄罗斯电力和中国三峡集团公司合作建设的下洁雅水电站、俄水电集团与中国电力建设公司合作建设的列宁格勒抽水蓄能电站。核能方面，俄罗斯原子能公司和中国相关公司签订理解备忘录，在中国境内建设田湾核电站等系列高新技术项目。

中俄地铁建设也取得新进展。中铁集团中标莫斯科地铁西南环线换乘项目，中标价 20 多亿元。该项目是俄罗斯首次在地铁建设方面引进外国企业，中方企业的中标表明中国铁路建设以自身技术与实力走向国际市场。中俄在机场、港口共建方面也有很多大型项目，如东部地区的瓦尼诺港口建设以及哈巴罗夫斯克机场扩建等。

综上，随着"一带一路"倡议的落实，中俄基础设施合作项目将大规模展开，俄罗斯急需中资加入国内基础设施建设，以拉动经济增长。中国倡导的"一带一路"倡议契合了两国合作需求，为两国基础设施合作明确了方向。尽管两国该领域合作尚存在很多问题，如俄方投资的制度环境不佳、法律法规多变、资金难以保障、结算汇率高风险等，但随着中俄战略伙伴关系的逐步夯实，基础设施各领域的合作会进一步得到务实推进。

二 亚洲基础设施投资银行与中俄合作

在中国首倡下，亚投行于 2015 年 12 月 25 日在北京正式成立。2017 年底，亚投行创始成员由之前的 57 个增至 80 多个，分别来自亚洲、非洲、欧洲、美洲、大洋洲，这些成员不仅包括发展中国家，还包括英国、德国、法国等发达国家。与已存在的国际金融机构相比，亚投行的主要任务是对亚太地区的基础设施项目提供金融支持，促进亚洲经济一体化。

2016 年亚投行集中资助能源、交通和城市基础设施建设，批准 9 个项目，项目金额共计 17.3 亿美元。2017 年计划对约 20 个项目投资 15 亿～25 亿美元，优先落实国家项目或吸引国家担保以降低风险。

亚投行筹建初衷在于围绕"一带一路"建设，进行贯通欧亚的交通运输走廊建设，而中俄两国战略利益在一定程度上契合，在落实这些大型战略项目的同时，两国投资合作将得到极大推动，达到战略双赢的目的。从俄罗斯 2016～2020 年基础设施规划来看，俄罗斯试图推进国内庞大基础设施项目，但受限于地理条件、资金、技术和与西方关系恶化等因素而难以落实。俄罗斯迫切希望借助亚投行改善国内基础设施及经济形势。亚投行为中俄在基础设施领域大项目合作提供了融资平台，中俄倡导的"丝绸之路经济带"与"欧亚经济联盟"对接合作将以项目落地，亚投行为这些项目实施提供了资金保障。

（一）亚洲基础设施投资银行成立背景、运行机制及国际反响

1. 成立背景

亚投行是在适应国际经济发展趋势和满足区域内经济发展需要的背景下创建的，中国作为域内第一大经济体，主动承担起促进域内基础设施建设联通以及区域经济一体化的使命。从国际和中国国内形势来看，亚投行的成立正当其时。

首先，从世界经济的发展趋势来看，新兴国家经济增长成为当前拉动世界经济发展的重要动力。近年来，以欧美为主导的西方国家经济陷入停滞，而以中国为主导的亚太经济一直保持着快速增长趋势，中国以年均约 7% 的增长速度，创造了世界经济增长的奇迹。目前，国际金融秩序仍保持着第二次世界大战以后的"布雷顿森林体系"，一些国际多边发展银行，如世界银行、亚洲开发银行等国际金融机构以美日为主导，代表着其各自国家的利益。新兴国家的发展要求完善现有国际金融秩序，建立起能够反映出它们利益诉求的金融秩序。亚投行的建立弥补了当前国际金融体系的不足。

其次，从区域发展角度来看，亚洲基础设施的落后将会影响亚太地区的可持续发展。亚洲经济占全球经济总量的 1/3，是当前世界经济最富有活力和潜力的地区，全球 60% 的人口分布在这里。但因为域内国家建设资金有

限，一些国家的铁路、公路、桥梁、机场建设投资严重不足，影响了该区域经济的进一步发展。世界对基础设施大规模发展的需求快速发展，尤其是发展中国家形势更为迫切，仅凭亚洲开发银行与世界银行之力无法满足这些需求，国际金融体系走向多元化是必然发展趋势。据测算，2010～2020 年亚洲地区投资缺口达 8 万亿美元，而亚洲开发银行资本额为 1600 亿美元，世界银行为 2300 亿美元。这些银行的投资主要面向环境治理与男女平等，对发展中国家基础设施发展支持乏力。加之近年来发达国家经济发展不畅，基于本国利益，以美日为主导的世界银行和亚洲开发银行每年能提供的资金不超过 200 亿美元，远低于所需水平。此外，鉴于亚洲地区基础设施资金需求量大、实施周期长、收入流不稳定等因素，个人投资也很难大量进入基础设施领域。

最后，中国高速增长的经济以及不断扩大的资本存量为建立亚投行、带动亚洲经济发展以及活跃世界经济奠定了基础。中国作为新兴国家第一大经济体，已成为世界第三大投资国。2012 年中国对外投资额创下 878 亿美元的成绩。中国近 30 年来经济增长积累起巨大产能，基础设施装备制造业已形成产业链，在高铁、公路、机场、桥梁建设方面已形成自身优势。可以说，中国已经具备了带动亚洲地区经济增长的能力，并且亚太地区急需建立有效的多边合作机制，将剩余资本转化为基础设施建设资金。

2. 运行机制

亚投行设立理事会、董事会和最高管理层三重架构。理事会由来自每个成员国的 1 名代表组成；董事会包括 12 名董事，由 9 名地区内股东和 3 名地区外股东构成；最高管理层设行长、副行长等职务。

亚投行法定资本 1000 亿美元，初始认缴资本为 500 亿美元，成员认缴资本与其国民生产总值的权重有关。中国所占股份为 29.78%，居最高；其次为印度，占 8.37%；再次为俄罗斯，占 6.54%。亚投行作为一个多边开发银行，在治理结构、环境和社会保障方面将借鉴现有多边开发机构的经验，通过多种方式为域内国家基础设施投资项目提供融资，包括贷款、股权投资和提供担保等服务。

投票权分为基本投票权、股份投票权以及创始成员享有的创始成员投票权三部分。基本投票权占总投票权的 12%，由全体成员共同分配；亚洲国家股权比重为75%，亚洲外国家股权比重为25%，区域内国家的股权比重将通过国民生产总值、人口等系列指标来确定；每个创始成员国同时拥有600票创始成员投票权，基本投票权和创始成员投票权占总投票权的15%。

亚投行定位为准商业银行，与现有多边开发银行是补充而非竞争的关系。与世界银行、亚洲开发银行有所不同，亚投行主要侧重于基础设施领域，在中国提出的"一带一路"倡议下，为沿线国家的基础设施建设提供资金保障。当前，现有的国际多边发展银行提出与亚投行合作，致力于发展亚洲地区基础设施项目，国际货币基金组织、世界银行以及亚洲开发银行都表示愿意与亚投行合作。

3. 国际社会影响

亚投行从建立到运营，在不到三年的时间内，从最初的21个意向成员发展到57个正式创始成员，迄今已增至80多个成员。

首先，亚投行的创建受到新兴国家的广泛支持与欢迎，这表明中国作为一个新兴大国，其国际影响力与日俱增，广大新兴国家对中国带动亚洲国家经济发展的能力以及促进世界经济繁荣充满信心。

其次，西方国家对亚投行成立观点有所不同。继英国率先提出加入亚投行后，法国、意大利、德国等一些欧洲国家分别加入亚投行，它们感兴趣于中国提出的"一带一路"倡议，并且看好亚投行的前景。美国与日本对亚投行创建的态度从最初的怀疑、拒绝转向接受和合作。亚投行建立之初，美国和日本对中国国际影响力的上升持打压态度。美国认为亚投行成立没有必要，其职能与亚洲开发银行重复，因此拒绝加入；日本最初质疑亚投行作为一个国际多边机构的合法性，提出当前注册资本比例下的投票很难认定为国际组织投票。随着亚投行的创建与迅速扩大，美国和日本的态度发生了转变，美日主导的多边发展银行表示准备与亚投行发展合作。美国表示，如果亚投行能够建立在良好的保障之上，能带来好的基础设施，并能使借款国受益，其将全力支持。日本表示将与亚投行继续磋商合作事宜。

作为欧亚大国的俄罗斯对亚投行成立持欢迎态度。尽管俄罗斯先前对中国在中亚国家影响力扩大持防范心理，而随着"一带一路"倡议的具体展开与落实，中俄两国首脑经过进一步会谈与磋商，于2015年签署了"丝绸之路经济带"与"欧亚经济联盟"对接协议，并于同年加入亚投行，成为持有第三大股份的创始成员之一。俄罗斯科学院远东研究所学者安德烈·奥斯特洛夫斯基指出，从长远来看，俄罗斯加入亚投行，有助于落实俄罗斯的远东开发战略，深化中俄地区间合作。俄罗斯总统普京称，亚投行的活动与先前成立的金砖国家发展银行一道，既构成亚太地区的金融发展机制，也是国际金融体系的必要组成部分。

（二）亚投行与俄罗斯合作未来

亚投行将助力于中俄基础设施领域的合作，合作方向将集中在东部地区的项目建设上。俄罗斯总统普京与亚投行行长金立群举行会晤，普京建议对一系列俄罗斯项目进行审议，这些项目包括西伯利亚铁路改造、北方航道项目以及远东的超前发展区建设。这些项目被列为两国基础设施领域合作的优先方向，未来将有序地被推进。金立群指出，普京总统提出的系列项目属于亚投行与俄罗斯合作的长期方向，俄罗斯作为区域主体有权利从亚投行得到资助。谈到具体的资助，金立群指出，资助主要考虑金融与生态是否可持续，以及社会是否接受。亚投行在审议投资项目和基础设施项目时，不仅要考虑一个国家的收益，还要考虑该项目对多国的正面辐射作用。

俄罗斯在当前预算吃紧的情况下，吸引亚投行资金、争取第一批项目在远东落地成为其从中央到地方的期待。据俄罗斯远东发展部数据，俄罗斯向亚投行递交了远东地区的 16 个项目，总金额为 80 亿美元。俄罗斯与亚投行对接机构是远东与贝加尔发展基金会，基金会向亚投行申请投资的重点领域为开采类项目的基础设施建设、国际运输走廊建设、港口及机场建设，例如，哈巴罗夫斯克机场建设、滨海边疆区 2 号运输走廊建设、布拉戈维申斯克至黑河的公路桥建设以及萨哈林港口的改造项目等。

近期，远东与贝加尔发展基金会与中国投资伙伴计划创建两个合作基金，基金额度大约在 20 亿美元，90% 的投资由中方承担，主要集中在基础设施和旅游方面，分别由中国建筑总公司和香格里拉酒店与度假村集团创建。

三 中俄基础设施领域合作前景及建议

亚投行是"一带一路"倡议实施的融资平台，俄罗斯是"一带一路"沿线的重要国家，发展亚投行与俄罗斯基础设施项目合作是促进两国战略协作的重要方式。在亚投行、丝路基金以及系列政策性金融机构的引领下，中俄两国有必要在项目合作中形成资金和产业链，以此为契机，深化两国经济合作，更好更快地推动两国战略协作伙伴关系向更深入发展。

（一）"一带一路"倡议为中俄基础设施领域合作指明方向

当前世界向着政治多极化、经济全球化、文化多样化的方向发展，经济要素自由流动加快，地区经济向着一体化与贸易自由化方向发展。"一带一路"倡议很好地迎合了这一趋势。中俄间签署的对接合作声明将推动中俄经济领域广泛合作，尤其两国在交通基础设施及物流服务业方面的合作。对接倡议是通过建设发达的基础设施通道为两国物流和生产中心一体化提供条件，更好地巩固两国间的政治关系和贸易联系，扩大本币结算，促进两国关系良性发展。

（二）俄罗斯投资环境向着有利于合作的方向发展

俄罗斯在吸引外资方面不断完善立法。除了 2011 年修订的《俄罗斯联邦外国投资法》外，基础设施领域主要以《俄罗斯联邦建筑法》和《公私合作伙伴关系法》为基本制度框架。俄联邦采取行业和地区优惠政策吸引投资。远东联邦区的超前发展区和符拉迪沃斯托克自由港建设采取税收优惠、简化审批程序、提供政策支持等一系列措施吸引外资。此外，俄罗斯建筑市场私有化程度及开放水平将不断提高。由于国家预算不足，俄近期面临着显著扩大个人投资的问题，在基础设施领域尽量找到风险与收益的平衡点，先前基础设施领域风险过高、收益不大，降低了投资者兴趣。当前，俄罗斯政府向个人投资者提供有底限的担保，使投资者免于通货膨胀风险，项目完工后政府保障投资者最低支付额。

（三）有效利用保险、银行、担保等管理机构服务，使两国的合作风险最小化

结合俄罗斯当前的投资环境，为了更好地把握历史机遇，有效规避风险，中国在对俄基础设施领域投资方面应注意以下问题。

第一，俄罗斯基础设施项目招标、投标工作不够规范，往往有特殊要求，

要审慎对待。因此，中国建筑企业在俄罗斯承包项目在投标之前应慎重选择，对项目的可操作性进行调查论证。

第二，俄罗斯建筑领域准入与中国标准有差别，程序烦冗复杂，应做好项目评估和论证。俄罗斯的建筑许可分为35类，与中国的分类标准差别较大，这增加了中国建筑企业获得施工许可的时间，提高了成本。根据《俄罗斯联邦建筑法》，俄罗斯的一些建筑许可不再由俄联邦政府颁发，而是由一些资质机构下发，中国建筑企业承接业务，需要先加入该类机构，获得相应许可，这一过程程序繁复。在国际工程承包案例中，公司化运营是应对这一问题的重要方式之一，可在俄设立有限责任公司管理项目投资与建设，项目公司受母公司的监督，通过公司股权结构调整融资，将风险控制在对外的有限责任内。

第三，采用人民币结算机制，规避汇率风险。俄罗斯汇率不稳定影响了中俄间合作，其中包括基础设施领域的合作。近年来，随着中俄间贸易以及金融合作深化，人民币与卢布的交易规模逐渐扩大。国际经济局势的变化也在推动着俄罗斯的去美元化过程，2014年10月，中俄两国总理会晤，签署了两国央行本币互换协议。随着中俄两国更多采用本币结算，双边贸易和直接投资规模将扩大，为两国金融机构和企业在更广阔的货币市场和资本市场使用本币融资工具提供了更多可能。在中国推进"一带一路"倡议、推进人民币国际化以及俄罗斯落实远东发展规划的过程中，中俄本币结算将加快提高水平的速度。

第四，了解当地劳工政策，避免纠纷。俄罗斯采取配额制管理外来劳动力，申请劳动配额的周期长、费用高，这对周期较长的建筑项目极为不利。在这种情况下，中国工程公司大多转向使用当地劳动力，因而当地劳工政策对项目造价和工期长短有着重要影响。为了满足项目进度安排，合理配置好劳动力资源，应重视劳工管理以及避免劳资纠纷。

第五，配备专业顾问，做好前期准备工作。在俄罗斯复杂的投资制度环境下，中国企业应在项目前期准备、谈判的过程中深入了解俄罗斯联邦法律，防范可能出现的风险，咨询专业法律顾问，做好风险预案。

中俄建立自由贸易区形势分析与预测

安兆祯*

摘　要： 近年来，中俄关系稳定发展，经济合作日益密切，取得了丰硕成果。2015 年 5 月，中俄达成"丝绸之路经济带"与"欧亚经济联盟"对接合作共识后，两国在欧亚经济联盟框架下建立自由贸易区，已成为推进战略对接的重要举措，对于中俄实现互利共赢、把握发展机遇，具有重大现实意义。

关键词： "一带一路"　欧亚经济联盟　自由贸易区

　　2002 年，中国黑龙江省社会科学院就有学者提出创建中俄沿边自由贸易区的可行性，[1] 至今已近 17 个年头。近年来，中国国内学者关于建立中俄自由贸易区的研究一直没有停止过，先后提出"创建中俄自由贸易区""中俄建立边境自由贸易区""哈尔滨建立中俄自由贸易区""建立中俄绥波自由贸易区"等诸多设想。我们从俄方公布的相关资料不难看出，长期以来俄罗斯并没有把中国列为建立自由贸易区的最优先国家。2015 年 5 月，中俄发表《中华人民共和国与俄罗斯联邦关于丝绸之路经济带建设和欧亚经济联盟建设对接合作的联合声明》，[2] 中方将启动与欧亚经济联盟经贸合作方面的协议谈判，最终与俄罗斯建立自由贸易区。2016 年 10 月，中俄筹建大欧亚经济伙伴关系。[3] 该

---

* 安兆祯，男，黑龙江省社会科学院俄罗斯研究所副所长、研究员，主要研究中俄产业经济合作问题。

① 宿丰林：《创建中俄沿边自由贸易区的可行性》，《西伯利亚研究》2002 年第 5 期。
② 新华网，2015 年 5 月 9 日，http://news. xinhuanet. com/world/2015 –05/09/c_ 127780866. htm。
③ 《外媒：中俄筹建大欧亚经济伙伴关系》，参考消息网，2016 年 10 月 26 日，http://www. cankaoxiaoxi. com/china/20161006/1330513. shtml。

协议的第一阶段可能是俄中双边协定或欧亚经济联盟和中国建立自由贸易区的协定。俄罗斯第一副总理伊戈尔·舒瓦洛指出，这种协定或在两年内签署。俄罗斯国际关系问题专家杰格捷夫（Дёгтев А. С.）认为，中俄在欧亚经济联盟框架下建立自由贸易区目标的实现，可能需要 10～30 年时间。[①] 但笔者的看法相对乐观，因为"未来中俄合作的发展不仅取决于世界经济形势，更取决于中俄双方的推动力度与战略举措"，[②] 这一点对于中俄建立自由贸易区同样适用。

一　中俄建立自由贸易区的基础和意义

（一）中俄建立自由贸易区的基础逐步形成

1. 中俄全面合作关系迈进"新时代"

在"一带一路"对接欧亚经济联盟、中俄全面战略协作伙伴关系取得全新发展的大背景下，中俄经济合作、产业合作、文化合作不断向深、向远、向广拓展，两国全面合作关系迈进"新时代"。相继举办的各种形式的论坛及国际会议，如中俄城市创新发展高峰论坛、中俄机械制造和技术创新合作论坛、对俄工业与技术合作洽谈会、中国－俄罗斯国际创新投资论坛等把中俄合作推向更加紧密、高效的层面。2016 年，中俄双方签署了《俄中联合声明》《俄中关于协作推进信息网络空间发展的联合声明》《俄中关于加强全球战略稳定的联合声明》三个重要文件，以及其他一系列政府部门和企业间的合作文件，推动了双边经贸务实合作。中俄两国的经贸合作由主要集中于能源和军事技术领域，加快向机械与创新产品合作具有巨大潜力的领域拓展，正在激发出两国开展更广泛合作的新活力。

[①] Какой формат экономического взаимодействия с Китаем нужен России，http：// rusrand. ru/analytics/kakoy－format－ekonomicheskogo－vzaimodeystviya－s－kitaem－nujen－ rossii.

[②] 《中国专家：中俄合作取决于中俄双方的推动力度和战略举措》，http：//sputniknews. cn/ russia_ china_ relations/201601201017771902/。

2. 互联互通促进中俄边境合作取得新发展

面对中国"一带一路"倡议、俄远东大开发战略等重大机遇，中俄加快推进毗邻地区交通基础设施互联互通。同江中俄铁路大桥工程项目建设稳步推进，预计 2018 年 6 月整体完工后铁路年过货能力达 2100 万吨，这增加了一条重要的连俄通欧国际大通道。中国同江市正积极创建国家级边境经济合作区和中俄跨境经济合作区，争取被列入国家级沿边开发开放试验区。2016年 12 月，中国黑河与俄罗斯布拉戈维申斯克之间的黑龙江大桥正式开工，大桥建成后，将成为中俄两国经贸合作的新通道。黑河边境经济合作区依托黑龙江大桥桥头区的优势跨境产业平台，重点谋划了十个中俄跨境产业合作方向。中俄边境旅游试验区、沿边金融综合改革实验区、沿边重点开发开放试验区和跨境经济合作区加快发展，更好地发挥了在"中蒙俄经济走廊"建设中的特殊作用。

3. 境外产业园区建设产生良好的叠加和溢出效应

围绕扩大对俄沿边开放开发带建设，黑龙江省目前已在俄罗斯"建立 15个境外园区，总规划面积 3526 万平方米，规划总投资 41.8 亿美元，入区企业达到 68 家，累计完成投资 11.4 亿美元，其中乌苏里斯克经贸区为国家级境外园区，省级园区 14 家，省级园区中，境外加工园区 7 家，建材园区 1 家，木材加工园区 5 家，农业园区 1 家"。对俄产业园区建设，极大地推动了在俄罗斯集群式跨国投资，形成境外经贸合作区与东北边境口岸已建的国家级互市贸易区、经济开发区、综合保税区等开放平台配套联动的叠加和溢出效应，使境外合作区成为带动中俄地方间合作、东北振兴与俄远东开发乃至两国经济快速发展的"火车头"。①

4. 中国对俄远东超前发展区的投资明显加快

早在 2014 年 12 月，普京就签署了《俄联邦社会经济超前发展区联邦法律》，计划设立 14 个超前发展区。目前，俄远东地区已设立 17 个超前发展区，② 已有 250 家投资商入驻其中。"截至 2017 年 3 月 24 日已收到 29 份投资

---

① 马友君：《黑龙江省对俄产业园区合作研究》，《黑龙江经济报》2015 年 1 月 15 日，http：//russia. ce. cn/cr2013/sbdt/myhz/201501/15/t20150115_ 4350068. shtml。

② Крупнейшая TOP создана на Дальнем Востоке, https：//minvr. ru/press － center/news/5527/.

总额达 185 亿元人民币的外资企业入驻申请，其中 13 份总额为 155 亿元的入驻申请由中资参与，这些企业都由中国公司投资。"[1] 8 家中资企业已获得超前发展区的入驻资格，7 家中资企业获符拉迪沃斯托克自由港入驻资格。另有 8 家投资总额近 4 亿元人民币的企业递交了符拉迪沃斯托克自由港入驻申请。对俄远东超前发展区投资步伐加快，表明中国企业对俄全面合作的信心上升，正在抢占俄远东开放发展带来的历史机遇，也预示着中俄扩大相互投资合作的新高潮即将到来。

（二）中俄建立自由贸易区战略意义进一步凸显

1. 中俄全面战略协作伙伴关系发展的重大战略部署

中俄全面战略协作伙伴关系，在保障地区稳定乃至世界安全方面发挥着重要作用，更具有全球意义。2014 年以来，以美国为首的西方国家因乌克兰问题对俄罗斯实施的制裁持续升级，导致美俄两国发生直接军事冲突的可能性大幅提高，为世界安全局势带来严峻挑战。长期以来，中俄始终在维护世界安全方面相互支持，致力于把两国政治关系优势转化为高水平的经济、人文等领域的务实合作成果，共同应对经济与安全挑战。推进中国与欧亚经济联盟自由贸易区建设，是提升全面中俄战略协作伙伴关系的重大战略部署。

2. 中俄全面提升经济合作的客观要求

中国与俄罗斯在经济上互为重要的合作伙伴，经贸合作基础牢固，潜力巨大。欧亚经济委员会统计，2017 年第一季度，欧亚经济联盟对外货物贸易 1389 亿美元，同比增长 29.6%。2017 年 6 月，西方新一轮制裁客观推进了中俄大规模经济合作。欧亚经济联盟政府间理事会确定了发展联盟内具有高乘数效应的经济领域，主要是机械制造、冶金、化学和石化、交通运输和电信等。欧亚经济委员会和联盟成员国共同确定了能发展经济一体化潜能的近 300 种商品和服务。[2]

---

[1] 《8 家中资企业获俄远东超前发展区入驻资格》，俄罗斯卫星通讯社，2017 年 4 月 6 日，http：//sputniknews. cn/economics/201704061022270564/。

[2] 《欧亚经济联盟发展具有高乘数效应的经济领域》，中国商务部网站，2017 年 3 月 10 日，http：//www. mofcom. gov. cn/article/tongjiziliao/fuwzn/oymytj/201703/20170302531777. shtml。

3. 中俄提升相互开放水平的现实需要

"一带一路"和自由贸易区建设都是中国新时期构建全方位对外开放新格局的重要内容，开放是两者的共同主题，相互促进，相辅相成。中国与欧亚经济联盟建立自由贸易区，有助于中国与欧亚经济联盟各国协同推进战略互信、投资经贸合作和人文交流，不断丰富对外开放内涵，提高对外开放水平，形成深度融合的互利合作格局。推进中国与欧亚经济联盟政策沟通、设施互联、贸易通畅、资金融通，有利于激活双方合作新的增长点，促进共同经济发展，实现社会经济繁荣稳定，推进贸易投资便利化，深化经济技术合作，最终形成欧亚全面伙伴关系。

二　中俄建立自由贸易区面临的挑战

（一）来自地缘政治安全方面的挑战

独联体地区具有复杂的地缘政治格局，日益成为世界主要力量角逐的大舞台。美国和欧盟作为影响独联体地缘政治态势的重要政治力量，对俄罗斯实行了"遏制"战略，目的在于防止独联体的政治经济一体化重新处在俄罗斯的保护之下。这种战略意图明显地反映在欧盟北约双东扩以及欧盟对独联体实施的新邻国政策上。① 这样，中俄建立自由贸易区面临独联体地缘安全冲突的严峻挑战。

（二）来自世界经济严峻形势的挑战

联合国《2017 年世界经济形势与展望》报告预测，2017 年全球经济预计增长 2.7%，高于 2016 年的 2.2%。2016 年，世界经济发展趋势可以概括为"五低二高"，即低经济增长、低国际贸易流量、低通货膨胀、低投资增长、低利率；高债务水平和高度依赖货币政策。这种状况在 2017 年略有改善，但

---

① 陈新明：《俄罗斯与独联体国家关系：新趋势与新战略》，《俄罗斯中亚东欧市场》2009 年第 4 期。

世界经济仍将保持低速增长。① 全球经济复苏的根本动力在于全要素生产率的提升，而非资本投入的扩张。由于刺激性政策作用衰退，结构性改革尚需时日，所以全球经济弱复苏趋势难有改善，全球货币宽松和资产荒将延续，市场潜在风险依旧广泛存在。严峻的经济形势，可能激发出诸多潜在风险，中俄自由贸易区建设面临非常规挑战将成新常态。

（三）来自俄罗斯经济困难局面的挑战

据俄联邦统计局公布数据，2016 年俄 GDP 总额为 86.044 万亿卢布（约合 1.419 万亿美元），同比下降 0.2%，显著好于 2015 年的 3.7% 降幅，呈现逐渐企稳转好的良好势头。财政收入依赖油气出口收益的局面开始改变，但仍未摆脱国内消费需求不足、投资不旺、结构性改革不力等制约。2017 年第 1 季度，俄经济触底企稳。国际货币基金组织认为 2017 年和 2018 年俄 GDP 可以实现 1.4% 的正增长。俄经济继续向稳并进一步进入低速增长通道已成各方共识。② 然而，2017 年 6 月 20 日，美宣布对俄实施新一轮制裁，并力图使美国及其伙伴国的制裁措施保持一致。③ 这必然导致俄罗斯经济面临更多不确定性。

（四）来自中俄经贸规模提升迟缓的挑战

2016 年，中俄双边贸易额达到 695 亿美元，比 2015 年增长 2.2%。中俄机电产品和农产品贸易分别增长了 17% 和 11%，贸易结构有所优化；投资合作蓬勃发展，中国对俄各类投资超过 25 亿美元，成为俄第四大投资来源国；跨境电商等新业态发展迅速，俄罗斯已经成为中国跨境电商出口的第二大目的国；中俄航空、航天、跨境基础设施等领域的战略性合作取得新进展和突破。但我们也要看到，2016 年，中日贸易额 2748 亿美元，中韩贸易额 2526 亿美

---

① 《联合国〈2017 年世界经济形势与展望〉：今年全球经济预计增长 2.7%》，中国经济网，2017 年 1 月 19 日，http：//news.163.com/17/0119/07/CB4HBD4F00018AOQ.html。

② 陆鸣：《2017 俄罗斯经济进一步脱困向稳》，新华网，2017 年 5 月 17 日，http：//news.china.com.cn/live/2017 – 05/17/content_38249503.htm。

③ 《美宣布对俄实施新一轮制裁　俄将制定措施回应》，新华社，2017 年 6 月 26 日，https：//www.yndaily.com/html/2017/zongguantianxia_0622/107992.html。

元，都远高于中俄经贸合作规模，体现出贸易关系紧密程度上的差异。可见，中俄建立自由贸易区面临中俄经贸规模提升迟缓的挑战。

三 中俄建立自由贸易区的对策建议

中俄在欧亚经济联盟框架下建立自由贸易区，是丝绸之路经济带建设和欧亚经济联盟建设对接合作的重要组成部分，是全面提升中俄经济合作水平以及实现中俄政治关系与经济关系平衡发展、相互促进的战略举措。面对复杂多变的国际政治、经济和安全形势，为加快推动"丝绸之路经济带"与欧亚经济联盟对接，推动中俄全面战略协作伙伴关系实现新发展，必须以中俄在欧亚经济联盟框架下建立自由贸易区建设为突破口，以开放合作、市场合作、创新合作为引领，进而推动全球化在新层面上的发展。现提出以下三点对策建议。

（一）以开放合作引领中俄自由贸易区建设

中国与俄罗斯，既是互信互敬的好邻居，又是并肩发展的好朋友，在国际舞台上较好地发挥了大国担当作用。中俄两国都把与对方合作视为本国重要发展机遇，彼此间的相互信任与相互支持不断推进两国全方位合作向纵深发展。不断提升两国在经贸、投资等各领域合作的层次与规模，是中俄两国领导人共同的承诺。

2017 年，美国再次宣布对俄罗斯进行经济制裁，使原本就深陷困境的俄罗斯经济遭受严重打击。同时，我们也可以看到，中国对俄罗斯的支持不降反升。2017 年 7 月，中国国家主席习近平对俄罗斯进行了国事访问，这是中俄元首年内进行的第三次会晤。中俄双方在政治、经济、文化等领域签署了几十项文件，包括批准《中俄睦邻友好合作条约》2017～2020 年实施纲要。

为不断深化中俄全面战略协作伙伴关系，加快中国与欧亚经济联盟自由贸易区建设已是大势所趋。在新的发展机遇面前，中俄双方应秉持透明、相互尊重、平等、多种一体化机制相互补充、向亚洲和欧洲各有关方开放等原则，通过双边和多边机制开展合作。

2015 年 5 月，欧亚经济联盟与越南正式签署了自由贸易区协定，这是俄

罗斯主导的欧亚经济联盟与第三方签署的首个自由贸易区协定。2015 年 8 月，俄经济发展部长表示，"超过 40 个国家和国际组织表达了愿与欧亚经济联盟成立自由贸易区的意愿"。① 以俄罗斯为主导的欧亚经济联盟正在以积极的对外开放姿态，稳步推进双边自由贸易区建设。

中国作为俄罗斯的重要经济合作伙伴，应以开放合作为引领，加强对欧亚经济联盟国家经济、贸易、外资、国际合作、外交政策的研究，加快完成与欧亚经济联盟经贸合作的协议谈判；在综合评估西方国家制裁对俄罗斯国家安全与经济发展影响的基础上，科学研判中俄在欧亚经济联盟框架下建立自由贸易区最可能的时间表。

（二）以市场化合作引领中俄自由贸易区建设

中俄在欧亚经济联盟框架下建立自由贸易区，涉及海关程序与贸易便利化、技术性贸易壁垒、卫生与植物卫生措施、贸易救济、竞争、知识产权、政府采购、法律与机制条款等，将直接影响区域内各国的经济利益分配和福利水平。因此，必须以市场化合作为引领进行深入磋商，实现双边、多边互利共赢。

中俄在欧亚经济联盟框架下建立自由贸易区，重要一环是以"互联互通"为主的基础设施建设，提升周边国家基础设施水平，造福沿线国家人民。"丝绸之路经济带首推的互联互通建设中，中蒙俄、新亚欧大陆桥、中国－中亚－西亚、中巴经济走廊等无论对中国还是对欧亚经济联盟成员国都具有重要意义。"②

中俄在欧亚经济联盟框架下建立自由贸易区，应以市场为导向做好能源、贸易、投资等领域项目对接；巩固中国与俄罗斯及中亚在能源领域的合作成果，扩展中国能源进口渠道；深化中俄贸易领域合作，促进与中亚贸易结构转型升级；加强高铁、航天、农业等领域投资合作，建设好符合两方利益的战略性项目。

---

① 《俄经发部长：40 余国愿与欧亚经济联盟建立自贸区》，环球网，2015 年 8 月 25 日，http://www.hmgscg.com/ftz/3854.html。
② 秦放鸣：《丝绸之路经济带建设与欧亚经济联盟对接合作研究》，《俄罗斯东欧中亚研究》2015 年第 4 期。

（三）以创新合作引领中俄自由贸易区建设

中俄在欧亚经济联盟框架下建立自由贸易区，将是"丝绸之路经济带"建设和欧亚经济联盟建设对接合作的第一阶段成果，必将掀开中国与欧亚经济联盟合作的新篇章。为落实好这一具有远见卓识的重大战略决定，中俄应以创新合作为引领，积极推动双方谈判进程，为"一带一路"与欧亚经济联盟对接奠定坚实基础。

中俄互为最大邻国和全面战略协作伙伴，应将"一带一路"倡议同欧亚经济联盟更好地衔接，不断提升合作水平。在当前世界经济复苏乏力、贸易增速放缓的形势下，中俄要进一步相互支持，深挖创新合作潜力，推动中小企业扩大合作，努力扩大贸易与投资规模，共同维护世界贸易体系和规则。

为实现"一带一路"规划与欧亚经济联盟对接的顺利实施，必须向经济合作新模式转变，积极鼓励扩大对外经济交流。应基于中俄两国共同利益建立经济走廊，形成联合生产链；组建多式联运网，创建数字化交通走廊，利用新的物流服务协议整合生产链和物流运输；加快发展与俄接壤的跨境经济合作区。①

---

① Д. В. 涅斯捷罗娃：《"一带一路"与欧亚经济联盟对接发展框架下的经济合作新模式》，载《2017 第四届中俄经济合作与"一带一盟"对接高层智库论坛文集》，2017。

B.20
中俄在远东地区环保合作发展报告

Е. И. 卡拉尼娜*

摘　要： 粗放管理、滥用自然资源，破坏了自然资源的再生能力。特别是远东生态系统的自然、气候、大气条件、水利工程条件受到一定影响。其不稳定性由南向北增加。俄罗斯远东地区由于经济危机必然带来环境问题的出现。必须防止该地区环境的进一步恶化。

关键词： 环境危机情况　绿色改革　中国"十三五"规划　丝绸之路

中国是俄罗斯最大的贸易伙伴。从俄罗斯联邦经济改革开始，远东地区的对外贸易大幅增长，建立了长期互惠互利的合作机制,[1] 制定了《中华人民共和国东北地区与俄罗斯联邦远东及东西伯利亚地区合作规划纲要（2009—2018年）》。[2]

在中国，出现了出口10个重点行业的生产能力的提议，包括：建筑业、冶金、能源、机械制造、造船、化学工业、纺织工业、水泥工业、电信、农业。中国企业的转型涉及远东地区。对俄罗斯联邦地方经济来说，这也是加速

---

* Е. И. 卡拉尼娜，俄罗斯科学院远东研究所高级研究员，经济学博士。

[1] Почему Россия и Китай поддерживают друг друга ［Электрон. ресурс］ URL： – http：//tsrus. cn/pinglun/2013/04/03/22717. html.

[2] Официально утверждена Президентом Российской Федерации Д. А. Медведевым и Председателем Китайской Народной Республики Ху Цзиньтао 23 сентября 2009 г. в ходе встречи в Нью-Йорке. Электронный ресурс. URL： http：//www. chinaruslaw. com/RU/CnRuTreaty/004/201035210624_ 735729. htm Русский → Договоры между КНР и РФ → экономика.

经济发展、吸引投资、解决一系列社会经济问题的重要因素。

粗放发展、滥用自然资源不仅破坏了中国自然资源的再生能力，环保问题还出现在中国周边地区，特别是远东生态系统的自然、气候、大气、水利工程条件受到损害。必须防止这个地区的环境进一步恶化，与中国共同建设"生态文明"，并避免周边国家一起出现生态危机。合作的前提是遵守既定的国际环保要求。在当今世界，没有生态环境的经济没有前途。①

中俄在以下几个方面合作来保证边境地区的环境安全。

（1）保护跨界水域；法律框架内环保领域的技术交流；实现环境监测技术方法的交流；居民生态教育体系发展的信息交流；对环境保护问题每年举行联合会议；共同努力保护边境地区的生物多样性，建立边境特别自然保护区问题交流机制。

（2）外贝加尔边疆区政府和内蒙古自治区政府合作。推进保护额尔古纳河水体技术小组工作，在俄中地区间保护额尔古纳河水体生态状况的常设工作组框架内，保护其景观多样性和生物多样性。建立跨境特别自然保护区，并保障其功能。环保方面信息和经验交流，包括绿色环保生产技术领域。

（3）外贝加尔边疆区政府和黑龙江省政府合作。参与实施阿穆尔河/黑龙江流域的综合治理项目。

（4）哈巴罗夫斯克边疆区政府和黑龙江省政府合作。哈巴罗夫斯克边疆区和黑龙江省政府签订关于环保领域的合作协议。组织和开展联合空气质量监测。组织和开展联合地表水水质和水生物资源监测。建立和运作跨境特别自然保护区，保护跨界水体，保护和研究地区特有的动植物种群。交流绿色环保技术，利用和加工生产垃圾，扩大垃圾处理企业的交往，建立合资企业。进行环保专家交流，在交流中学习双方环保问题的生态政策和法律保障的生产与组织过程，建立业务往来。

（5）萨哈林州政府和黑龙江省政府合作。双方在环境监测领域开展合作，交流废物处理和有效回收生产的经验，在环保领域（水资源、大气）交换工

---

① Китай шаги на пути построения《экологической цивилизации》：［Элек¬тронный ресурс］：http：//www. agroxxi. ru/zhurnal – agr oxxi/fakty – mneniia – kommentarii/yekologicheskaia – civilizaciia – podnebesnoi. html.

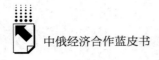

作信息与交流经验。①

俄罗斯声明 2017 年为生态年。在国内建立专业的法律基础，并保证其发挥作用，有利于改善生态状况。2000 年 5 月 16 日，俄罗斯国家生态委员会 N 372 法令《评价经济和其他活动对俄罗斯联邦环境的影响状况》是构成生态安全法律基础的重要组成部分。②

在俄罗斯，协调生态和资源利用的主要文件是《生态理论》，③ 其主要方向有：环境可持续利用、降低环境污染水平、环境保护和恢复。规定生态情况的改善应该依靠经济各领域使用节约资源工艺和无废工艺，依靠大规模技术改造与企业陈旧设备退役、企业现代环保设备配备等。

2015 年发生的重要事件是俄罗斯和中国在圣彼得堡的第七届涅瓦生态会议上就环境问题举行会谈。大会上双方发言，俄方代表为俄罗斯自然资源部政策和环境保护协调司德·别拉诺维奇，中方代表为中华人民共和国环境保护部政策法规司李清河。本次会谈的最重要议题是废物加工。俄罗斯自然资源部采取标准法律行为，旨在完善废物生产和利用处理领域的立法（458 号联邦法——《关于提出修改废物生产和利用联邦法》）。制定的修正案可以极大地完善调控这一领域，这依靠俄联邦各个主体的居民通过赋予的权利和引入完整的发展废物处理业的经济激励而实现。

2015 年 1 月 1 日，新的联邦法——《关于提出修改环境保护联邦法》生效，它规定了俄罗斯立法与国际法律标准协调一致，并促进产业向应用最佳有效技术方向转型。最佳有效技术是引入企业电子注册系统，通过它，可以看到

---

① Официально утверждена Президентом Российской Федерации Д. А. Медведевым и Председателем Китайской Народной Республики Ху Цзиньтао 23 сентября 2009 г. в ходе встречи в Нью-Йорке. Электронный ресурс］. URL：http：//www. chinaruslaw. com/RU/ CnRuTreaty/004/201035210624_ 735729. htm Русский → Договоры между КНР и РФ → экономика.

② Приказ Госкомэкологии РФ от 16 мая 2000 г. N 372 《Об утверждении Положения об оценке воздействия намечаемой хозяйственной и иной дея-тельности на окружающую среду в Российской Федерации》：［Электронныйресурс］：http：//base. garant. ru/！2120191 /# friends#ixzz43 S V6u A1P .

③ Экологическая доктрина РФ статистики：［Электронный ресурс］：http：//www. scrf. gov. ru/ documents/24. html.

物体的完整生态史，评估其工作效率以及监管机构。①

按照 M. L. 季塔连科的观点，应实施睦邻政策，中国和俄罗斯之间的共同利益不仅将创造两国之间的桥头堡，同时也可以解决各自国内的区域问题。② 例如，入驻超前发展区和符拉迪沃斯托克自由港的新企业，可以获得税收优惠、行政特惠。制定规则透明的情况下，来自地方当局遵守生态标准的适当监督和互动、远东地区的中国劳动力配额、来自中国工业企业的出口，会对区域经济发展和当地居民的生活水平提高产生积极影响。③ 俄中生态关系有待完善，防止生态问题和生态灾害取决于旨在防止污染和生态退化的联合协调行动，对此两国都有兴趣。要做到这一点，需建立适当的法律基础。

中国已经拥有了世界上最先进的环保法律制度之一，并在不断地发展。中国的领导层已经做出了很大的努力来解决复杂的生态问题。2017 年 3 月 5 日第十二届全国人大第五次会议的政府工作报告中，中国国务院总理李克强表示：改善生态环境是国家可持续发展的必要条件。必须加紧过渡到更清洁的"绿色"技术，合理利用资源，绿色环保生产；汽车燃料要油气混合和电气化，寻求替代能源；绿色建筑要成为标准。④

"十三五"（2016～2020 年）规划提出要在地区和部门计划中建立更加和谐的经济，根据新的生态环境状况，经济结构需重大调整。生产符合生态要求成为中国具有世界竞争力的重要因素。中国领导人致力于解决生态问题：保持经济发展和环境保护之间的平衡；改革环境法律体系；实施绿色战略产业和开发新的、更完善的创新技术；工业由东向西大规模转移，确保接收地区的生态保护。

修订后的《环境保护法》于 2015 年 1 月 1 日生效，中国政府也采取了适

---

① ЭКО Консалтинг：［Электронный ресурс］：http：//eco－consalting. ru/v－ramkah－vii－nevskogo－ekologicheskogo－kongressa－v－sankt－peterburge－sostovalis－rossiisko－kitaiskie－peregovorv－po－voprosam－sotrudnichestva－v－prirodoohrannoi－sfere/.

② Титаренко М. Л. Россия и ее азиатские партнеры в глобализирующемся мире. Стратегическое сотрудничество：проблемы и перспективы. -М. ：ИД ФОРУМ，2012г. Стр. 247.

③ ［Электронный ресурс］. URL http：//ecodelo. org/2259－sibir_ i_ dalnii_ vostok_ vzglyad_ iz_ kitaya－politika.

④ Жэньминь жибао. 01. 03. 2017 г.

当的行动，这些使得中国正在成为世界上最大的生态产业、朝阳产业市场和促进"绿色经济"发展的市场之一，年均增速 15% ~ 20%（仅次于日本，位于第二）。在"十二五"规划期（2011 ~ 2015 年）生态产业占国内生产总值的比重为 0.72% ~ 0.88%，到 2020 年可能上升至 1.5% ~ 3%。① 在国家"转型"期，为解决环境问题，中国政府成功地在总预算支出和国内生产总值中增加了对大气层的投入，然而，生态保护继续按照剩余原则进行投资。

表 1 固定资产投资中环保投资动态（不包括农村家庭经济）

	2014 年			2015 年			2016 年		
	数额 （10 亿元）	增速 （%）	所占比重 （%）	数额 （10 亿元）	增速 （%）	所占比重 （%）	数额 （10 亿元）	增速 （%）	所占比重 （%）
总额	50126.9	15.0	100	55159	10	100	59650.1	8.1	100
生态保护	4622.4	22.7	9.2	5567.3	20.4	10.1	6864.7	23.3	11.5

资料来源：《中国统计年鉴（2015）》，表 10 – 13，http：//www. stats. gov. cn/tjsj/zxfb/201702/t20170228_ 1467424. html。

中国环境立法的改革经历了三个阶段。第一阶段，消除在立法中积累的问题和矛盾。第二阶段，现行环境法律体系的重组。第三阶段，采用新的环保法律体系——从通过的法律数量过渡到完成的质量。2017 年全国人大常委会正在着手修订《大气污染防治法》《水污染防治法》，正在制定《土壤污染防治法》。②

在许多国家，保障环境政策有效的主要工具之一是税收。2016 年 8 月底，中国国家税务总局上报国务院《环境保护税法》草案，财政部和环保部已同意，2016 年 12 月 25 日获人大常委会批准。③ 该法的主要目的不是增加税收，而是建立健全机制，鼓励企业减少污染物的排放。生产废料越多，税收就越

---

① ［Электронный ресурс］. URL：http：//www. zhb. gov. cn/english/SOE/soechina2016/english/2 - preface. htm（10. 14. 2016）.

② ［Электронный ресурс］. http：//russian. people. com. cn/n3/2017/0305/c31521 - 9185733. html（07. 03. 2017）.

③ ［Электронный ресурс］. URL：http：//pavel. bazhanov. pro/blog/2015/09/china_ enviromental_ tax_ law_ draft/（01. 29. 2017）.

高，反之亦然。① 尽管在中国有环境污染费，并确定了不支付的责任（处以税额 100% ~ 300% 的罚款和暂停生产），但实行环境税早就不可避免，特别是自 2011 年底，中国工业生产总量在世界排名第一及雾霾问题急剧恶化。② 法律规定把现有的环境污染支付体系更换为环境税。实行《环境保护税法》之前，所有污染环境的企业被要求为污染物的排放缴纳专门费用。环境污染费更换成环境税被视为主要措施之一，"污染" 行业的成本被提高了，这将鼓励工业走向现代化。③

按照环境税法律草案，将对 "被征税的污染物" 排放收费。这不仅包括物质、空气和水资源污染物及固体废物，还包括建筑和工业噪声。固体废物（排放收取环境税）目录中包括：冶金工业废物、矿渣、废煤石、废矿石（矿物加工废弃物）和其他类型的固体废物（包括半固体）。环境税税率取决于废物的类型，每吨 5 元至 30 元。区别于环境污染费（由环境保护部门征收），环境税应由税务机关收取。环境保护部门应该监测、控制和评估污染物排放量，以方便税务机关。④

中国实行的环境税的基本特征类似于现有环境污染费。主要区别就在于征收权力移交给税务机关，改善税费监督应该成为结果。《环境保护税法》将于 2018 年底生效。实施第一阶段的主要目标是不增加可征收的环境支付范围，使公司和终端消费者都改变环境意识和行为。实际的趋势是整合所有经济部门中的环境成分。在某些情况下，其在传统产业中是越来越重要的部分。采用现代生态的同时，在环境方面有益的技术不仅可以使生产现代化、降低成本，同时也增加利润。国家支持绿色创新，资助中小型企业、组织和专门机构。

新的生态调整体系旨在降低自然资源污染水平，在生产中推广清洁技术并创造 "绿色税收"。此外，市场的环境排放支付系统正常运转，包括二氧化硫和二氧化氮、其他污染物控制，以及内部交易额方案。在 "十三五" 规划里

---

① ［Электронный ресурс］. http：//www. ved. gov. ru/reg/info/documentation/search_documents/? action = showproduct&id = 4675&parent = 0&start = 4 （11. 01. 2017）.

② ［Электронный ресурс］. http：//russian. news. cn/2017 – 03/08/c_136113419. htm.

③ ［Электронный ресурс］. http：//pavel. bazhanov. pro/blog/2015/09/china_enviromental_tax_ law_draft/ （01. 29. 2017）.

④ ［Электронный ресурс］. http：//pavel. bazhanov. pro/blog/2015/09/china_enviromental_tax_ law_draft/ （01. 29. 2017）.

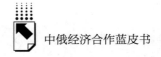
提出的任务是降低国内生产总值每单位能源消耗量、耗水量和减少污染大约分别为 15%、23% 和 18%。[①]

使用定性的其他的方法对环境影响进行评估，成为对环境损害居民危险程度的一项基本标准。这是由于，以前的生态安全概念是限制有害化学物质含量标准，这已经落后于环境风险概念。根据这个旧概念，不可能完全消除项目设计对生态系统和人体健康的负面影响。因此，（从自然资源保护观点出发）采纳的最佳解决方案是在经济和社会方面使这些负面影响最小化。

为了推动资源保护措施，规定逐步转向租金支付体系；考虑到形成自然环境的功能以及环境保护（生态）工作（服务）把自然资源总成本纳入经济指标；建立从经营自然资源的经济主体征收的机制，以及把其用于维护和恢复自然环境，包括生物多样性的支付机制；在产品生产的所有阶段引入责任机制；对收集和综合利用可再生能源、生产环保设备及利用液体、气体和固体废物的企业提供一系列优惠。

发展"绿色金融"是"十三五"规划的优先方向：成立"绿色发展基金""绿色金融体系"，其中包括：单独的贷款制度、独立的有价证券市场、"绿色股票"及相关产品的特别股票指数，以及"绿色保险"机制。2018 年，计划建立"生态审计"制度。银行金融机构为"与生态环境友善"的企业给予更多的支持，而"绿色信贷"政策应作为生态方面清洁生产的激励。中国政府发布了建立绿色金融系统的指导建议，发行了各种各样的绿色债券，约 2296 亿元人民币（343 亿美元）。[②]

中国还宣布，计划在 2017 年开放全国碳市场，这将成为世界上最大的碳市场。国家建立试验区，并在试验区批准碳排放权交易制度，通过信贷或相互冲账减少碳单位排放，消减二氧化碳单位和其他碳单位。

二氧化碳排放量交易是支持工业和降低环境压力的方法。2013 年 6 月在深圳开始试验，后来此类拍卖在天津、上海、重庆、北京以及广东省和湖北省举行过。在浙江省、福建省、河南省和四川省实施项目试点补偿能耗使用权和

---

① ［Электронный ресурс］. http：//www. zhb. gov. cn/english/SOE/soechina2016/english/2 – preface. htm（10. 14. 2016）.

② ［Электронный ресурс］. http：//ru. theorychina. org/xsqy _2477/201511/t20151112 _331129. shtml（11. 12. 2015）.

建立额度交易机构。拍卖的意义在于，向空气中排放有害物质高于标准的企业，向排放低于标准的企业购买额度。为了减少舞弊行为和违反法规行为，规定发现违反交易规则罚款 10 万元人民币（1.64 万美元）。中国试图把生态责任变成资产。

建立自然资源和环境负荷能力的监督和预测机制，已在北京、天津、河北地区进行试点。在大型企业中进行 24 小时监控。如果企业排放量超过标准，在一定期限内没有把排放量减少到规定标准，就关闭企业。中国政府从 2017 年起每年两次对领土进行卫星监测，可以跟踪观察生态变化。到 2020 年，计划连接到互联网并进行陆地－航天观测生态安全。

2017 年 1 月 1 日，环境监测数据作弊的刑事责任被引入。中国最高人民法院和最高人民检察院通过了相应的决议。被告发的提供污染物排放虚假信息的企业家、监控官员和代表面临三年以上七年以下有期徒刑。企业故意切断清洁设备行为被列入排放事实作弊，这是因为很多厂家在当地政府的要求下安装相应的设备，但仅在官方检查时使用。据统计，2016 年对污染企业不符合环保的行为的罚款总金额达到 1.98 亿元人民币（2900 万美元）。[1]

在福建、江西和贵州推动建立生态文明超前发展示范园区，在生态环境退化的省份进行补偿体系改革的试点项目。列入国家级重要生态功能区的包括 676 个县和 87 个位于国有主要林区的林业局，发布和推广"负面清单"，限制某些产业的发展。在 11 个沿海省份开展编制省级海洋经济主要功能区规划的工作，发布和实施建立国家公园制度体系试点项目。

中国政府公布了关于生态"红线"指导文件，根据该文件，某些地区 2020 年前应该实行必需的最严格的生态标准。为了实现提高的目标规定了 10 个方面的措施，包括全面监督污染物排放，促进经济结构转变，强化节约和保护水资源，加强科学技术支持，确定市场机制的作用，加强监督环保法律的实施等。[2]

"北方地区冬季生态清洁供暖"的计划开始制订。在东部和中部地区这个

---

[1] Жэньминь жибао. 01.03.2017 г.

[2] http：//russian. news. cn/2017－02/21/c_ 136073394. htm.

任务将在 2017～2018 年完成，在西部是在 2020 年前。① 对此需要调整传统原煤的消费；在北方使用环保清洁供热系统；保证不少于 300 万个家庭从煤转变到电力或天然气；完全消除城市周围所有燃煤小锅炉；为节约能源和减少排放加大燃煤电厂的改造。此外，还将在大江大河和重点地区组织防止和消除水体污染的工作。②

"2020 年前中国林业科学－技术发展中长期规划"确定了科学研究和技术创新的主要方向：与森林和环境有关的生物工程技术和育种、生态系统与退化的生态平衡的恢复、防沙治沙、预防森林灾害和其他。计划减少森林砍伐配额，加大在公路和林区人工造林量。研究建立国家公园研究所项目。③

2016 年 11 月，在建设新丝绸之路的框架内中国成立了第二个投资基金。项目的目的是帮助丝绸之路经济带沿线国家的经济发展，保护其独特的生态系统。生态基金将与基础设施合作。项目基于成员国互惠互利、和谐发展的原则。④

计划投资数十亿美元开发和利用替代能源以及欧亚地区国家工业和农业的现代化。在第一阶段主要防治沙化和建设太阳能电站。需要建设基础设施以生产 100 亿瓦太阳能，恢复约 50 万公顷沙漠化土地，创造约 20 万个新工作岗位。中国国家开发银行负责项目的实施。除了基金，私人投资者也参与了工作。讨论政府如何鼓励这种投资是 2016 年 9 月 4～5 日在杭州（浙江省）召开的 G20 峰会关注的焦点。首先成员国已就管理"绿色拨款"的原则达成协议，并认识到它的潜力对经济增长的重要性。这是创建国际金融体系，支持环保项目，采用论证原则向环保项目投资的第一步。

作为其战略的一部分，中国已经实施了一个首创，通过出售"绿色"债券吸引私人资本，打造"绿色"贷款，建立测试生态风险的系统，为检测"绿色"投资的可靠性建立监控指标。中国的贸易部和环保部公布了"对实施的外国投资项目和合作进行环保指导"，规定中国企业及时查明和提醒生态风险，支持东道国的可持续发展。

---

① Жэньминь жибао. 18. 03. 2017 г.
② [Электронный ресурс]. http：//russian. cri. cn/3060/2017/03/07/1s598381. htm（06. 03. 2017）.
③ Жэньминь жибао. 01. 03. 2017 г.
④ Жэньминь жибао. 01. 03. 2017 г.

　　中国进出口银行宣布自己有权力对国外的项目和对象在为其提供贷款资金之前、期间和之后进行检查，在没有完成要求的情况下要求纠正违法行为、终止合同和提前返回资金。国家认真关注中国企业的生态责任，为与投资者进行建设性对话创造了机会，经过一定的努力这些投资者能够取得积极的成果。

　　根据 2020 年国家规划，中国要转变成一个创新型国家，并进入最积极创新的国家之列。目前，中国在"绿色技术"投资方面一直处于领先地位，并准备向生态发展。2020 年，全国各地应建立示范性的绿色企业和绿色区域，降低原材料和能源的消耗。主要重化工企业的污染物的排放计划降低 20%。重点行业的"绿色生产"水平应增长到世界水平。中国也正在讨论把基于统计国内生产总值增长的经济发展效率的评价体系转换到基于可持续发展或"绿色国内生产总值"指标的评级体系的可能性。[①]

（邹秀婷译）

---

① ［Электронный ресурс］. http：www. gov. cn/zhengce/content/2015 ‒ 05/19content _ 9784. htm. ВВП минус затраты на охрану окружающей среды，повышает адекватность отображения экономического потенциала развития страны.

B.21
中俄边境地区人口流动趋势分析与预测

A. B. 马卡洛夫　A. C. 茹科娃*

摘　要： 目前，俄罗斯联邦接收过境移民，并为伙伴国提供过境通道。由此，在边境地区的社会文化、社会经济及法律关系上出现了一些问题。我们需要讨论外国移民的增加以及相应的社会适应、经济和边境关系问题。现在，有必要提出现行的移民社会适应制度以及在保持文化优势和相互尊重邻国法律的情况下改善俄中关系的问题。

关键词： 俄中边境合作　经济　法律　人口流动　跨文化

根据俄联邦 2020 年前长期社会经济发展纲要的纲领性原则，俄罗斯经济面临着新的挑战和任务，要解决这些挑战、完成这些任务须从短期和长期视角提出新办法。① 俄罗斯获得市场经济地位和投资信用评级表明俄取得的成就得到国际承认。俄罗斯在国家治理过程中运用现代管理方法，制订战略规划和管理机制。国家计划的主要目标已实现：经济实现稳定增长，大规模结构性和体制性变革已奠定基础。然而，尽管取得了一些成就，俄罗斯仍然处在复杂的社会经济条件下，须在所有优先领域积极发展和改善。

如今，俄中经济合作是俄优先发展方向之一。经济合作是 21 世纪两国对外政策中不可分割的组成部分。因此，普京总统在 2016 年 12 月 1 日向俄联邦

---

* A. B. 马卡洛夫，法学博士，教授，后贝加尔国立大学法律系主任；A. C. 茹科娃，后贝加尔国立大学法律系刑法教研室资深教师。

① О Концепции долгосрочного социально-экономического развития Российской Федерации на период до 2020 года：распоряжение Правительства Рос. Федерации［от 17. 11. 2008 N 1662 - р］// Собр. законодательства Рос. Федерации. -2008. - № 47. - Ст.5489.

委员会提交的国情咨文中强调，目前俄罗斯面临复杂的国际环境，俄中全面战略协作伙伴关系是保障全球及地区稳定的关键因素之一。普京表示，中俄伙伴关系是世界秩序的典范。这种伙伴关系不是由一国主导，而是综合考虑各国利益。目前，中国已成为世界上最强大的经济体之一，而且两国的互利合作逐年增加，在各领域不断投产新的大项目，如贸易、投资、能源和高科技领域。①可以说，普京总统再次强调了综合发展俄中双边关系的方针。

边境合作是俄中经济合作和发展的主要方向。在此背景下，M. B. 亚力山德罗娃指出，从 1983 年开始，俄远东和西伯利亚开始向市场经济转型并实施经济开放，可以说，这是远离俄欧洲领土的东部地区搞活经济的唯一可行方案。② 中国专家王义认为，边境贸易、生产活动、劳动力资源合作、生产的专业化、生产合作及共同建设交通基础设施是俄中边境地区发展的主要特征。③

实际上，应该赞同上述两位学者的观点，无论是在国家层面还是在地区层面都应该采取社会文化、社会经济和法律措施，从而为边境地区的积极互利合作创造条件。

因此，欧洲边境合作框架公约（1980 年 5 月 21 日于马德里签署）明确统一行动，旨在加强和促进处于两国或多国管辖下的边境地区的睦邻关系，并缔结为达成这些目标所必需的协定或协议。这些协定或协议的基础是包含在公约附件中的被推荐的典型框架协议、章程及合同，并且可以根据每一个缔约方具体条件的变化而做出改变。如果各缔约方认为有必要签订国家间协议，除其他事项外，各缔约方可以确定参与边境合作的相关地方部门或机关发挥作用的内容、形式和界限。所有这一切并不妨碍在相互协商的情况下利用其他边境合作形式。国家应该努力解决任何阻碍边境合作发展的法律、行政和技术障碍，并

---

① Федеральная служба государственной статистики［Электронный ресурс］/ http：// www. gks. ru/wps/wcm/connect/rosstat_ main/rosstat/ru/statistics/publications/catalog/doc_ 1139821848594（дата обращения：11 ноября 2016 г.）.

② Александрова М. В. Межрегиональное и приграничное сотрудничество：прошлое，настоящее и будущее / М. В. Александрова // Китай：поиск гармонии. К 75 – летию академика М. Л. Титаренко. – Москва：ИД《Форум》, 2009. – С. 129.

③ Ван И. Приграничное экономическое сотрудничество между Россией и Китаем：автореф. дисс. канд. эконом. наук：08. 00. 14 / И. Ван. – Москва. – С. 3.

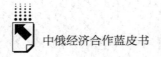

且，在需要时与公约的其他缔约国进行协商。

应该指出，俄罗斯超国家层面实施边境贸易的完善法律基础还没有形成。尽管国家采取措施促进俄方与相邻国家边境地区贸易额增长，包括建立边境检查站、发展交通基础设施及边境合作中心、边境购物中心、海关仓库、集装箱码头等，关于边境合作的联邦法律草案规定了主要任务，但是俄联邦国家杜马2010 年 6 月 29 日在审议该草案时将其撤销。边境合作作为一条主线体现在俄联邦的下列正规文件中：关于俄联邦战略规划联邦法①、2020 年前俄联邦长期社会经济发展构想②、2020 年前俄联邦国家安全战略、俄联邦对外政策构想③、2025 年前远东及外贝加尔地区社会经济发展战略④。

同时，关于 2030 年前俄联邦社会经济长期发展的预测也是俄联邦发展战略规划体系的主要文件之一。该项预测决定了俄联邦及各联邦主体社会经济发展的远景目标和预期结果。长期预测为制定长期战略、专项纲要以及前瞻性的中期计划文件建立了统一的平台。⑤

但是，除了远东和贝加尔地区以外，上述任何一个文件都没有确定具体的战略或者与相邻国家边境合作的明确规划。然而，俄中对外经济联系并不局限于这些地区。

在俄联邦，边境合作被认为是联邦行政机关、联邦主体行政机关及地方自治机关的统一行动，其目的是促进边境地区稳定发展、提高边境地区居民生活

① О стратегическом планировании в Российской Федерации：федер. закон［от 28. 06. 2014 N 172 – ФЗ（с посл. изм. и доп.）］// Рос. газета. – 2014. – № 146. – 03 августа.

② О Концепции долгосрочного социально-экономического развития Российской Федерации на период до 2020 года（вместе с《Концепцией долгосрочного социально-экономического развития Российской Федерации на период до 2020 года》）：расп. Правительства Рос. Федерации［от 17. 11. 2008 N 1662 – р（с посл. изм. и доп.）］// Собр. законодательства Рос. Федерации. – 2008. – № 47. – Ст. 5489.

③ Об утверждении Концепции приграничного сотрудничества в Российской Федерации：расп. Правительства Рос. Федерации［от 09. 02. 2001 № 196 – р（с посл. изм. и доп.）］// Собр. законодательства Рос. Федерации. – 2001. – № 8. – Ст. 764. – 19 февраля.

④ Собр. законодательства Рос. Федерации. – 2001. – № 8. – Ст. 764. – 19 февраля.

⑤ Прогноз социально – экономического развития Российской Федерации на 2016 год и на плановый период 2017 и 2018 годов：разработан Минэкономразвития России［Электронный ресурс］режим доступа：http：// economy. gov. ru/minec/main（дата обращения：12. 03. 2016 г.）

水平、巩固与相邻国家的友谊与睦邻合作等，从而加强俄联邦与相邻国家的相互关系。①

俄联邦边境合作建立在下列原则基础上：相互尊重彼此主权和领土完整；和平解决边境争端；尊重进行边境合作的国家法律以及相应的国际协定；保障俄罗斯在边境合作中的利益；避免参与跨境合作的国家遭受经济和其他方面的损失；考虑俄联邦与邻国边境地区的特点，主要包括彼此的差异、国家间关系的特点、历史上形成的与邻国的关系特征、自然资源、社会经济、城市发展、边境地区发展的交通条件以及边境地区威胁俄联邦国家安全的特征；遵守1980年签订的欧洲边境合作框架公约。

俄联邦政府与中国政府在21世纪加强战略协作，建设和发展平等与互信的伙伴关系。据此，两国签订了关于俄联邦主体政府与中国地方政府之间合作原则的协议。② 在该协议框架内，相邻国家之间的战略伙伴关系是可以实现的。因此，作为国家间层面努力协调俄联邦和中国地区发展战略取得的积极成果，俄联邦远东和西伯利亚地区与中国东北地区合作纲要（2009～2018年）正在实施。上述纲要规定了俄中两国地区合作应实施的关键项目，在滨海边疆区、哈巴罗夫斯克边疆区、阿穆尔州和犹太自治州计划共同实施38个项目。实际上，只实施了其中8个项目（由于缺少投资，有30个项目没有实施）。③

尽管只有8个项目正在实施，但是以Т.哈布里耶娃为首的创作集体在实施项目过程中看到了边境合作的积极态势。他们指出，俄方向中国供应电能（该项目有三个阶段），俄中双方共同实施在中国领土上建设功率为750兆瓦

① Собр. законодательства Рос. Федерации. – 2001. – № 8. – Ст. 764. – 19 февраля.

② Соглашение между Правительством Российской Федерации и Правительством Китайской Народной Республики о принципах сотрудничества между администрациями (правительствами) субъектов Российской Федерации и местными Правительствами Китайской Народной Республики：[заключено в г. Пекине 10. 11. 1997 г.] // Дипломатический вестник. – 1997. – № 12. – C. 14 – 15.

③ Об утверждении Концепции развития приграничных территорий субъектов Российской Федерации, входящих в состав Дальневосточного федерального округа: расп. Правительства Рос. Федерации [от 28. 10. 2015 N 2193 – р] // Собр. законодательства Рос. Федерации. – 2015. – № 45. – Ст. 6287.

的直流电输电线路以及跨阿穆尔河通道，并在远东和东西伯利亚地区建设新的电站和电网基础设施。该协议的实施不仅能缓解中国东北地区电能供应问题，还将促进俄远东和东西伯利亚地区电能基础设施的发展。① 但是，人们普遍认为边境基础设施不发达是俄中经贸合作发展的主要制约因素。很多边境口岸的基础设施年久失修，检查站数量不足。边境口岸的承载能力与实际过货量及过境旅客数量不符，大量货物囤积在中国口岸。

实际上，发展交通物流基础设施是主要方向之一，且从保障经济互利增长的角度来说，该领域是值得俄中双方下大力气的。这个优先发展方向不是唯一的，它要求双方国家努力发展贸易投资环境。

可以说，任何国家的国民经济可持续发展若缺少各组成部分——各地区、州等经济的相应发展是不可能实现的。地区是国家国民经济的子系统，该系统是在部门和地区劳动分工的基础上发挥作用的。地区是社会经济空间的整体，有自身独特的生产结构（存在各种形式的所有制）、市场容量、居民构成等。②

国家的边境线保证了国家社会经济空间的完整性。边境线对于每一个国家都有重要意义，表现在如下方面：确定国家的领土界线；保证国家安全；控制人口流动；管理商品、货物的流动及其他形式的经济关系。

近些年，俄联邦边境地区的经济活动日益加强。这种情况要求不仅要常常关注与邻国合作的外交政策问题，还要关注确立和设定俄罗斯边界线的技术问题。边境政策在俄罗斯对外政策中占有重要地位，因为俄联邦与 18 个邻国有长度为 6 万公里的边界线。③ 无论是在俄中国家层面还是在边境地区层面进行的边境合作中，上述情况引起了对于人口集中问题（人口状况）、工作地点、人们的生活条件（社会条件）等问题的关注。外贝加尔边疆区、滨海边疆区、阿穆尔州、犹太自治州和阿尔泰共和国是俄罗斯与中国开展积极合作的边境地

① Глобализация и интеграционные процессы в Азиатско-Тихоокеанском регионе（правовое и экономическое исследование）：монография/Н. М. Бевеликова, Н. Г. Доронина, О. О. Журавлева и др．；под ред. Т. Я. Хабриевой. – Москва：ИЗиСП, ИНФРА – М, 2014. –333 с.

② Воробьев А. Е., Чекушина Т. В. Национальная экономическая безопасность России. Методология управления государственным долгом：монография/А. Е. Воробьев. – Москва：Издательство Российского университета дружбы народов, 2012. –411 с.

③ Международное право：учебник ／ Б. М. Ашавский, М. М. Бирюков, В. Д. Бордунов и др．；отв. ред. С. А. Егоров. М．：Статут, 2015. –848 с.

区。黑龙江省、吉林省、辽宁省、内蒙古自治区及新疆维吾尔自治区是中国边境省（自治区）。①

在经济指标上，2016 年中国国内生产总值比 2015 年增长 6.7%，而俄罗斯全年国内生产总值则下跌 0.4%。② 2016 年 5 月俄中之间贸易额是 61 亿美元，同比增长 9.8%，当年 6 月 8 日中国海关总署的公报中公布了这一情况。③ 据 2016 年 1～10 月海关统计资料，俄罗斯对外贸易额是 3762 亿美元，同比下降 15%。2016 年 1～10 月，在亚太地区国家中，中国是俄罗斯的主要贸易伙伴之一，俄中贸易额是 527 亿美元（为 2015 年同期的 100.3%）。④

根据边境合作示范法，我们可以谈谈边境合作的主要方向，包括：边境地区的贸易合作、投资项目的实施和生产技术合作、电能领域合作、交通和通信部门合作、合理并安全利用自然资源以及环境保护领域合作、法治领域合作、调节人口流动和劳动力市场方面的合作、科学和人文领域合作、旅游合作，以及预防和应对自然及人为突发事件的合作。⑤ 俄中边境合作主要涉及贸易、投资合作和交通部门的合作。

可以说，俄中两国边界的人口流动取得了一定成绩，同时也为实施两国边境优先合作带来了一些问题和影响。

移民在俄联邦的社会经济和人口发展过程中起到重要作用。近 20 年，流动人口增长在很大程度上补充了俄居民的自然减少，甚至数量达一半以上。根据全俄人口普查结果和近些年人口动态，俄联邦统计局对 2030 年前人口数量进行了预测（分为高级方案和中级方案）。据此次估算，2025 年初俄人口数量

---

① Ван И. Указ. соч. – С. 12.

② Срочная информация по актуальным вопросам. Федеральная служба государственной статистики［Электронный ресурс］/http：//www. gks. ru/wps/wcm/connect/rosstat _ main/rosstat/ru/statistics/publications/catalog/doc _ 1139821848594（дата обращения：11 ноября 2016 г.）.

③ Российская газета［Электронный ресурс］// https：//rg. ru/2016/06/08/tovarooborot – rossii – i – kitaia – za – god – vyros – pochti – na – 10 – procentov. html（дата обращения：10. 12. 16 г.）.

④ ［Официальный сайт ФТС России электронный ресурс］// http：//www. customs. ru/（дата обращения：10. 12. 2016）.

⑤ Модельный закон о приграничном сотрудничестве//Информационный бюллетень. Межпарламентская Ассамблея государств-участников Содружества Независимых Государств. – 2007. N 41. – С. 486 – 497.

为 1. 428 亿 ~ 1. 456 亿人。① 其有力例证是最近 5 年的移民数字，进入俄联邦的移民数量从 2011 年的 35. 65 万人增至 2015 年的 59. 08 万人。② 俄内务部移民管理总局关于移民问题的官方资料显示，2015 ~ 2016 年的十个月内，入境俄罗斯的外国公民有 1500. 8 万人，离境者达 1323. 7 万人。③ 来自中国的移民数量几乎提高了 5 倍，达 10563 人，2010 年这一数字仅为 1830 人。④

目前，在俄的中国移民主要来自中国东北地区——辽宁省、黑龙江省、吉林省和内蒙古自治区。同时，中国赴俄劳动力的最主要供应地是黑龙江省，赴俄中国劳动力中 80% 多来自黑龙江省。移民过程具有双向性。目前，到中国的俄罗斯公民数量也增加了，并且还将继续增加。他们主要是旅游者、大学生和商人。据中方资料，超过 70 万名中国公民到访俄罗斯，同时中国约有 300 万名俄罗斯人。⑤ 事实证明，到访过中国的俄罗斯人数量与去过俄罗斯的中国人数量相比多 3 倍。

在俄罗斯，移民是补充劳动力短缺的主要来源。俄罗斯总共有 1200 万名劳动移民。2016 年 1 ~ 10 月签发的工作许可证的数量与 2015 年同期相比实际上没有太大变化，达 12. 02 万人，而登记的移民人数为 1217. 25 万人。⑥ 据外贝加尔边疆区统计局的资料，2015 年入境人口数量达 30093 人，离境人口 37300 人，人口损失达 7207 人。这种情况从 2000 年开始就一直存在，当年入

---

① Концепция государственной миграционной политики Российской Федерации на период до 2025 года: утв. Президентом Рос. Федерации от 13 июня 2012 г. // Ваше право. Миграция. – 2012. – № 13.

② Федеральной службы государственной статистики Электронный ресурс/http: // www. gks. ru/ wps/wcm/connect/rosstat _ main/rosstat/ru/statistics/publications/catalog/doc _ 1139821848594 (дата обращения: 11 ноября 2016 г.).

③ Сводка основных показателей деятельности по миграционной ситуации в Российской Федерации за январь-октябрь 2016. ГУ МВД РФ [Электронный ресурс] // https: //xn –– b1aew. xn –– p1ai/Deljatelnost/statistics (дата обращения: 10. 12. 2016 г.).

④ Федеральной службы государственной статистики Электронный ресурс/http: // www. gks. ru/ wps/wcm/connect/rosstat _ main/rosstat/ru/statistics/publications/catalog/doc _ 1139821848594 (дата обращения: 11 ноября 2016 г.).

⑤ Ван И. Указ. соч. – С. 14.

⑥ Сводка основных показателей деятельности по миграционной ситуации в Российской Федерации за январь-октябрь 2016. ГУ МВД РФ [Электронный ресурс] // https: //xn –– b1aew. xn –– p1ai/Deljatelnost/statistics (дата обращения: 10. 12. 2016 г.).

境人数 26726 人，离境 33031 人，人口损失 6305 人。其中，每年有 25 万~35 万外国人通过位于外贝加尔边疆区的检查站进入俄罗斯境内，其中有 80%~90% 是中国公民。来自中国的劳动者在当地引入的外国劳动力中所占比重超过 60%。[①]"工作"是外国公民在该边疆区短期停留的主要目的。执法机关的统计和实践经验表明，当地居民不愿意从事一些报酬较低、工作条件较差的工作，这些工作都由外来者承担；还有一些当地人不能胜任的特殊专业或者职位，造成的空缺也由外来者来填补。

整体来说，外贝加尔边疆区的人口流动情况直接与下列因素有关：该地区与中国相邻，且在外贝加尔斯克村有一个大型跨境检查站，除此之外，在该边疆区上，还分布了 7 个检查站；在边境区位条件下，外贝加尔边疆区有自身的地区发展特点，该边疆区与俄其他联邦主体一样实施联邦移民政策构想。

创建条件使移民适应并融入当地、保护他们的权利和自由、保障社会安全是俄联邦移民政策构想的最重要内容。但获得俄联邦永久居住权十分困难，并且无法解决外国公民的法律地位问题，这些问题变得十分棘手。缺乏移民适应和融入的国家规划直接导致移民与当地社会环境格格不入，以及对移民消极态度增加。必须吸收所有利益相关部门（包括各移民来源国政府、移民代表、商业机构、非政府组织）制订移民适应与融入规划，并充分挖掘媒体的潜力。

正如俄联邦总统普京在 2016 年 12 月 1 日发表的国情咨文中强调的："公正、尊重和信任的原则是通用的。我们坚定地捍卫这些原则。正如我们看到的，在国际舞台上并不是没有成果的。但是在某种程度上，应该保证在国内、在每个人与整个社会的关系上也实施这些原则。"在此背景下，应保证来到俄罗斯的移民享有所有国家福利。总统的话完全体现了俄联邦宪法所确立的准则，即俄罗斯是由各民族人民组成的。还有一个影响移民社会适应与融入的因素，就是移民群体的凝聚力，以及不信任的态度。这种不信任不利于移民与当地居民交流、了解当地文化及社会心理，从而对移民融入当地社会是不利的。因此，移民的社会适应问题是值得关注的，统计数据证实，移民数量每年以数倍递增。

---

① Там же.

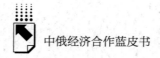
俄联邦移民政策构想将促进移民适应和融合、形成移民与接收地区之间的建设性互动作为优先方向。

——促进当地跨民族和跨宗教文化的发展，在移民和接收移民地区之间形成跨文化交流的习惯，打击仇外行为、民族或种族偏执行为。

——为移民适应和融入当地社会创造条件，包括教他们学习俄语、对其进行法制教育、通过在移民来源国和俄罗斯接收移民较多的地区建立相应的机构向外来人口普及当地文化传统及行为规范，以及积极利用媒体的力量和移民原住国文化中心的作用。

——保证外国公民及其家庭成员享有进入当地社会、医疗和教育服务部门的权利，保证其不受法律地位制约。

——促进俄语及俄罗斯文化知识在国外的普及。

——打击当地社会对于移民的排斥行为、空间隔离以及建立种族聚居地的行为。

——在俄联邦国家政权机关、各联邦主体政权机关、地方自治机关、公民协会机构和企业组织等多方共同合作的基础上，研究外来移民及其家庭成员适应与融入纲要，并付诸实施。

——建立公共机构，以促进移民的适应与融入，包括：建立信息和移民法律援助中心；设置学习俄语、俄联邦历史和文化的课程；设立专门的电视频道和系列电视节目，旨在帮助移民适应当地社会文化和语言环境。

——为移民与接收地区之间形成建设性互动制订规划。

——完善俄联邦国家政权机关、各联邦主体国家政权机关以及地方自治机关同推动移民适应与融入的社会组织之间的相互合作。

因此，2014～2015年，移民法中一系列涉及外国公民的变化条款开始生效，包括其进入俄联邦的办法及就业途径。我们首先应该提到对关于在俄外国公民法律地位法案①的修正。该法律允许劳动移民按配额更换工作许可。被第74号联邦法采用的15.1条款中，严格规定外国公民须证明其掌握俄语、熟悉

---

① О правовом положении иностранных граждан в Российской Федерации: федер. закон [от 25 июля 2002 г. № 115 – ФЗ (с посл. изм. и доп.)] //Рос. газета. – 2002. – 31 июля. – С. 24.

俄联邦历史和俄联邦法律。① 现在，外国公民申请在俄临时居留证、正式居留证、工作许可证和营业执照时，应该通过下列文件证明其掌握俄语、了解俄国历史和俄联邦法律基础：掌握俄语、了解俄国历史和俄联邦法律知识的资格证书；1991 年 9 月 1 日之前由苏联各地区高等教育机关出具的国家级教育证书（程度不低于普通基础教育）；从 1991 年 9 月 1 日起成功通过俄联邦国家考试评定的教育证书或专业证书。为促进俄中经济和边境合作，这些变化仅仅是通向中国移民社会适应道路的第一步。

综上所述，可以得出以下结论。

第一，俄中边境合作是国家各级经济主体及两国间对外经济联系的重要组成部分，是致力于两国边境地区社会经济发展、提高相邻地区居民生活水平、巩固各边境主体互利友好关系的统一行动。

第二，尽管俄联邦的法制环境有所改善，但是其法律基础不完全符合现在与未来的经济、社会和人口发展需求以及企业主甚至整个俄罗斯社会的利益。目前，俄法律基础重点是引入临时的外国劳动力，协助外来移民转为常住民、适应并融入当地社会的措施很少。

第三，在外贝加尔边疆区，只有找到处理移民融入当地社会的合理方法并且考虑移民的专业特点、劳动移民的受教育特点而合理利用外国劳动力，在这种情况下，分析当地移民形势的地区特征、结构和趋势，才能够预测出外来移民的积极作用。

第四，对统计资料进行分析后发现，移民过程对俄联邦及各地区的人口和社会形势都产生了重要影响。目前，俄联邦各地区的移民分布不均衡，存在大量非法移民。这种情况使得俄联邦居民，包括外贝加尔边疆区居民对于外来移民的态度常常是无法容忍。主要问题在于缺乏对于移民的社会和心理援助。而且，忽略了中国公民在理解相关纪律和行政法规时的心理，从而产生了行政违法行为。应采取适当措施提高外贝加尔边疆区、滨海边疆区、阿穆尔州、犹太自治州及阿尔泰共和国的科学教育发展水平。因此，目前，执行俄联邦 2025 年前移民政策构想确定的优先方向及采取实际措施为俄罗斯多民族社会接收移民是可以实现的。

---

① Рос. газета. – 2002. – 31 июля. – С. 24.

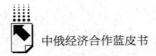

现阶段，世界经济的发展客观上使得俄中边境战略伙伴关系日益巩固，这种观点目前已成为共识。为了外来移民适应并融入当地社会，须尽快完成 2025 年前俄联邦国家移民政策构想提出的任务，并且完善俄联邦与中华人民共和国边境主体发展纲要。目前，提出关于俄联邦领土上的外国公民适应并融入当地社会的主体、形式、方法、任务的具体法律倡议，可谓正逢其时。

（王超译）

地 区 篇

B.22

中国东北地区与俄远东合作
形势分析与预测

邹秀婷 *

摘　要： 近两年，中俄贸易额虽然出现下滑，但中国还是俄罗斯的第一大贸易伙伴。中国东北地区与俄远东地区毗邻，东北地区是中国对俄贸易的"领头羊"，远东外贸总额中中国贸易额占25%左右。21世纪以来双方在各个领域积极开展合作，贸易额大幅增长，投资稳步上升，大项目合作越来越多，但双方合作中还存在很多问题有待解决，潜力还没有完全挖掘出来，进一步提升的空间很大。

关键词： 中国东北地区　俄远东地区　贸易　合作

* 邹秀婷，女，黑龙江省社会科学院俄罗斯研究所副研究员，主要从事中俄经贸以及俄罗斯东部地区经济问题研究。

一 中国东北三省与俄远东合作现状

（一）黑龙江省对俄远东合作现状

1. 黑龙江省对俄贸易合作

黑龙江省对俄贸易自 2000 年以来一直保持高速增长（2009 年除外），2007 年增长速度达到最高——60.43%，2014 年贸易额为 232.8 亿美元，是目前为止最多的年份。从 2015 年开始大幅萎缩，对俄进出口额仅为 108.5 亿美元，当年下滑 53.4%。2016 年同比又下降 15.3%，为 91.9 亿美元（见表 1），但占黑龙江省外贸总额的比重没有太大变化，还是一半以上（55.6%）。① 由此可看出，黑龙江省对俄贸易的状况会极大地影响黑龙江省总体的外贸形势。黑龙江省对俄贸易出现这种状况的原因，一方面是由于俄罗斯受西方发达国家经济制裁，经济低迷，进出口额下降；另一方面是由于黑龙江省对俄贸易还处于商品贸易阶段，一旦俄罗斯进口减少或能源初级产品价格下降，对俄贸易额就大幅下滑。

表 1　黑龙江省对俄贸易额统计

单位：亿美元，%

年份	进出口总额	进出口同比	出口总额	出口同比	进口总额	进口同比
2012	213.1	12.2	63.4	45.8	149.7	2.3
2013	223.6	5.8	69.1	9.0	154.6	3.3
2014	232.8	4.1	90.0	30.3	142.8	-7.6
2015	108.5	-53.4	23.5	-73.9	84.9	-40.5
2016	91.9	-15.3	17.0	-27.7	74.9	-11.8
2017 年 1~4 月	36.3	37.8	5.1	6.2	31.1	44.9

资料来源：黑龙江省商务厅网站。

黑龙江省对俄贸易主要集中在俄东部地区。2015 年，俄罗斯整体经济下滑，俄东部地区也难逃厄运。2015 年，远东联邦区工业总产值同比增长 1%；

---

① 黑龙江省商务厅网站，http://www.hljswt.gov.cn/2016/21752.jhtml。

农业总产值同比下降3.8%；① 外贸总额为264.98亿美元，同比下降32.6%。② 与中国贸易额同比下降37.2%，为63.68亿美元；对中国出口额为38.68亿美元，同比下降28.6%；从中国进口额为25亿美元，同比下降47.1%。③ 2016年，俄远东地区与中国贸易额继续下滑，为61.31亿美元，同比下降3.7%，占该联邦区外贸总额的25%。④

2. 黑龙江省对俄进出口结构

2016年黑龙江省对俄出口还是以服装及附件为主，其次是鞋类，第三是纺织纱线、织物及制品，这三项占到55.6%。服装及附件、鞋类、纺织纱线、织物及制品出口下降很多（见表2），这主要是由于俄居民购买力下降。

表2　2016年黑龙江省对俄出口商品统计

对俄出口主要商品	单位	数量	数量同比（%）	金额（万美元）	金额同比（%）	占总值（%）
服装及附件	—	—	—	53540	−18.5	53.5
鞋类	—	—	—	26535	−11.0	15.6
纺织纱线、织物及制品	—	—	—	14507	−20.4	8.5
蔬菜	万吨	18.2	−18.0	13436	−14.9	7.9
鲜、干水果及坚果	万吨	11.1	12.7	11467	10.8	6.7
塑料编织袋	万条	42092.0	0.4	5175	−17.4	3.0
钢材	万吨	2.9	−26.1	1906	−35.4	1.1
箱包及类似容器	—	—	1809	−87.0	1.1	
蘑菇罐头	吨	2481.1	213.5	1683	455.8	1.0
粮食	万吨	3.6	−18.9	1660	−32.9	1.0

资料来源：黑龙江省商务厅网站。

黑龙江省自俄进口还是以能源原材料为主，其中原油所占比重最大，占进口总值的70.3%，占进出口总值的56.6%。由于国际市场原油价格下跌，黑

① 《2015年俄远东联邦区工业逆势增长1%》，http：//khabarovsk. mofcom. gov. cn/article/jmxw/201603/20160301272607. shtml。

② 《2015年俄远东联邦区外贸下滑32.6%》，http：//khabarovsk. mofcom. gov. cn/article/jmxw/201603/20160301272610. shtml。

③ 《2015年中国为俄远东联邦区第二大贸易伙伴》，http：//khabarovsk. mofcom. gov. cn/article/jmxw/？2。

④ 《2016年中国为俄远东联邦区第一大贸易伙伴》，http：//www. cankaoxiaoxi. com/finance/20170320/1787456. shtml。

龙江省自俄进口原油数量同比增长，但价值同比下降 17.1%，2016 年原木、锯材、纸浆、煤和食用植物油的进口大幅增长（见表 3）。

表 3　2016 年黑龙江省自俄进口商品统计

自俄进口主要商品	单位	数量	数量同比（%）	金额（万美元）	金额同比（%）	占总值（%）
原油	万吨	1668.1	7.8	526833	-17.1	70.3
原木	万立方米	556.4	17.9	64220	9.9	8.6
锯材	万立方米	257.3	45.6	52386	41.7	7.0
肥料	万吨	79.3	5.9	19395	-14.9	2.6
纸浆	万吨	29.4	34.3	15689	21.4	2.1
粮食	万吨	46.1	0.0	14361	-7.9	1.9
铁矿砂及其精矿	万吨	144.7	-53.6	7002	-62.7	0.9
煤	万吨	122.9	53.3	5418	46.0	0.7
食用植物油	万吨	2.6	88.0	2297	88.0	0.3
成品油	万吨	4.3	-10.4	1961	-22.5	0.3

资料来源：黑龙江省商务厅网站。

3. 黑龙江省对俄投资

黑龙江省对俄商品贸易额虽然一直下滑，但对俄投资形势较好，投资结构逐渐优化，2012 年黑龙江省对俄投资只有 4 亿美元，2013 年增长到 7 亿美元，2014 年达到 13 亿美元，[①] 2015 年猛增到对俄备案投资 41.7 亿美元。2016 年受卢布贬值等影响，1~9 月黑龙江省对俄投资 16 亿美元。

黑龙江省对俄主要投资领域为能源矿产业、林业、农业、加工业和园区建设。投资合作项目主要分布在俄罗斯远东的滨海边疆区、哈巴罗夫斯克边疆区、犹太自治州、阿穆尔州和外贝加尔边疆区。对俄投资主要靠大企业、大项目引领。

4. 黑龙江省与俄通道建设

近两年黑龙江省对通道建设加大投入力度。2015 年 6 月开通的哈欧班列（哈尔滨至汉堡）截至 2017 年 3 月共计开行 177 班，到发 5256 标箱，货值 3.8

---

① 陆昊：《黑龙江对俄贸易投资保持领先地位将进一步加强对俄经济合作》，http://www.ccpit.org/Contents/Channel_3974/2016/0713/670844/content_670844.htm。

亿美元，缴纳进口关税 2.1 亿元人民币；2016 年 2 月末开通的哈俄班列截至 2017 年 3 月共计开行 74 班，到发 9140 标箱，货值 1.3 亿美元，缴纳进口关税 0.59 亿元人民币。2017 年第一季度两个班列共计开行 47 班，到货 6132 标箱。从集装箱发运量上看，2016 年比 2015 年增长 3.3 倍，2017 年第一季度的运量已接近上年全年的运量。按照哈欧国际物流有限公司 2017 年两个班列达到 40500 标箱的目标，将比 2016 年增长 5 倍。①

2015 年 8 月开通的"哈绥符釜"陆海联运大通道在俄远东港口装船后海运至日本、韩国、东南亚以及中国的华东、华南等。2016 年，自绥芬河共计发出 32 个"哈绥符釜"班列，共发运 3266 个标准箱的货物，货物总值 2.94 亿元，总吨数 4.9 万吨。2017 年，"哈绥符釜"陆海联运班列已经迈进"成熟期"；截至 3 月 21 日，总共发出 15 个"哈绥符釜"班列，总计 1702 个标准集装箱，共 2.5 万吨，货值 1.53 亿元的粮食和木材，通过这条陆海联运通道运往中国南方港口。②

黑龙江省通过"哈欧""哈俄""哈绥符釜"三条路径，打通了黑龙江连接欧洲、俄罗斯、日韩等地区的贸易和物流通道，吸引生产要素聚集、促进相关产业发展、增强区域经济活力。

2014 年开工的同江中俄铁路大桥工程项目建设正稳步推进，大桥预计于 2018 年 6 月整体完工。

历时 28 年的黑河 - 布拉戈维申斯克黑龙江（阿穆尔河）大桥项目于 2016 年 12 月底正式开工，预计 2019 年 10 月通车。截至 2017 年 5 月 14 日，大桥中方侧累计完成投资 9017 万元。大桥俄方侧累计完成投资 3805 万元。③ 同江中俄铁路大桥和黑河黑龙江大桥的建设，必将极大地促进黑龙江省与俄远东地区的铁路、公路、航空大运量、现代化、立体化交通网络更加完善，必将有力促进黑龙江省与俄远东地区全方位交流合作。

---

① 《哈欧班列、哈俄班列加密班次、多点运行成为全国中欧班列著名品牌》，http://www.chinaru.info/zhongejmyw/jingmaojujiao/47137.shtml，2017 - 03 - 30。

② 杜怀宇：《"哈绥符釜"优势显陆海联运创佳绩》，《黑龙江日报》2017 年 4 月 6 日，第 7 版。

③ 邢爽：《赵敏深入黑河黑龙江公路大桥建设现场调研》，《黑河日报》2017 年 5 月 22 日。

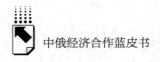

（二）吉林省对俄合作现状

吉林省与俄罗斯拥有 241 公里的边界线，由公路和铁路相连。双方的经贸合作日益活跃，目前吉林已与俄 35 个州区建立了贸易关系。吉林与俄远东地区毗邻，开展经济合作具有一定的地缘优势。

1. 吉林省对俄贸易

吉林省对俄贸易额 2012 年达到最高——8.22 亿美元，2013 年开始萎缩下滑，对俄进出口同比下降 14.8%。2014 年同比下降 17.8%。2015 年继续下滑（见表 4）。吉林省对俄贸易占全省外贸总额的比例非常小——仅 2% 左右。

表 4　吉林省对俄贸易额统计

单位：亿美元，%

年份	进出口总额	进出口同比	出口	出口同比	进口	进口同比
2013	7.00	−14.8	6.07	−10.4	0.93	−35.4
2014	5.75	−17.8	4.48	−26.2	1.27	36.7
2015	5.21	−9.4	2.70	−39.7	2.51	97.6
2016 年 1~7 月	2.52	−5.5	1.07	−14.1	1.45	2.0

资料来源：吉林统计年鉴、长春海关统计数据。

吉林省对俄出口商品主要以工业制成品为主，集中在纺织服装类商品和机电产品。自俄进口主要以初级产品为主，集中在海产品和林产品。

2. 吉林省对俄投资

2015 年吉林省对俄投资约 20 亿美元，未来 5 年，对俄投资增幅将保持在 10% 的水平，至 2020 年将达到 30 亿美元。其中，木材加工、农业和食品工业将是对俄投资的重点领域。

3. 吉林省对俄口岸建设

珲春口岸是吉林省唯一对俄口岸，自 2013 年珲春至马哈林诺铁路恢复国际联运以来，珲春铁路口岸日渐繁忙。近年来，口岸基础设施建设逐步完善，改造和建设了珲春铁路口岸千万吨国际换装站，合作环境不断优化，为双方进一步扩大经贸合作奠定了良好基础。自 2017 年开始，该口岸每天平均进境列车可达 3~4 列，2017 年前 4 个月进境货物量已突破 100 万吨，主要进境品种有煤炭、板材、铁精粉、木制品、面粉等。①

4. 吉林省与俄远东交通基础设施合作情况

目前，吉林与俄远东交通基础设施互联互通快速发展。2015 年珲春经扎鲁比诺至釜山铁海联运集装箱定期航线正式开通，其中，珲春至扎鲁比诺港定期铁路班列运输；扎鲁比诺港至釜山定期集装箱班轮运输。该航线的开通将进一步促进吉林省与韩国、俄罗斯及其他东北亚地区的合作。

2015 年 8 月 31 日，长春经满洲里至德国国际货运班列（简称"长满欧"）正式开通。"长满欧"起于长春，经满洲里口岸出境，终到德国施瓦茨海德，目前已实现对欧洲 6 个国家 18 个铁路站点的覆盖，已经形成每周出口 5 列以上的常态化运营频次。2017 年 1 ~ 5 月份，"长满欧"进出口承运量 9370 标箱，货值达 2. 82 亿欧元。②

2014 年签署的合建扎鲁比诺万能海港项目正有序推进，参与各方已经进行了多轮磋商，内容涉及合作模式、持股比例、融资方式等多个方面。参与合建的吉林省政府、中国招商局集团以及俄罗斯苏玛集团已经就相关事项达成了初步共识。中俄合建扎鲁比诺万能海港项目不仅有助于吉林省乃至中国东北地区的开发开放，也有利于促进中国东北老工业基地振兴与俄罗斯远东大开发的融合联动。

（三）辽宁省对俄合作现状

1. 辽宁省对俄贸易

辽宁省对俄贸易额从 2000 年以来一直保持高速增长（2009 年除外），2006 年超过 10 亿美元，2011 年超过 20 亿美元，2013 年、2014 年对俄罗斯进出口小幅下跌，跌幅不足 1%。2015 年起对俄进出口增速显著，同比增长 25. 9%，但 2015 年、2016 年自俄进口大幅增长，对俄出口连年下降（见表5）。辽宁省对俄贸易额虽然增势明显，但在辽宁对外贸易总额中比重仅为 2% ~ 3%。

---

① 《中俄珲春铁路口岸货运量持续增长》，http：//www. chinaru. info/zhongejmyw/zhongemaoyi/47529. shtml。

② 《千万货值整车今搭载"长满欧"出口俄罗斯》，http：//www. cankaoxiaoxi. com/china/20170609/2102998. shtml。

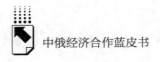

表5　辽宁省对俄贸易额统计

单位：亿元，%

年份	进出口总额	同比	出口	同比	进口	同比
2014	149.26	-0.80	72.44	2.85	76.82	-4.01
2015	187.93	25.9	57.88	-20.13	130.05	69.32
2016	215.01	14.55	52.45	-9.38	162.56	25.22
2017年1~4月	86.08	44.22	20.99	47.33	65.09	43.24

资料来源：大连海关网站统计资料。

2. 辽宁省对俄贸易结构

辽宁省对俄出口主要是机电产品、高新技术产品及纺织纱线、织物及制品，这与黑龙江省有很大区别。2017年1~2月对俄出口机电产品约10亿元人民币，同比增长29.0%，纺织纱线、织物及制品出口增幅达到45.3%；自俄进口主要是原油和农产品，原油同比增长了181.0%，煤及褐煤同比增长了89.5%（见表6）。

表6　2017年前2个月大连关区对俄前5大类进出口商品分布

单位：万元，%

出口			进口		
商品名称	金额	同比	商品名称	金额	同比
机电产品	100973	29.0	原油	282087	181.0
高新技术产品	25390	-9.7	农产品	75412	13.3
纺织纱线、织物及制品	11411	45.3	水海产品	69425	16.0
农产品	7765	-2.7	煤及褐煤	29857	89.5
水海产品	2009	-48.3	液化石油气及其他烃类气	16952	13.1

资料来源：大连海关网站统计资料。

3. 辽宁省对俄投资

辽宁与俄罗斯的相互投资合作规模较小。在辽宁实际利用外资总额中，俄罗斯资金所占比例很低。2016年俄罗斯是辽宁第二投资国。辽宁对俄投资的主体是民营企业，这些企业普遍规模小、资金少、经营不稳定，因此辽宁对俄罗斯的投资仅限于建立小型的合资或独资企业，投资领域主要是制造业、批发和零售业、采矿业、建筑业和农林牧渔业等，① 投资规模小且多属于初级加工。总体来看，辽宁对俄投资目前仍未形成规模。

4. 辽宁省与俄科技合作

2016 年 10 月，中俄技术转化创新基地在沈阳市启迪科技园正式落户，随着该基地的正式落户，一批俄罗斯高科技项目也将在辽宁展开合作，如用于生态危险领域勘察的轮式机器人、智能数字 3D 微型层析 X 射线摄影机、宇航器用配套电力设备等。

二 中国东北三省与俄远东合作存在的问题

东北三省与俄合作近几年出现了一些变化，正向合作方式多元化、贸易结构转型升级发展，取得了一些成效，但存在的问题还很多，最主要的问题是合作局限于商品贸易领域。

（一）贸易额较少

2016 年东北三省对俄贸易额总计不到 130 亿美元，黑龙江省最多，但也不到 100 亿美元，吉林最少。2016 年中国对俄贸易总额 695 亿美元，东三省所占比重不到 20%。2014 年黑龙江省曾占全国对俄贸易总额的 24%。东北三省对俄贸易额在全国所占比重呈下降的趋势。目前的情况与东北地区的优势不符，造成这种状况的原因一方面是由于东北地区主要贸易伙伴集中在俄远东地区，而俄远东地区经济体量小，贸易额提升有限；另一方面是俄经济比较脆弱，对外部市场依赖严重，国际社会一有风吹草动，经济就下滑，外贸额大幅减少。东北三省需要开拓俄中西部市场才能解决贸易额问题。

（二）贸易结构低级

2016 年俄罗斯自中国进口机电产品 201.69 亿美元，同比增长 18.5%（见表 7），但东北地区在其中所占比重不到 10%。东北地区对俄出口主要集中在

---

① 高欣：《新时期辽宁对俄经贸合作面临的新机遇、现状、存在的问题及对策建议》，中俄资讯网，www.chinaru.info，2016 - 3 - 10。

劳动密集型、附加值低的产品，如纺织品、鞋类产品。东北三省中只有辽宁对俄出口机电产品较多。另外，东北地区出口到俄罗斯的都是一些低端的轻工产品，俄罗斯的中高档轻工产品市场基本被日韩、欧美占据。这就涉及东北地区企业如何延长产业链，生产附加值高的商品，解决加工能力弱的问题。

表7 2016年俄罗斯自中国进口十大类主要商品

单位：亿美元，%

商品名称	金额	同比	占自中国进口总额比重	占俄同类商品进口比重
机电产品	201.69	18.5	53.0	35.5
纺织品及原料	30.57	−1.6	8.0	36.2
贱金属及其制品	25.56	−0.4	6.7	22.4
家具、玩具、杂项制品	19.85	−2.7	5.2	43.3
化工产品	19.09	8.5	5.0	8.2
塑料、橡胶	16.83	6.3	4.4	16.3
运输设备	13.94	7.4	3.7	7.7
鞋靴、伞等轻工产品	12.79	−11.0	3.4	51.1
植物产品	8.94	1.4	2.4	9.6
光学、钟表、医疗设备	8.46	8.0	2.2	15.4

资料来源：中国商务部网站，http://countryreport.mofcom.gov.cn/record/view110209.asp?news_id=53265。

（三）相互投资小

近年来，东北三省对俄投资额逐年增长，但由于基数较小，目前每年实际投资额也就十几亿美元。企业对俄投资合作主要集中在俄远东地区，主要分布在农业、林业、矿产、能源、建筑建材等行业。

俄罗斯对东北三省投资额也微乎其微。双方相互投资额低的主要原因，一是俄罗斯投资环境相对较差，加上东北三省企业对外投资经验不足，在俄罗斯投资出现了很多失败案例，产生了消极影响。二是中俄都是经济转轨国家。尤其是东北地区与俄远东地区都属于经济欠发达地区，对外投资能力弱。

（四）竞争环境日趋复杂

当前，东北地区企业面临的竞争一方面来自于国外，欧美发达国家企业投资经验丰富、投资理念先进、资金充足、诚信度高，在俄罗斯市场很容易获得成功。日本、韩国等国家与俄东部地区地缘较近，对东北三省企业压力更大。另一方面还有来自国内的竞争。东北地区轻工业不发达，出口远东、西伯利亚的服装鞋帽、纺织品大部分来自于区域外，本地产品比例小。现在国内很多省份已不需要通过东北地区向俄罗斯出口。国内其他省份的崛起使东北三省面临巨大的压力。

三　中国东北三省与俄远东合作发展趋势

东北地区与俄远东有地缘优势，有众多口岸对应，有公路、铁路与俄远东相连。中国政府也一直十分重视东北地区振兴发展，在出台的新一轮东北全面振兴的文件中明确提出，要"推进中蒙俄经济走廊建设，加强东北振兴与俄远东开发战略衔接"。可以说，对外开放、加强与俄经济贸易多领域合作也是实现东北振兴的重要路径。

（一）中俄跨区域建设对接为东北地区与俄合作带来机遇

2013 年，中国国家主席习近平提出"一带一路"倡议后，2015 年 5 月，中俄双方商定将"丝绸之路经济带"建设同欧亚经济联盟建设对接，两国领导人共同签署了《关于丝绸之路经济带建设与欧亚经济联盟建设对接合作的联合声明》。两国将在投资、金融、能源、高铁等基础设施建设、航空航天、远东开发等领域重点开展合作。

（二）俄远东社会经济超前发展区和符拉迪沃斯托克自由港的建立为东北地区与俄合作带来机遇

2014 年底，俄总统普京签署了《俄罗斯联邦社会经济超前发展区联邦法》，该法已经颁布三年多，远东超前发展区建设速度很快。从 2015 年 2 月份首批批准的 3 个超前发展区，截至 2017 年 5 月份，在远东地区已设立 16 个超前发展区。《符拉迪沃斯托克自由港法》2015 年 10 月份生效，远东"区港"建设对东北地区企业无疑是一个重大利好，其对于改善远东地区的投资环境、吸引外资意义重大。

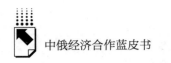
（三）《建设中蒙俄经济走廊规划纲要》的颁布为东北地区与俄合作带来机遇

2016 年，中国国家发改委公布了《建设中蒙俄经济走廊规划纲要》。纲要有效地推动了中蒙俄三国在"一带一路"倡议框架下的发展战略对接，并将提高三国经贸合作水平，利好三国经济。黑龙江省提出的"龙江陆海丝绸之路经济带"被纳入"中蒙俄经济走廊"建设。"中蒙俄经济走廊龙江丝路带"建设一方面可以充分发挥东北三省，特别是黑龙江省具有地处连接欧亚通道的优势，建设连接欧亚的国际货物运输大通道，改变区位劣势；另一方面这条大通道的建设及不断完善，将吸引国内外产业在大通道沿线聚集，为东北地区经济培育新的增长点，改变传统经济增长模式。

黑龙江省提出未来对俄主要工作方向包括以下几个。

第一，加快推进通道和口岸基础设施建设。围绕哈（绥）俄亚陆海联运通道、哈俄欧通道和哈连日韩陆海联运通道建设，完善黑龙江省对俄铁路通道和区域铁路网。

第二，加快发展商贸物流业，建设现代化综合商贸物流产业园。

第三，加快推进铁路集装箱中心等物流集散基地建设。打造国际物流大平台，发展跨境集装箱运输，吸引国际大企业入驻。

第四，加快推进综合保税区建设，发挥好综合保税区这一战略性大平台的支撑作用。

第五，加快推进外向型产业发展。提升放大现有产业园区功能，加快建设境外产业园区，吸引生产要素向通道沿线集聚，形成产业聚集带，构建发达的外向型产业体系。

第六，加快推进金融服务平台建设。积极推动人民币跨境使用，持续推进贸易投资便利化，不断提升区域金融服务水平。

四　加强中国东北地区与俄远东合作的对策建议

东北地区与俄远东合作前景广阔，而且具有得天独厚的优势，未来应在以下领域深化合作。

（一）扩大贸易规模，优化贸易结构

《关于丝绸之路经济带建设与欧亚经济联盟建设对接合作的联合声明》特别指出，中俄两国要扩大投资贸易合作，优化贸易结构。东北地区为扩大对俄贸易，在传统贸易方式的基础上广开思路，如黑龙江制订出台了"互联网＋对俄贸易"计划，创新对俄跨境电子商务模式；辽宁是重要的装备制造业大省，装备制造业和汽车行业以及高新技术产业一直都是辽宁具有优势的行业，因此辽宁对俄出口应加大机电产品份额，提高高新技术产品的比重，扩大对俄贸易额。

（二）加大相互投资

未来东北地区要把对俄合作从以贸易为主转变为贸易与投资并重，努力扩大投资规模，并且投资将不局限于俄东部地区，而是逐步向腹地中心城市发展。

近年来，随着各种措施的出台，俄罗斯的投资环境逐渐得到改善。在2016年世界银行发布的《2017年营商环境报告》中，俄罗斯在全球营商便利度国家排名中从2015年的第51位上升到第40位。① 俄超前发展区和符拉迪沃斯托克自由港推出了很多优惠政策，免除超前发展区入区企业前5年向联邦缴纳的利润税、财产税和土地税，前5年向地方缴纳利润税不超过5％，后续5年不超过10％；入区企业前10年只需缴纳6％的退休基金，1.5％的社会保险基金，0.1％的强制医疗保险联邦基金；入区企业在增值税和矿产资源开采税方面享有优惠，前2年免征矿产资源开采税；同时入区企业引进和使用外国员工无须办理许可。

以前中方企业一直认为在俄投资风险高、税收高，审批复杂，办事效率低，所以投资意向不强，投资额一直很低。远东建设超前发展区后就不同了，现在企业申请入驻超前发展区获批后马上就可享受上述优惠政策，既降低了风险，又降低了成本。在俄阿穆尔州和萨哈（雅库特）共和国超前发展区的总投资额中中国商人投资占25％。

---

① 《俄罗斯跻身世行全球营商便利度国家排行榜前四十》，http：//tsrus.cn/kuaixun/2016/10/26/642229。

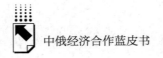
（三）增强能源领域合作

中俄能源合作具有很强的互补性和互利性。俄罗斯是能源生产和出口大国，是世界第二大石油出口国和全球最大的天然气出口国，在煤炭、核电等领域具有雄厚的基础。中国则是能源消费大国，石油进口、原油消费和天然气消费均居世界前列。

目前在建的中俄大型能源项目是中俄东线天然气管道项目。东线天然气管道俄境内段开工仪式2014年9月1日在俄罗斯萨哈共和国举行。从2018年起，俄罗斯开始通过中俄天然气管道东线向中国供气。

除了中国自俄进口油气之外，两国之间的能源合作应扩展到其他能源领域，包括电力、煤炭、核电甚至能源设备等各个方面。20世纪90年代起黑龙江自俄进口电力，截至2017年6月，黑龙江已累计进口俄电达到210.03亿千瓦时。① 开展电力能源领域的合作成为中俄两国的共同目标。

俄远东及东西伯利亚地区煤炭资源丰富，而中国能源需求的80%以上来自煤炭。俄罗斯可以成为中国主要的煤炭供应国之一。2015年俄向中国出口无烟煤2891万吨，中国是俄罗斯无烟煤的最大进口国。② 2017年第一季度，黑龙江绥芬河口岸共进口俄罗斯煤炭19.99万吨，同比大幅增长4.86倍。③

（四）加快基础设施互联互通

中俄跨区域建设对接的首要任务就是基础设施的互联互通，道路互联互通。东北地区首先要重视对俄跨境运输。这些基础设施、国际运输通道的建设、开通必将会为东北地区对俄合作带来更大便利。近几年黑龙江对基础设施投入非常大，互联互通大通道建设基本完成。2017年1月，俄政府批准"滨海1号"和"滨海2号"国际交通走廊开发构想，拟对港口、口岸、公路和

---

① 杨拓：《黑龙江进口俄电超210亿》，http：//www. rponline. com. cn/content. asp？id＝56848，2017－06－19。

② 《俄罗斯煤炭市场调研数据中国成俄无烟煤最大进口国》，http：//www. chinaru. info/zhongejmyw/shichangshangqing/44222. shtml。

③ 《一季度绥芬河口岸进口俄罗斯煤炭同比大幅增长近5倍》，http：//www. hlj. gov. cn/ztzl/system/2017/04/24/010823116. shtml。

铁路等边境基础设施进行现代化改造，并大幅简化中俄货物过境程序。俄罗斯还有意兴建从吉林珲春到扎鲁比诺的铁路，使用中方轨距，并允许中国货车在国境线与港口之间往返。远东国际运输走廊的建成将为中国东北地区及俄远东的经济发展做出重要贡献。

（五）加速跨境电商发展

2016 年上半年，俄罗斯电商贸易总额达 63 亿美元，同比增长 26%。其中，中俄跨境电商贸易额 11.5 亿美元，[①] 发展态势良好，跨境电商为促进中俄贸易增长发挥了积极作用。中国多家电商企业已陆续在俄开展业务。东北地区企业也应抓住这个机会。吉林省正在计划推进对俄电商中转站的建设。而黑龙江在对俄跨境电商中转方面实行三级补贴。2016 年，黑龙江省建设跨境电商平台 19 个，涵盖了跨境电子商务产业链条的商品销售、物流、支付、贸易撮合和综合服务等业务范围。2016 年，共计发寄对俄国际邮包 948.84 万件，货重 2410.19 吨，货值近 2 亿美元。[②]

---

① 《商务部：2016 年中俄跨境电商贸易额 $11.5 亿》，http://www.ebrun.com/20170122/211978.shtml。

② 《黑龙江：全省跨境电商成为最大亮点》，http://www.hlj.xinhuanet.com/2017-02/04/c_136029972.htm。

B.23
中国东北地区对俄经济合作
安全保障机制分析

梁雪秋[*]

摘　要： 中俄关系已经进入到历史上最好时期，其中经济合作作用尤为突出。安全保障机制建设是中俄建立全面伙伴关系的客观需求，特别是在经济合作中保险机制、仲裁调解机制、环保机制和应急处理机制等是确保区域合作全面发展的有效手段。只有把合作中机制建设常态化和系统化，中俄经济合作才会健康稳定地发展。

关键词： 中国东北地区　对俄合作　机制建设

　　为应对世界金融危机及世界经济全球化的挑战，实现俄罗斯远东地区与中国东北地区区域合作健康发展已经成为两国领导人发展地区经济的共识，其中加强安全合作是合作中一项重要的内容。自1991年苏联解体以来，中国东北地区与俄罗斯远东合作经历了复杂的过程。在经济全球化的背景下，中俄两国的区域合作既有建立经济安全机制的必要，同时，也有建立传统安全和非传统安全机制的需求，其中包括环境安全机制和应急安全机制等。长期以来，中国奉行"和平共处五项原则"，积极发展与周边国家的睦邻友好合作关系，奉行"亲、诚、惠、容"外交理念，努力实现睦邻、安邻、富邻目标，为维护地区和平稳定发挥了建设性作用；积极发展与周边国家的区域合作，如积极推动上海合作组织机制的建立，推动参与东盟"10＋1""10＋3"机制的建立和发展，实现了中俄全面战略协作伙伴关系，并达到了历史上的最好时期。

---

* 梁雪秋，女，黑龙江省社会科学院俄罗斯研究所助理研究员、学术秘书。

一　中俄经济合作保险机制建设

1991 年，中俄边境贸易恢复。当时双方的贸易额不大，主要集中在边境口岸地区，而且民间贸易是两国贸易的主流。因此，两国的经济合作保险机制并没有建立，只是进入 21 世纪以来，随着中俄贸易的发展，保险为中俄贸易护航已经成为常态。

（一）建立保险机制的必要性

中俄贸易的发展是从边境小额贸易开始逐步走向正规，其中保险机制的建立对于实现两国正规贸易意义重大。建立对俄合作的保险机制是符合国际惯例的必然程序。自俄罗斯加入世贸组织以来，对俄合作由易货贸易向正规贸易转变，俄罗斯也逐渐降低关税。因此，建立对俄合作保险机制是两国区域经济发展的客观要求。目前，东北地区对俄合作的主体还是个体私营企业，投资少，规模小，主要投资餐饮和农业项目，而国企和央企在俄罗斯市场上业绩不是很突出。其中原因很多，但最重要的原因之一就是投资合作没有安全感，保险公司的介入对于提振企业的信心具有大的现实意义。俄罗斯现在市场竞争激烈，中资企业在俄罗斯所占份额优势并不明显。在整个远东地区，2015 年远东主要贸易国家按照顺序排列是日本，65.2 亿美元；韩国，59.3 亿美元；中国，38.8 亿美元。按照出口吨位排序，依次是中国，169 亿吨；韩国，157 亿吨；日本，148 亿吨。① 建立保险机制，为企业"走出去"减少了后顾之忧，一批超强实力的"航母"保险企业的出现，为企业提供优质服务，使企业在市场竞争中立于不败之地。

（二）对俄保险的主要机构

中国最大的对俄出口保险机构就是中国出口信用保险公司（以下称"中

---

① Экспорт важнейших товаров по странам-контрагентамhttp：//dvtu. customs. ru/index. php? option = com_ content&view = article&id = 18551：- 2015 - &catid = 63：stat - vnesh - torg - cat&Itemid = 282.

国信保公司")。中国信保公司是中国第一家有资质办理出口信用的保险公司。自 2001 年成立以来，公司保险业务发展迅速，在全国已经设立了 24 个分支机构，其中包括 18 家分公司和 6 家营业部，服务网络已经遍布全国。同时在国外也设立了分支机构，英国的办事处已经开始运营，也向俄罗斯、巴西、南非和迪拜派驻了工作组。2014 年公司与俄罗斯联邦储蓄银行等外国机构签署了框架合作协议，其目的就是加强对俄中资企业保险融资等服务。2002 ~ 2008 年，中国信保公司累计支持的出口金额为 1700 亿美元。同时，实施"百千家工程"，即为 100 个项目提供保险，为 1000 家企业提供信用保险，涉及的领域主要集中在高新技术、机电产品出口和对外承包项目等。除此之外，中国信保公司还加强与银行的合作，共带动 110 多家银行为出口企业融资近 600 亿美元。特别是中国推出的"一带一路"倡议，为公司的投资保险业务带来了巨大的商机。针对俄罗斯的保险市场，中国信保公司于 2003 年专门制定了支持对俄企业的战略措施，其中包括支持汽车出口、设厂及家用电器、机电产品出口俄罗斯市场等。

（三）建立保险机制的举措

2007 年 3 月 26 ~ 29 日，中国信保公司参加了在莫斯科举办的"2007 年中国国家年展"。中国信保公司积极开展与地方政府的合作，2007 年 8 月 8 日，黑龙江省人民政府与中国信保公司签署全面战略合作协议，为黑龙江省对俄合作提供保险服务，这无疑为黑龙江省对俄罗斯全面经贸、投资和劳务输出等提供了有力的保证。这是中国信保公司第一次与省级政府签署政策性出口信用保险协议，也得到了国家有关部门，如商务部等的大力支持。中国信保公司也积极参与对俄合作大项目的担保业务。2006 年该公司由上海五家集团联合开发了中国投资俄罗斯最大的项目，即圣·彼得堡"波罗的海明珠"项目。该项目的总投资额达 13 亿美元，承保额近 6 亿美元。[①] 现在这个项目在圣彼得堡的一期工程已经建设完毕，得到了俄罗斯居民的欢迎。

长期以来，中国信保公司与黑龙江省对俄企业密切合作，同时也不断了解

---

① 李希琼：《发挥出口信用保险作用促进对俄贸易健康发展》，《中国经济时报》2007 年 3 月 30 日，第 2 版。

和考察沿边口岸，增强对俄合作的感性认识，正视对俄企业的实际困难，为企业量身定做保险和融资方案。为此，中国信保公司哈尔滨公司力推3项重要举措：一是扩大宣传，宣传出口企业保险的政策，使出口企业增强保险意识；二是为对俄出口企业争取优惠的保险政策，缩短保险买卖双方信用限额审批速度；三是探讨保险合作模式，加强与有关金融部门的联合，创新保险合作新路径，扩大出口信用保险融资的适用范围，争取使更多对俄出口企业从中受益。① 2006 年对俄承保的规模就已经突破 2 亿美元，② 2009 年就已经达到了 5.2 亿美元，4 年时间翻了一倍多。这一时期，有 11 家企业在对俄出口合作中得到了近25 亿元的信贷额度，其中，144 亿美元资金被用于扩大再出口，为企业发展增强了实力。中国信保公司已成为黑龙江省对俄贸易中一支重要的"保驾护航"力量。③

二 中俄区域仲裁调解机制建设

随着中俄经贸合作的发展，中俄经贸出现了纠纷，仲裁机制也应运而生。2000 年 11 月 3 日，中华人民共和国政府与俄罗斯联邦政府签署了《中华人民共和国政府和俄罗斯联邦政府 2001～2005 年贸易协定》，协定的主要内容就是如果有一方提出进行磋商的要求，另一方应给予积极的支持和回应，并提供相应的条件。双方为解决贸易争端所采取的措施应符合所在国的法律和世贸组织的相关规定。目前，中俄两国经济合作建立了不同层级的会晤机制，解决两国合作出现的问题。在国家层面上，有两国元首重大事项相互通报机制、定期总理会晤机制，同时下设分委会和工作组，具体解决实际问题，沿边各省级地方政府也与俄罗斯地方政府建立了定期或不定期会晤机制。

（一）中俄边境地区贸易仲裁机制

东北地区与俄罗斯边境贸易一直以来是两国经贸合作的重要内容，贸易额

---

① 韩笑：《出口信用保险"护航"对俄贸易企业》，《黑龙江日报》2009 年 12 月 13 日，第 2 版。
② 覃达：《出口信用保险力助对俄经贸合作》，《国际商报》2007 年 8 月 19 日，第 4 版。
③ 蒋欣：《黑龙江省出口信用保险支持对俄出口5.2 亿美元》，《远东经贸导报》2010 年 1 月 5 日，第 6 版。

占黑龙江省对俄贸易额的 80% 以上，这种状况延续近十年。因此制定边境地区贸易仲裁机制对于双方规范贸易结构具有重要的现实意义。中俄两国政府于 1992 年 6 月 19 日签署了《中华人民共和国和俄罗斯联邦关于民事和刑事司法协助的条约》（以下简称《中俄司法协助条约》），根据该条约的规定，双方应在本国境内承认本条约，待本条约生效后，在另一个缔约方境内做出诸如民事裁决、对刑事案件有关损失赔偿做出裁决和仲裁庭裁决等。到目前为止，虽然在双边司法协作方面，刑事司法合作取得了较快进展，但中俄双方只签订了司法协助条约，而没有建立边境城市贸易纠纷解决的专门机制。①然而，两国政府也在积极协调，力促中俄沿边合作走上法治的轨道。2009年 6 月，中俄两国领导人在叶卡捷琳堡出席上海合作组织元首峰会和"金砖国家"领导人会面时指出，协调中俄毗邻地区发展战略有助于加快两国地区经济发展速度②——通过双方互惠互利的合作，对接两国区域发展战略，不仅有利于促进地方经济发展，而且符合两国发展战略，必将有力地促进边境地区合作健康发展，提高合作水平。2009 年 10 月 12 日，中俄两国总理举行第十四次定期会晤并发表联合公告。公告指出："规范双边贸易秩序，推动其健康持续发展——开展规范通关秩序、提高海关监管效率、打击走私违法。"③解决中俄边境争端的办法很多，但实际操作过程中，大多采用仲裁解决的办法。按照双方签署的有关协议，如果被起诉方是中国的企业，则由中方负责，具体机构就是中国国际经济贸易仲裁委员会，该委员会隶属于中国国际贸易促进委员会；反之，如果是苏联（俄罗斯）的企业是被诉方，就由苏联（俄罗斯）工商会仲裁庭解决。仲裁的金额数量也有一定的限制，如争议金额不超过 50 万元，经双方协商后也采用简易程序。

（二）中俄双方商事争端解决机制

1991 年苏联解体，给中俄两国的商事合作带来了严峻的挑战，因为解体

---

① 王佳慧：《中俄边境贸易纠纷解决机制研究》，《俄罗斯学刊》2012 年第 6 期。
② 《中俄元首莫斯科会晤联合声明》，载《1949～2009 年中俄建交 60 周年重要文献汇编》，世界知识出版社，2010。
③ 《中俄总理第十四次定期会晤联合公告》，载《1949～2009 年中俄建交 60 周年重要文献汇编》，世界知识出版社，2010。

前很多合同正处于执行的过程中，俄罗斯工商会与苏联工商会又无法律上的继承关系，导致很多纠纷难以解决，甚至到了找不到正经"婆家"的地步。直到 1996 年 7 月 15 日，中国国际贸易促进委员会、中国国际商会和俄罗斯联邦工商会签署了《关于商事仲裁的合作协议》。该协议称：两国均为《承认和执行外国仲裁裁决公约》的成员国，《交货共同条件》仍然有效。① 至此双方理顺了合作关系。合同争议提起诉讼或仲裁的时效是 4 年，因此，一方面举告无门；另一方面仲裁时效错过。按照以往的惯例，商事争端的解决机制仍然是地方基层法院受理解决，如黑龙江省绥芬河、黑河等地方法院已正式受理过几起中俄经济案。由于中俄间司法解释和仲裁时间要求差距很大，同时又受到人为因素和社会其他因素的影响，中俄商事争端解决机制建设出现了严重滞后的局面，甚至影响了中俄经贸合作健康发展，与中俄经贸合作发展的要求差距很大。未来两国在这方面的工作还有很长的路要走。

（三）中俄仲裁机制建设缓慢原因

1991 年苏联解体，中俄贸易合作经过了短暂的停滞后，进入到了高速增长时期。2014 年中国对俄贸易额比俄罗斯独立之初贸易额增长了近 20 倍。但两国贸易争端机制的建设一直处于缓慢的调整阶段。一是仲裁机制的建设还没有引起中俄政府部门的高度重视，长期以来，中俄两国各级政府致力于发展中俄经济合作，加强两国的战略伙伴关系，但对解决争端机制建设方面投入的精力不够。到目前为止，两国政府尚没有就边境地区合作仲裁机制签署协议。同时，地方政府对解决争端机制的建设力不从心，很多机制的建设都涉及了国家层面，地方政府无权裁决。二是中俄司法制度差异性很大。中俄两国社会制度不同，司法体制也存在很大的差异。如俄罗斯高等仲裁法院与滨海边疆区符拉迪沃斯托克（海参崴）仲裁法院之间就是平等关系，也就是说中央与地方在仲裁裁决方面是平等的关系，俄司法独立于行政系统，所受到的影响相对较小，而中国法院的审判执行严格的上下级监督制度。同时，在对外贸易方面，外交部、商务部也都参与对外经贸往来的管理，这样就造成了外交部、商务部

---

① 刘志华、戴君莉：《解决中俄商事争议途径的几点思考》，《黑龙江省政法管理干部学院学报》2004 年第 6 期。

与法院权力范围的交叉，甚至权力行使混乱的局面。① 三是俄罗斯法律调整频率高。苏联解体之后，俄罗斯法律制度继承了苏联时期的法律，但由于制度不同，尚处于不断完善的过程，因此法律条文变化频繁，使中方企业难以全部掌握，这样就出现了非主观的违法现象，受到了俄罗斯有关方面的打击，使中资企业损失很大。

三　中俄区域环保合作机制建设

中俄两国是近邻，两国山水相连，河流相通。黑龙江（阿穆尔河）、乌苏里江和额尔古纳河流经两国边界。加强生态保护、促进环保合作是两国人民的共同愿望，符合两国战略伙伴关系的根本利益。

（一）国家间环保政策对话互动频繁

随着中俄经济全面发展，环保合作已经成为两国区域合作中一项重要的内容。在两国历次高级别会谈中，环保合作都是重要的议题之一，而且两国取得了很好的成果，达成一系列的重要协议，为两国合作的健康发展发挥了重要的作用。1995 年两国签署了森林防火联防协定，双方建立两侧 10 公里森林防火联防带，建立了遇险及时通报机制，设立 17 个森林防火联络组。

表1　中俄双方森林防火联络组

序号	中国境内	俄罗斯境内
1	珲　春	克拉斯基诺
2	绥芬河	波格拉尼奇内
3	虎　头	达列涅列琴斯克
4	抚　远	比罗比詹
5	抚　远	哈巴罗夫斯克
6	嘉　荫	奥勃卢奇内
7	嘉　荫	阿尔哈拉
8	嘉　荫	布列亚

① 王佳慧：《中俄边境贸易纠纷解决机制研究》，《俄罗斯学刊》2012 年第 6 期。

序号	中国境内	俄罗斯境内
9	黑　　河	布拉戈维申斯克
10	黑　　河	斯沃博格内
11	呼　　玛	希马诺夫斯克
12	呼　　玛	马格达加奇
13	连　　崟	塔赫塔梅格达
14	古　拉　林	加济木尔斯基扎沃德
15	古　拉　林	加济木尔斯基扎沃德
16	古　拉　林	涅尔琴斯基扎沃德
17	满　洲　里	后贝加尔斯克

资料来源：《中华人民共和国政府和俄罗斯联邦政府关于森林防火联防协定》，载《1949～2009年中俄建交60周年——重要文献汇编》，世界知识出版社，2010。

　　双方为防火还采取了积极的措施，在本国境内加强防火设施建设，组织航空巡逻，组织专业的防火消防队，定期交流防火经验。2006年3月21日，中俄两国领导人在出席"俄罗斯年"开幕式和中俄经济工商会高峰论坛开幕式时指出："近年来两国中央和地方政府在环保和自然资源利用方面的合作进一步加强。成立中俄总理定期委员会环保合作分委会有助于加强双方的环保合作。"① 在此基础上，双方进一步指出："共同加强双方边境地区环境保护，积极预防环境事故，将边境地区的环境风险降至最低。双方就签署跨界水保护和合理利用的协定加快磋商。"② 在2009年中俄总理第十四次定期会晤发表的联合公报中指出："（中俄）环保合作发展迅速，已成为中俄战略协作伙伴关系的重要组成部分。双方共同建立了环保合作机制，为解决该领域存在的问题奠定了基础。双方将继续联合监测跨界水体水质，充分利用两国跨界突发环境事件通报和信息交换机制，加强在应对跨界突发环境时间方面的合作。"③

---

① 中华人民共和国外交部欧亚司：《中俄联合声明》，载《1949～2009年中俄建交60周年重要文献汇编》，世界知识出版社，2010。

② 中华人民共和国外交部欧亚司：《中俄联合声明》，载《1949～2009年中俄建交60周年重要文献汇编》，世界知识出版社，2010。

③ 《中俄总理第十四次定期会晤联合公报》，《中俄联合声明》，载《1949～2009年中俄建交60周年重要文献汇编》，世界知识出版社，2010。

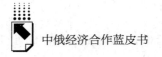

（二）地方政府环保合作态度积极

在对俄合作中，中国东北地区地方政府在环保合作中也表现出积极的态度，取得了良好的国际信誉和好评。黑龙江省政府在资源保护方面与俄罗斯积极合作，取得了良好的社会效益和经济效益。双方2002年就保护乌苏里江环境达成了协议，联合对两岸的珍稀物种和种群数量进行调查。2004年黑龙江省政府与哈巴罗夫斯克边疆区和犹太自治州就黑龙江（阿穆尔河）、乌苏里江的环保问题签署了工作纪要，计划成立联合专家小组，对两国的界河进行监测并开展学术研究活动；2005年又与犹太自治州政府就资源的开放与保护达成了协议。吉林省只有珲春一个对俄口岸，多年来，吉林省一直致力于"借港出海"。2009年国家批准的长吉图先导区建设为吉林省"借道出海"创造了条件。在推进俄罗斯扎鲁比诺万能海港项目方面，吉林省与俄罗斯环保合作积极务实，注意对周围自然生态的保护。珲春市位于吉林省东部的图们江下游，是中国唯一地处中俄朝三国交界的口岸城市。珲春市有着星罗棋布的沼泽，湿地8000余公顷。每年3月开始，大雁等众多珍稀候鸟在珲春市驻足、栖息。同时，珲春市重视生态环境保护，不断对现有林业资源实施保护，打击盗采盗伐、破坏野生自然资源的野蛮行径，加强野生动物保护的宣传教育和与俄、朝等国的国际交流合作。在候鸟密集区域，设立食物投放点，在重点区域设置了标识牌等措施。

中俄双方也高度重视对渔业资源的保护，设立每年定期联建机制，保障渔业资源可持续利用。2017年6月26日，黑龙江省政府网站就公布了两国渔政联检的新闻。中俄两国渔政人员对黑龙江边境水域春季捕捞作业情况以及中俄《两江议定书》执行情况进行了为期9天的联合检查。检查结束后，双方签订了《2017年黑龙江边境水域中俄渔政春季联检纪要》。联合检查团主要对黑龙江边界水域下斯巴斯阔叶至下列宁斯阔耶段和中方同江至抚远段进行了实地联合检查，现场查看了渔民捕捞许可证、捕捞渔船、渔具和禁渔期通告发放、法律法规宣传情况等。联合检查期间，双方在黑龙江边境水域未发现违规情况，这表明中俄双方渔政部门贯彻落实《两江议定书》规定的措施得力，中俄边境水域渔业生产秩序稳定，渔业资源养护措施有效。俄方代表团对中方不断加大界江渔政管理力度、严打非法越界等捕捞行为取得的成效给予积极评价和充分肯定。通过中俄联合检查，双方交流了渔政管理工作经验，交换了相关信息，加深了了解，建立了互信，增进了友谊。①

（三）两国区域环保合作效果显著

中国东北地区与俄罗斯远东地区在土地、河流、林业等自然资源方面合作取得了显著的效果，得到了两国人民的肯定。尤其在界河合作方面，两国建立了密切的联络机制，以保证不会出现生态灾难。在远东农业种植方面，中俄两国也已经达成共识，就是绝不使用没有俄文标识的进口农药、化肥，而且农药、化肥的使用完全在俄罗斯有关部门的监控之下。以俄罗斯滨海边疆区中俄新友谊农场为龙头，严格遵守俄罗斯的相关规定。新友谊农场依靠国有农场的科技实力，对俄罗斯允许使用的农药、化肥进行成分化验，以此为依据在中国种植户中推广，一举解决了长期困扰中国在俄罗斯种植业中农药、化肥使用的问题，得到了俄罗斯有关部门的高度肯定。环保合作不仅是保护好青山绿水，更主要的是，通过环保，能够促进中俄之间的相互信任与了解，促进中俄全面合作健康发展。

四 中俄区域应急合作机制建设

中国东北地区与俄罗斯远东地区边界长达 3000 多公里，区域人口总和接近 1.8 亿人，相当于巴西全国人口，超过全俄人口的 28%，每年的贸易额超过百亿美元，双方出入境人口超过 200 万人。在长期合作中，为保证合作健康有序发展，中俄两国建立起了保证安全的合作应急机制。

（一）建立专业应急平台

中国东北地区发展与远东经贸合作的同时，各主要城市都与俄罗斯远东不同城市建立了友好城市的关系。中国东北各省分别与俄罗斯远东各州及联邦主体建立友好省州区，共有 24 座城市建立了友好城市，如哈尔滨于 1991 年 4 月

① 张桂英：《黑龙江边境水域中俄渔政春季联检结束》，《黑龙江日报》2016 年 6 月 26 日，第 2 版。

22 日和 1993 年 6 月 15 日分别与斯维尔德洛夫斯克市和哈巴罗夫斯克市、牡丹江市于 1993 年 4 月 12 日与乌苏里斯克市、大连市于 1992 年 9 月 10 日与符拉迪沃斯托克市、延吉市于 1992 年 9 月 22 日与南萨哈林斯克市、吉林市于 1991 年 7 月 16 日与纳霍德卡市建立了友好城市关系。友好关系的确立为东北地区与远东全方位合作创造了有利的条件，其中在应急机制的建设方面，双方的合作成效显著。黑龙江省黑河市在与俄罗斯建立应急机制方面做出了有益尝试。在应急机制指挥机构建设上，首先实施点对点的专项合作，再逐步发展到点到面和面到面的全面合作。2006 年以来，黑河市相继成立了市应急指挥机构（应急委）、工作机构（专项指挥部）、办事机构（应急办），这些应急指挥机构都与俄阿穆尔州消监局等部门开展了有效对接，在共同应对口岸疫情、联合处置界江事件等方面发挥了积极作用。①

（二）建立应急联动机制

中国东北地区地方政府与俄罗斯远东政府建立了不同等级的应急联动机制。黑河市是中国与俄罗斯远东沿边最大的城市，黑龙江两岸人烟稠密，经济发达，每年黑龙江的凌汛、冰坝和水体环境污染风险都牵动着黑龙江两岸人民的目光。自 2008 年以来，黑龙江省海事局先后与俄罗斯阿穆尔流域国家海河监督管理局、俄罗斯阿穆尔流域国家航道航政局、俄罗斯联邦阿穆尔州紧急情况总局和俄罗斯联邦内河船舶登记局阿穆尔分局多次会谈磋商，达成了意向性的协议，就联合巡查及联合演习等业务合作进行交流。2009 年 11 月，双方签署了《黑龙江和俄远东地区界河应急合作协定》，这标志着中俄界江海事部门各领域合作全面建立。在 1999 年 4 月 28 日，黑河市政府与俄阿穆尔州行政公署代表团在黑河市签署了双方共同做好黑龙江防汛工作的合作协议，建立了定期会商制度。2013 年，为应对百年不遇的特大洪灾，黑龙江省政府外事办与俄罗斯阿穆尔州建立了密切联系沟通机制，及时掌握灾情，为两国人民抢险救灾发挥了重要的作用。从 2007 年开始，黑河市环保局每年年初都与俄阿穆尔州自然资源部确定《中俄跨界水体水质联合监测实施方案》，双方每年就黑龙

---

① 何兵：《打牢基础，促进合作扎实推进口岸城市应急管理工作——黑龙江省黑河市开展中俄跨境应急管理合作的探索与成效》，《中国应急管理》2014 年第 5 期。

江水质进行多次联合监测，重点分析 40 项水质指标，密切跟踪水质变化，确保界江水质无污染。

（三）建立应急预警机制

为有效预防、及时控制和妥善处理中国东北地区与俄罗斯远东合作中各类突发事件，提高快速反应和应急处理能力，维护边境地区稳定与安全，更为了"防患于未然"，中国东北地区在建立预警机制方面也做了有益的尝试。绥芬河口岸已经初步建立了监测预警系统，口岸检验检疫机构联合绥芬河边防检查站、绥芬河海关对可能出现的突发事件都制定应急处理预案，如甲型 H1N1 流感、来往游客发热处理及生物因子事件的处理等。各级政府各负其责，如发生口岸突发卫生事件，口岸卫生检疫分支机构等通过网络、媒体等整理各种信息，并逐级向主管部门汇报，同时提出解决的建议。2007 年初绥芬河口岸启用了出入境口岸卫生检疫电子监管系统，2011 年启用了口岸传染病电子监管系统，通过对口岸信息化、电子化的管理，使口岸增强了信息监控能力，也使信息的收集更加准确，提高了口岸应对突发事件的能力，也使口岸各部门间建立了紧密的合作机制。

B.24
黑龙江省对俄合作形势分析与预测*

马友君**

摘　要： 继2015年黑龙江省对俄贸易严重下滑之后，2016年下滑的势头没有停止，只是下滑的幅度比上一年同期趋缓，对俄合作固有的问题并没有得到很好的解决，但对俄合作也出现了一些可喜的变化，特别是通道建设、货物运输等方面出现了逆势增长。在黑龙江省"龙江丝路带"建设的背景下，应适时采取有力措施，提升黑龙江省对俄贸易水平，扩大合作规模，加强产业合作，促进黑龙江省对俄合作全面发展。

关键词： 黑龙江省　俄罗斯　经贸合作

　　黑龙江省是中国对俄贸易大省，长期以来在中国对俄合作中发挥了"先导区"和"领头羊"的作用。由于2016年以来中国经济结构调整及俄罗斯受金融危机和西方制裁影响，黑龙江省对俄贸易出现了连续下滑。但对俄合作还不乏亮点，其中有些因素对未来两国合作会产生积极的影响。

一　黑龙江省对俄经贸形势现状分析

　　2016年，随着中国经济结构的调整，黑龙江省也进入到了经济发展缓冲

---

　* 基金项目：黑龙江省社会科学基金项目"'一带一路'框架下影响我省对俄合作非经济因素研究"（项目编号：17GJB027）阶段性成果。
　** 马友君，男，黑龙江省社会科学院俄罗斯所所长，博士，研究员，主要从事俄罗斯经济和中俄区域合作问题研究。

区，发展速度减缓，对俄贸易继上一年大幅下滑之后，又下降了1/6。其原因是多方面的，既有俄罗斯受西方制裁经济下滑导致卢布贬值的外在因素，也是贸易结构调整的内因所致。在黑龙江省对俄合作总体下滑的情况下，也出现了一些积极的因素，对未来提升黑龙江省对俄合作的规模和水平具有重要的意义。

（一）进口商品呈现增长态势

黑龙江省对俄贸易结构不合理的问题长期存在，主要问题在于出口以轻工产品为主，进口以能源和原材料为主。只是近两年，对俄进出口贸易结构发生了微妙的变化，出现了积极的信号。原油进口额从占进口总值的74.8%下降到2016年的70.3%，下降了4.5个百分点。这一时期，进口额为74.9亿美元，总体下降了近11.8%。但进口前10位的商品中，有5种商品呈上升趋势。其中涨幅最大的就是食用植物油。2016年初以来俄罗斯卢布几次贬值，使大规模进口俄罗斯商品特别是食品类成为可能。2016年，食用植物油进口就达到了2.6万吨，与上一年同期相比增长了88%，进口额为2297万美元，同比增长了88%。煤炭进口也呈上升趋势，其中进口数量达到了122.9万吨，同比增长了53.3%，进口额为5418万美元，同比增长了46%，占进口额总值的0.7%，比上一年增加了0.3个百分点。2016年，与木材有关的商品进口都呈增长态势，其中原木、锯材和纸浆进口数量分别为556.4万立方米、257.3万立方米和29.4万吨，分别增长了17.9%、45.6%和34.3%，进口额分别为6.4亿美元、5.2亿美元和1.6亿美元，增幅分别为9.9%、41.7%和21.4%。值得关注的还有自俄罗斯的粮食进口，2015年自俄罗斯进口高速增长，进口数量和进口额分别增长了421.9%和543.1%；2016年略有下降，进口数量为46.1万吨，与上一年持平，进口额为1.4亿美元，下降了7.9%，占进口总额的0.7%，比上一年下降了1.1个百分点。除了粮食进口略有下降之外，自俄罗斯进口总体呈下降的趋势也很明显，而且有的产品下降的幅度还很大，如铁矿砂及其精矿，进口数量和进口额分别下降了53.6%和62.7%，成品油进口额也下降了近22.5%。

（二）物流通道建设取得积极进展

在国家"一带一路"框架内，道路相通是实现国际交流与合作的重要条件之一，也是实现贸易畅通的先决条件。按照省委省政府制定的"十三五"规划，在未来黑龙江省对俄通道建设中，要以实现"三桥一岛一道一港"为重点，通过通道建设，带动口岸经济发展。经过几年的建设，截至2016年中方段已经基本完工，俄方一侧也已经开工建设，争取2018年左右完工，不久的将来，300多年来中俄黑龙江无桥将永远成为历史，这必将为黑龙江省对俄合作带来新的契机。黑河大桥也已经开工建设，预计2019年10月完成。2016年俄罗斯也在积极谋划通道建设，继宣布成立符拉迪沃斯托克自由港建设之后，"滨海1号"公路建设也提到了议事议程。2016年黑龙江省积极谋划对俄贸易通道，通过运行哈俄班列，实现对俄货物运输便利化。自2016年2月27日开始，开通首趟对俄班列，转载了36个国际标准的集装箱，途经新西伯利亚市和彼尔姆，终点站是叶卡捷琳堡市，整个运行时间为12天。两个月之后的4月12日，途经绥芬河的陆海联运大通道"哈—绥—符—釜"正式开通，实现常态化运行。

（三）沿边重点口岸建设成效明显

黑龙江省拥有15个沿边口岸，是中国对俄沿边合作口岸最多的地区。国家对于黑龙江省的沿边口岸建设给予了高度重视，在规划、政策上给予优先支持，这对于口岸的发展具有重要的意义。2016年继东宁和抚远撤县建市之后，又批准成立了绥芬河–东宁重点开发开放实验区，给予了口岸开发开放先行先试的便利。为了发展，各个口岸都推出了有利于货物快速出入境的便民措施，如东宁口岸实施每周全天工作制，减少企业出入境货物的超时等待，一定程度上降低了企业的物流成本。国家政策的支持对于口岸地区对俄合作发展具有重要的推动作用。2016年，在黑龙江省乃至全国对俄合作下降趋势明显的情况下，抚远口岸对俄合作却迎来历史性的大发展，实现贸易额2.9亿美元，同比增长了55.9%，占黑龙江省对俄贸易总额的3.1%，是哈尔滨对俄贸易额的2.1倍。这也是黑龙江省商务厅公布的前15个口岸城市中对俄合作增长速度较快的口岸之一，是2016年黑龙江省对俄合作的一大亮点。抚远的增长主要来源于出口额增长，出口额达到1.9亿美元，占该口岸贸易额的65.1%，增幅达到了57.5%，占黑龙江省出口总额的11%。绥化对俄贸易实现661万美元，增长了39%，出口实现656万美元，增长了41.6倍。黑龙江省最大的陆路口岸绥芬河在 2016 年也实现了预期的发展，实现贸易额 18.5 亿美元，增幅达到了 11.3%，占黑龙江省对俄贸易额的 20.2%。

（四）农业合作发展势头强劲

黑龙江省对俄农业合作是传统领域的合作，农业也是未来区域合作发展潜力较大的领域。2016 年，在黑龙江省对俄进出口形势不乐观的情况下，对俄农业合作却取得了很好的业绩。全年黑龙江省进口粮食 309.3 万吨，与上一年相比下降了 10.1%，价值 12.1 亿美元，下降了 14.9%。在进口粮食全面下降的情况下，自俄罗斯进口粮食下降的幅度略有减缓。粮食进口 46.1 万吨，占黑龙江省进口粮食总额的 14.9%，同比增长了 1.1%，进口额为 1.4 亿美元，占进口额的 1.9%，下降了 7.9%。目前黑龙江省境外农业经营主体共有 160 家，其中企业 110 家，占黑龙江省境外投资主体的 70%；农村种植大户 30 家，占 18%；农户联合经营 20 家，占 12%。两国农业合作方式很多，但主要是租赁和合资方式。其中采取租赁的方式占在俄获取土地的 80% 以上，一般租期为 49 年；另外一种方式就是合资合作型，主要是俄方以土地为资本，中方则以技术、劳务和机械为资本，通常情况下按照 6∶4 的比例分成，也有各按50% 比例合作的。① 合作比较成功的就是滨海边疆区新友谊农场。在与俄罗斯长期合作中，依靠农垦的科技实力和垦区人吃苦耐劳的精神，新友谊农场解决了长期困扰中俄农业合作的农药和化肥问题，而且这项技术在滨海边疆区的农业种植户中得到了大力的推广。农业开发符合俄罗斯远东开发战略。2016 年俄罗斯在布局超前区中，农业超前区是重要的内容之一，其中阿穆尔州别拉戈尔斯克农业超前区就是其中之一。② 远东农业超前区的设立，为未来黑龙江省对俄农业合作提供了巨大的发展合作空间。

二 黑龙江省对俄经贸合作存在的问题

黑龙江省一直是对俄合作的大省，也是中国实施"一带一路"建设的重

---

① 张桂英：《黑龙江省对俄农业合作硕果满枝头农业走出去》，《黑龙江日报》2016 年 4 月 7 日。
② Резиденты ТОР《Приамурская》и ТОР《Белогорск》запустят производства в 2016 году，http：//www. minvostokrazvitia. ru/press – center/news_ minvostok/？ ELEMENT_ ID = 4221.

要组成部分。在整个世界经济增长乏力的背景下，黑龙江省对俄合作也难独善其身。随着两国区域开发战略的实施和经济结构的调整，黑龙江省对俄合作也出现了新的问题。

（一）贸易额连续下滑，影响合作规模的扩大

2016 年，黑龙江省对俄贸易额只有 91.9 亿美元，[①] 下降了 15.3%。与上一年同期相比，贸易额减少了 16.5 亿美元，下降幅度减少了近 30 个百分点。贸易额长时间在低水平徘徊，将影响中俄两国战略伙伴关系的进一步发展，也难以稳固两国区域合作经济基础。在黑龙江省与欧洲主要国家的贸易中，对俄贸易下降幅度最大，但对俄贸易额是欧盟的 7.3 倍，占黑龙江省对外贸易总额的 55.6%。黑龙江省与世界各国的贸易中，非洲和亚洲均下降了 50% 以上，非洲下降幅度最大，下降了 57.6%；亚洲下降幅度最大的是东盟各国，下降了 66.9%。而欧盟与黑龙江省的贸易额处于上升态势，达到了 12.6 亿美元，增长了 8.9%，占贸易总额的 7.6%。在 "一带一路" 框架下，黑龙江省与欧洲各国的贸易出现了良好的发展势头。随着黑龙江省对欧洲班列的开通和常态化运营，对欧盟的合作还将有大的提升空间。虽然对俄与对澳大利亚的贸易额分别下降了 15.3% 和 9.8%，但两国的差异性较大，对俄贸易额是对澳大利亚贸易额的 51.3 倍。中国与澳大利亚已经签署了自贸区协定，这对于两国贸易大发展无疑具有推动作用。如果未来中俄签署自贸区协定，两国的贸易额将得到大幅度提升。在俄罗斯受到乌克兰危机影响的背景下，其对外开放的方向由西向东转向，特别是俄罗斯经济处于低迷状态，黑龙江省并没有很好地利用这次机会，调整贸易结构，鼓励出口，扩大贸易规模，因此，在 2015 年对俄贸易大幅下滑的基础上，2016 年又进一步下降，而且下滑的速度超过全国对俄外贸下降速度，这一点应引起高度重视。

（二）贸易结构严重失衡，影响合作水平提升

根据商务厅进出口统计数据，2016 年，黑龙江省对俄出口贸易额 17 亿美元，对俄出口前 10 位主要商品是服装、鞋帽、纺织品和干鲜水果蔬菜等，贸

---

① http：//www.hljswt.gov.cn/2016/20802.jhtml.

易额占对俄出口总额的 70.2% 以上。进入前 10 位的工业产品只有钢材一项，贸易额只有 1906 万美元，占出口贸易额的 1.1%。而 2016 年黑龙江省对外出口商品中，机电产品和高新技术产品占据前两位，贸易总额达到了 18.6 亿美元，占出口总额的 37%。

2016 年，黑龙江省自俄进口 74.9 亿美元，进口前 10 位的商品主要是原油、原木、锯材、肥料、粮食、纸浆、铁矿砂及其精矿、煤炭、食用植物油、成品油，基本上还是以能源和原材料为主，占进口总额的 94% 以上。在进口商品中，虽然原油进口数量达到了 1668.1 万吨，增长了 7.8%，但由于受世界能源市场价格低迷的影响，进口额只有 52.7 亿美元，下降了 17.1%，占进口贸易额的 70.3%。而同期黑龙江省进口商品中，除了原油之外，机电产品和高新技术产品的进口呈增长的态势。在黑龙江省对俄进口平均下降 11.4% 的情况下，高新技术产品进口增幅最大，达到了 15.6%，进口额达到 4 亿美元，占进口总额的 3.5%，机电产品进口增加了 5.1%，达到了 10.7 亿美元，占进口额的 9.3%。

（三）贸易方式单一，难以形成有效合力

黑龙江省对俄经贸合作，贸易方式不合理的问题一直没有得到很好的解决，当前解决这个问题显得尤为迫切。2016 年，黑龙江省对俄一般贸易额 54.3 亿美元，占对俄贸易总额的 59.1%，而加工贸易和边境小额贸易却双双大幅度下降，其中加工贸易只占对俄贸易的 5.2%，同比下降了 23.1%，而边境小额贸易下降了 24.8%。尤其需要指出的是，出口加工贸易数量小，下降的幅度大。出口加工贸易额仅为 161 万美元，下降了 94.2%，仅占出口贸易额的 0.1%，也是整个出口贸易方式里下降幅度最大的一个，其主要原因就是承载加工贸易的小企业面对经济形势下滑难以立足，纷纷关门歇业。进口加工贸易形势也不是很乐观，贸易额仅为 4.8 亿美元，占进口额的 6.4%。除此之外，技术贸易、服务贸易和保税区贸易额都不大，难以形成气候，这样的贸易方式难以适应国家振兴东北的发展战略。针对俄罗斯资源富集，中国技术、资金占优的区域发展态势，在产业合作方面应产生更多的合作机会，通过沿边跨境产业合作带动口岸经济发展，并逐渐把口岸城市打造成跨境产业合作枢纽城市，最终形成全产业链的产业合作，实现互利双赢的目的。

（四）境外农业支持不到位，限制合作规模化发展

自 2014 年以来，由于受金融危机及西方制裁等不利影响，俄罗斯生产的粮食作物销售出现困难，而中国国内对非转基因粮食需求旺盛，但粮食回运受配额限制，满足不了玉米、水稻回运需求，缺乏回运粮食的专业口岸，导致回运粮食浪费大、成本高。2016 年粮食回运量相比 2015 年大幅度减少，一方面是原粮就地加工销售，另一方面是回运无利润可图。境外农业开发成本高、风险大，但境外农业开发尚未享受国内已实施多年的各项补贴政策，资金瓶颈已成为一个现实的问题，通关能力弱，通关费用高。境外生产所需的种子、农机具及零配件，受通关能力限制，不能按时通关，影响生产实施，进而影响企业效益。

三 黑龙江省对俄经贸合作形势的展望

2016 年是"十三五"的开局之年，也是"一带一路"与欧亚经济联盟合作对接和合作的关键之年，要通过加强黑龙江省对俄合作，夯实对俄区域合作基础，利用俄罗斯开发远东战略契机，同时紧紧抓住党的十九大之后东北地区发展契机，推进黑龙江省对俄全面发展。

（一）国家政策连续出台必将促进黑龙江省对俄合作全面发展

2016 年初以来，国家对黑龙江省对俄合作给予了政策上的支持，哈尔滨新区由国务院于 2015 年 12 月 16 日批复同意设立，包括哈尔滨市松北区、呼兰区、平房区的部分区域，规划面积 493 平方公里。哈尔滨新区区位条件优越，科技和产业基础比较雄厚，生态环境优良，对俄合作历史悠久，战略地位重要。建设哈尔滨新区作为推进"一带一路"建设、加快新一轮东北地区等老工业基地振兴的重要举措，积极扩大面向东北亚开放合作，探索老工业基地转型发展的新路径，为促进黑龙江经济发展和东北地区全面振兴发挥重要支撑作用。[①] 在沿边开发开放建设上，先后批准东宁和抚远撤县建市，同时又批准设立绥芬河－东宁重

---

① 《国务院关于同意设立哈尔滨新区的批复》，中央政府网。

点开发开放实验区。一年之内连续出台支持政策，这在以往黑龙江省对外开放中实属罕见。2016 年 4 月，《中共中央国务院关于全面振兴东北地区等老工业基地的若干意见》出台，对包括黑龙江省在内的对外开放提出了新的要求，也指明了未来发展的方向。国家政策密集出台必将促进黑龙江省对俄合作全面发展，特别是在边境贸易、创新边贸方式及跨境产业合作等方面有新的突破。

（二）通道建设取得积极进展有利于黑龙江省扩大对俄合作

为了发挥国家"一带一路"北向先导作用及实现"龙江丝路带"的发展目标，黑龙江省对俄合作也进行了精心的谋划，取得了积极成果。2015 年 2 月，黑龙江中欧班列第一次运行，从哈尔滨出发，历经 10 天抵达俄罗斯叶卡捷琳堡。[①] 至 2016 年 4 月，哈尔滨又开通了经过绥芬河的"哈—绥—符—釜"陆海联运大通道，从绥芬河出发，经过俄罗斯符拉迪沃斯托克等港口，最后到达韩国的釜山港。这样，在"一带一路"背景下，黑龙江省对俄及东北亚的通道建设取得了巨大的进步，已经连续开通了三条出海陆路通道。尤其是"哈—绥—符—釜"的开通，不仅具有经济意义，更重要的是具有战略意义，使黑龙江省由内陆省份变成有出海口的省份，加强了黑龙江省与东北亚各国的经贸往来，推动黑龙江省全面发展，带动东北振兴。

（三）推进对俄跨境产业合作必将夯实对俄合作基础

近年来，国家针对东北地区的发展出台了很多针对性非常强的战略措施，特别是 2017 年还针对黑龙江省推出深广对接合作战略举措，使黑龙江省搭上中国对外经济发展最快的列车。在这些举措中，最重要的措施之一就是发展跨境产业合作。这不仅是黑龙江省未来对俄合作的主要方向，也是能够引发俄罗斯方面重视的合作领域之一。而且俄罗斯对开展跨境产业合作也持积极的态度。2015 年以来实施的远东超前区就以开展产业合作为目标，从而带动远东地区经济社会发展。黑龙江省对俄合作 30 年来，积累了对俄产业合作的经验，不仅在俄罗斯境内建设了 16 个境外园区，而且在远东等地建设了大大小小不

---

① Павел Кобер. Китайцы открыли логистический автомобильный канал Харбин － Екатеринбург. http：//www. oblgazeta. ru/news/16081/.

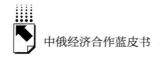

同类型的木材加工厂、粮食加工厂和食品加工厂，为两国的产业合作探索了合作路径。同时沿边各个口岸在不同时期建立了不同类型的园区，既有国家级保税区、边合区，也有地方自建的跨境合作区和贸易加工区，这些园区为未来两国区域产业合作奠定了坚实的基础。

（四）远东开放释放的信号助推黑龙江省对俄合作有序发展

俄罗斯远东开发历时已久，最早可追朔到沙俄时期，俄罗斯对远东的经营一直没有放弃，只是路途遥远、气候恶劣、资金投入不足等原因导致远东开发步履维艰。普京执政以来，对远东的开发走上了实质性开发阶段，尤其在2015年俄罗斯受到来自西方的压力之后，俄罗斯地缘政治环境越来越险恶，加强与包括中国在内的亚太国家合作不仅是俄罗斯促进经济发展的现实需要，也是俄罗斯融入世界经济的战略选择。2015年出台的俄罗斯超前区政策，是俄罗斯历年来开发远东地区最优惠的政策，表明了俄罗斯开发远东的决心和毅力。远东开放政策的进一步实施为黑龙江省对俄合作提供难得的发展契机。一方面俄罗斯在远东营造良好的贸易环境，中国企业只要守法经营，对俄经贸合作路子将越走越宽；另一方面俄罗斯在远东出台了诸多优惠政策，力图吸引更多的资金，如土地政策、税收政策和保险政策等。未来黑龙江省对俄远东投资合作、金融合作将出现良好的发展势头。

（五）对俄合作还将处于长期低速发展时期

由于中国经济结构调整，黑龙江省经济发展下行压力较大，这种趋势在短期内难以得到根本的解决，需要一个较长的调整发展期。同样，由于俄罗斯受到金融危机的影响逐步加深，特别是2015年以来，由于克里米亚事件的影响，俄罗斯经济面临的不确定因素增多。2016年以来，卢布贬值已经成为常态，经济出现了负增长的态势。上述这些因素都对黑龙江省对俄合作产生了不利的影响。两国的区域合作出现不增反降的趋势，低速增长在一定时期内将成为常态。

四　黑龙江省对俄罗斯经贸合作的对策建议

黑龙江省一直处于对俄合作的前列，也积累了丰富的合作经验，具有地缘优势、人才优势。经济新常态下，黑龙江省对俄及东北亚的合作，在国家大力支持下，拥有先行先试的便利，通过加强与远东及欧洲腹地的紧密联系，巩固已有的合作基础，开辟新的合作领域，必将迎来黑龙江省对俄合作新的高峰。

（一）利用传统贸易向现代贸易转变，打造对俄跨境电商基地

长期以来，黑龙江省对俄合作以贸易合作为主，贸易额占双方进出口额的八成以上，尤其是近年来兴起的跨境电商，对于双方的经贸合作又有极大的促进作用。黑龙江省具有对俄合作优势条件，在跨境电商合作方面优势尤其明显。更主要的是黑龙江省是国家"一带一路"倡议北向的重要支撑，也是对俄合作的"先导区"和"试验区"。一是借助"龙江丝路带"大数据、大物流的基础平台，在绥芬河、黑河等地推进对俄跨境电商结算中心的电子商务、流程管理、金融结算"三位一体"，建设更加开放的跨境电商综合服务平台，为"互联网＋"与传统行业融合提供坚实基础。二是建设超百万平方米规模的对俄跨境电商基地。以哈尔滨为中心，在绥芬河、黑河、同江、抚远等大型口岸打造沿边对俄跨境电商基地，突出特色、做大规模，打造"一核多点"全天候、广覆盖的跨境电商辐射网络。三是推进"互联网＋绿色食品产销和生态旅游"平台建设。形成联合营销、抱团发展，大力推广本省经典老字号、打造时尚新品牌。力争到 2020 年，使黑龙江省跨境电商出口额由目前的 3 亿美元跃升到 30 亿美元以上，建成全国最大的对俄跨境电商基地。

（二）利用黑龙江省对俄合作优势，建设对俄跨境产业基地

以黑龙江省对俄资源合作开发、装备制造合作、科技研发合作为重点，完善跨境产业链，促进跨境产业合理布局，打造立足中俄，辐射欧亚、日韩的跨境产业集群和跨境产业服务体系，围绕跨境产业链整合国际产业发展要素和资源，以国际物流通道与国际陆港区建设为纽带，创新跨国产业发展模式，推动黑龙江省对俄跨境产业基地建设。以哈尔滨为中心，以大（连）哈（尔滨）佳（木斯）同（江）、绥满、哈黑、沿边铁路四条干线和俄罗斯西伯利亚、贝阿铁路形成的"黑龙江通道"为依托，建设连接亚欧的国际货物运输大通道，吸引生产要素向通道沿线聚集，发展境内外对俄产业园区，打造跨境产业链，构建发达的外向型产业体系，构筑区域经济新的增长极，为中国扩大与俄欧、

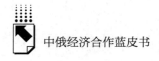

东北亚合作提供重要平台，为国家"一带一路"建设提供重要支撑。在延伸产业链条上深化合作，坚持"出口抓加工、进口抓落地"，加快生成一批资源综合利用和精深加工产业项目，打造跨境产业链条。

（三）利用远东开发战略契机，尽快启动中俄自贸区谈判

黑龙江省是中国对俄贸易第一大省，20多年来对俄贸易额一直处于全国的前列，对于促进黑龙江省经济发展发挥了重要的作用；俄罗斯远东经济发展最活跃的地区都与黑龙江省接壤，沿边地区经贸合作占黑龙江省对俄贸易额的70%以上；黑龙江省是中国对俄投资大省，投资额占全国对俄投资额的1/3；黑龙江省是中国对俄农业合作大省，在俄远东及其他地区承包和租赁土地达700多万公顷，实现了"走出去"战略，在俄再造一个农垦的目标正在逐步实现，客观上保障了国家粮食战略的安全。中国自贸政策还处于探索阶段，特别是沿边地区自贸区政策，国家还没有出台一个具体的指导意见。但自贸区发展是我国对俄开放发展的新路径和新模式，这一点毋庸置疑。通过在经济发展形势比较好的沿边地区设立试验区，为我国自贸区建设积累经验也是重要的对外开放政策之一。黑龙江省对俄合作20多年，具有建设对俄及欧亚经济联盟试验区的经验，也应该成为对俄合作的先导区和试验区，更重要的是，对俄合作是破解黑龙江省GDP位次逐年后移的有效手段，能够使黑龙江省充分利用国家实施沿边政策的大好机遇和俄罗斯远东开发的历史契机，实现互利双赢，实现黑龙江省对俄合作全面发展。

（四）利用远东的农业资源优势，打造绿色食品加工基地

发挥黑龙江省绿色食品基地面积和产品总量居全国第一位的优势，利用东北亚国家市场空间巨大、消费能力旺盛的客观条件，黑龙江省大力发展绿色食品加工业，并实施品牌战略，重点开发。一直以来，黑龙江省绿色食品在创名品优方面，与发达地区有一定的差距。要引进资金，打造国内一流、国际领先的有机食品加工基地。同时坚持科学管理、集约经营，避免同质化竞争等内耗因素。

B.25
符拉迪沃斯托克自由港建设与
黑龙江省合作新趋势分析

高玉海*

摘　要： 为了进一步扩大远东地区同亚太地区的联系，俄罗斯政府颁布了《关于符拉迪沃斯托克自由港的联邦法》，为投资者提供优惠政策。俄罗斯建设符拉迪沃斯托克自由港为黑龙江省对俄基础设施互联互通、降低运输成本、促进产业发展、实现境外园区转型升级和规避投资风险等带来了重要机遇。为此，黑龙江省应紧紧抓住俄罗斯建设自由港的机遇，采取切实可行的措施，进一步推动对俄全方位合作，实现跨越式发展。

关键词： 俄罗斯　自由港　黑龙江省　经贸合作

一　符拉迪沃斯托克自由港开发建设概况

（一）俄罗斯自由港的优惠政策

2015年12月，俄罗斯《关于符拉迪沃斯托克自由港法的联邦法》正式生效，标志着俄对加快远东地区开发开放已进入战略升级新阶段。在符拉迪沃斯托克设立自由港是俄罗斯远东开发的新战略、新举措，旨在通过建立自由港，以优惠的税收政策吸引国外投资者投资建设符拉迪沃斯托克市，进而通过自由港的快速发展带动远东地区的大开发，实现远东地区经济社会的全面发展。俄

---

* 高玉海，男，黑龙江省人民政府发展研究中心对外经济处处长、研究员。

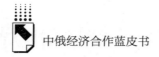

罗斯划定符拉迪沃斯托克自由港的面积为 3.4 万平方公里，这一区域与中国、朝鲜的边境地区毗邻。俄罗斯将在自由港内实行特殊的商业和投资活动法律法规，在税收、海关和检疫等方面为入驻企业提供政策支持和优惠，主要包括以下几点。

第一，税收政策。入驻自由港企业在申请增值税返还、保税区海关进出口产品增值税、保税区海关程序关税、利润税、保险金、俄联邦退休养老基金、俄联邦社会保障基金、俄联邦强制医疗保险基金等方面都享有优惠政策。

第二，基础设施建设政策。自由港区域内基础设施建设和改造，将采用国内国际各种预算外资金以及俄罗斯联邦、自由港所在区域预算补贴等方式进行融资。此外，基础设施项目许可的办理将更加便捷和高效，在规定的办理时限内，投资者按照程序办理，即可获得项目许可证。

第三，签证制度。自 2016 年 1 月 1 日起，自由港内简化签证程序，外国人可获得为期 8 天的赴俄落地签证。外国公民将能够通过自由港区内口岸、国际机场和其他海港免签入境，进入自由港区域，可以通过任何一个俄联邦边境检查站离境。

第四，通关制度。实行"一个窗口"和 24 小时工作制度，该项制度将于 2016 年 10 月 1 日前生效。滨海边区实行 24 小时工作制度的公路口岸为：波格拉尼奇内－绥芬河、克拉斯基诺－珲春、符拉迪沃斯托克机场、符拉迪沃斯托克港、东方港。

第五，口岸监管政策。各个口岸监管机构确定工作时间，应充分考虑保障相关人员、货物、交通工具不间断地全天候通过。

第六，劳务政策。引进和使用外国员工无须办理许可；入驻企业招收外国务工人员，为其办理入境邀请函和工作许可无配额限制。

第七，自由关税区制度。自由港区域实行自由关税区海关程序，自由港所在的区域等同于经济特区，实施更加开放的国际交通规则。在国外船舶可以加入的海港区域内、国际航空运输飞机起降的空港区域内以及毗邻空港和海港的区域内实行自由关税区政策。由监事会决定在毗邻铁路、公路区域实施"特别物流经济区"自由海关政策。①

----

① 《关于符拉迪沃斯托克自由港法的联邦法》，中译稿。

（二）机构设置和管理职能

第一，监督委员会。负责从整体上对自由港的运行成效、发展蓝图、相关政府机构办事效率进行调控和监督。

第二，俄罗斯远东发展部。负责自由港区域内各类许可证、计划书等文件的签发和审批，涉及自由港运作中各项制度、程序的制定和通过，监督包括入驻企业和管理公司在内的自由港行为主体的运行情况。

第三，远东发展集团股份公司（管理公司）。负责自由港运营具体事务，包括基础设施建设、入驻企业登记和文件审核等。

第四，公众观察委员会。由自由港区域内行业代表、工会代表等各界人士组成，主要负责组织开展公众监督。

（三）开发建设进展概况

1. 简化签证制度开始实施

2017年4月，俄罗斯杜马审议通过符拉迪沃斯托克自由港的简化签证制度法，8月1日之前符拉迪沃斯托克自由港内首批2个检查站将开始实施签证简化制度，自由港区域内的所有检查站将在2018年2月1日之前开始完全落实该政策。根据政府决议草案，签证将以电子文件形式发放。外国人需根据拟入境日期至少提前3天在专门网站提交签证申请，通过主管机关审核后，外国人将接到发放签证的通知并网上缴费确认。在过境时，外国人需出示护照或其他身份证件、有效保险单和打印好的发放签证通知。外国人可到达远东地区五个区域中的任何一个，享有自由港制度的区域有滨海边疆区、哈巴罗夫斯克边疆区、萨哈林州、楚科奇半岛和堪察加半岛。

2. 企业入驻增加

据统计，2016年在远东超前发展区和符拉迪沃斯托克自由港等投资发展机制框架内，共建设了26家新企业，总投资额130亿卢布，提供了1200个新工作岗位。2017年末，远东将启动50余家新企业，总投资额600亿卢布，可提供4500个新就业岗位。这是俄罗斯远东发展部副部长亚历山大·克鲁季科夫在地方引资署代表会议上提到的。截至2017年5月，在符拉迪沃斯托克自由港的投资项目达到173个，投资总额为2690亿卢布（约合45.33亿美元）。

这些项目主要包括港口码头、物流中心、住宅建设、矿产资源开采与加工以及电影制作等。签约入驻企业绝大部分为俄国本土企业，且以私营企业为主。这些项目包括住宅和商服、物流中心建设、船舶修理、农副产品加工、矿产资源开发和电影制作等，创造的就业岗位超过 2000 个。

3. 成立企业协会

随着企业入驻的增多，各类企业可能会遇到很多问题，为帮助新入驻企业积累经验，符拉迪沃斯托克自由港的入驻者自发地成立了企业协会，该协会将所有企业家的力量凝结在一起，向入驻企业提供支持，跟踪企业运行情况并收集成功经验，了解有关法律落实情况，并就自由港制度的完善提出建议。

二 国外及中国其他省份参与情况

（一）国外参与情况

建立符拉迪沃斯托克自由港是俄罗斯加快远东开发的新举措、新战略，日本和韩国已经着手谋划投资俄罗斯符拉迪沃斯托克自由港。俄罗斯建立自由港的目的是向亚太地区进一步开放，特别是面向中国、日本和韩国等国家全面开放及引入国际规则。[①]

俄罗斯在第二届东方经济论坛期间向亚太国家推介远东地区港口、铁路等大型投资项目。日本首相安倍晋三、时任韩国总统朴槿惠均表示，远东地区是俄罗斯参与国际经济合作，尤其是参与亚太经济合作的前沿和窗口，韩日愿意积极参与俄罗斯远东开发，进一步推动同俄罗斯的互惠合作关系。为更加便捷地从萨哈共和国进口石油、煤炭和木材等资源，日本计划投资修建从符拉迪沃斯托克至萨哈共和国的铁路；韩国三星公司希望同俄罗斯铁路公司加强合作，将韩国的电子产品等货物利用西伯利亚大铁路运往中东欧。

此外，印度将在自由港投资 1.75 亿卢布，在滨海边疆区建设茶叶包装厂。

---

① 陈君、王立国：《俄罗斯符拉迪沃斯托克自由港发展的 SWOT 分析》，《牡丹江师范学院学报》2015 年第 5 期。

越南奶制品供应商 TH True Milk 计划投资 17 亿卢布，在远东地区建设奶类养殖综合体。

（二）国内其他省份参与情况

吉林省和辽宁省是除了黑龙江省以外，与俄罗斯远东毗邻的省份。俄罗斯辟建符拉迪沃斯托克自由港以来，吉林省和辽宁省也都在关注自由港的开发进展情况，试图以不同的方式参与开发建设。辽宁省在利用大连市与符拉迪沃斯托克建立友好城市关系的基础上，大力发展同符拉迪沃斯托克的海上运输合作。吉林省正在谋划建设珲春至符拉迪沃斯托克的高速铁路，与俄罗斯相邻的延边州也同符拉迪沃斯托克、扎鲁比诺、波谢特等港口开展了多种形式的合作。

2016 年 6 月，上海开通了至符拉迪沃斯托克的定期航班，每周一和周五飞行。在 2016 年 6 月举行的上海国际物流与交通运输博览会上，上海振华重工与"俄罗斯海港"集团探讨了参与远东港口技术更新问题。

三　黑龙江省的合作机遇

（一）有助于黑龙江省扩大同周边国家的合作

符拉迪沃斯托克自由港将在东北亚地区起到物流枢纽的重要作用，也将在区域经贸合作中起到辐射带动作用，为包括黑龙江在内的中国东北地区开放型经济转型发展带来新的机遇。对接符拉迪沃斯托克自由港将使黑龙江省与俄罗斯、韩国、日本、朝鲜等周边国家连接到一起，拓宽了全省的国际物流带和跨境产业带，推动黑龙江省参与"中蒙俄经济走廊"建设取得务实成效。[1]

（二）有助于降低国际贸易运输成本

对接俄罗斯自由港政策，可以避免与俄方多次签订协议合约，避免一些人

---

[1]　张成立：《绥芬河市与俄罗斯"符拉迪沃斯托克自由港"互动对接的路径探析》，《对外经贸》2016 年第 1 期。

为因素的制约，使货物能够及时发运、及时转运，避免滞留。对黑龙江企业来说，经过短途运输转运到俄罗斯港口，无须再经过海关程序即可实现外贸出口，将使黑龙江省开通运营的"哈—绥—符—釜"陆海联运大通道运输变得距离近、成本低、时间短、运力足，具有较强的竞争优势。随着自由港停泊货船数量的增多，黑龙江省物流企业在寻找国外合作伙伴时选择的余地进一步扩大，增加了对外贸易出口和内贸货物跨境运输往返货源，降低了运输成本。据测算，通过符拉迪沃斯托克自由港发运至日本、韩国的集装箱，每个集装箱的费用要比通过大连港运输便宜 2000 元左右；运往中国南方港口的，要便宜 4000 元左右。①

（三）有助于推动开放型产业体系发展

对接自由港开发政策可以实现东北老工业基地振兴与俄远东开发项目对接效益的最大化，将使黑龙江省成为中国对俄及东北亚东向跨境运输的重要节点和枢纽。随着自由港的开发建设，经由黑龙江省的年物流量和货物中转量可达1.5 亿~2 亿吨，使黑龙江省跨境通道实现较大负荷运载。此外，由于自由港的免税优惠，黑龙江省利用地缘优势，通过在自由港内的加工、仓储、转口和销售，可以实现大幅降低商品成本，提高本地产品和转口产品的国际竞争力，扩大对俄及东北亚国家贸易规模，提升产业加工水平，促进开放型产业体系构建，实现中俄贸易优化、产业互补、生产要素有效配置。

（四）有助于企业规避风险

近些年来，黑龙江省对俄投资合作已经引起俄罗斯的关注。俄罗斯对矿产资源和能源类产品的开发竞标权不规范，缺乏透明度，暗箱操作严重，给黑龙江省企业对俄投资合作带来较大损失。对接俄罗斯符拉迪沃斯托克自由港政策可以规避俄罗斯个别州区不平等、不合理的地方性政策和法律法规。俄罗斯颁布了《关于符拉迪沃斯托克自由港法的联邦法》进一步改善了外资进入俄罗斯的法律环境，外国企业在遵守俄罗斯相关法律的前提下，在投资协议有效期

---

① 黄巍：《俄远东自由港建设为黑龙江省深化对俄经贸合作带来新机遇及对策措施》，《对外经贸》2016 年第 2 期。

内发生的不利于投资者的俄联邦和地方法律变更，一律不适用于特区入驻企业，使经济特区内的生产经营活动有法可依，更加规范。对企业而言，俄经济特区内投资环境有望大大改善，对俄投资合作的信心增加。①

四 黑龙江省的优势与潜力

（一）地缘优势独特

黑龙江省与俄罗斯的边境线长达 2981 公里，有 25 个国家一类口岸，占全国对俄边境口岸数量的 70%，其中沿边口岸 15 个，口岸年过货能力 2900 万吨。黑龙江省开辟了在全国边境口岸中独具特色的冰封期冰上汽车运输、明水期轮渡汽车运输、流冰期气垫船运输和内贸货物跨境运输等方式，同江、黑河、饶河等边境口岸建设了中俄跨江浮箱固冰通道，使口岸批量过货时间延长了 3 个月。

（二）对俄经贸合作大省

黑龙江省是全国对俄经贸合作大省，对俄贸易占到全国对俄贸易的近 1/4，对俄投资占全国对俄投资的 1/3。目前，黑龙江省对俄合作的主要领域是农业合作、能源合作、旅游合作、林业合作、科技合作和文化交流，并不断创新合作模式，建立了农业、林业、电力等六个中俄合作联盟。

（三）境内外园区协调发展

为了促进境内外协调互动发展，黑龙江省积极探索了境内、跨境、境外园区相结合的跨境产业发展模式，建设了以俄农副产品、服装鞋帽和小家电加工为重点的境内产业园区。目前，全省在俄罗斯规划建设了 16 个境外园区，乌苏里斯克经济贸易合作区、中俄（滨海边疆区）现代农业合作区、龙跃林业经贸合作区是国家级境外经济贸易合作区。

---

① 高玉海：《推动中国黑龙江省企业利用俄罗斯经济特区加快发展的建议》，《俄罗斯中亚东欧市场》2008 年第 1 期。

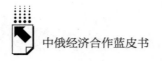
（四）参与"中蒙俄经济走廊"建设取得较好成效

黑龙江省进一步加强同俄罗斯的经贸合作，在互联互通基础设施、跨境运输体系和开放平台建设等方面已经初具规模，为更高层次和更高水平的对外开放奠定了基础。2016 年 4 月 12 日，"哈—绥—符—釜"陆海联运大通道正式打通并实现常态化运行，打通了我国东北地区新的出海口，成为"一带一路"在东北亚地区的重要枝干，对加强中国东北地区老工业基地振兴、拓展同周边国家经贸关系起到了桥梁和枢纽作用。

（五）对俄铁路网正逐步形成

目前，哈大、哈齐高铁已开通运营，哈尔滨至佳木斯、哈尔滨至牡丹江快速铁路和连接主要边境口岸的沿边铁路也正在抓紧建设，覆盖全省 80% 人口和 90% 经济总量的快速铁路网已初显雏形。随着运输关键节点被逐步打通，瓶颈路段畅通，黑龙江省对俄铁路通道和区域铁路网不断完善。届时，黑龙江省将形成以哈尔滨为中心，以各口岸为连接点，形成通往俄罗斯及欧洲腹地的铁路运输网，提升哈尔滨运输枢纽的作用，增强边境地区经济承载力，为扩大黑龙江省对外开放提供重要的基础设施支撑，巩固黑龙江省对俄桥头堡和枢纽站地位。

五　黑龙江参与俄罗斯自由港开发建设的思路

黑龙江省是我国对俄经贸合作大省，在地缘、基础、人才及人脉关系方面具有供给优势，尤其哈尔滨市是国家对俄经贸合作中心城市，哈尔滨新区还是中俄经贸合作的重要承载区。为此，黑龙江省要积极响应，抓住当前机遇，趁势而上，力争在"中蒙俄经济走廊"建设上有更大作为，努力实现中俄战略对接，共谋发展。

（一）关注自由港招商引资进展情况

充分利用中俄两国智库资源，开展深入研究，密切关注自由港招商引资的最新动向，抓住机遇，捷足先登。可以邀请俄罗斯远东发展部官员来黑龙江省介绍自由港的引资政策及开发进展情况，并使其有机会与黑龙江省企业进行面对面的交流，从而使各种形式的投资合作更有针对性。

（二）探索黑龙江省的出海口

为提高货运能力，纳霍德卡港正在进行现代化改造，扩建码头、拓深航道。从长远考虑，可以在纳霍德卡建设或购买具有长期使用权的出海港口。建议国家借鉴建设瓜达尔港的模式，采取省内集资或招商引资等方式，新建或租用俄罗斯码头，建设具有经贸及其他功能的通用型海外基地。

（三）争取国家赋予哈尔滨自由港的政策

发挥哈尔滨和符拉迪沃斯托克两个中心城市在远东与东北合作中的梯次带动作用。争取国家支持，把哈尔滨建成自由港，与俄罗斯符拉迪沃斯托克自由港对接，逐步形成"哑铃"式开发模式，并辐射周边地区。争取 8 天的签证、降低税收、增加哈尔滨至符拉迪沃斯托克航班等，开通哈尔滨至符拉迪沃斯托克的客运列车和班列，延伸内陆港功能，争取国家支持延伸内贸货物跨境运输在哈尔滨始发等政策。依托哈尔滨新区、哈尔滨综合保税区和铁路国际集装箱中心站，建设哈尔滨－符拉迪沃斯托克自由港联动发展试验区，打造国际物流产业集群、高端装备制造产业集群、高端服务产业集群，建设覆盖技术、法律、金融和人才等综合服务基地。①

（四）建立对俄特色产业园区

依托哈尔滨新区，以对俄合作为重点，全方位整合资源，给予最大限度的优惠政策，吸引俄罗斯等独联体国家的装备、化工、食品、医疗器械等大型企业到哈尔滨新区投资兴业，逐步形成"你中有我、我中有你"、互利共赢的双向投资新局面，推进"中蒙俄经济走廊"建设与符拉迪沃斯托克自由港开发对接。

（五）推动境外投资和产业园区互动发展

围绕哈欧、哈俄班列形成的集聚效应，跟踪产业转移趋势和方向，积极捕

---

① 高玉海：《进一步加强哈尔滨新区对俄全面合作的思路措施》，《商业经济》2017 年第 8 期。

捉项目信息，谋划发展跨境产业园区，持续抓好重点企业的招商引资和重大项目的落地建设，尽快形成外向型产业集聚发展态势。自由港重点在汽车制造、物流运输、农牧业合作、渔业养殖捕捞等领域出台相关鼓励政策，为外资提供了投资空间。加大企业"走出去"扶持力度，引导企业在自由港建设境外园区，参与自由港项目投资，推动对俄经贸投资合作转型升级。

（六）对接俄罗斯"滨海1号"

加快牡绥铁路电气化改造和哈牡快速铁路建设，制定省内企业参与俄方道路、港口等基础设施建设方案，推动与俄罗斯"滨海1号"国际运输通道建设对接。积极配合国家谋划建设绥芬河至符拉迪沃斯托克高速铁路，实现与自由港高效联通。建议国家敦促俄波格拉尼奇内口岸复工建设，力争早日将宽轨接入绥芬河；启动乌苏里斯克至格罗捷阔沃口岸高速公路建设，实现与牡绥、哈牡高速公路对接。

（七）推动对俄产能合作

抓住俄罗斯经济调整、远东地区开发和符拉迪沃斯托克自由港建设的有利机遇，结合国内钢铁、建材行业结构调整，利用黑龙江省的区位优势，依托大庆油田、西钢、建龙、北钢、中国建材北方水泥等企业，开展对外油田、矿业、钢铁、建材等产能合作，带动成套设备出口和工程承包，扩大境外合作领域。

（八）给予政策支持

参与俄罗斯自由港建设需要大量资金，而且投资周期长，省政府应在项目前期资金上予以支持，鼓励企业到俄自由港投资建厂，参与工程招投标，对一些前景好、回报好的重点项目从省级对俄专项资金中划出一部分提供专项贴息，并争取列入国家重点扶持计划，取得专项贷款。积极争取国家对黑龙江省参与俄罗斯自由港投资建设予以支持，在援外资金、"走出去"战略资金、老工业基地建设发展资金等方面给予黑龙江省重点扶持，鼓励和支持有实力、有意愿的企业参与俄罗斯自由港投资建设，使之尽快见到成效。①

---

① 高玉海：《推动黑龙江省企业加快发展》，《中俄经贸时报》2008年2月27日。

B.26
辽宁省对俄合作形势分析与预测

周延丽*

摘　要：　本报告综述了近几年辽宁对俄经贸、投资及其他领域的合作
概况，指出合作过程中存在贸易产品单一、对俄贸易在全省
外贸中比重小及相互投资规模小等问题。根据俄罗斯经济趋
稳和辽宁经济增速"转正"的新形势对未来几年辽俄合作
做出了相对乐观的预测，并提出多项深化辽宁对俄合作的
建议。

关键词：　辽宁省　对俄合作　分析预测

一　辽宁省对俄合作现状综述

俄罗斯是辽宁省最重要的对外合作伙伴之一。辽宁省地处东北，具有对俄
合作的传统，以经贸合作为主的全面合作随着中俄关系的深化而日益广泛和深
入。在世界经济低迷、俄罗斯经济遭受西方制裁、中国经济进入新常态以及辽
宁经济增速连年下滑的背景下，辽宁省对俄经贸合作大趋势仍然保持基本稳定
增长的态势实属不易。

（一）经贸领域合作

2006 年辽宁省对俄贸易跃上 10 亿美元台阶，2011 年突破 20 亿美元，近
七八年都是逆差，近两年出口大幅下降，进口大幅增长，逆差额进一步加大。

---

* 周延丽，辽宁省社会科学院产业经济研究所俄罗斯问题研究中心主任，研究员，博士。

2008 年和 2010 年辽宁对俄贸易额都是 16 亿多美元，2009 年是 11 亿多美元，同比下降 31%。2015 年辽宁省对俄贸易额超过 30 亿美元，出口 9.3 亿美元，同比下降 21%，进口 20.8 亿美元，增长 66.6%。2016 年出口继续下滑，进口保持增长。主要出口产品有：机电产品、服装及衣饰配料、农产品、金属镁及镁制品、船舶、钢材、水海产品、鲜干水果及坚果、蔬菜、建筑采矿机械及配件、纺织轻工产品、聚酯原料及陶瓷产品等。主要进口产品有：水海产品、冻鱼、原油和成品油、液化气、煤炭、机电产品、橡胶、塑料、木材制品、农产品、粮食、豆类、油料、饲料等。

表 1　辽宁对俄贸易情况

单位：亿美元，%

年份	双边贸额	双边贸额同比变化	对俄出口额	出口同比变化	对俄进口额	进口同比变化
2000	2.37	49.0	0.85	12.0	1.52	83.0
2006	10.07	25.0	5.45	61.0	4.62	-2.0
2011	21.68	35.0	10.16	35.7	11.52	35.1
2012	24.54	13.0	10.98	8.1	13.56	17.8
2013	24.21	-0.02	11.36	3.4	12.83	-5.4
2014	24.30	0.5	11.80	3.8	12.52	-2.4
2015	30.10	24.0	9.30	-21.0	20.80	66.6
2016	32.50	8.0	7.92	-15.0	24.58	18.0

资料来源：根据 2016 年《辽宁统计年鉴》、辽宁省商务厅相关资料整理计算。

随着交通运输条件越来越便捷，俄罗斯成为辽宁农产品的第五大出口市场。辽宁出口俄罗斯的农产品主要分为四大品类 13 种产品：冻鱼、软体鱼、虾、蟹、裙带菜等水产品，粮食、油料、蔬菜、水果、食用菌等种植业产品，蜂产品、动物药材等畜产品，干坚果等林产品。

（二）投资领域合作

辽宁省商务厅相关资料显示，近几年辽宁省对俄相互投资合作中，俄方对辽宁投资呈逐年下降趋势，辽宁对俄投资有升有降，中方投资额占协议外资额的绝大部分（见表 2、表 3）。

表2 俄罗斯对辽宁投资

单位：个，万美元

年份	项目数	合同外资额	外商直接投资额
2014	8	544	272
2015	6	4256	417
2016	4	14	6

资料来源：根据2016年《辽宁统计年鉴》、辽宁省商务厅相关资料整理计算。

表3 辽宁对俄罗斯投资

单位：个，万美元

年份	企业数	协议投资额	中方投资额
2014	9	8346	8296
2015	3	3602	3482
2016	13	60000	58000

资料来源：根据2016年《辽宁统计年鉴》、辽宁省商务厅相关资料整理计算。

（三）其他领域合作

1. 省领导高度重视对俄合作，辽俄双方互访频繁

2014年11月18日，时任辽宁省省长李希在辽宁友谊宾馆会见俄罗斯哈巴罗夫斯克边疆区州长什波尔特一行。① 双方对以往的合作表示肯定，对合作前景广阔、潜力巨大的经贸、文化、旅游、航空、造船、石油化工、冶金、加工业等领域都表示了强烈的合作愿望。什波尔特州长率团在沈阳举行经贸投资潜力推介会并接受了《辽宁日报》记者采访，他倡议今后两地可以在木材加工、农业、畜牧业、交通运输、飞机制造、旅游等领域多派、互派商务代表团，沟通交流合作，广泛加强双方政府、企业间的合作。

2014年11月28日，时任辽宁省省长李希在辽宁友谊宾馆会见俄罗斯伊尔库茨克州州长叶罗先科。② 辽宁与伊尔库茨克缔结友好省州关系20年来，双方在经贸、文化、教育等方面的合作进展良好。双方表示应进一步加强交流，

---

① 《李希会见俄罗斯哈巴罗夫斯克边疆区州长》，《辽宁日报》2014年11月19日。

② 《李希会见俄罗斯伊尔库茨克州州长》，《辽宁日报》2014年11月29日。

增进了解、扩大合作，实现共赢发展，造福两省州人民。会见后，李希与叶罗先科共同签署了辽宁省人民政府与伊尔库茨克州政府长期合作会谈纪要。

2015 年 9 月 8 日，时任辽宁省省长陈求发在大连会见参加第九届夏季达沃斯论坛的俄罗斯副总理兼总统驻远东联邦区全权代表尤里·特鲁特涅夫。特鲁特涅夫说，前不久，俄方举办了首届东方经济论坛，中国国务院副总理汪洋率代表团参加，辽宁省也派了代表参加，双方进行了广泛而富有成效的交流，对进一步加强友好往来、深化经济合作充满信心。

2015 年 11 月，时任辽宁省省委书记、省人大常委会主任李希率领省友好经贸代表团在俄罗斯访问。访问期间，李希就营口港与俄罗斯铁路开展战略合作项目、大连港与俄罗斯远东滨海边疆区纳霍德尔渔港合作项目，分别与俄罗斯铁路股份有限公司总裁别罗左罗夫和俄罗斯远东运输集团负责人进行了深入交流，他希望合作双方能够按照协议内容，加快实施步伐，积极构建紧密衔接、通畅便捷、安全高效的互联互通网络。同时，李希在俄罗斯 – 中国（大连）IT 产业合作论坛上致辞并会见俄方企业家，出席了俄罗斯阿列夫毛皮公司与辽宁聚宝源服饰有限公司合作项目推进会，见证了沈阳市与俄罗斯工农联盟退休职工农副产品采购项目、海城石油机械制造集团与巴什科尔托斯坦共和国发展集团合作项目、盘锦和运实业集团引进俄罗斯圣彼得堡列别捷夫国家合成橡胶研究院异戊橡胶技术项目签约仪式，积极推动沈阳远大集团与俄方的相关合作项目。

2016 年 3 月 2 日，由中国对外承包工程商会和俄罗斯建筑协会共同主办的"第一届中俄建筑合作论坛"在莫斯科召开。辽宁抚顺代表团在会上做了题为"促进优势互补，实现合作共赢"的演讲，详细介绍了抚顺市情、产业布局、发展规划及抚顺建筑业、机械加工业企业的产品特点和海外竞争优势，让更多的中俄企业界人士了解抚顺、走进抚顺，体会抚顺现代工业文明和满族文化的独特魅力，参会的辽宁北方建设（集团）公司、抚挖重工集团公司等 5 家抚顺企业也相继在房屋建设和机械设备等 4 个分论坛上发言，介绍自己的企业和产品，广泛接触中俄客商，寻求合作商机。[①] 3 月 4 日，中芬合资企业绿

[①] 《参与"一带一路"建设的破冰之旅——抚顺代表团出访俄罗斯纪实》，《抚顺日报》2016年 3 月 14 日。

都拉普兰（抚顺）食品有限公司与俄罗斯泰勒塔集团签订了年出口3000万美元奶酪制品的出口合同，这是抚顺的奶酪产品第一次打进俄罗斯市场。① 签约仪式上，除签订3000万美元出口合同外，双方还就原材料采购、生产设备销售以及来抚投资合作伙伴的选择分别与俄罗斯 Praasa 公司、俄罗斯 Merialainen 公司、波兰 MP 贸易公司签订了3个协议。

2016年6月，沈阳市政府代表团访俄，在俄罗斯乌法市举行了辽宁省暨沈阳市石化项目推介会，造访了俄罗斯远东发展部，与俄天然气公司洽谈合作，助推"买卖城中俄跨境电商综合服务平台"项目，举行系列会谈。落户在沈阳市浑南新区国家电商基地的"买卖城"（沈阳）有限公司，是该基地最大的跨境电商项目，通过这个平台可以促进对俄出口，也可以通过这个平台从俄罗斯进口产品，沈阳市为配合这个项目已经开通了"沈满欧"专列。"买卖城"（沈阳）有限公司曾于2015年11月随时任省委书记李希率领的辽宁省友好经贸代表团访俄，其间，与俄罗斯农工联盟成功签署了战略合作协议。2017年3月，辽宁省中俄合作协会和"买卖城"（沈阳）有限公司组成联合代表团出访布里亚特共和国，举办中蒙俄三国"万里茶路"经济走廊项目推介会，《贝加尔真理报》进行了持续跟踪报道。

2016年6月23～27日，省农委组织大连良运农业发展有限公司、辽宁禾丰牧业有限公司、辽宁润增集团、沈阳辉山乳业等企业一行24人赴俄罗斯参加亚太地区食品安全国际会议及俄罗斯远东地区国际食品设备展览会，并开展对俄农业合作项目推进工作，取得了很好的成效。俄罗斯禾丰与禾丰牧业旗下的辽宁天地养殖设备公司在此次博览会上设立展台参展，会议期间俄罗斯禾丰与5个养殖场、6个饲料经销商及2个原料供应商达成合作意向。此次出访推进和签署合作项目共15项，圆满完成了工作任务。

2016年9月10日，第十六届中国沈阳国际农业博览会暨中俄农业经贸合作论坛在沈阳举行；10月18日，辽宁省与伊尔库茨克州经贸合作推介会在沈阳举行。

2. 多领域积极拓展对俄合作

除经贸合作领域以外，辽宁省其他领域的对俄合作也十分广泛且活跃。久

---

① 《抚顺奶酪制品首次出口俄罗斯》，《辽宁日报》2016年3月18日。

负盛名的辽宁鞍山汤岗子温泉疗养院深受俄罗斯人喜爱，这里常年接待来自俄罗斯各地的游客。2012 年到汤岗子温泉疗养院康复、休养、度假的俄罗斯游客已经超过 6000 人。① 每逢新年，汤岗子温泉都会举行迎新年中俄联欢会，至今已经连续举办了十多年。俄罗斯友人与汤岗子温泉疗养院的工作人员欢聚一堂，观赏体现中国传统文化的歌舞、器乐表演等文艺节目，共同庆祝新年的到来。

隶属于俄罗斯国立哈巴罗夫斯克边疆区文化部的俄罗斯国立远东（红旗）歌舞团曾于 2015 年 9 月 18 日来沈，在辽宁大剧院献上了精彩的歌舞表演。俄罗斯巴什基尔国立歌剧芭蕾舞剧院也曾经莅临沈阳，在辽宁中华剧场演出经典芭蕾舞剧《天鹅湖》和《胡桃夹子》，为辽沈观众带来视听盛宴。

2016 年 9 月 27 日，应俄中合作协会、伊尔库茨克美术协会邀请，辽宁省中俄合作协会和沈阳日报书画院组织了 14 人的辽沈书画名家代表团赴俄采风，进行艺术交流，受到俄罗斯著名画家图卢诺夫及当地政府领导和书画界的热烈欢迎。俄罗斯著名画家图卢诺夫近年来也多次到访沈阳，与沈阳画家郭德福举办联合画展。

2014 年 12 月，在辽宁芭蕾舞团排练场，来自俄罗斯的舞蹈编导鲁斯兰与阿克桑娜对辽芭《罗密欧与朱丽叶》剧组演员们进行了指导。据鲁斯兰介绍，辽芭这次排演的是世界首个《罗密欧与朱丽叶》芭蕾舞剧版本，该版本由俄罗斯编舞大师格里戈洛维奇于 20 世纪 70 年代创作完成，主要演员也最终由总编导格里戈洛维奇莅沈亲自选定，此前双方已经成功地合作了《斯巴达克》一剧。②

辽宁的高校、科研院所与俄罗斯相关学校、科研单位在教学、科研领域都有很好的长期合作。据不完全统计，辽宁大学、大连理工大学、沈阳理工大学、大连外国语大学、沈阳化工大学、辽宁中医学院、沈阳音乐学院、沈阳大学等高校与俄方在交流生互换、留学生培养、教师互派、项目合作、学术交流以及设立孔子学院等多方面开展了务实合作。

---

① 《230 名俄罗斯人汤岗子过新年》，《辽宁日报》2013 年 1 月 4 日；《114 名俄罗斯客人汤岗子过新年》，《辽宁日报》2015 年 1 月 5 日。
② 《辽芭新作"罗密欧与朱丽叶"更凝练》，《辽宁日报》2014 年 12 月 9 日。

二 辽宁省对俄合作进程中存在的问题

（一）贸易主打产品有待多元化并提高科技含量

辽宁省对俄主要贸易产品在 20 多年间基本稳定，没有太大变化，因此进出口商品结构单一，趋同化问题始终存在，辽宁主要出口产品是金属镁及镁制品、矿产品、纺织轻工产品、服装、农产品、食品、水果、蔬菜等，近年来，机电产品、陶瓷制品、船舶、高新科技产品等出口有所增加。主要进口产品是水海产品、冻鱼、原油和成品油、液化气、煤炭、机电产品、橡胶、塑料、木材制品等，近期粮食进口在增加。因为贸易产品与其他兄弟省市的贸易产品较多趋同性，较少异质性，这样就容易产生竞争性，缺少稳定性。

贸易产品的科技含量低、数量少、比重小，虽然近年来高新科技产品出口有所增加，但占比仍然较小。2016 年，辽宁省对俄罗斯出口额为 7.9 亿美元，主要出口商品为：服装 23.83%，机电产品 23.50%，农产品 17.51%，镁制品 15.31%，钢材 11.19%，这些出口产品中，初级加工品居多。

（二）对俄贸易在辽宁省对外贸易总额中的比重有待提高

辽宁省对俄贸易与辽宁整体对外贸易的起伏至 2014 年基本一致，2015 年辽宁对外贸易负增长 15.7%，辽宁对俄贸易增长 24%，不管是起伏一致还是不一致，对俄贸易在辽宁省对外贸易总额中的占比没有太大变化。2012～2016 年辽宁对俄贸易占全省对外贸易总额的 2.4%、2.1%、2.1%、3.1% 和 3.7%，之前二十多年的贸易历程中，一直在 1%～5% 之间徘徊，占 2%～3% 的年份较多。如此少的占比说明，辽俄双方依存度较低，辽宁对俄提供可供出口商品和吸纳俄罗斯商品的意愿与能力都相对有限。

（三）相互投资规模和领域有待扩大

从表 2 和表 3 中不难看出，辽宁与俄投资和中俄整个投资合作相似，是从俄罗斯引进的资金少，中国投资到俄罗斯相对多。2015 年辽宁全省实现实际

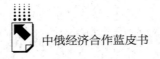

利用境外资金约 52 亿美元，从俄罗斯引进直接投资只占其 1‰左右，辽宁对俄投资比从俄引进资金要多，但相对中国对俄千亿美元的投资数额而言也是微不足道的。

目前辽俄双方投资规模小、领域窄，这与双方各自处在经济困难时期有一定关系，与对对方市场的准确了解和利益契合点的把握也有一定关系。在充分利用经济互补性、挖掘科技生产潜力、把握前沿技术生产领域，特别是在优势产能合作领域里开展投资合作、探索新型投资合作模式方面，双方都亟待提高意愿和能力。辽俄投资领域的"引进来"和"走出去"，包括参与跨境工业园、跨境互市贸易区建设，以及辽宁省沿海产业园区和科技合作园区加大招商引资力度，延长产业链的合作等方面还需要双方认真研究自身能力与对方需求的契合点。

三　辽宁省对俄合作的前景

（一）贸易额有望持续增长

2016 年俄罗斯经济逐渐趋稳，各项宏观和微观经济指标为判断今后经济逐渐复苏提供了依据，俄罗斯经济持续向好将促进辽俄经贸合作的发展。

辽宁经济进入 2017 年出现好转形势。经济增速 2017 年第一季度已经"转正"，其中，贡献率较大的有第二产业中一些技术含量高、附加值高的工业行业和产品，如汽车制造、计算机和其他电子设备制造，以及第三产业中的部门领域，如邮政和电信等。同时，辽宁的新兴产业增长明显，新能源汽车、智能手机、机器人等制造产业、轨道交通产业、通信产业以及互联网经济等领域都有较快发展，这给辽宁经济结构调整带来希望，使辽宁经济从过度依赖钢铁石化等传统行业向传统产业与新兴产业并重方向发展。早在 2015 年，辽宁省招商引资项目的重点已经开始从传统领域向战略性新兴产业和现代服务业等领域转移，从源头入手调整产业结构。在推进对外开放方面，辽宁省相继出台了《关于贯彻落实"一带一路"战略推动企业"走出去"的指导意见》、《辽宁省参与建设丝绸之路经济带和 21 世纪海上丝绸之路实施方案》和《辽宁省推进装备制造和国际产能合作实施方案》等。

2016 年 12 月，为贯彻落实中共中央、国务院《关于全面振兴东北地区等老工业基地的若干意见》（中发〔2016〕7 号），结合国家发改委《推进东北地区等老工业基地振兴三年滚动实施方案（2016—2018 年）》，辽宁省出台了《加快推进辽宁老工业基地新一轮振兴发展三年滚动计划（2016—2018 年）》。计划中提出了完善体制机制、推进结构调整、鼓励创新创业及保障民生等方面的百余个项目，其中，2017 年的重点工作之一是"研究提出新一轮对俄合作事项与国家对接"，负责此项工作的牵头单位是辽宁省发展改革委，配合单位是辽宁省商务厅和相关城市人民政府。近期最能提振辽宁经济增长信心的事件莫过于辽宁自由贸易试验区的设立。2017 年 4 月 10 日，辽宁自贸试验区沈阳片区举行了揭牌仪式，沈阳片区未来将重点发展三大产业集群：一是以高档数控机床、机器人、IC 装备为代表的先进装备制造、民用航空、新能源汽车、生物医药及高端医疗设备、新材料等高端智造产业集群；二是以国际贸易、金融服务、现代物流为核心的生产性服务业产业集群，重点涵盖服务贸易、跨境电商、融资租赁、多式联运国际物流等新产业和新业态；三是以科技服务、商务服务、文化健康等服务为重点的专业服务产业集群，主要包括研发设计、服务外包、总部经济、会展服务等重点产业。这三大产业集群的发展必定会为辽宁对外贸易和国际产能合作提供持续动力。

参考历史数据也可以较为乐观地预测辽俄贸易继续保持增长。2009 年遭遇全球金融危机，辽俄贸易出现大幅下降，收缩 31%；在 2000～2009 年俄罗斯经济大增长阶段，辽俄贸易年均增长 23.3%。2013 年辽俄贸易有不到 0.1%的微弱下降，2010～2016 年辽俄贸易年均增长 17.9%。如果俄经济从 2017 年开始进入一个平稳增长的周期，辽俄贸易也将会保持增长。

这里还有一个贸易产品量与价格的关系。辽宁近两年从俄罗斯进口大幅增长，受国际市场原材料价格影响并未充分体现在贸易额中，随着国际市场这类材料价格温和回暖，今后贸易额也会相应增加。

（二）贸易产品多元优化有望力度加大

辽宁省对外贸易不断推出以"优进优出"为宗旨的各项政策，并取得实际效果。2015 年全省机电产品出口占出口商品比重为 41.7%，比上年提高 1.2

个百分点，其中，电器和电子产品的出口比重提高 0.5 个百分点，机械设备出口比重提高 0.5 个百分点。全省高新技术产品出口比重比上年提高 0.4 个百分点，钢材出口比重比上年下降 1.7 个百分点，服装和衣着附件出口比重比上年下降 0.3 个百分点。

出口企业千方百计勇于创新，推出多元化的出口产品。比如，对于对俄出口主要产品的农产品，出口企业认真研究俄罗斯市场，发现俄罗斯市场不仅对鲜果、鲜菜有"刚需"，对罐装农产品也有消费习惯，正是看准这一领域，大连兴隆果品进出口公司从 21 世纪初就开始生产水果罐头出口俄罗斯，从最初的两三种水果发展到水果、蔬菜、食用菌三大类 30 多个品种，每年都要到莫斯科参加俄罗斯的农展会，推销自己产品的同时，也了解对方消费市场的变化。2015 年，公司开始研发蔬菜酱，2016 年南瓜酱和茄子酱在俄罗斯销售。[①] 速冻草莓、速冻西兰花等十几个品种在俄罗斯也十分走俏。出口企业力争在优质品种种植、运输保鲜等环节不断创新，采用罐头、干品、速冻及保温车等多种保鲜方式，提升贸易规模。省里相关部门不断加大力度加快农产品出口基地建设，扶持了一批外向型农产品深加工企业。

（三）产能合作有望带动相互投资规模

吸引国内外投资是普京总统 2016 年国情咨文中讲到经济工作时的重点之一，也是俄罗斯未来一个时期的工作重点之一。

近几年，随着中国企业"走出去"步伐加大，辽宁企业开拓俄罗斯市场也有较大发展。据报道，辽宁省在俄投资建设了木业加工园区、汽车交易市场、瓶装水基地等项目。随着中国"一带一路"倡议的实施和国际产能合作的推进，辽宁企业利用自身产业优势，通过技术、设备和产能输出，在包括俄罗斯在内的世界范围内进行资源和价值链整合，大连重工起重集团、沈阳远大集团以及沈阳和大连的机车公司在俄罗斯及中亚地区都有较大投资合作。逐渐起步的辽俄海洋经济合作在造船和联合捕捞领域的投资合作刷新了辽宁对俄投资新纪录。

---

① 《辽宁果蔬如何一路保鲜运到俄罗斯》，《辽宁日报》2015 年 12 月 25 日。

辽宁在能源、矿产资源开采开发、交通运输及建筑等诸多领域的产业优势与俄罗斯招商的相关产业相匹配，如辽宁原油生产加工能力在全国居于前列，在加强对俄能源合作项目时可以发挥潜力，拓展对俄中下游石油深加工领域，延长能源产业链合作。中俄在国企改革、军转民生产和新兴产业发展等多方面有诸多的合作空间，双方确实需要冷静观察、认真研究，发现并抓住机会，选好合作伙伴、共赢合作。

（四）辽俄经济互补性有望拓宽合作领域

无论是商品贸易还是产业合作，本地资源禀赋差异是合作的首要基础，这里的资源禀赋不仅包括自然资源，也包括语言、习俗、文化氛围、科技水平等非自然资源，还包括资金、技术、人力、生产方式、管理方式等其他生产要素资源。辽俄之间的互补性广泛存在于各个经济领域。

早期的商品贸易、投资合作、企业"走出去"，近期的产能合作，无一不是基于各自优势、迎合对方需求、双方找到利益契合点完成的。有鉴于此，辽俄双方可以在能源、矿产资源、装备机械、基础设施和城市建设、钢铁、金属、石化、科技、教育、文艺、旅游业、海洋渔业以及农业等诸多有潜力的领域深化合作。作为老工业基地，辽宁的钢铁和石化等资源型产业综合实力比较雄厚，目前中俄在航空航天、核能、能源深加工等领域开展广泛而深入的合作，辽宁省在上述领域有雄厚的工业和技术基础；在俄罗斯进口替代政策显效的农业、农产品加工、化工、冶金及军工等领域，辽宁的科技实力也有广阔的发挥空间。除了传统的合作领域，辽宁以机器人、新材料、新能源等为代表的新兴战略性产业迅速崛起，一批高端智造、高端服务业、软件产业、创意产业、3D打印企业正在形成，"互联网＋"等电子商务类新业态都是对俄合作深有潜力的领域。

此外，在对外合作中，人力资源始终是双方合作最宝贵的资源。掌握专业技术又精通俄语的复合型人才的培养是对俄长期持续合作的重中之重。辽宁有多所高校开展了对俄合作办学、师资交流、定期互访以及在俄开办孔子学院等培养储备对俄合作专业人才的工作，为辽宁今后对俄长期可持续合作发展集聚了接续支撑力量。

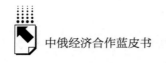
四 深化辽宁省对俄合作的对策建议

（一）制定政策有针对性，落实政策及时到位

在优化出口产品结构方面，应制定提高企业积极性、主动性、创新性，推动企业加大研发投入和市场开发力度的政策。应鼓励扩大机电产品和高新技术产品出口，就要制定有利于调动机电产品和高新技术产品研发及生产企业人员创造力的政策。

政策制定要跟上新形势。近几年产能合作成为中国对外合作的重要领域，要引导和扶持辽宁省优势产业开展并深化对俄产能合作，相关政策就应该及时出台，为企业从制度层面保驾护航，使企业免除后顾之忧。

（二）创新体制机制，释放合作空间

中国的改革开放和俄罗斯转型的历程以及中俄双边合作的进程充分证明，体制机制的创新带来了辉煌的成就。深化改革、扩大开放、深化合作就是一个体制机制创新的过程，正是中俄双方不懈地在各个领域进行体制机制的创新，才有今日之中俄关系和经济合作的崭新面貌。今后，双方唯有在各领域合作中继续进行体制机制创新，拆除人为藩篱，增信释疑，释放合作空间，才能进一步使中俄各领域合作提质增量。

十多年前中国著名经济学家吴敬琏在谈到高新技术产业发展时指出，制度重于技术，以释放人的潜力为宗旨的制度创新才是推动高技术产业发展的根本动力。中俄在军事技术、高新科技、战略资源甚至劳务合作等很多领域需要制度创新、观念更新、机制创新，扩大合作空间。

（三）高新技术产业合作有望使中俄双方共同实现经济跨越

2016 年 12 月，俄罗斯总统普京发表一年一度的国情咨文，强调要发展高新技术产业，并签署了批准《俄罗斯科技发展战略》的命令，同时，特别强调科研成果要"转化为成功的商业产品"，为此已经启动了"国家技术倡议计划"，目的就是确保俄罗斯公司及其产品在未来最有前景的市场占据领导地位，寄望把发展高新技术产业作为调整产业结构和经济结构的有力措施，更是将其作为带动经济实现跨越式发展的引擎。

目前俄罗斯远东正处于大开发、大发展时期，2015年3月，俄远东发展部网站公布消息，称俄总理梅德韦杰夫已经签批在远东滨海边区建设"石化"跨越式发展区。如果中俄能够在这类项目中进行合作，既可以进行有效产能合作，也可以延长产业链合作，更可能是高技术产业合作。

中国和俄罗斯同属经济转轨国家，转轨经济要迎接内部经济市场化、外部经济全球化两个挑战，市场经济体制的建立使经济转轨国家具有了参与经济全球化进程的基础条件，经济全球化成为经济市场化的外部推动力。科技作为第一生产力，在中国和俄罗斯的发展是在经济转轨的大背景下进行的，自然也面临市场化和全球化的挑战。在世界经济竞技场上，发达国家凭借科技创新以及创新成果产业化的先发优势，通过"专利圈地"和高技术市场垄断不断抬高后发国家引进技术的成本，也不断挤压后发国家自主开发的空间，并极力以此来遏制曾经强大的俄罗斯和正在崛起的中国。这是中俄科技发展的压力，同时也是中俄科技合作的动力。

2015年7月，中国以主宾国身份参加了第六届俄罗斯国际创新工业博览会，辽宁省是主要参展地区。大连机床集团、中国保利集团、俄罗斯国家技术集团机床工业股份公司三方已经签约，共同投资在俄罗斯组建数控机床制造公司。三方合资的机床公司将主要生产大连机床集团开发的、具有当代水平的数控机床产品，以满足俄罗斯对数控机床的发展需要。协议签署后，三方合作建厂选址、技术转让、资本构成及管理层框架等相关事宜已正式启动并进入实质性洽谈磋商中。据悉，这是中国机床行业首度进军俄罗斯，对扩大中国机床在俄罗斯市场的占有份额、对俄开展高端装备制造业合作具有重要意义。[①] 丹东瑞银科技有限公司，是集研发、生产出口于一体的高新技术企业，在俄罗斯设有代表处，该公司自主研发的电子产品销往俄罗斯市场，得到用户好评。

（四）充分利用辽宁滨海优势开展对俄海洋经济合作

辽宁是中国东北地区唯一沿海、沿边又沿江的省份，在对俄特别是与俄

---

① 《大连机床集团进军俄罗斯市场》，《辽宁日报》2014年11月10日。

远东西伯利亚地区合作中具有先天的区位优势。辽宁省沿海有大连、营口、丹东、锦州、葫芦岛和盘锦6个港口，16处规模化港区。2015年沿海港口完成货物吞吐量10.5亿吨。辽宁将全面加强沿海港口建设，为东北腹地创造更加便捷的出海通道，锦州龙栖湾、盘锦荣兴、绥中石河和丹东海洋红4个亿吨大港正在加快建设中，而锦州港的发展未来将为拓展与蒙古合作发挥更大作用。

辽宁应有效利用地缘优势重点挖掘在海洋经济各领域的对俄合作潜力，在出口船舶、联合捕捞、陆海联运及陆海旅游资源联动等方面多下工夫，加强合作。

1. 出口船舶

修船造船是大连对俄合作的强项之一，大连的船企有长期为俄罗斯修船的历史，几乎常年业务不断，双方合作愉快，在造船领域同样拥有资金、设备和技术等优势。2011年11月，大连的几家远洋渔业企业共同出资，组建了大连祥海林远洋渔业有限公司。2012年6月，大连祥海林公司与萨哈林州渔业公司以合资形式，在萨哈林州成立了东北渔业有限责任公司，俄方占股51%，中方占股49%。中方的投资条件是提供远洋渔业捕捞渔船的使用权，俄方提供捕鱼许可和捕鱼配额等，渔船所有权归中方，俄方允许中方所有的渔船在俄罗斯12海里以内进行捕捞作业，渔获收入按股份比例分配。2015年2月，由中俄合资的东北渔业有限公司首批建造的两艘渔船"祥海林7"和"祥海林8"在大连市旅顺口区滨海船厂成功下海，此次下海的渔船总长度37.86米，型深3.6米，型宽7.6米，总吨位288吨，采用国际最先进技术和设备，通过了中国渔船船舶检验局、中国船级社和俄罗斯船级社的认证，在中国渔船建造领域尚属首次。[①] 另外两艘渔船在10月下水，最终要建造8艘远洋渔船，总吨位达到2000吨。目前辽渔集团造船厂正在为俄萨哈林州的企业建造驳船。

中俄合资东北渔业有限公司的成功运作为中俄在该领域的合作做出了很好的示范，辽宁省应适时筹划在辽宁大连地区创建造船业创新集群，为中俄合作闯出一片"蓝海"领域。

---

① 《我省首批赴俄罗斯远东作业渔船下水》，《辽宁日报》2015年2月12日。

2. 联合捕捞

俄罗斯远东地区 20 海里水域内有鱼类和海产品资源近 3000 万吨，资源密度大，集中了太平洋大陆架近 17% 的生物资源储量，因淡水资源充足，加上漫长的地段濒临太平洋和北冰洋海域，鱼类资源极为丰富，拥有太平洋海域盛产的鲑科鱼类中的各种大马哈鱼及鲭鱼、鳕鱼、鲽鱼、明太鱼、海鲈鱼等鱼类，此外还有枪乌贼、帝王蟹、虾夷扇贝、海参等非鱼类水产品。① 俄远东海域是世界公认的好渔场，水产品因气候寒冷、水深、生长周期长而具有优良品质，广受消费者喜爱。俄远东地区离东北距离近，水产品运回中国成本比较低，渔船从萨哈林岛到大连，一般一周左右时间，水产品可以销往整个辽东半岛和山东半岛，运输距离近，成本低，方便快捷，并且辽东半岛和山东半岛水产品加工能力强，是中国水产品深加工的两大集聚区，市场前景非常好。

此次大连祥海林公司与萨哈林州的渔业合作，是中俄两国在渔业海上作业捕捞领域的首次合作。不同于以前中国远洋渔业企业以购买捕捞配额的形式到俄远东海域捕捞的短期合作，大连祥海林公司与俄罗斯萨哈林州的渔业合作是长期的，合同期 20 年。远洋渔业也和能源业一样，属于资源型战略产业。俄远东自有的海洋捕捞业生产能力远远不能满足远东大开发的需求，急需资金和技术改造落后陈旧的捕捞装备。大连祥海林远洋渔业有限公司适时抓住了机遇，开创了对俄远东海洋领域的合作，不仅使辽宁省远洋渔业企业成功进入西北太平洋海域，从根本上改变了辽宁省远洋渔业企业的捕捞结构，而且为中国海洋经济的不断发展，大力发展远洋渔业，实现传统渔业转型升级找到了重要的突破口。

2016 年丹东东港市润增水产捕捞有限公司在俄萨哈林地区投资 9000 万美元设主独资公司——辽宁润增远洋渔业有限公司，该公司与俄罗斯列宁渔业社合作，主要经营海上渔业捕捞、水产品加工及销售、养殖、进出口贸易、现代物流等。

3. 陆海联运

辽宁凭借港口优势，借力"一带一路""中蒙俄经济走廊"平台，进一步

---

① 《咱的船俄罗斯的海，捕上鱼虾对半分》，《辽宁日报》2015 年 5 月 11 日。

完善综合交通运输大通道。辽宁的营口港是"一带一路"战略中唯一一个既在"带"上又在"路"上的港口，是中国距俄罗斯最近的出海口，也是国内经满洲里过境连接俄罗斯西伯利亚大铁路最近的、业务量最大的港口，与其他港口比较，具有铁路运费更低、运输时间更短的优势。

2013 年营口港与俄罗斯铁路股份公司在中俄两国元首见证下签订了合作备忘录，确定了三个方向四个领域的合作项目。2015 年 11 月，辽宁省委主要领导与俄罗斯铁路股份公司总裁别洛佐罗夫先生会晤，就俄铁与营口港合作对推动中俄两大国家战略落实发挥的作用进行了充分交流。营口港凭着"闯关东精神" + "TEU" 发展战略和"北大荒精神" + "互联港" 模式创下了海铁联运业务量在全国港口排名首位的好成绩。"TEU" 战略的"T"代表东西、南北两条物流通道，"E"代表东方，"EU"代表欧洲；同时，"TEU"又是"集装箱标准箱"的英文缩写。以营口港为中心，东西方向通过"营满欧"通道，加强海铁联运，形成营口港经俄罗斯至欧洲的陆路运输通道；南北方向通过与南部沿海港口和长江沿线的深度合作，串联东部、南部沿海省份、长江区域、东北亚和东盟经济圈，形成营口港经中国东部及东北亚至中国南部并辐射大西南和东盟的海运通道。①

据统计，中国东部地区经满洲里口岸出境的所有中欧班列中近一半是由营口港集结发送的，已开通营口港至莫斯科、华沙、岑特罗力特、多布拉、卡卢加和盘锦港至莫斯科共六条国际直达班列。其中，营口港至卡卢加班列成功吸引了重庆地区的汽车货源（原为"渝新欧"货源），打通了中国西南地区经营口港进入俄罗斯的海陆联运新通道。2016 年 3 月 10 日，营口港与俄铁集装箱公司、莫斯科霍夫里诺车站联合打造推出"TREST"精品国际班列，实现了全程不拆解、每车成本至少降低 500 美元的运行目标。营口港率先在全国港口组织搭建了区域性第三方公共物流大数据平台，与阿里集团合作的营口港（融）大数据公司已上线运行，基本实现了集口岸服务、金融服务、物流服务于一体，兼具 VIP 客户定制与信用评价的体系，通过与海运、陆运、空运、金融、保险、贸易等各类平台的对接，为广大客户提供专业的全程供应链设计和集成服务。2016 年 3 月下旬，由营口港发出的"营满欧"中欧班列装载的长城汽

---

① 《营口港借势"一带一路"再发力》，《辽宁日报》2016 年 4 月 5 日。

车180辆哈弗系列SUV专列顺利抵达俄罗斯沃罗腾斯克，这标志着营口港务集团与长城汽车合作运输项目第一阶段取得圆满成功，同时更意味着营口港弥补了汽车和大件货种运输的不足。[①]

在"营满欧"中欧班列目前基本能够满足中俄进出口货物运输需求的状态下，建议营口港在服务质量和水平上提高档次，打造陆海联运服务品牌。如果未来业务量加大，营口港过载，则建议其带动相邻的姊妹港共同发展。

4. 陆海旅游资源联动

旅游业是辽宁对俄区域合作的重点领域之一。辽宁的旅游资源非常丰富，包括秀美山川的绿色资源、滨海休闲的蓝色资源、革命经典的红色资源、工业历程的黑色资源以及冬季冰雪的白色资源。根据多年经验来看，俄罗斯客人更青睐于辽宁的滨海休闲和温泉休闲。辽宁的温泉资源相当丰富，出名较早的就有十几处，相对集中于辽东南地区，如大连、丹东、鞍山、本溪、辽阳、葫芦岛、营口等，2010年沈阳也发现了温泉。现已探明全省具有开发潜力的温泉资源百余处，在全国名列第八。辽阳市汤河温泉可媲美法国维希矿泉；鞍山汤岗子温泉因其对风湿等疾病具有辅助疗效，成为我国最早的四大康复理疗中心之一；大连市温泉则被国家地质部门和联合国地热专家评价为亚洲之最。据初步统计，目前鞍山汤岗子温泉每年都能接待几千名俄罗斯游客来疗养。

辽宁滨海观光线路具有独一无二的特色景点，是辽宁具有绝对优势的旅游资源。为了更充分地将辽宁温泉旅游和滨海旅游在陆地上的联合做大做强，建议将滨海旅游的触角拉长伸入海洋，考虑开发游船业务，串联滨海观光线路、沿线城市和附近海岛，精选各市和各岛景点资源，打造下船一日游精品线路，也可探索与中国南部沿海城市联合开展游船旅游项目。

从2003年中国东北振兴、俄罗斯2002年提出开发远东与外贝加尔地区至今已经有十四五年了，其间，中俄双方都有以对方为重要指向的规划、文件和战略连续不断地出台，充分证明了俄罗斯开发西伯利亚和远东地区的战略与中国振兴东北老工业基地战略具有紧密的互动合作关系。在这个历程中，辽宁对

---

① 《搭上中欧专列180辆汽车顺利抵达俄罗斯》，《辽宁日报》2016年4月5日。

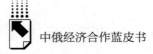
俄合作既是中俄友好合作大势的重要组成部分，也是东北振兴扩大开放大势的重要组成部分，这个时间段既是俄罗斯政治稳定、经济攀升的时期，也是中国改革开放取得重大进展的机遇期，尽管期间经历了严重的全球性金融危机，以及世界和东北亚复杂多变的形势，但是中俄两个较大的转型经济体始终在各自转型发展成长的过程中坚定信心，紧密合作，互相包容，相互借鉴，实现了相互促进互利共赢的目的。脚踏实地的中俄、辽俄合作历程也证明了辽宁的对俄合作仍然存在巨大潜力，这也是我们有底气一贯坚定的信念，辽宁对俄合作前景可期。

吉林省对俄合作形势分析与预测

金美花　吴可亮[*]

摘　要： 俄罗斯是吉林省的重要经贸合作伙伴，但目前为止，双方在
贸易、投资、通道互通等领域的合作水平仍处于较低水平，
有待进一步加强：自 2000 年以来，吉林省与俄罗斯的贸易合
作起伏不定，其规模在中俄贸易总额中所占的比重也微乎其
微，投资合作也主要集中在传统的初级或低附加值产品领域，
还存在通道不畅、俄罗斯劳动力成本较高等问题。尽管如此，
在中俄两国"一带一路"倡议与"欧亚经济联盟"战略高度
契合的历史机遇下，吉林省与俄罗斯的经贸合作获得新的发
展动力。目前，吉林省"长满欧"国际货运班列已经成功运
行，大幅提升了与俄罗斯的合作水平，也为"长珲欧"国际
货运班列及"借港通欧"海上航线的开通奠定了重要基础。
在此基础上，吉林省需要在能源资源、技术贸易、农业、产
能投资等领域进一步加强与俄罗斯的合作。

关键词： 吉林省　俄罗斯　合作现状　前景预测

一　吉林省与俄罗斯经贸合作现状

（一）贸易合作

俄罗斯是吉林省的重要贸易伙伴。近几年吉林省对俄贸易的状态，可以用

---

[*] 金美花，吉林省社会科学院东北亚研究中心秘书长、研究员；吴可亮，吉林省社会学科学院
东北亚研究中心助理研究员。

俄罗斯联邦驻沈阳总领事馆总领事白德福的一句话来形容："近年来，吉林省对俄贸易额不是在不断增长，而是很多年都没有变。"[①] 2005 年，吉林省与俄罗斯双边贸易额突破 1 亿美元关口，达 1.79 亿美元，其中对俄进口 1.43 亿美元，出口 0.37 亿美元。其后高速增长，2007 年突破 8 亿美元大关，达到 8.02 亿美元，当年俄罗斯首次成为吉林省第一大出口市场。此后受国际金融危机影响，加之俄罗斯对"灰色清关"的打击，贸易额回落较大，2009 年贸易额仅为 4.74 亿美元。2010 年恢复增长，为 6.24 亿美元。2012 年达到历史最高点，达 8.22 亿美元，其中出口 6.78 亿美元，进口 1.44 亿美元。2013 年受全国对外贸易形势趋紧的大环境影响，吉林对俄贸易额下滑了 14.81%，为 7 亿美元。近两年，受俄罗斯经济疲软，特别是卢布"猛跌"的影响，吉林省对俄出口严重下滑，而进口却保持较快增长。2016 年对俄进出口降至 2009 年以来的最低点，为 4.35 亿美元。进入 2017 年，对俄贸易出现回升，头 5 个月增幅达 26%。

表 1　2000 年至 2017 年 5 月吉林省对俄进出口情况

单位：万美元，%

年份	进出口		进口		出口	
	金额	增长率	金额	增长率	金额	增长率
2000	6841	—	5600	—	900	—
2001	6800	−0.59	5859	4.63	982	9.11
2002	5786	−14.91	5548	−5.31	1252	27.49
2003	5730	−0.96	3815	−31.24	1971	57.43
2004	8376	46.17	2760	−27.65	2970	50.68
2005	17927	114.02	14274	417.17	3653	22.99
2006	43925	145.02	6137	−132.58	37788	934.43
2007	80190	82.56	7801	27.11	72389	91.56
2008	75550	−5.78	8035	2.99	67514	−6.73
2009	47417	−37.23	9139	13.73	38278	−43.30
2010	62402	31.60	8434	−7.71	53968	40.98
2011	70564	13.07	6587	−21.89	63978	18.50

---

①　张雅静、刘喧：《吉林省对俄贸易潜力巨大》，《城市晚报》，http：//intl. ce. cn/sjjj/qy/201508/10/t20150810_ 6179525. shtml，最后访问日期：2017 年 7 月 25 日。

年份	进出口		进口		出口	
	金额	增长率	金额	增长率	金额	增长率
2012	82212	16.50	14389	118.44	67822	6.00
2013	70035	-14.81	9301	-35.36	60734	-10.45
2014	57745	-17.54	12905	38.74	44839	-26.17
2015	52090	-9.79	25090	94.42	26999	-39.78
2016	43483	-16.52	27836	10.94	15647	-42.04
2017 年 1~5 月	22868	26.00	17101	61.30	5767	-23.70

资料来源：2000~2015 年数字引自相关各年《吉林统计年鉴》。2016 年数字来自吉林省商务厅。2017 年 1~5 月数据引自长春海关统计数据，进出口总额、进口额、出口额发布时均为人民币数值（分别为 150552 万元、112582 万元、37970 万元），系笔者根据汇率换算得出；同比数值为海关公布的统计数据，http://changchun. customs. gov. cn/publish/portal179/tab62919/info856826. htm，最后访问日期：2017 年 7 月 25 日。

（二）投资合作

在对外贸易快速发展的同时，吉林省对俄投资合作也不断拓展。吉林省对俄投资主要集中于木材加工、农业开发、矿产合作开发、港口运营等领域。截至 2015 年，吉林省对俄投资约 20 亿美元。为促进经济发展，吉林省加大了与俄罗斯在投资和旅游领域的合作，计划到 2020 年对俄投资额达到 30 亿美元，年均增幅保持在 10% 的水平，其中木材加工、农业和食品工业将是对俄投资的重点领域。同时，吉林省与俄罗斯的贸易水平也将大幅提升，至 2020 年对俄贸易将保持 17% 的增幅，届时双边贸易额将突破 20 亿美元。[1] 近年来，吉林省对俄投资合作的一个新亮点是境外经贸合作园区建设。境外经贸合作园区是吉林省投资俄罗斯的重要载体，也是带动企业抱团"走出去"的重要方式。目前，吉林省建设的俄罗斯泰源农牧业产业园区、美来中信木业俄罗斯友好工业合作区、俄罗斯伊尔库茨克木材加工园区已有企业入驻，2017 年的推进重点是中俄农牧业产业园区、中俄木材加工园区等项目。[2]

---

[1] 《未来五年吉林省对俄投资增幅将达 10%》，商务部网站，http://www. mofcom. gov. cn/article/resume/n/201605/20160501318746. shtml，最后访问日期：2017 年 7 月 30 日。

[2] 李彦国：《吉林推建 12 个境外经贸合作园区引战略投资者"入园"》，中国新闻网，http://www. chinanews. com/cj/2017/02-20/8154268. shtml，最后访问日期：2017 年 7 月 28 日。

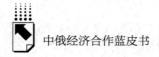
（三）口岸建设

珲春口岸是吉林省对俄经贸合作的重要桥头堡，在推进吉林省同俄罗斯加强经贸合作方面发挥了重要作用。珲春口岸是吉林省目前唯一的对俄国际公路、铁路口岸。公路口岸与对岸的俄克拉斯基诺口岸相距28.5公里，1993年4月获批国家一类口岸，1998年5月正式过客；铁路口岸距俄卡梅绍娃亚口岸26.7公里，1998年12月，国务院批准该口岸为国家一类口岸，1999年5月，珲春－卡梅绍娃亚站试运行，2003年11月，珲春至马哈林诺铁路正式运营。珲春铁路口岸在2016年末实现了中俄双向、多品种运输，2017年则首次进口葵花籽油、润滑油等。① 目前，吉林省正积极谋划开通长春—珲春—德国施瓦茨海德（"长珲欧"）国际铁路货运班列，以缓解满洲里口岸拥堵状态对"长满欧"班列的制约。借此，可以有效激活沿线相对薄弱的外贸经济。为了更好地服务对俄经贸合作，自2016年1月8日起，珲春铁路口岸实行每周7天12小时工作制。②

（四）通道建设

在中国"一带一路"倡议下，吉林省积极推动与俄罗斯的互联互通建设，其中通道建设取得可喜的成绩。2015年8月31日，长春经满洲里至施瓦茨海德（"长满欧"）国际货运班列开始双向试运行，起于长春，经满洲里口岸出境，途经俄罗斯、白俄罗斯、波兰，终到德国施瓦茨海德。2016年"长满欧"班列全年承运量为1982标箱，2017年1~7月，累计进出口17480标箱，货值超5.51亿欧元，③ 该班列在货运量激增的同时，客户群体也在不断扩大，在汽车配件、装备制造等传统优势产业客户之外，还新增沃尔沃、华为、高露洁、森海塞尔、三星电子、F1赛事等世界知名企业，货物来源还扩大到日韩、

---

① 郭佳：《中俄珲春铁路口岸运量稳增吉林构建对欧运输新通道》，中国新闻网，http：//www.chinanews.com/cj/2017/04-24/8207425.shtml，最后访问日期：2017年7月26日。
② 姚湜：《老工业基地开放添活力"丝路"拉动吉林贸易跃升》，新华社，http：//news.xinhuanet.com/2017-06/05/c_1121089405.htm，最后访问日期：2017年7月26日。
③ 《"长满欧"班列前7个月运量飘红成中国东北连通欧洲先锋》，中国新闻网，http：//www.jl.chinanews.com/cjbd/2017-08-24/25262.html，最后访问日期：2017年8月25日。

中国香港等国家及地区。"长满欧"班列能为客户提供一站式门到门供应链服务，已实现了对欧洲6国18个铁路站点及俄罗斯联邦50多个铁路中心站的网络设置，其中固定线路有长春至莫斯科、长春至叶卡捷琳堡、长春至杜伊斯堡。

二 存在的问题

（一）贸易规模甚小

由表2可以看出，在东北地区对俄贸易格局中，吉林省居于末位；在2003～2016年的14年间，吉林省的对俄贸易额仅有5年（2006～2009年）在全国的占比超过1%，且近几年的比值还在不断下滑。在20世纪90年代，吉林省对俄合作水平曾与中俄国家间的合作水平基本吻合，[①] 但进入21世纪后这种情况发生了较大变化：同期中俄国家间贸易除极少数年份外，都保持了20%～30%的高速增长；而吉林省则是在增长与下滑之间徘徊，贸易额最高峰也仅为8亿多美元，此后一直未能实现再次突破。中俄贸易在2016年就已止跌回升，当年总额为695.25亿美元（同比增长2.2%）；[②] 2017年持续了2016年的增长势头且增势喜人，前7个月为468.22亿美元（同比增长21.8%），全年有望达到800亿美元。[③] 而吉林省2012年以来处于持续下滑的状态，直到2017年才实现恢复性增长。

（二）贸易结构单一

现阶段吉林省同俄罗斯贸易往来的商品层次还比较低，高附加值商品占比较少。从贸易商品结构上看，目前吉林省对俄出口的主要品种为：汽车及其零部件、服装及纺织品、机电产品（电机及电气设备、炉用碳电极）、化工产品

---

① 张弛：《中国东北地区与俄罗斯东部地区经济合作模式研究》，经济科学出版社，2013，第106页。

② 穆非：《中俄贸易仍将延续正增长态势》，中国经济网，http://intl.ce.cn/specials/zxxx/201703/23/t20170323_ 21330669.shtml，最后访问日期：2017年8月2日。

③ 栾海、张继业：《财经观察：中俄贸易增势喜人》，新华网，http://news.xinhuanet.com/fortune/2017-08/11/c_ 1121469058.htm，最后访问日期：2017年8月15日。

表2　东北地区对俄罗斯贸易规模及比重

单位：亿美元，%

年份	全国	吉林省		辽宁省		黑龙江省		内蒙古	
		金额	比重	金额	比重	金额	比重	金额	比重
2003	157.58	0.57	0.36	3.73	2.36	29.55	18.75	12.48	7.92
2004	212.25	0.83	0.39	5.32	2.51	38.23	18.01	15.96	7.52
2005	291.01	1.79	0.61	8.05	2.76	56.76	19.50	17.58	6.04
2006	333.86	4.39	1.31	10.07	3.01	66.87	20.03	22.93	6.87
2007	481.54	8.01	1.66	13.50	2.80	107.28	22.28	29.85	6.19
2008	569.08	7.55	1.32	16.02	2.81	110.63	19.44	21.60	3.79
2009	387.51	4.74	1.22	11.60	2.99	55.77	14.39	23.96	6.18
2010	555.33	6.24	1.12	16.01	2.88	74.74	13.46	25.49	4.59
2011	792.73	7.05	0.88	21.67	2.73	189.90	23.96	28.93	3.64
2012	882.11	8.22	0.93	24.54	2.78	213.09	24.16	27.34	3.10
2013	892.59	7.00	0.78	24.18	2.71	223.64	25.06	26.30	2.94
2014	952.70	5.77	0.61	24.31	2.55	232.83	24.44	30.54	3.21
2015	680.15	5.20	0.76	30.18	4.43	108.50	15.95	25.21	3.71
2016	695.25	4.34	0.62	—		91.92	13.22	27.73	3.99

资料来源：各年《中国统计年鉴》《吉林统计年鉴》《辽宁统计年鉴》《黑龙江统计年鉴》。

（赖氨酸酯及盐）、食品、医药、农产品深加工产品、建材、光学仪器产品等；
对俄进口的主要品种有：木材及其制品（锯材、板材、原木）、植物产品（干
坚果）、矿产品（镍矿砂、石棉、铁矿砂、煤）、海产品（冻鱼、墨鱼及鱿鱼、
蟹类）、机电产品、光学仪器及设备、粮食等。[1] 吉林省从俄罗斯进口的多为
初级产品、资源类产品，该类产品的进口量极易受国际市场价格的影响而出现
大幅波动；出口方面以劳动密集型的轻工制品为主，缺乏具有独特优势、不可
替代的产品，抗风险冲击能力较弱。所以，一旦国际市场或俄罗斯国内经济出
现变化，吉林省对俄贸易都会出现大幅波动。

---

[1]　张弛：《中国东北地区与俄罗斯东部地区经济合作模式研究》，经济科学出版社，2013，第
107页。

（三）通道不畅

通道不畅的问题仍未得到彻底解决。从俄罗斯方面看，由于开发远东的需要，其对口岸、通道建设的积极性正在逐步提升。但受资金、劳动力因素影响，俄方负责的工程往往进展缓慢，如珲春口岸对面的俄罗斯克拉斯基诺口岸新联检楼就比原计划工期拖延了三倍的时间才投入使用。[①] 2016 年末，俄罗斯政府批准了旨在加强黑龙江省和吉林省与远东港口间合作的《"滨海 - 1"和"滨海 - 2"国际运输走廊构想》，拟对港口、口岸、公路和铁路等边境基础设施进行现代化改造，并大幅简化中俄货物过境程序。俄方期望，通过两条国际运输走廊的合作，带动远东地区经济的发展，预期到 2030 年时货运量达到约 4500 万吨。[②] 现在这两条国际运输走廊还处于构想规划层面，其改造实施还需要时间，这会导致中方交通基础设施无法同俄方有效对接，形成制约瓶颈。

就中国国内层面而言，也存在制约因素。图们经珲春至长岭子（口岸）铁路是私企建的地方铁路，在同国内铁路相连方面也存在一定制约。在国际货物联运中，其运输费用是在发运站一并收取，而中国铁路的货运成本大都是公益性运输，图珲铁路作为民企承受不了公益性运输的成本。所以东北亚铁路集团公司作为参加企业，单独参加了国际货协协定，可以单独与俄铁办理运输商定，接受发运图珲铁路 80.8 公里关内的货物。而发往国内各地的货物，还需在图们车站换票后再行启运。反之中国国内各地发往珲春出境货物，也需先按国内运输运至图们车站，换票后再行启运到俄罗斯铁路。为此，沈阳铁路局在图们车站设立了货运中心，配合东北亚铁路集团公司工作。这种模式在当前货运量较小时影响不明显，但随着未来货运量的大幅增长，其制约作用会越来越突出。

[①] 2011 年初，因原有联检设施无法满足通关需要，俄方决定投资 2000 万元建设新口岸联检楼，工程于 2 月 10 日开工，原计划当年 12 月 20 日完工并于次年 8 月 1 日正式投入使用，但直到 2013 年末该工程才得以竣工。

[②]《俄政府批准〈"滨海 - 1"和"滨海 - 2"国际运输走廊构想〉》，商务部，http：//www.jldofcom.gov.cn/dwmy/201612/t20161230_ 2512884.html，最后访问日期：2017 年 7 月 25 日。

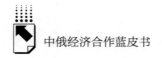
（四）俄罗斯劳动力成本高

俄罗斯远东地区地广人稀，远东联邦区总面积达616.9万平方公里（占俄联邦总面积的36.1%），总人口仅为622万（占全俄总人口的4.33%，2014年数据），人口密度仅为1.01人/平方公里，俄罗斯劳动力严重不足。鉴于远东地区经济发展较其西部地区的状态落后，近年来，远东人口出现不断流失的现象，2013年人口外流量约3万。这种状况导致中方企业在俄投资建厂时面临的最大问题是找不到足够的工人，这是在同中方投资企业座谈时大家反映最多的问题。同时，由于俄罗斯人的工作生活习惯同中方不同，严格遵守8小时工作制，轻易不接受加班，中方在俄企业一旦遇到急活时这种用工荒现象更加凸显。

三 前景预测

（一）中俄两国战略对接提供重要历史机遇

当前，中国提出"一带一路"倡议，与沿线国家加强务实合作，推动双多边合作迈上新的历史高度，其中俄罗斯是重要合作对象。俄罗斯普京总统提出了"欧亚经济联盟"战略，旨在推动欧亚经济一体化，中国作为首个与欧亚经济联盟探讨合作的国家，与俄罗斯发展战略高度契合，这为两国经济合作带来了重要的历史机遇。2017年5月，在北京举行的"一带一路"国际合作高峰论坛上中俄两国达成共识，将为地区发展与合作设立一个联合投资基金，投资1000亿元，初始资本100亿元，用于发展俄罗斯远东地区和中国东北地区，[①] 将对双方合作起到积极的促进作用。2017年7月初，习近平主席应邀对俄罗斯进行国事访问。会晤期间，两国元首表示将继续扎实推动"一带一路"建设同欧亚经济联盟对接，深化各领域务实合作，推进落实重大项目。习近平

---

① 《中俄两国政府将推动东北地区和远东地区的合作》，俄罗斯卫星通讯社，http://www.jldofcom.gov.cn/dwmy/201705/t20170530_3142562.html，最后访问日期：2017年7月26日。

主席此访进一步深化了中俄全面战略协作伙伴关系，为中俄关系发展注入新的动力。① 吉林省作为"一带一路"倡议向北开放的重要区域，应积极利用这一历史机遇，在向北开放的过程中以俄罗斯为优先合作对象国，推进同俄罗斯的经贸合作。

（二）东北新一轮振兴提供政策机遇

为推动东北老工业基地新一轮振兴，中共中央、国务院先后发布了《关于全面振兴东北地区等老工业基地的若干意见》《东北振兴"十三五"规划》《深入推进实施新一轮东北振兴战略加快推动东北地区经济企稳向好若干重要举措的意见》等政策文件，在原有振兴政策的基础上进一步加大了支持力度。与此同时，国家各部委出台了相关的支持政策。据不完全统计，仅 2016 年一年就有 20 余个部门牵头出台和制定了支持新一轮东北振兴和促进东北经济企稳向好的具体政策举措或工作方案 40 多项。② 吉林省也配套出台了《贯彻落实国务院关于深入推进实施新一轮东北振兴战略加快推动东北地区经济企稳向好若干重要举措意见有关措施》，推动经济发展。国家、部委、吉林省三个层面的政策支持将有效落实国家关于新一轮东北振兴的战略部署，而东北振兴战略部署的实施也将有助于推动吉林省加强与俄罗斯的经贸合作，提供良好的政策环境和制度保障。

（三）俄罗斯对远东西伯利亚开发的积极性提高

鉴于远东地区的发展一直落后于国家整体发展水平，为扭转这一状态，俄罗斯将远东开发确立为 21 世纪国家的优先方向，并于 2012 年成立了远东发展部。2014 年以来，俄政府先后出台《符拉迪沃斯托克自由港法》、建立跨越式开发区、设立远东开发专项基金、建立对远东投资项目给予专门基础设施支持的机制、举办东方经济论坛、在 23 个国家计划中专门列出开发远东的部分、

---

① 《屹然砥柱立中流——习近平主席访俄访德并出席 G20 汉堡峰会取得丰硕成果》，央视网，http：//news. nen. com. cn/system/2017/07/12/019966318. shtml，最后访问日期：2017 年 7 月 26 日。

② 王彩娜：《亮点频现 东北经济筑底回升中》，中国经济时报，http：//news. k618. cn/finance/money/201705/t20170525_ 11477953. html，最后访问日期：2017 年 7 月 28 日。

出台《远东 1 公顷土地法》等多项重大措施以推动远东地区发展。上述措施实施后，远东社会经济形势出现积极趋势，现在已有第一批可以衡量的成果。2017 年初，俄远东发展部部长加卢什卡在出席国家杜马会议时表示，依靠跨越式发展区、符拉迪沃斯托克自由港及国家扶持投资项目等远东开发新机制，俄远东地区已吸引投资 1.325 万亿卢布（约合 220 亿美元），涉及投资项目 475 个，上述投资将于 2025 年前逐步落实，拟创造就业岗位 8 万个。①

（四）通道建设有望进一步发展

在"长满欧"国际货运班列得以成功运行的基础上，吉林省正推动长春经珲春至施瓦茨海德（"长珲欧"）国际货运班列的运行。该班列从长春出发，经珲春出境，对接俄罗斯"滨海 - 2"线，线路全程长达 10200 公里，有望带动沿线城市的经济发展。"长珲欧"干线不但为中国中欧班列东线出口满洲里口岸拥堵的现状找到了第二条通道，同时也会提高国内通关效率。2016 年底，长春兴隆保税区铁路集装箱场站获批国家一类临时开放口岸，口岸前移后，报关手续在长春即可完成，这为"长珲欧"国际货运班列的推动提供通关保障。与此同时，吉林省还推动"借港通欧"的海上航线。该航线从吉林珲春出发，经俄罗斯斯拉夫扬卡港至欧洲地区，目前中俄双方已初步达成年运输协议。

四 对策建议

（一）推进陆海联运通道建设

加强互联互通建设、推进通关和运输便利化、促进过境运输合作是促进吉林省与俄罗斯经贸合作的重要前提。吉林省所开辟的对俄公路、铁路口岸虽然已成为进出口操作的重要通道，但其运输能力和技术水平仍存在不足。未来，为了推进"一带一路"向北开放和吉林省对俄合作，吉林省与俄罗斯远东地

---

① 《俄依靠远东开发新机制已吸引投资 220 亿美元》，吉林省商务厅欧亚司，http：//www.jldofcom. gov. cn/dwmy/201701/t20170124_ 2551878. html，最后访问日期：2017 年 7 月 27 日。

区应在畅通通道（包括铁路、公路、口岸等软硬件设施）方面加强建设，改造图们经珲春至卡梅绍娃亚区间铁路，完善珲春、扎鲁比诺、束草、新潟间航线，建设珲春至符拉迪沃斯托克高速公路，开通扎鲁比诺经珲春通往江浙和广东等地的内贸货物陆海联运航线，开辟珲春、扎鲁比诺、釜山、欧美间的国际运输航线。鉴于珲春口岸持续增长的货运量，为满足需求，吉林省在原有的"长满欧"国际铁路货运班列的基础上积极谋划开通第二条中欧国际铁路货运班列——长春经珲春至德国施瓦茨海德（"长珲欧"），途经俄罗斯远东众多城市，未来这条铁路对于相对薄弱的吉林省与俄罗斯经贸合作将会起到积极的拉动作用，也将会积极改善俄罗斯远东地区的经济发展。[①] 国际通道的畅通能够促进人流、物流和信息流高效便捷地流动，推动区域经济发展，提升吉林省的区域竞争力。

（二）深入对俄能源资源领域合作

俄罗斯远东地区能源资源丰富，为吉林省与其加强能源资源领域合作打下坚实的基础。石化产业是吉林省的支柱产业之一，吉林省有能力也有实力介入俄罗斯东部的能源开发。吉林省应积极鼓励和支持省内企业参与俄远东油气资源勘探开发及石油炼化产业合作，支持与俄开展油品贸易。目前，吉林省煤炭在生产与消费量总体上供不应求，缺口逐年扩大。吉林省应积极支持与俄罗斯煤炭领域合作开发，目前煤炭已成为珲春口岸进口货物的主要品种。鼓励和支持省内优势企业，以多种形式参与俄罗斯矿产资源开采加工，建设境外矿产综合加工园区及配套基础设施，扩大铁矿石、有色金属矿石以及林木半制成品和制成品进口。

（三）促进对俄技术贸易发展

吉林省与俄罗斯东部地区在技术贸易领域的合作极具潜力。吉林省与俄远东地区都是老工业基地，新时期都需要进行战略转型和重新工业布局，通过现

---

① 郭佳、顾超：《吉林省对俄贸易迅增 中俄珲马铁路进入货运新时代》，中国新闻网，http://www.chinanews.com/cj/2017/06-30/8265794.shtml，最后访问日期：2017年7月31日。

代高科技手段在原有的基础上进行更新和改造，实现产业结构调整。鼓励吉林省与俄罗斯科研机构和企业采取联合开发、联合生产和共享市场的方式，提升双方在化工、复合材料、核能等领域的技术合作深度；鼓励和吸引俄罗斯的研发机构到吉林省投资，以长春中俄科技园等为载体加强合作。

（四）扩大对俄农业领域的合作

俄罗斯远东面积辽阔，土地资源丰富，吉林省是农业大省，在农业生产、农作物种植、农产品深加工等方面具有较强的实力与明显的优势，双方开展合作互补性强，优势明显，前景广阔。在符合我国检验检疫标准前提下，吉林省可扩大自俄农产品进口，丰富国内市场；探索通过土地租赁、土地入股等方式，在俄投资兴建境外农业合作园区，也可与俄方合作共同建设，鼓励省内优势企业增加对俄农产品加工投资。

（五）推动赴俄产能投资合作

吉林省应该发挥比较优势、拓展合作领域，积极支持有实力、有信誉的企业与俄方开展农业、轨道交通、金融等领域的合作，共同打造产能与投资合作聚集区，实现产业协同发展。具有代表性的项目是俄罗斯高铁高寒动车组。目前，吉林省的长客公司正在积极研发适用于俄罗斯高寒条件下运行的宽轨高速动车组项目，[1] 首列车计划于 2018 年完成研制并开展在线运营测试，争取尽快完成在俄罗斯知识产权布局。[2] 2017 年 8 月 18 日，吉林省在俄罗斯首都莫斯科举办了"中国（吉林省）－俄罗斯产能投资合作推介会"，吸引了百余家中俄企业参加，就推进产能投资合作展开交流。推介会上，吉林粮食集团、长吉图国际物流集团、吉林华峰能源集团等企业与俄罗斯企业签署了合作协议。[3] 今后应多举行类似的推介活动，推动吉林省与俄罗斯的企业加强合作。

---

[1] 高寒宽轨高速动车组是中车长客公司面向俄罗斯高铁市场自主研发的高速动车组，动车组执行俄罗斯技术标准体系，适应零下 50℃ 高寒运用环境和轨距为 1520mm 宽轨轨道，设计最高运营时速 360 公里，试验时速 400 公里。

[2] 《吉林加速研发俄罗斯高铁高寒动车组》，中国新闻网，http：//www. chinanews. com/cj/shipin/cns/2017/01－15/news689147. shtml，最后访问日期：2017 年 7 月 27 日。

[3] 魏良磊：《吉林企业赴俄推动产能投资合作》，新华社，http：//news. xinhuanet. com/2017－08/19/c_ 1121509993. htm，最后访问日期：2017 年 8 月 20 日。

B.28
内蒙古自治区对俄合作形势分析与预测

范丽君*

摘　要： 内蒙古自治区与俄罗斯的经济合作始于 20 世纪 80 年代初的中苏边境贸易。经过 30 多年的发展，截至 2015 年底，内蒙古与俄罗斯基本形成集边贸、经济、投资、金融于一体的全方位、多层次、多领域的合作。在"走出去"与"引进来"战略引导下，采取多种措施加强与俄罗斯联邦、蒙古共和国的经贸、投资与技术合作，其中既有取得的成绩，也存在瓶颈、需要多边共同协商解决的问题。

关键词： 内蒙古自治区　俄罗斯　贸易　投资

内蒙古与俄罗斯的经济合作始于 20 世纪 80 年代初的中苏边境贸易。当时的边境贸易由地方外贸部门负责，处于半计划经济半市场经济状态。1988 年中国实行"南联北开、通货兴边"政策，满洲里被国家设立为首批经济体制开发开放试验区，以此为转机掀起内蒙古与苏联的经贸活动高潮。1992 年，满洲里又被国务院列为首批沿边开放城市，成为内蒙古乃至中国与俄罗斯边境贸易的枢纽和中心。随着中俄关系的不断深入，以及中国改革开放步伐的加大、加快，借助自身与俄罗斯在区位、技术、劳动力、资本等领域的优势，以及国家对边疆少数民族地区的政策扶持，截至 2015 年底，经过 30 多年的发展，内蒙古与俄罗斯基本形成集边贸、经济合作、投资、金融于一体的全方位、多层次、多领域的合作。

---

* 范丽君，女，内蒙古自治区社会科学院俄罗斯与蒙古国研究所副所长、研究员。

近几年，在"走出去"与"引进来"战略引导下，政府采取多种措施鼓励和支持优势、品牌企业有效利用"两种资源、两个市场"的有利条件，走出内蒙古，走进毗邻的蒙古国、俄罗斯，尤其加强与俄罗斯的经贸合作、投资与技术合作，其中既有取得的成绩，也存在瓶颈和需要中俄共同协商解决的问题。

一 内蒙古与俄罗斯经贸合作现状分析

2011年国务院发布《关于进一步促进内蒙古经济社会又好又快发展的若干意见》将内蒙古自治区定位为"向北开放的重要桥头堡"。内蒙古充分发挥对俄罗斯经贸合作的区位地缘优势，加大了对俄罗斯的开发开放步伐。2010～2015年（即整个"十二五"期间），内蒙古与俄罗斯经贸合作以及投资企业和投资额度都有明显变化，俄罗斯已经成为内蒙古最为重要的贸易伙伴之一。

（一）内蒙古与俄罗斯经贸合作现状

"十二五"期间，随着中国整体实力的再度增强，内蒙古在中国区域合作中的地位也随之提升，成为中国向北开放的重要前沿地区和经济承载区域。随着"一带一路"倡议的提出与实施，内蒙古一方面于2014年6月成立向北开放领导小组，专门负责加强与俄罗斯和蒙古国的合作；另一方面制定出台一系列有针对性的政策措施，加大各方面投入，"走出去"与"引进来"并举，大力推进对俄罗斯与蒙古国的经贸合作，内蒙古与俄罗斯的经贸合作有所改变。

1. 对俄罗斯贸易进出口合作稳中有增，但贸易额比重减少

在"一带一路"倡议深入贯彻实施背景下，内蒙古出台主要改革措施，加快对外经贸合作步伐，对外开放和区域协调发展能力都有明显提升。尽管世界经济形势不容乐观，下行压力较大，但内蒙古在"十二五"期间对俄罗斯的贸易规模总体平稳，且稳中有增，经贸合作得到进一步发展。2014年达到对俄贸易的峰值，进出口贸易额达到30.54亿美元，出口比重为"十二五"期间最高，出口额达6.49亿美元（见表1）。2015年，受大宗商品价格大幅度下跌以及中国国内对矿产品需求量下降的影响，对俄贸易总额严重缩水，仅为21.54亿美元。2016年，随着《内蒙古自治区建设国家向北开放桥头堡和沿边经济带规划》获得国家发改委批复以及内蒙古创新对俄蒙合作机制的进一步

实施，内蒙古对俄进出口贸易额又有所增加。2016 年 1 月到 10 月，内蒙古对俄罗斯双边贸易额是 22.57 亿美元，同比增长 4.7%，出口额 5.01 亿美元，同比增长 6.6%，进口 17.56 亿美元，同比增长 4.2%。[①]

表 1　2010~2015 年内蒙古与俄罗斯进出口贸易情况

单位：亿美元

贸易额 ＼ 年份	2010	2011	2012	2013	2014	2015
进口额	23.64	26.75	24.45	23.51	24.04	15.48
出口额	1.85	2.18	2.79	2.75	6.49	6.06
总　额	25.49	28.93	27.24	26.26	30.54	21.54

资料来源：《内蒙古统计年鉴》（2010~2016 年），中国统计出版社。

2014 年以来，俄罗斯加大其东部地区开发力度，加之"中蒙俄经济走廊"建设的逐步落实也推进了内蒙古与俄罗斯的经贸合作。2010 年内蒙古对俄罗斯出口额占对俄贸易总额的 38.24%，2015 年占到 44.38%，提升了 6 个百分点。

通过比较不难发现，尽管"十二五"期间内蒙古对俄罗斯的贸易总额增加，但其占内蒙古对外贸易的比重还是呈缩小趋势。2010 年对俄进出口贸易总额占内蒙古对外贸易总额的 29.24%，2014 年下降到 20.98%，下降了近 9 个百分点，进口额所占比重从 2010 年的 43.90% 下降到 2014 年的 29.45%，下降近 15 个百分点。出口比重稳中有增，2014 年和 2015 年连续两年对俄出口额占内蒙古对外出口额的比重超过 10%（见表 2）。

内蒙古与俄罗斯进出口贸易额稳中有增以及进口减少、出口增加是在中国"一带一路"倡议推进的大背景下，内蒙古加大、加深对外改革开放力度，俄罗斯亚太战略向东转，以及俄罗斯加大对远东和西伯利亚地区开放程度的结果。内蒙古对俄罗斯出口的商品以纺织原料及纺织制品、蔬菜、水果、钢铁制品、机械制造、机械设备等轻纺制品、日用产品、食品为主。进口商品以原木、锯材、矿产品、成品油、煤炭、化工产品、木浆等矿产品、原材料这样的大宗商品为主。受国际大宗商品价格下降以及国内需求量下降

---

① 张志华：《内蒙古自治区社会经济发展报告（2016）》，远方出版社，2017，第 125 页。

等综合因素影响,呈现出进口商品减少、出口商品增加的贸易形势。进口减少、出口增加使内蒙古与俄罗斯的贸易结构趋于平衡。2014～2015年,俄罗斯连续两年成为内蒙古第二大贸易出口国家,其出口金额仅次于蒙古国(见表3)。

表2 2010～2015年内蒙古对俄贸易统计

年份	内蒙古对外贸易额(亿美元)			对俄贸易占对外贸易的比重(%)		
	总额	出口	进口	总额	出口	进口
2010	87.19	33.34	53.84	29.24	5.5	43.90
2011	119.39	33.34	72.52	24.23	6.5	36.89
2012	112.56	39.70	72.86	24.2	7.0	33.56
2013	119.92	40.93	78.99	21.90	6.7	29.76
2014	145.54	63.95	81.59	20.98	10.2	29.45
2015	127.84	56.73	71.11	16.85	10.68	21.77

资料来源:《内蒙古统计年鉴》(2010～2016年),中国统计出版社。

表3 2010～2015年内蒙古主要出口贸易国家及总额

单位:亿美元

年份\国家	蒙古国	俄罗斯	日本	韩国	美国
2010	5.28	1.85	3.80	2.92	2.28
2011	9.13	2.18	6.51	4.19	2.83
2012	10.54	2.79	3.02	3.13	2.22
2013	11.45	2.75	2.62	3.51	2.97
2014	9.27	6.50	2.65	4.84	4.76
2015	7.29	6.06	1.94	3.19	5.19

资料来源:《内蒙古统计年鉴》(2011～2016年),中国统计出版社。

2. 对俄罗斯投资增加、领域扩大

"十二五"期间,内蒙古在国家统筹发展战略引导下,全面提升对外开放水平,特别是十八届五中全会将"开放"列入"五大发展理念",向北开放迈出重要步伐。满洲里重点开发开放试验区建设稳步推进,二连浩特重点开发开放试验区也获得国务院批准。内蒙古与蒙古国和俄罗斯的双边合作迈上新台阶，成为中蒙俄三边合作的重要承载区域，对俄罗斯的投资金额以及投资企业的数量也呈逐年递增的良好趋势（见表4）。

表4　2010～2016年内蒙古对俄罗斯投资情况

年份 投资情况	中方协议投资 金额（亿美元）	投资企业 （家）	投资主要领域
2010	0.87	4	森林采伐、木材加工等
2011	0.7	6	农业种植、森林采伐、信息传播服务等
2012	1.1	12	森林采伐、木材加工、餐饮住宿等
2013	0.44	10	森林采伐、石油冶炼、房地产开发等
2014	0.81	19	森林采伐、农业种植、商贸批发、钢材加工等
2015	2.23	45	农业种植、果蔬销售、文化交流、矿产开采、森林采伐、木材加工等
2016	3.88	47	畜牧养殖、森林采伐、酒店管理、农业种植、汽车销售、商贸批发等

资料来源：内蒙古商务厅，http://www.nmgswt.gov.cn/index.shtml。

2015年是"十二五"的"收官之年"，也是内蒙古对俄投资金额和投资企业最多的年份。2016年的对俄投资金额和企业数量均超过2015年，赢得"十三五"的良好开局。比较2016年与前几年的投资领域也可发现，内蒙古在俄罗斯的投资领域呈多样化、多元化、多层级化的发展趋势。2014年前，森林采伐、木材加工业领域的投资为主要方向。2015年、2016年的投资扩展到服务业、批发业、农业等多个领域，基本形成对俄多元化投资的模式。

截至2015年底，内蒙古核准设立对俄罗斯投资企业126家，占全区境外投资项目总量的29.44%；中方协议投资额8.14亿美元，占全区境外协议投资总额的9.35%。累计在俄协议投资上千万美元的项目14个，合计4.38亿美元，占对俄协议投资总额的53.81%。"十二五"良好的"收官之局"开创了"十三五"良好局面，2016年内蒙古在俄罗斯的投资金额、企业和领域都有新突破，尽管投资企业数量变化不大，但投资额度增加近一成。此外，"十二五"期间，内蒙古在对俄招商引资方面也有一些举措，实现从无到有的"零"突破（见表5）。

表5 2010~2015 年俄罗斯在内蒙古的投资情况

投资 \ 年份	2010	2011	2012	2013	2014	2015
投资金额（万美元）	无	无	783	294	22	无
投资企业（家）	1	无	1	2	2	3
投资主要领域	家具制造业	无	木材加工	零售业	批发业	批发业

资料来源：内蒙古商务厅，http：//www. nmgswt. gov. cn/index. shtml。

　　受 2008 年金融危机以及布伦特原油、国际矿产品价格下跌等多重因素影响，俄罗斯经济一路走低。2013 年底，乌克兰危机引发美国以及欧盟国家对俄罗斯采取的经济制裁、金融封锁政策给俄罗斯宏观经济也带来很大的负面效应，特别是金融封锁将俄罗斯企业挡在了欧美资本大门之外，使其无法享有后者的低利率政策，而国内债务却呈现大幅上升之势，这让俄罗斯在很多重大项目上收缩资本，一些战略项目被搁置或放弃。目前，俄罗斯对华外商直接投资严重滞后，包括对内蒙古的投资。从内蒙古商务厅调研的结果显示，2010 年至今，俄罗斯在内蒙古共有 9 家投资企业，其中 7 家独资，2 家中外合资，且全部集中在与俄距离最近的呼伦贝尔市。从行业分布来看，主要集中在批发零售业，累计到位的金额总计21.6 万美元，没有形成辐射效益，积极影响不大。

　　3. 内蒙古口岸货运量、客运量增势明显

　　截至 2017 年，内蒙古有 3 个经国务院批准的对俄边境陆路口岸，分别是满洲里 - 后贝加尔斯克国际铁路、公路双功能口岸，室韦 - 奥洛奇陆路口岸和黑山头 - 旧粗鲁海图陆路口岸。这些口岸承担着中俄 65% 以上的陆路货运量。其中，满洲里不仅是中俄百年口岸，也是中俄之间最大口岸，年货运量在2000 万吨以上，2014 年突破 3000 万吨，创历史最高。借助满洲里口岸位于欧亚大陆桥节点的优势，2016 年"营满欧""渝蒙俄""哈满欧"等集装箱班列先后开通。2016 年 1 月到 10 月份，内蒙古对俄进出境货运总量 2364.45 万吨，同比增长 1.6%。进境货运量 1120.07 万吨，同比增长 8.8%，出境货运量250.68 万吨，同比增加 26%。在货运量增加的同时，客运量也随着中俄跨境旅游免签协议生效而增多。2016 年 1 月到 10 月，内蒙古对俄口岸进出境客运量为 137.11 万人次，同比增长 28%，进境客运量 68.21 万人次，同比增长

27.5%，出境客运量为 68.9 万人次，同比增长 28.5%。① 海拉尔和满洲里是中俄间较为繁忙的航空口岸。目前已开通到俄罗斯赤塔、伊尔库茨克、乌兰乌德、克拉斯诺亚尔斯克等地的航线。近年来，随着旅游产业的发展，跨境旅游成为内蒙古与俄罗斯的又一亮点。"十二五"期间，内蒙古接待俄罗斯旅游人数一直保持在 50 万人次以上，其中 2013 年和 2014 年突破 60 万人次，入境旅游创汇约 3 亿美元（见表6）。

表6　2010～2015 年内蒙古接待俄罗斯旅游人数和满洲里入境人数及创汇

贸易额 ＼ 年份	2010	2011	2012	2013	2014	2015
接待(万人次)	49.98	51.66	55.64	63.86	63.34	51.41
满洲里入境(万人次)	48.72	47.82	50.91	53.04	53.87	43.20
入境旅游创汇(万美元)	24411	22877	31053	36566	32117	25837

资料来源：《内蒙古统计年鉴》（2010～2016 年），中国统计出版社。

此外，作为内蒙古"走出去"战略的重要组成部分，内蒙古农业银行率先与俄罗斯远东地区的个别银行建立了本币结算业务和银行卡业务，基本建立投资、贸易、金融"三位一体"的合作关系。

（二）内蒙古与俄罗斯经贸合作向好发展的主要原因

"十二五"期间，尤其是党的十八大召开以后，在"一带一路"以及"中蒙俄经济走廊"建设不断推进的新形势下，内蒙古在国家向北开放战略中的地位与"内引外联"作用日益凸显。

1. 借助中央顶层设计，多项政策、项目落户内蒙古

为进一步深化内蒙古与俄罗斯、蒙古国的合作与交流，提升内蒙古向北开放水平，内蒙古于 2014 年 7 月成立了"向北开放领导小组"，专门负责向北开放的领导和政策协调工作，并制订具体推动计划。在"向北开放领导小组"的组织协调下，内蒙古自治区制订了《建设国家向北开放桥头堡和沿边经济带规划》（以下简称《规划》）。2015 年 11 月 18 日，《规划》获得国家发展改

---

① 张志华：《内蒙古自治区社会经济发展报告（2016）》，远方出版社，2017，第126页。

革委员会批复。这对于完善国家全方位对外开放格局，推动内蒙古向北开放具有重要现实意义。同年 12 月 24 日，国务院下发《关于支持沿边重点地区开发开放若干政策措施的意见》（以下简称《意见》）。"向北开放领导小组"于2016 年 2 月召开会议，就抓好《意见》落实做出具体部署。这是深化内蒙古向北开放，加强与俄罗斯、蒙古国合作的重要平台和政策保障。

内蒙古按照《规划》"以'双核、多点'为依托的沿边开发开放经济带，以自治区腹地主要城市为依托的辐射支撑区以及以沿边经济带为纽带联同俄蒙和中国腹地的六大经济走廊"这一总体布局、目标、任务和具体要求，积极实施组织工作，出台与俄罗斯深入经济合作的政策文件，设计面向俄罗斯的具体合作方案和项目，分解任务并确保这些方案与项目落到实处。此外，2016年内蒙古制定参与"丝绸之路经济带""中蒙俄经济走廊"实施方案，满洲里综合保税区通过国家验收并实现封关运营，呼伦贝尔中俄蒙合作先导区建设规划获得国家批复，鄂尔多斯航空口岸、包头乌力吉公路口岸获得批复，二连浩特开发开放试验区建设取得明显成效，所有这些举措有力地促进了内蒙古与俄罗斯包括经贸在内的全方位各领域合作。

2. 借助传统关系初步形成与俄罗斯多层次交流机制

早在 20 世纪 90 年代中期，内蒙古自治区政府就与俄罗斯西伯利亚地区的赤塔州、布利亚特共和国、伊尔库茨克州、克拉斯诺亚尔斯克区建立了经常性的地方政府间互访会晤机制。"十二五"期间，内蒙古与俄罗斯西伯利亚及远东地区地方政府开展多层次交流，外事、商务、文化、贸促、旅游等相关单位和部门从各自业务关系和职能出发，与俄罗斯远东相关部门签订会议纪要、合作意向，初步建立了"互联互通基础设施建设、贸易和投资合作政策支撑、合作交往载体和合作平台构建、宽领域人文交流交往、多层次协商和工作会晤等机制，自治区与外贝加尔边疆区政府签署了定期会晤机制和农业合作协议"。① 2017 年 1 月，内蒙古自治区人民政府办公厅印发《关于支持企业"走出去"开展跨国经营的指导意见》。内蒙古自治区与毗邻的俄罗斯地区签署的双边合作性文件，自治区政府及相关部门制定的涉及企业"走出去"的政策文件，都为内蒙古企业走进俄罗斯、参与区域经济合作提供了机制保障。

---

① 张志华：《内蒙古自治区社会经济发展报告（2016）》，远方出版社，2017，第 119 页。

3. 口岸基础设施建设、综合能力明显提升

"十二五"期间，内蒙古对俄口岸数量没有增加，但口岸基础设施建设速度加快，口岸综合功能明显提升，有力地推动了内蒙古口岸经济的发展。在内蒙古 1051 公里的中俄边界线上自北向南已经开放室韦、黑山头和满洲里三个国家一级常年开放口岸。边检能力也从过去单一的"人检"逐渐发展到电子化、信息化检验，充分建立"通报、通检、通放"和"出口直放、进口直通"等制度，通关能力和效率以及联运能力明显提高。自治区被国家口岸办正式确定为全国内陆沿边口岸"单一窗口"试点省区后，满洲里口岸率先开展"单一窗口"试点工作。跨境电子商务通关公共服务平台建设被列入《内蒙古自治区"十三五"口岸发展规划》，所有这些举措大大提高了内蒙古口岸通关的综合能力。

二 内蒙古与俄罗斯开展区域合作存在的问题

尽管"十二五"期间内蒙古与俄罗斯各领域的合作取得令人欣慰的成绩，向北开放的格局基本形成，与俄罗斯的合作水平和质量也有了明显提升，为内蒙古进一步参与"中蒙俄经济走廊"建设提供了基础保障和条件，但受内蒙古自身经济发展水平、产业结构布局以及与俄罗斯边境接壤地区投资环境等综合因素影响，内蒙古与俄罗斯双边合作仍存在一些问题，概括起来包括以下几个方面。

（一）经贸合作不平衡、不对等

改革开放 30 多年来，内蒙古与俄罗斯在经贸、投资贸易结构上的总体特点是进口多于出口，贸易逆差严重。尽管在 2014 年以后，进出口比重情况有所改善，但没有根本性改变，其原因是俄罗斯对内蒙古的出口以大宗能源产品、原材料为主，具备价格优势，而内蒙古出口俄罗斯的产品以劳动密集型产品为主，缺乏出口后劲，难以形成价格优势。另外，内蒙古与俄罗斯的相互投资不平衡，无论是投资金额还是投资领域，内蒙古在俄投资明显高于俄罗斯在内蒙古的投资。其中主要原因是，第一，由于国有资本的强势，俄罗斯中小企业的活跃度近年呈下降趋势，而后者往往才是对外合作的"主力军"。受制于

中国区域市场的成熟度和俄罗斯企业自身的资金问题，俄罗斯对华投资难以实现，尤其针对其相对陌生的内蒙古市场更加困难。大型俄罗斯企业同中国的合作，不论项目在俄罗斯还是中国，一般都是俄罗斯提供技术和人员，中国提供资金。相比俄罗斯，中国的资本更具灵活性和针对性，内蒙古企业同样具有此特点，这致使双方投资的不对称性不断扩大。第二，作为经济欠发达地区，内蒙古在对外开放方面更重视国内发达省份"引进来"的开放引导，缺少对俄罗斯企业"引进来"以及本地企业"走出去"和向北开放的观念意识。第三，对俄罗斯的政策宣传缺少准确把握，致使俄罗斯对内蒙古招商引资的环境、政策缺少了解，难以找到对口的投资项目，降低了双方企业合作的成功率，制约了内蒙古与俄罗斯的经济合作水平。

（二）合作区域的同质性问题多，技术合作缺少竞争性

与内蒙古毗邻的俄罗斯远东地区的几个行政区与内蒙古在地理、气候、人文等方面存在诸多同质性，差异性少，区域合作缺少互补性。与内蒙古毗邻的俄罗斯地区在俄罗斯联邦主体中属于社会经济欠发达的边疆地区，又是能源资源富足区，传统产业基础薄弱、结构单一，技术相对落后，金融资本相对匮乏，需要招商引资、借助"外援"发展的地区。这在一定程度上制约了两地开放性经济的生成，区域经济合作难以形成资源、技术上的互补，缺少合作的技术竞争力，在某种程度上制约了内蒙古与俄罗斯的区域经济合作。另外，尽管内蒙古的产业基础、结构、技术水平较过去有了明显提高，但与国内其他省份比较，内蒙古仍属欠发达地区，在技术、人才、资金、物流、跨境服务等方面尚未形成一套较完整的支持、引导体系，企业、金融机构乃至劳务人员"走出去"的政策扶持和保障体系仍不健全。

（三）缺少"拳头"产品支撑双边合作

虽然内蒙古赴俄投资的企业较过去明显增多，投资金额也显著增加，但与其他省份（如黑龙江、吉林）相比对俄投资项目的规模和质量仍有一定差距，还是以建筑、餐饮服务、商贸运输等小型、短期投资为主，投资领域较为分散，基本属于低成本、粗放型的资源利用，或以简单开采（矿产领域的投资以简单开采为主）、出口为主，没有大型产业项目落户俄罗斯，无法形成类似

工业园区、产业园区、经贸合作区等具有内蒙古字号的"拳头"项目。没有强有力的投资主体拉动，难以满足境外投资与劳务的需求，进而难以提升内蒙古企业在俄罗斯投资时对资源利用的规模、层次和水平，使得内蒙古与俄罗斯的区域合作难以进入良性循环轨道。此外，企业自身竞争力弱也是影响内蒙古参与俄罗斯经济合作的原因之一。

（四）俄罗斯远东地区投资的软硬件环境有待改善

尽管俄罗斯发展远东和西伯利亚的战略从未停止过，但也从未实质性地实施过，也只是在最近几年才真正提上日程。作为转型国家，俄罗斯政治、经济制度尚待完善，对外招商引资的法律、法规和政策以及招商引资的机制并不健全，金融环境、市场存在诸多变数，尤其是远东及西伯利亚地区的地方行政管理存在效率低下、程序不规范、"灰色"渠道较多的情况，这客观上加大了包括内蒙古企业在内的外资、外商的投资风险，影响了企业对俄投资的积极性。此外，与内蒙古毗邻的俄罗斯外贝加尔地区地广人稀，水电、路、网等基础设施不仅不配套，且费用较高。如远东地区的终端电价在没有政府补贴的情况下是俄罗斯其他地区的 2～3 倍，这造成项目投资成本高、大型项目实施困难，开放效率偏低，影响企业投资的信心。

（五）缺少对俄罗斯国情、区情的深入、全面认识

尽管内蒙古与俄罗斯有 1000 多公里的边界线，但内蒙古"向北开放"的重点主要集中在蒙古国，对俄罗斯的认识与了解更多集中在其东部地区，对俄罗斯中西部地区的区域发展、国情认识处于"概念性"层面，缺少深度了解。企业走出去有明显的"跟风"现象，"觉得其他省份企业'走出去'发财了，我们也能不错过"的心理造成境外投资合作较为盲目，脱离自身资金和技术等实际情况，导致一些企业"走出去"后因政策失误而"半途而废"，或是血本无归。未来几年，内蒙古还应借助自身优势和新的合作平台，找准着力点，开创合作新局面。

三 借助传统优势和新平台开创对俄合作新局面

除黑龙江省和吉林省外，与其他省份比较，内蒙古与俄罗斯开展经济合作

仍具备诸多优势。除地理分布的区位优势外，"中蒙俄经济走廊"建设的合作平台以及中俄两国签署的一系列合作性文件都能为内蒙古与俄罗斯合作找到政策支持和法律保障，内蒙古应借助国家顶层设计路线图，抓住优势条件，重新梳理已有成果，弃短扬长，改善与俄罗斯经济合作环境，开创新局面。

（一）借助新机遇、新平台缓解经贸合作不对称矛盾

内蒙古对俄合作新机遇有两个。一是区域经济一体化的潮流不可逆，边境地区必然成为毗邻国家经济合作的"腹地"。内蒙古处在中俄、中蒙、中俄蒙毗邻接壤地区，是中蒙俄区域合作的重点支撑区域，地域优势明显。二是内蒙古位于"中蒙俄经济走廊"建设国际通道的节点位置，是中国"一带一路"倡议中联通俄、蒙的重要节点和"中蒙俄经济走廊"国际通道建设的重要承载区域。一个平台是，近年国家给予沿边少数民族地区的各项优惠政策，俄罗斯政府对西伯利亚和远东地区社会经济发展的财力、物力投入与政策扶持以及对中国倡导的"一带一路"的积极性响应。内蒙古与俄罗斯的经济合作有望迈上新台阶，主要体现在出口贸易量、投资小幅度提升方面。但受俄罗斯经济低水平徘徊影响，俄罗斯在内蒙古的投资数量、规模、领域变化不大；受地缘因素影响，双边贸易活动还是集中在满洲里、海拉尔等东部地区。内蒙古与俄罗斯经贸合作不对称的结构性矛盾在未来一两年内会有所缓解，但不会有根本性改变。

（二）巩固已有合作基础，全方位对外开放

在未来几年的合作中，在巩固已有合作的基础上，内蒙古应依据地缘优势，借助调整产业结构的契机，拓展与俄罗斯合作的新领域。内蒙古一直借助东西跨度大、地域景色各异的地理特点打造"四季游"和"全域游"，拓展绿色环保的旅游产业。内蒙古与俄罗斯远东和西伯利亚地区同属以本国少数民族为主要居民的区域，地域文化相似，具备跨境旅游合作条件，且具有深化发展的潜力和空间。此外，中国1/6的草原在内蒙古，内蒙古是国家畜牧业基地，农牧业发展水平高，农牧产品加工、草原生态保护、风能电能产业与俄罗斯具有明显互补优势，正在成为内蒙古与俄罗斯合作的重要领域。上述两个方面的良好合作有助于带动内蒙古口岸经济的繁荣，提升口岸经济发展多元化，吸引

俄罗斯以及中国内地企业、资金进驻内蒙古，带动内蒙古大中型企业走近俄罗斯，深化内蒙古与俄罗斯的双边经济合作。

（三）品牌企业"松绑"走出去，带动内蒙古与俄罗斯的经济合作

2016 年 11 月 12 日，内蒙古自治区提出要"借助内联八省，外接俄罗斯和蒙古国的地缘优势，与国内周边地区融合发展"，一方面，发挥上述地区走出国门的"承载区"功能，大力发展口岸经济、边境城市经济；另一方面，对"走出去"企业进行"政策松绑"，完善重点外贸企业联系机制，建立健全全区外贸重点企业包保服务责任制，培育壮大外贸龙头企业，做好企业金融服务。"行政松绑"、新开放政策引导，必然能调动龙头企业"走出去"的积极性。龙头企业"走出去"就会带动区域内相关链条企业的发展，提升内蒙古在俄罗斯的知名度，带动内蒙古与俄罗斯经济合作。2017 年、2018 年内蒙古与俄罗斯的经济合作规模和领域还会有所扩大。

总之，随着"一带一路"倡议和"中蒙俄经济走廊"建设的深入实施，中蒙俄三国签署的各类合作意向的逐步落地，中蒙俄"互联互通"制度的逐渐完善，包括铁路、公路等在内的"基础设施"建设的落实，内蒙古与俄罗斯的经济合作必然迎来新时代。

四　发展内蒙古与俄罗斯经济合作的对策

按照经济学理论，区域经济合作的主要动因是借助地缘优势，发挥地缘优势，促进产品和经济各要素在区域内的流动，实现资源的有效配置，增进区域福利。针对内蒙古与俄罗斯在经济合作领域中存在的问题，笔者认为，应从问题中找答案，补足区域合作中的"欠缺要素"。应在国务院下发的《关于支持沿边重点地区开发开放若干政策措施的意见》等宏观政策框架内，调整对外投资和金融政策，扬长避短，寻找合作切入点。

（一）加强对俄罗斯国情、法律、政策尤其是其对外经济合作方面法律和政策的研究

衡量一个国家招商引资环境的重要标准是法律、法规是否健全，是否能给

投资者以资金、技术保障。境外发展企业，不仅要全面了解驻地国经济发展政策，还要了解当地政府的经济发展规划及相应法律法规。只有通过系统研究俄罗斯的法律法规才能切实保障企业"走出去"合法、合规，才能在双方都能接受的框架下进行经济合作，规避法律漏洞，减少投资、融资风险以及合作的盲目性和投机性。

（二）加强与俄罗斯在教育领域的合作力度，联合培养专业性、技术性人才，促进两国、两地民心相通

科学技术是第一生产力，科技的进步靠的是对科技人才的培养。内蒙古与俄罗斯在产业、能源、农业、林业等各领域的合作离不开高新技术人才。应加大联合办学力度，就新型学科、技术开展教育合作，共同培养俄汉兼通的科技人才。有人才才有革新、创新和技术升级，才能带动区域经济合作、转变合作模式、创新合作机制。内蒙古不仅要与国内科研机构合作，还要与俄罗斯科研机构共同研究，彼此借力，破解内蒙古与俄罗斯远东地区产业基础薄弱、技术落后等瓶颈。因此，笔者认为，应加强与俄罗斯在教育领域的合作，给双方年轻人搭建面对面、深度接触的平台，加强彼此了解，提升彼此互信程度，促进两国、两地人民民心相通。

（三）扩大融资平台，做好中小企业"走出去"的金融保障

民间资本参与融资的门槛高，缺少技术保障是中小企业融资难的主要原因。为此，一方面要完善金融组织体系，做好金融业的"链条式"服务保障，提高防风险、抗风险能力；另一方面应拓宽融资方式和渠道，支持民间资本依法合规进入对外投资合作领域，切实解决边境地区小额贸易企业融资难、抗风险能力差的困境，做好金融服务，推动企业多样化、多极化、多元化发展。俄罗斯远东和西伯利亚地区是内蒙古企业对外投资较为合适的地区，当前俄罗斯远东和西伯利亚地区的"硬件"发展措施已经出台，企业"走出去"最缺的是政策和资金保障，因此应扩大融资平台，健全金融服务机制，做好中小企业的金融保障。根据调研，目前只有满洲里口岸地区的商业银行建立了对俄账户行关系，双边合作的金融通道狭窄，辐射区域小，在一定程度上影响了中俄双边企业结算"通道"的畅通。另外，内蒙古与俄罗斯的银行之间本币结算业

务以汇款为主，信用证等业务品种未被使用，这在一定程度上制约了商业银行本币结算业务的拓展和边境贸易的发展。内蒙古应协同沿边省份向国家申请，尽快实现口岸城市与国家的增值税共享，以改善口岸城市的财政状况，增强区域自我发展能力，同时对"走出去"的中国企业和"引进来"的俄罗斯企业在贷款、汇率、税收等方面予以一定的政策支持和扶持，"盘活"中小企业，拉动已有区域中小企业间的合作。

（四）整合区域资源，打造龙头产业

针对内蒙古缺少"拳头"产业支撑双边合作的现状，内蒙古应借鉴黑龙江、吉林、云南等沿边省份经验，整合区内企业资源，着力解决发展中不平衡、不协调、不可持续的问题，进一步调整产业结构，增强新兴技术开发、研发等科技创新能力，在人力资源、技术资源上进行深度融合和整改，健全新常态下经济发展体制和机制，全方位扩大对外开放，打造具有地区特色和民族特色的"拳头"产品和"品牌"产品为世界性品牌，鼓励如鄂尔多斯、蒙牛、伊利、亿利等具地方影响力的品牌企业，在整合其上下游产业基础上，整体打包"走出去"，投资俄罗斯，落户俄罗斯，提升内蒙古产业在俄罗斯的层级和水平。目前，伊利乳业在新西兰、澳大利亚的合作经验也可成为内蒙古与俄罗斯合作的典范。让鄂尔多斯羊绒，伊利、蒙牛的乳品产业走进俄罗斯市场，与俄罗斯相关企业进行合作。另外，可借助后贝加尔边疆区的原木供应，在海拉尔和满洲里建立大型木材加工生产基地，学习黑龙江省经验打造自己的木材制品品牌，借助"苏满欧"铁路将相应产品供应到西伯利亚联邦区及其以西地区，这从根本上呼应了内蒙古企业"走出去"的战略。

（五）做好宣传工作，把内蒙古推广到俄罗斯

俄罗斯许多民众对中国的了解停留在北京、上海、深圳、广州、哈尔滨、新疆、西安等大城市，或与俄罗斯接壤的中国沿边省份上，对内蒙古的认识和了解则停留在满洲里、海拉尔等口岸城市上，缺少对内蒙古的全面了解和认识。满洲里口岸是中国对俄最大的陆路口岸，承载中俄 65% 以上的贸易量和50% 以上的进出港人数。满洲里和海拉尔两个航空口岸是俄罗斯游客进入中国的重要通道，加之内蒙古与蒙古国毗邻，许多俄罗斯人甚至不能区分内蒙古与

蒙古国的关系。对内蒙古社会经济发展缺少深入了解以及存在认识误区的一个原因是内蒙古对俄罗斯的宣传力度小、不到位。内蒙古有对蒙古国的宣传杂志《索伦嘎》，但没有对俄罗斯的宣传媒介，中国境内媒体对俄罗斯宣传时是否介绍了内蒙古更是不得而知。内蒙古应借助对俄罗斯的宣传媒体，加大对内蒙古社会、经济、文化、教育以及对外合作的宣传，向俄罗斯人介绍真实的、现代化的内蒙古，而不是传统印象中骑着马、拉着勒勒车的内蒙古，增进俄罗斯企业、教育机构对内蒙古的了解。

内蒙古位于中国北部边疆，既有支撑国防的重工业，也有满足人们日常所需的轻工业，农林牧渔业都有良好的基础和深度发展的空间与潜力，又是中国少数民族聚集区，民族文化底蕴深厚，在国家"一带一路"倡议和"中蒙俄经济走廊"建设中战略地位不言而喻。内蒙古自治区应借助区域性合作整体优势，找准对俄罗斯经济合作的着力点和突破口，在工业园区建设、纺织品、家电、物流、木材深加工、金融领域"先行先试"，不断推进产业布局合理化，打造"北上南下、东进西出、内外联动、八面来风"的对俄开放新格局。

B.29
新疆维吾尔自治区对俄合作
形势分析与预测

王维然 *

摘　要： 近年，随着中俄两国政府对新疆与西伯利亚联邦区经济合作
的高度重视，两地区在贸易、投资及科技等领域的合作日见
成效，已初步形成一定规模。但相对于中俄两国庞大的贸易
总量而言，两地区的贸易规模还很小，贸易结构还比较单一，
尚无直通口岸，这将在一定程度上阻碍两地区的经贸发展。
目前，在中俄两国经济整体低速运行的大背景下，深化两地
区经济合作，开通直接的陆路口岸，扩大经贸合作，推动两
地区的经济发展，符合双方共同利益。

关键词： 新疆维吾尔自治区　俄罗斯西伯利亚联邦区　经济合作

　　自 2014 年乌克兰危机以来，受西方国家经济制裁及国际大宗商品价格暴
跌影响，俄罗斯经济严重衰退，陷入深刻危机。为摆脱危机，重振经济，俄罗
斯积极调整国家战略，提出"向东看"，在国内加快西伯利亚及远东地区开
发，在国际上加强与亚太国家特别是中国的经济合作。这为身处经济结构调整
期的中国，特别是中俄毗邻地区带来了前所未有的机遇。目前，中俄西段毗邻
区——中国新疆与俄罗斯西伯利亚联邦区的经济合作得到两国政府的高度关注
和支持，双方已签署了一系列合作协议，建立了有效的合作机制，未来随着两
地区经贸关系的不断发展和贸易直通口岸的开辟，经济合作必将更加深入。

---

* 王维然，男，新疆师范大学商学院院长，教授。

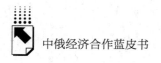
一 经济合作的现状

近两年，中国新疆与俄罗斯西伯利亚联邦区主要在贸易、交通运输、木材加工等领域开展合作，展现了良好的发展势头，并取得了一定的成绩。

（一）贸易关系日益密切

近两年，新疆与俄罗斯贸易往来不断加强，俄罗斯西伯利亚联邦区与中国的贸易合作也更加紧密。2016年新疆对俄进出口贸易总额为13.33亿美元，与2015年的9.38亿美元相比，增长42.1%，是2010年5.69亿美元的2.3倍。其中，对俄出口总额为11.95亿美元，与2015年的8.17亿美元相比，增长46.3%，是2010年3.54亿美元的3.4倍；自俄进口总额为1.38亿美元，与2015年的1.22亿美元相比，增长13.1%，与2010年的2.15亿美元相比，减少35.8%。在贸易排序上，俄罗斯从2015年的新疆第五大贸易伙伴国上升到2016年的第三大贸易伙伴国。①

从西伯利亚联邦区对中国的贸易来看，2016年西伯利亚联邦区对外贸易总额为318.18亿美元，出口总额为259.34亿美元，进口总额为58.84亿美元，顺差200.5亿美元。其中，对中国贸易总额为61.06亿美元，占该区对外贸易总额的19.2%；出口为43.22亿美元，占对外出口总额的16.7%；进口为17.84亿美元，占进口总额的30.3%。2016年中国依然为西伯利亚联邦区第一大贸易伙伴国。②

从总体上看，近几年两地区的贸易额逐渐扩大，贸易往来日益频繁，贸易关系更加紧密。

（二）木材加工合作取得新进展

新疆与西伯利亚在经贸往来不断加强的同时，在木材加工合作方面也取得了新进展，展现出强劲的活力。受乌克兰危机影响，2015年西方国家加紧对俄

---

① 中华人民共和国乌鲁木齐海关统计数据，http://urumqi.customs.gov.cn/publish/portal166/。
② 《2016年中国继续为西伯利亚联邦区第一大贸易伙伴国》，中华人民共和国商务部经贸新闻。

罗斯的经济制裁，减少对俄投资，俄罗斯经济不断衰退，在俄的中资企业也普遍缩减业务。但隶属于西伯利亚联邦区的克拉斯诺亚尔斯克边疆区的中资企业在林业采伐与加工业务方面并未缩小，反而还追加了投资，进一步扩大了生产规模。目前，在该边疆区从事木材加工的中资企业约有 20 家，各企业都争先购买林地使用权，购置采伐设备，增添生产线，增强加工各种板材的能力，出口额不断攀升。

与此同时，同属于西伯利亚联邦区的托木斯克州也在加强与中国的林业及木材加工合作。目前，中国的中航林业在该州的第二大城市阿西诺市建立了中俄托木斯克木材加工经贸合作区，该合作区是在中俄两国政府批准的《中俄森林资源合作开发与利用总体规划》框架下，首个实质推进的最大合作开发项目，也是国家推进境外经济贸易合作区建设的重点项目之一。至今，已有多家中国企业入驻合作区，未来中航林业还拟与新疆中泰化学集团等新疆企业在国内外联合发展相关木材合作加工项目。

（三）交通运输合作取得新突破

2016 年，新疆与西伯利亚联邦区在交通运输合作方面也取得了新突破。新疆与西伯利亚联邦区虽接壤，但由于毗邻地区为高海拔山区，并无过境口岸，加之此前新疆国际道路运输仅开展了双边国际道路运输，多边过境道路运输一直未开通，这严重影响了两地区的贸易发展和人员往来。为解决此问题，2016 年中国新疆交通运输厅与俄罗斯联邦运输部联邦预算局汽车运输局远东分局在乌鲁木齐首次交换 1000 份中俄货运车辆经哈萨克斯坦领土临时过境货物运输许可证，允许俄罗斯运输车辆通过哈萨克斯坦直接到达新疆巴克图口岸。自此，俄罗斯通往中国新疆的多边过境货运车辆正式运行，这为新疆与西伯利亚联邦区的直接贸易往来提供了便利。同时，两地区在航空运输领域也有了新突破。2016 年两地区新开通了乌鲁木齐至新西伯利亚航线。这是继乌鲁木齐至莫斯科、乌鲁木齐至圣彼得堡航线之后，新疆与俄罗斯直飞的第三条航线，也是新疆与西伯利亚联邦区的第一条航线，航线的开通，必将加快两地区的人员往来与经济合作。

（四）环阿尔泰山次区域经济合作论坛更加深入

随着经济全球化和区域经济一体化的不断深入，积极开展国际区域经济合作是加快推进地区经济发展的一个新趋势。为推动中俄哈蒙毗邻地区经济发展，中国新疆，俄罗斯西伯利亚联邦区的阿尔泰共和国、阿尔泰边疆区、图瓦共和国，哈萨克斯坦东哈州，蒙古国科布多省、巴彦乌列盖省、乌布苏省、戈壁阿尔泰省共同组成了"环阿尔泰山次区域经济圈"。为搭乘"丝绸之路经济带"快车，推动该经济圈发展，2014 年阿尔泰次区域合作的"四国九方"将原来的"环阿尔泰区域经济圈经贸合作论坛"更名为"丝绸之路经济带环阿尔泰山次区域经济合作国际论坛"。目前，该论坛受到各国各方的高度重视，每年一次的国际论坛都从不同角度、不同层次深入探讨该区域相关领域的经济合作问题。如 2015 年第三届论坛"四国九方"经过积极沟通与协商，在旅游、矿业、网络科技、电子商务、生态食品、教育、医药等领域达成 9 个合作项目。2016 年第四届论坛各方经过积极沟通与协商，指出应把共建国家冰雪公园、实现现代有机农牧业合作、开发跨境旅游、打造康养产业、推进跨境电商和金融合作作为该区域近期率先突破的重点方向。

二　经济合作存在的问题

近两年，新疆与西伯利亚联邦区在某些领域取得一定成绩的同时，在贸易总量、贸易规模、贸易进出口商品结构等方面依然存在一些问题。

（一）贸易总量较小，贸易不平衡明显

从新疆对俄贸易角度看，2016 年新疆对俄贸易总额为 13.33 亿美元，占新疆对外贸易总额的 7.4%。其中，出口总额为 11.95 亿美元，占新疆对外出口总额的 7.5%；进口总额为 1.38 亿美元，占新疆进口总额的 6.8%。与对俄贸易相比，新疆与中亚五国的贸易是重点，一直以来，中亚五国占到新疆对外贸易总额的 70% 左右。其中哈萨克斯坦在新疆对外贸易中一直居于首位，曾一度占到新疆对外贸易总额的一半以上，最近两年虽然有所下降，但也都在 40% 左右。俄罗斯、哈萨克斯坦、吉尔吉斯斯坦同为新疆毗邻国家，但贸易往来却相差很大。

同时，新疆与西伯利亚贸易不平衡也较明显。2016 年新疆对俄贸易总额为 13.33 亿美元，其中顺差 10.57 亿美元，新疆对俄贸易以出口为主。2016 年

西伯利亚联邦区对中国贸易总额为 61.06 亿美元，其中顺差 25.38 亿美元，顺差也较明显。这将在一定程度上制约着两地区贸易发展。

（二）贸易规模有限，与中俄庞大的贸易规模不相称

2016 年中俄双边贸易总额为 695.25 亿美元，同比增长 2.2%。其中，对俄出口总额为 372.97 亿美元，同比增长 7.3%；对俄进口总额为 322.28 亿美元，同比下降 3.1%，顺差 50.69 亿美元。中国已连续 7 年为俄罗斯第一大贸易伙伴国，俄罗斯也一直居于中国贸易伙伴国的前十几位。但在中俄贸易中，地区分布不平衡现象明显，新疆作为与俄毗邻的省份在中国对俄贸易中比重却很小，2016 年仅占中俄贸易总额的 1.9%，其中，出口占 3.2%，进口占 0.4%，与同为俄罗斯毗邻省份的黑龙江省的对俄贸易无法相比。

在俄中贸易中，2016 年俄中贸易总额为 661.1 亿美元，同比增长 4.0%。其中，对中国出口为 280.2 亿美元，同比下降 2.0%；从中国进口为 380.9 亿美元，同比增长 9.0%，逆差 100.7 亿美元。[1] 2016 年中国为俄罗斯第二大出口市场和第一大进口来源地，其中西伯利亚联邦区对中国贸易总额为 61.06 亿美元，占俄中贸易总额的 9.2%。其中，出口总额为 43.22 亿美元，占俄中出口贸易总额的 15.4%；进口总额为 17.84 亿美元，占俄中进口总额的 4.7%。[2] 西伯利亚联邦区作为与中国毗邻的地区，与中国的贸易往来作用还远远没有发挥出来。

从总体上看，新疆和西伯利亚联邦区在中俄贸易中的比重都很小，这与中俄庞大的贸易合作规模严重不相称。

（三）贸易合作领域不宽，进出口商品结构单一

尽管两地区的经贸关系有一定的基础，但目前双方贸易合作的领域不宽，技术合作后劲不足，进出口商品结构单一的现象依然明显。在 2016 年新疆对俄贸易中，纺织服装、鞋类、箱包及类似容器等劳动密集型产品出口较强劲；原油进口虽略有下降，但依然占有很大比重，新增了天然气进口，进口总体上

---

① 中华人民共和国商务部综合司：《2016 年俄罗斯货物贸易及中俄双边贸易概况》。
② 中华人民共和国商务部欧亚司：《2016 年俄中贸易总额为 661 亿美元》。

仍以原材料和化学制品、机械、机床等加工品为主。具体如下：与 2015 年相比，2016 年新疆口岸出口纺织服装 545.5 亿元人民币，同比增长 50.9%，其中对俄出口纺织服装 97.0 亿元人民币，同比增长 1.3 倍，占新疆口岸出口纺织服装总值的 17.8%；出口鞋类 202.86 亿元人民币，同比增长 21.32%，其中对俄出口鞋 42.32 亿元人民币，同比增长 71.56%，占新疆口岸出口鞋类总值的 20.9%；出口箱包及类似容器 39.5 亿元人民币，同比增长 79.9%，其中对俄出口 7.2 亿元人民币，同比增长 76.4%，占新疆口岸出口箱包及类似容器总值的 18.2%。自俄进口原油有所下降，2016 年新疆口岸进口原油总量 973.07 万吨，同比减少 14.4%，其中自俄进口原油 649.67 万吨，减少 0.1%，占总量的 66.8%；6 月新增天然气进口，进口量为 0.02 万吨，虽然较新疆口岸全年进口天然气总量 2530.88 万吨还有很大差距，但这是天然气进口多元化的开始。①

从整体上看，两地区进出口贸易商品结构单一、高附加值产品较少。新疆出口商品主要集中在日用百货及轻纺产品上，服务贸易总体规模偏小，国际竞争力偏弱。西伯利亚联邦区的出口仍以能源和原材料产品为主。

（四）缺少直接贸易口岸，增加贸易成本

在两国毗邻地区之间开展贸易往来，口岸起着直接的通道作用。新疆现有 17 个国家一类口岸（包括 2 个航空口岸）、12 个二类口岸，其中与新疆贸易往来最密切的哈萨克斯坦、吉尔吉斯斯坦、塔吉克斯坦分别开通了 7 个、2 个、1 个陆地边境口岸。然而，与新疆重要的贸易伙伴国俄罗斯目前尚未开通口岸，这直接影响着两国边境地区的贸易发展。

中国新疆与俄罗斯西伯利亚联邦区作为中俄西段毗邻的地区有 54.57 公里的边境线。以阿尔泰山为界，南部为中国新疆的阿勒泰地区，北部为俄罗斯西伯利亚联邦区的阿尔泰共和国，毗邻地区有唯一的陆路口岸喀纳斯口岸，但目前该口岸尚未开通。原因在于喀纳斯口岸位于中国国家级重点自然保护区内，该区域始终保持着原始生态环境，海拔高，公路建设滞后，拟开放但目前仍处于规划阶段。在此情况下，新疆对俄贸易只能借助第三国（哈萨克斯坦）的

---

① 中华人民共和国乌鲁木齐海关统计分析，http://urumqi.customs.gov.cn/publish/portal166/。

公路运输开展转口贸易，这既延长了双方运输的时间，增加了运输费用，同时也出现了很多不可控制的因素，降低了企业合作的可靠性，增加了两地区合作的风险与难度。

三　前景预测

虽然中国新疆与俄罗斯西伯利亚联邦区在经济合作中还存在诸多问题，但双方合作基础良好，具备合作条件，石油、天然气等能源和矿产资源丰富，经济互补性强，互有产业优势，未来两地区合作潜力巨大，前景广阔。

（一）毗邻的地理位置为两地区经济合作提供了条件

在传统的区域经济理论中，地理位置的毗邻性是促进区域经济发展的重要因素之一。这是因为毗邻的地理位置、便利的交通运输通道可以吸引周边区域的人力、资金向交通干线附近集中，并由交通干线连接中心城市，缩短沿线地区同中心城市之间的地理与经济联系距离，降低交易成本。由于边境地区大都处在各国的边缘地带，相对于腹地而言，处于交通线的末端。因此，与邻国交通的便利性就成为各方开展跨境合作考虑的首要因素之一。[1] 中国新疆与俄罗斯西伯利亚联邦区之间虽没有直接的陆路通道，但有便捷的航空运输体系。该区域的两大中心城市乌鲁木齐和新西伯利亚空间距离较短，直线距离不超过2000公里，新开通的航线飞机航程在2小时以内，这为两地区的贸易发展和人员往来提供了便利。同时，乌鲁木齐到达俄罗斯首都莫斯科的直线距离是从东北的哈尔滨至莫斯科的直线距离的一半左右，这一特殊的地理位置使新疆在国家全方位开放战略中占据了重要位置，成为面向周边国家经贸往来的桥头堡。乌鲁木齐还拥有巨大的开发潜力，该城市不仅可以成为东部发达地区与中亚、南亚乃至欧洲相沟通的桥梁，而且也可以成为亚太地区与欧洲之间最重要、最便捷的通道之一。与此同时，两地区还准备开通中俄西线天然气管道，该管道全长2800公里，由俄罗斯的西伯利亚经阿尔泰共和国至中国新疆，最

---

[1]　苗园：《中国新疆与俄罗斯西西伯利亚的区域经济合作前景分析》，新疆农业大学硕士学位论文，2010。

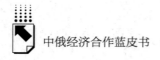

终和中国的"西气东输"管道连接，尽管该管道项目目前被搁置，但未来如果开通，开通后预计年输气量将达到每年约 300 亿立方米，这无疑将带动两地区经济合作与发展。

（二）强烈的合作意愿为两地区经济合作提供了支持

进入 21 世纪以来，新疆的对外贸易迅速发展，与周边国家的贸易往来频繁，与主要贸易伙伴国哈萨克斯坦、吉尔吉斯斯坦的贸易额迅速上升，曾一度占到新疆对外贸易总额的 70% 左右。但随着 2010 年俄白哈关税同盟的签署，再到 2015 年欧亚经济联盟成立，同盟、联盟之内的贸易转移效应与贸易创造效应对新疆的对外贸易产生巨大影响，2015 年新疆对哈、吉两国的贸易占新疆对外贸易总额的比例降到 45.6%；[①] 2016 年虽回升为 57.1%，但从俄白哈关税同盟运行的 5 年时间里新疆对哈贸易迅速下降的现实，可以预测未来欧亚经济联盟必将压缩新疆与哈、吉两国的贸易总额。面对周边国家经济环境的变化，新疆积极调整对外出口战略，不断调整出口贸易结构，提出应在出口的同时鼓励投资，并不断加大与其他贸易往来国和地区的合作，尤其是与毗邻的俄罗斯西伯利亚联邦区之间的经济贸易合作。这与俄罗斯的经济发展现状正好高度契合，西伯利亚联邦区作为俄罗斯的亚洲部分，经济发展明显落后于俄罗斯的欧洲联邦区。乌克兰危机之前，俄罗斯政府就意识到了东西部差距是一个严重的问题，需要解决，也几次提出东部大开发战略，但俄罗斯是典型的能源依赖型国家，主要的贸易伙伴为欧盟，为此东部的开发与发展问题也没能得到很好的解决。乌克兰危机后，俄罗斯的经济受到巨大打击，俄罗斯政府积极调整国家战略，提出东部开发战略，在国内开始注重西伯利亚联邦区和远东联邦区的开发，在国际上加强与亚太地区的合作，希望与亚太地区特别是中国地区的合作带动本国东部地区的发展。同时，希望通过对西伯利亚联邦区和远东联邦区的开发融入亚太地区。俄罗斯政府转向东方的战略，为新疆与西伯利亚联邦区的边境合作带来了前所未有的机遇。目前，双方从中央政府到地方政府都积极推动两地区的经济合作，双方强烈的合作意愿为两地区经济合作提供了动力。

---

① 中华人民共和国乌鲁木齐海关，http：//urumqi. customs. gov. cn/publish/portal166/。

（三）互补的产业结构为两地区经济合作提供了保障

新疆与西伯利亚联邦区在产业结构领域互补性较明显。西伯利亚联邦区自然资源丰富，多种重要资源储量占全俄战略资源总量40%左右，其中探明的石油储量占全俄石油储量的77%，是俄罗斯继高加索产油区、伏尔加－乌拉尔产油区之后又一重要的产油区，目前俄罗斯出口的石油、天然气主要来自西伯利亚联邦区。而中国新疆虽拥有石油、天然气资源，但在产量上与西伯利亚联邦区无法相比。况且中国是一个能源消费大国，近年来能源需求不断增大，未来新疆企业如果能联合投资西伯利亚联邦区的石油和天然气工业，必将带动两地区的经济发展。同时，西伯利亚联邦区在机械制造、钢铁等领域优势也较明显，但在纺织、服装、食品等轻工业发展方面却较为落后。这与新疆的经济发展形成明显的互补特征，新疆在纺织、服装及食品工业方面具有一定规模且门类齐全。首先，新疆拥有丰富的纺织原料资源，作为民族地区，在棉纺、毛纺、丝纺产品制造方面历史悠久，乌鲁木齐的毛纺织产品、和田的桑蚕丝织产品享誉中外。其次，新疆纺织集团公司的设备大多达到国内先进水平或国际水平，通过不断的技术创新和提高民族工艺，新疆的轻纺工业发展迅速，极具地区民族特色。最后，新疆的蔬菜水果加工业、制糖业、酿酒业等部门也很有优势，在西北地区乃至全国都占有重要位置，其中番茄酱和水果蔬菜罐头在国外市场上很受欢迎，这在一定程度上可以满足西伯利亚联邦区对此类产品种类和数量的需求。[①] 未来随着新疆产业结构调整步伐的加快，以及中国其他省份对新疆扶持和投资力度的加大，新疆与西伯利亚联邦区经济合作的领域会越来越宽，合作水平会越来越高。

（四）潜在的贸易转向为两地区经济合作提供了可能

2014年乌克兰危机后，俄罗斯调整国家战略，注重与亚太地区的经济合作，提出了一系列西伯利亚联邦区未来的经贸发展战略，并指出未来20年西伯利亚对外贸易的地缘结构将发生明显变化。首先，提出要改变从西欧国家进

---

① 马丽：《中国新疆与俄罗斯贸易关系的现状、问题及对策研究》，吉林财经大学硕士学位论文，2011。

口和向其出口的比重，出口西欧国家的比重将明显减少，同时出口亚洲国家的比重将增加。其次，强调在保障俄罗斯在欧洲空间一体化进程中领先地位的同时，对西伯利亚各地区来说，适时地参与中国西部、蒙古国西部、哈萨克斯坦及其他中亚国家的经济合作具有重要战略意义。再次，指出西伯利亚联邦区与中国各省份应建立和形成文明的经济和科技合作，共同实施大型开发和加工资源及建设基础设施方面的投资合作项目，扩大合作领域。最后，建议在西伯利亚联邦区建设大型物流中心，加强鄂木斯克州、克麦罗沃州和阿尔泰边疆区与中国新疆的贸易往来，扩大彼此的商品贸易。这必将加大两地区的经贸往来。目前，中俄的贸易总额不足 700 亿美元，新疆与西伯利亚联邦区的贸易总量还不足几十亿美元，但随着两地区在贸易地理方向上的潜在转变，能源贸易和制成品贸易合作加强，未来两地区的经贸合作潜力巨大。

四　对策建议

在"一带一路"倡议的引导下，新疆可以充分利用与西伯利亚联邦区经贸合作中的各项优势，包括地缘优势、经济合作优势、产业互补优势，通过掌握正确的经济发展方向与商品需求，不断提高完善贸易基础，支持科技创新，以促进两区域经济贸易规模的不断扩大。

（一）加快推进喀纳斯口岸建设，发挥口岸功能

中国与俄罗斯有长达 4300 多公里的国境线，其中绝大部分是在中国东北部的黑龙江省和内蒙古自治区。目前，中俄陆地直接交通运输通道完全集中在两国的东部。也就是说，若不经过第三国，中国西部地区与俄罗斯西伯利亚联邦区乃至欧洲部分的陆地直接经贸往来，均需绕道两国的东部地区，十分不便。这已成为制约双方经贸合作的一大瓶颈。自 20 世纪 90 年代以来，随着中国改革开放的深入、中俄战略协作伙伴关系的确立和发展，以及中俄贸易额的不断增长，中俄两国的许多有识之士纷纷把目光投向位于亚洲中部的中俄边界线，热切希望在中国新疆与俄罗斯西伯利亚联邦区之间有可能直接通商的唯一地方——纵切阿尔泰山脊的喀纳斯口岸开辟交通走廊。

喀纳斯口岸直接通道的建成将明显缩短中国新疆与俄罗斯阿尔泰共和国的

运输距离，在中俄西段毗邻地区形成便捷的重要商道，并使中国新疆与俄罗斯西伯利亚联邦区在中俄经济联系中的集聚和扩散地位得到有效提升。此外，这还将有利于进一步打破中俄阿尔泰区域的相对封闭状态，改善现有的交通格局，促进双方接壤地区地缘优势、资源优势的综合开发与互利合作。开通喀纳斯口岸，修建高级公路，兴建一批基础设施项目，开展直接通关业务，使两地区间贸易不必再经过第三国，可以降低贸易费用和减少贸易风险，带动两地区的贸易发展；同时也可通过双方在喀纳斯自然风景区的旅游合作，推动旅游购物来进一步促进两地区的贸易往来，并促进新疆特别是阿勒泰地区的经济发展。

目前，开通喀纳斯口岸的现实性与紧迫性已经引起两国政府和专家学者的高度重视，双方已分别就其交通线路走向、口岸地址选择、对生态环境的影响、气候条件、投资概算等进行了分析与研究，希望能为两国政府开展可行性论证提供依据。

（二）打造阿尔泰跨境旅游休闲经济特区，带动地区经济发展

旅游业对于地区社会经济发展具有重要的促进作用，这已得到公认。而旅游业的发展取决于旅游开发地区的资源状况、地理区位及经济结构等要素的优劣，其中尤以旅游资源及相关旅游基础设施最为重要。中国新疆的阿勒泰地区与俄罗斯西伯利亚联邦区的阿尔泰共和国、阿尔泰边疆区、图瓦共和国具有共同的跨境旅游资源——阿尔泰山区域。阿尔泰山区域是亚洲大陆腹地有名的"湿岛"，是世界上少有的自然资源宝库，素有"天然基因库"的美誉。该区域拥有相当规模的原始森林，植被资源丰富，植物群体覆盖率高，同时该区域还是多条河流的发源地，是目前世界上寒温带原始生态保持较好的区域，且拥有喀纳斯国家级自然保护区、阿尔泰山两河源头的众多国家级和地区级的自然保护区，风景优美，是开展生态旅游、探险旅游的最佳区域。该区域除拥有独特的自然资源外，还有浓厚的人文因素。目前，该区域已引起国际社会的广泛兴趣和世界旅游界的高度关注。因此，建议两地区加强旅游合作，在两地跨境旅游资源覆盖的核心地区——阿尔泰，设置跨境旅游休闲经济特区，充分利用该地区的旅游资源独特性，开发旅游产品，塑造旅游品牌，打造世界级旅游景区，带动地区经济社会快速发展。

打造中国新疆与俄罗斯西伯利亚联邦区跨境旅游休闲经济特区，要从以下几方面着手。首先，要加快两地区的旅游基础设施建设。新疆阿勒泰地区经过多年的旅游建设，虽已成功打造了以环喀纳斯湖景区为中心的旅游区，但旅游基础设施还需进一步完善。与此同时，在俄罗斯新批准的 7 个旅游休闲经济特区中，西伯利亚联邦区内就有 5 个，这 5 个旅游休闲经济特区中的阿尔泰边疆区和阿尔泰共和国的跨境旅游休闲经济特区要不断完善基础设施建设。其次，双方要加强旅游合作，全面提升阿尔泰地区旅游业的知名度。如果两地区能尽早启动两国、两地区间的旅游合作和资源开发，必将促进该区域旅游人数的攀升，有利于提升该地区的知名度，使其具有成为世界旅游中心地之一的潜在可能。再次，要与国际旅游界建立广泛的合作关系。在信息极度不对称的今天，旅游的同质化进一步显现，需要找准跨境旅游的定位，寻求与大型国际旅游公司合作，加大对该区域旅游的宣传和推介力度，推动阿尔泰跨境旅游休闲经济特区建设步伐。① 最后，要注重两地区人文元素的差异性，开发出多层次、多种类、满足不同旅游爱好者的旅游产品。在中俄双方中央政府和地方政府的主导下对阿尔泰区域的人文旅游资源进行重组，创新发展民族文化，开发各种娱乐项目，打造阿尔泰旅游文化产品差异性。

（三）加速推进中俄西线天然气管道铺设，强化两国能源合作

随着中国经济社会的快速发展，石油、天然气等能源消费同步进入较快增长期，出现了石油、天然气等能源供需缺口不断增大的趋势，能源短缺已经开始成为制约中国经济社会发展的重要原因之一。俄罗斯是能源丰富的大国，其石油储量和产量均居世界前列，如果把西伯利亚联邦区作为中国能源供应地，充分利用新疆与西伯利亚联邦区相连这一地缘优势，铺设西伯利亚联邦区至新疆的西线天然气管道，不仅可以节省运输时间，降低运输成本，保障天然气的供应时效，还可以使俄罗斯获得稳定的出口贸易收入，同时可以缓解中国能源短缺的现状，助力中国经济社会发展，这对于中俄双方都是互利共赢的。

当前，由于中国经济增速放缓，处于转型升级阶段，大宗商品价格回落，

---

① 吴淼、黄洁：《浅析中国新疆与俄罗斯西西伯利亚跨境旅游业合作的可行性》，《乌鲁木齐成人教育学院学报》2009 年第 4 期。

中俄双方在天然气价格方面出现了分歧，中俄西线天然气管道铺设被无限期推迟。随着新疆"西气东输"三期工程的实施，新疆通往内地的天然气管道已经达到多条，供气范围覆盖中原、华东、长江三角洲等地区，创造了丰厚的经济效益和社会效益。若中俄西线天然气管道顺利建成，并成功并入"西气东输"工程中，必将有利于缓解中国对天然气等能源的供需矛盾。从中国经济社会发展的长远角度看，建议启动西伯利亚联邦区通往新疆的天然气管道线路工程勘查等前期准备工作，加快推进与俄罗斯的谈判进程，寻求双方都能接受的合理价格，促使中俄西线天然气管道早日施工，早日发挥成效，为拓展和加速推进中俄两国能源合作树立典范。

（四）加强双边科技合作，深化地区经济合作

目前，中俄两国都处于产业结构调整期、经济发展质量提高期和加快科研成果转化期。作为经济发展相对落后的中国新疆与俄罗斯西伯利亚联邦区更需尽快转变经济增长方式，为此两国中央及地方政府都在积极寻求技术产业化的途径与方式。新疆成立高新技术开发区、科研成果孵化园及中亚科技园区等，取得了良好的效果。西伯利亚联邦区以工业为主要产业，要实现持续、快速的经济增长，也必须发展高科技生产，因此该区也建立了以促进科研成果转化为目的的科技园区、商业孵化园和技术推广型经济特区等。同时，该区还针对不同领域制定了不同的发展纲要。相比较而言，我们发现中国的高新技术产业化发展起步早、具有一定优势，俄罗斯则在技术方面优于中国。但俄罗斯政局长期动荡、经济滑坡、资金缺乏，使得俄罗斯大量的科研成果没能及时转化为生产力，多数还尘封在科研单位。鉴于两区在科技领域较强的互补现状，建议双方通过建立双边地区科技合作协调机制和中俄科技合作园区、加强科技产业化合作与中俄科技人员交流与培养等措施，有效整合双方科技资源，强化新疆与西伯利亚联邦区的经济合作，促进区域经济社会繁荣发展。

在具体的实施中，建议双方建立新疆与西伯利亚联邦区科技合作园区。一方面，新疆可以聘请西伯利亚联邦区科技人员到新疆的科技开发区工作；另一方面，新疆也可以投资西伯利亚联邦区的经济特区、科技园区，购买成形的技术成果。双方还可以共同建立合资合作的高科技企业，充分发挥双方之间的比较优势，带动区域内的高技术产业发展。同时，还要加强双方科技人员交流与

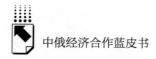
培养。一是互派访问学者，加强各层次的科技人员交流；二是培养专业技能强、精通语言的复合型人员，这有利于对双方工作流程、项目运作方式以及文化习俗的了解，增进互信，促进合作的可持续发展。①

　　总之，加强中国新疆与俄罗斯西伯利亚联邦区的经济合作，要利用好国内国外两个市场、两种资源，切实解决好双方地区经济合作中的瓶颈问题，不断扩大两地区在能源开发、旅游业及高科技等诸多领域的合作。

---

　　① 吴淼、张小云：《中国新疆与俄罗斯西西伯利亚科技实力分析及开展科技合作的对策研究》，《决策咨询通讯》2010 年第 2 期。

B.30
东西伯利亚沿边地区中俄文化
交流与合作的传统及意义

A. B. 马卡洛夫　И. Н. 马姆金娜*

摘　要： 本报告涉及东西伯利亚地区汉语教学起源、发展及现状综合研究。根据俄罗斯国家历史档案以及后贝加尔国家档案资料有关东西伯利亚地区早期汉语培训机构的信息，追溯其历史发展轨迹，讨论19~20世纪东西伯利亚地区汉语教学实践的通用方法，包括教学目标确定、教学方法运用以及作业构成等，为现代汉语教学需求提供了极具价值的论断与借鉴经验。

关键词： 俄罗斯　中国　东西伯利亚　汉语教学

俄罗斯东西伯利亚地区与中国、蒙古国接壤，历史上具有跨文化交流与经贸交往特性，从而形成对通晓汉语和蒙古语人才的需求，因此东西伯利亚地区早于俄罗斯其他地区意识到语言教学的重要性。东西伯利亚地区与中国接壤的陆上边界线总长度约4000公里，与蒙古国的边界线约3000公里，其中一段相当长的边境线经过后贝加尔边疆区，与中蒙毗邻是双方经贸关系发展的原因。中俄之间的经贸合作出现在1689年《尼布楚条约》签署后，19世纪中叶俄罗斯对中国贸易每年为其国库带来的收入超过1600万卢布。① 恰克图成为中俄互市贸易往来的重要地区。中俄贸易商队不仅将俄罗斯商品运至中国，而且也为东正教文化在中国的传播做出了贡献。1698年，托博尔斯克的议会书记维

---

* A. B. 马卡洛夫，法学博士，教授，后贝加尔国立大学法学院院长；И. Н. 马姆金娜，历史学副博士，副教授，后贝加尔大学法学与国家理论系主任。

① Гагемейстер Ю. А. Статистическое обозрение Сибири. СПб, 1854. Ч. 2. С. 590.

尼乌斯有一段描述东正教在北京建立教堂、众多中国人接受洗礼的记载。1700年，彼得一世为在中国开展传教签署了法令。从彼得一世签署的法令中可以得知，"……命令伊尔库茨克沃兹涅先斯基修道院修士大司祭安东尼在伊尔库茨克修道院设立蒙语学校，并为所需教学招收学习蒙语和汉语的教堂初级服务儿童"，[1] 这被认为是俄罗斯进行汉语教学的开始。伊尔库茨克沃兹涅先斯基修道院的这所学校成为语言教学中心，学校负责培养传教士在布里亚特和蒙古进行东正教传播，培训对中蒙贸易所需翻译人才。当时学校有两名教师，蒙古喇嘛拉普桑（后接受东正教洗礼改名为劳伦斯·伊万诺维奇·涅鲁诺夫）与其助手布里亚特人尼古拉·谢尔库诺夫，两人并不通晓俄语，教学是在翻译伊万·普斯滕尼科夫的帮助下进行的。而由于缺乏教师，汉语教学只进行了 15 年。

19 世纪初，汉语学习热重新兴起。1805 年，伊尔库茨克主要学校改制为省立普通中学。在中学开学典礼时，当地商人将藏书丰富的图书馆作为礼物赠送给学校，其中包含大量汉语书籍。然而由于缺乏词典、详细编写的教学法和训练有素的教师，汉语教学质量不尽如人意，不久中学取消了汉语教学。

1808 年，修士大祭司亚金夫（尼基塔·亚科弗勒维奇·比丘林）负责主持北京的俄罗斯宗教委员会，这期间亚金夫开始研究汉语。由于缺乏参考资料，亚金夫自创学习方法，直接与当地居民沟通，获取不明物件或事物的解释及对应象形文字，事后由中国老师检查其概念和汉字书写的正确性，由此可见，语言研究是在民族文化框架内与其母语沟通的过程。五年后亚金夫开始翻译汉语文章，这些翻译资料为亚金夫后续的学术成果打下基础。1822 年亚金夫返回俄罗斯时已经精通汉语，能够编写俄汉字典和语法教科书。

在亚金夫的倡议下，1835 年汉语学校（又称"莫卧儿"学校）在恰克图隆重开学。恰克图是当时欧亚经济贸易的枢纽，俄罗斯与欧洲的贸易公司将商品经恰克图运往各处销售。恰克图作为中俄贸易前哨的位置对其社会人口构成产生了影响，随着贸易量增加，商人数量也在增多。1851 年，西伯利亚商人的数量增加了三倍，人数达 8008 人，商人平均年收入 129000 银卢布。贸易往来不仅需要内行人才，还需要协助基本交流的翻译人员，在恰克图开展教育事业是重要任务之一，受跨境形势的影响其教育系统发展迅速，恰克图的教育机

---

① Семёнова Л. 《Мунгальскому и китайскому языкам…》// Вост – Сиб. Правда, № 2, 2002.

构数量可以与伊尔库茨克媲美。

恰克图汉语学校曾是 1835 ~ 1867 年俄罗斯汉学教育的最早中心之一。地方当局以及恰克图商人不仅意识到需要学习汉语，也能够在这方面采取必要步骤。1831 年 5 月，恰克图海关主管向外交部亚洲司递交地方商人尼古拉·马特维耶维奇·伊古姆诺夫关于开设汉语学校的申请，这在当时是个积极的决定。根据现有档案资料，学校于 1835 年 5 月 16 日开学，该日期是汉语老师 K. 克雷姆斯基在报告（后贝加尔边疆区国家档案 – ГАЗК ф. 68 о. 1 д. 32）中注明的。① 学校作为语言教学机构旨在培养汉语专业人才，学制四年，培训面向当地海关以及选修生。

应当指出的是，学校通过多年教学已形成十分明确的教学宗旨。在教学的第一年，学生应了解汉语语法，并与俄语语法进行比较，以便能够消除在表达方面的分歧。第二年教学进行汉语语法复习，在交谈中运用语法规则，了解汉语本质特征，进行内容贴近恰克图商贸用语的简单对话学习，还需要熟记商品汉语名称以及翻译成俄语的"商业行话"。第三年，学生需要进行大量会话练习并进行初步翻译，除此之外作为家庭作业还需翻译些简单文本。在第四学年（最后一学年），除练习运用汉语的充分表达形式以及日常短语外，还需注意上述科目学习中汉语音节的区别。② 将汉语语法同俄语进行比较，主要是向学生阐明中俄语言差异以及如何协调表达这些差异。在阅读时需为学生指出汉字的正确发音，否则学生会产生理解错误甚至根本不清楚阅读内容，此外各年级学生还经常练习汉字书写。我们研究的档案文件清楚地表明，当时学校教授汉语具有专业导向，情景会话及词汇符合预期的专业范围。教学过程是由感知、记忆和重复组成，这使学生牢牢记住海关通关时与中国人交谈的六句日常用语。③ 学校各种会话培训是建立在相同材料上的，持续训练促成了这些词汇的高频学习。

关于学校运作信息最可靠的材料出自汉语老师 K. Г. 克雷姆斯基每季度向

---

① Фонд 68 (канцелярия Кяхтинского градоначальника) Государственного архива Забайкальского края. ГАЗК ф. 68 о. 1 д. 32.

② Фонд 68 (канцелярия Кяхтинского градоначальника) Государственного архива Забайкальского края. ГАЗК ф. 68 о. 1 д. 35 л. 158 – 159.

③ Левченко.

恰克图海关主管呈送的报告，报告中记载着每名学生的详细信息，包括年龄、籍贯和成绩。数据列表分析表明，大部分学生来自恰克图、伊尔库茨克、上乌金斯克商人和市民家庭，此外还包括来自不同城市的"喀山市民之子"、"莫斯科商人之子"、"托博尔斯克商人之子"以及"沃洛格达商人的兄弟"。事实表明，19 世纪不仅在后贝加尔地区，俄罗斯其他远离中国的地区也需要通晓汉语的人才。

学生成绩被评为"优秀""非常好""好""良"，凭借良好品行、勤奋和优异成绩，最杰出的学生毕业时会获得书籍和荣誉奖状。学校课程结束时总是要进行公开考试，恰克图海关代表和商人都将出席，这再次印证该机构具有特殊的社会意义。在场参观者可以提出翻译测试，测试内容须符合汉语应用的预期范围。

值得特别注意的是，学校图书馆当时拥有丰富的汉学书籍，在学校整个运作期间图书馆定期更新出版物。根据现存档案资料，当地商人在图书馆建设过程中发挥了积极作用。首先，根据标注日期为 1835 年 5 月 9 日的汉语书籍捐赠清单，恰克图第一公会商人、荣誉市民和商业顾问 H. M. 伊古姆诺夫向学校捐献书籍 25 册，其中包括各种汇编、字帖、参考书和字典，包括满文、蒙文、汉文和藏文四种文字的书籍。其次，根据书籍清单，恰克图商人于 1845 年 11 月 18 日在北京购买了 24 册书籍，书籍主要涉及国情特征。[1]同恰克图商界一样，东正教神职人员也不止一次向学校图书馆捐赠书籍。根据书籍清单，北京宗教传教士团的修士司祭因诺肯季神父 1850 年 7 月 9 日向学校捐赠 13 类书籍，其中包括涉及中国历史、传统和习俗的书籍。1855 年的报告提及色楞格的圣三一修道院院长大司祭丹尼尔向学校赠送总计 31 类的大量中文汇编及蒙古文和满文书籍，其中包括《明史》24 册、"古诗词集"10 册。[2]分析图书馆书籍的目录和清单后，我们可以得出结论，大部分书籍具有国情学性质，介绍所学语言国家的文化、历史和传统。

需要指出的是，东西伯利亚的汉语学校存在要归功于 K. Г. 克雷姆斯基

---

① Фонд 68（ канцелярия Кяхтинского градоначальника ）Государственного архива Забайкальского края. ГАЗК ф. 68 о. 1 д. 25.

② Фонд 68（ канцелярия Кяхтинского градоначальника ）Государственного архива Забайкальского края. ГАЗК ф. 68 о. 1 д. 35.

的活动，这是俄语教育史上的独特现象，他在信件和报告中提出的优化汉语学习的建议至今没有失去意义。1858 年 6 月 3 日在寄给恰克图市长的信中，他提出了如下的方法论：母语应该是学习任何一门外语的基础和出发点；学生们学习汉语之前必须熟悉俄语语法，这是必要的；需要对学生进行严格选拔，从那些喜好说汉语的人中选拔具有良好能力的学生；为获得成功，不妨邀请中国人作为谈话对象，这是所有希望学生精通外语的教育机构所应该做的。[①] 作为一名有实践经验的教师，克雷姆斯基致力于提高汉语教学质量，他意识到针对性选择的重要性，教学需要进行语言实践；他成功地将教学与翻译活动相结合，还曾参与沙俄远征和中俄谈判。克雷姆斯基死后学校几乎停办，1862 年学校被关闭处于"直至另行通知"状态，1867 年 3 月学校彻底关闭。

恰克图汉语学校被认为是俄罗斯首批汉语教学机构之一，这个独一无二的教学机构制订的培训计划明确了学习目的并强调最终考核目标，未来职业活动范围决定了教材以及交际语言模式的选择和制定。学校教学期间为保持与中国社会政治、贸易和文化联系积累了相当多的资源，进而为俄罗斯汉学奠定了基础。恰克图汉语学校关闭使该地区居民失去学会常驻地语言的机会，他们不得不前往莫斯科或中国学习。时隔近百年汉语教学才得以恢复，1960 年赤塔国立师范学院开设汉语和英语专业；1961 年在此基础上学院成立了汉语系，其主要目的是培训掌握实用汉语的专业人才。

1966 年，首批汉语毕业生开始在赤塔第四中学认真展开汉语教学。应当指出，这时苏联学校的外语教学实践以语法、翻译为主，即基础课程教学基于汉语语法体系，教学偏重于培训语法分析、记忆方法和翻译。虽然这种方法有所缺陷，甚至不能保证初步掌握汉语交流知识，但在理解阅读和翻译教学方面取得了积极成果。此后，随着交际语言学（Л. В. 谢尔巴）、行为理论（А. Н. 列昂季耶夫）、心理行为理论（П. Я. 哈尔佩林）的发展，在外语教学对比法的基础上形成了汉语教学法，这种方法以认识到语言现象和应用方法在交谈中的重要性为前提。这种方法被其拥护者认为是掌握一种语言的最佳途径，自觉

---

① Фонд 68 （канцелярия Кяхтинского градоначальника） Государственного архива Забайкальского края. ГАЗК ф. 68 о. 1 д. 33 л. 5.

对比法的主要方法原则是：在具备口语会话前提下掌握言语行为类型；将教学资料分为常用的和非常用的；按照从接触知识到语言技能与技巧培训的顺序组织教学。自觉对比法概念被应用在俄罗斯大量教科书和汉语教材中，该教学法直到现在依然是大学汉语教学中的优秀教学法。

20 世纪 90 年代，随着"铁幕"的消失，外语教学目的发生变化，外语教学的最终目标是由目标语言交流培训所使用的框架材料来确定的。在中学汉语教学中偏重 Е. И. 帕索夫验证提出的交际法教学，该方法是基于交际语言学、活动心理学、文化对话的个性发展。该方法尝试将语言学习贴近于真正沟通，其中主要方法之一是言语重点训练，是指学生在交流过程中积极参与，最大限度地重现交流场景。① 大多数汉语培训使用的交际法教学理念是由后贝加尔地区进行汉语教学的教师提出的。

发展对华文化、经济和教育交往，不仅要求相关专家通晓汉语，还需有效开展跨文化交际的能力。跨文化交流的成功除需要通晓汉语外还与对中国礼节、交际规则、特定民族文化的认知有关。为解决这一迫切需要，后贝加尔大学开始重建汉语教学，并以此为基础提出汉语教学应该与中国文化紧密结合的想法。其中跨文化法被认定为外语教学的主要方法之一，该方法将语言学习视为跨文化交流的文化现象。在跨文化学习法领域研究方法学的学者（В. П. 瑟索耶夫、С. Г. 杰尔－米纳索娃、И. И. 哈列耶娃等）依靠心理和社会文化研究，证明每个人的世界观和理解都是基于自己的客观价值体系、社会观念、认知等体系，人类意识总是带有民族化色彩。② 在学习汉语的各个阶段，汉语学习与中国文化研究呈现出不可分割的统一性。

中俄跨境合作增多导致专业领域中急需通晓汉语的专业人才，这种需求反过来导致语言培训的质变。汉语培训从学生在专业环境中实际使用的角度出发，涉及主动学习，模拟专业领域交流的实际情况。③ 由此可见，从能力角度

---

① Гусевская Н. Ю. Эволюция методов обучения иностранному языку . Ученые записки Забайкальского государственного университета. Серия：Профессиональное образование，теория и методика обучения. 2013. № 6. （53）. С. 167 – 171.

② Тер-Минасова С. Г. Язык и межкультурная коммуникация. М. , 2008. 264 с.

③ Гальскова Н. Д. , Гез Н. И. Теория и методика обучения иностранным языкам：Лингводидактика и методика. М. , 2013. 336 с.

来看，专业外语人才培训不仅要让学生掌握一定程度的汉语知识、技巧与技能，还要在利用外语解决专业问题过程中完善其可用性。因此，学生的外语能力只有在多元认知、交际等实践活动过程中才能够形成。[①] 专业能力训练旨在使学习过程本身成为一种活动，涉及使用灵活的汉语教学方式，包括案例研究、商业模拟等。

案例教学是根据情况来做具体分析，鼓励学生利用所学语言讨论当前热点话题。对于学习汉语的大学生来说，话题内容涵盖当代中国的各种实际问题，包括中国教育、生活习惯和家庭：传统与现代、中医的秘密、中国旅游、商业等。这种语言实践形式鼓励提高口语和书面语言能力，对词汇和语法活学活用，在汉语课程教学过程中使用中国媒体《人民日报》《北京日报》等在互联网上免费提供的电子版作为参考信息。课程学习主要形式是强化学生自身以及学生间的汉语对话能力。在讨论过程中，学生学会表达自己的观点并对报告加以系统阐述。

模拟商业对话作为另外一种对话形式，在培训汉语人才方面有不俗的表现。[②] 商务模拟中高学年班侧重于在对外经济活动领域中形成实践技能，建立业务联系。为开展培训活动，在商业模拟对话中建议提供以下主题："市场营销与商品推广""商品供应与服务谈判""组织展览与建立业务联系""商务礼仪"等。在准备商业模拟对话的信息和报告框架时，学生需要依靠推荐的和已知的专业样本以及附属材料（合同、商业信函），遵循组合规则、风格以及商业文档格式。词汇材料的事先优化基于交际练习（组分分析和翻译词汇，语法分析和句法结构的翻译）以及角色的情景元素。在学习过程中必然会包含中国教科书中的音频和其他多媒体资料，鼓励学生独立或在老师指导下听录音，进行听力训练，这通常有利于提高外语发音技巧及听力。

① Семенова Т. М. Обзор исследований в области методики преподавания китайского языка // Молодой ученый. — 2012. — №12. — С. 510－512.

② Лебедева И. О., Королевич Н. В. Применение интерактивных методов обучения при подготовке устных переводчиков китайского языка // Молодой ученый. — 2015. — №12. — С. 767－770.

角色模拟作为一种互动是训练口译的最佳形式。[①] 游戏有机地将高度理据性、情绪集中、群体互动、实际情节运用、具体参与目标、社会交际角色结合起来，让学生利用其他文化载体来表现自己。在这种情况下，商业谈判模拟被认为是最有效和最实用的汉语口译培训方法。在这里，重点是进行最有效的谈判，其结果是，各方都必须在最有利的条件下进行承定货物，为了实现其目标，企业需要真正合格的口译员，事实上他们的工作也是对教师教学成绩的一种鉴定。

这样一来，我们已明了了汉语教学法与其目标间的直接关系。掌握汉语表达能力的目的是利用汉语这种载体在日常生活以及专业领域中进行有效沟通，这导致汉语教学方法开始重新修订，主动学习方法变得具有现实意义。同样的，我们可以观察到与中国毗邻边境地区汉语人才需求同在该地区学习汉语人数之间的关联。现在后贝加尔边疆区从事汉学研究的教育与研究机构数量、学习汉语的本科生和研究生数量都已在东西伯利亚联邦区处于领先地位（超过 5000 人在公立中学、职业中学、教育中心、研究所以及大学院校等学习汉语或从事相关教育研究）。赤塔第四中学是学习汉语人数最多的中学，学校从 2 年级开始进行严谨的汉语教学，初级班每周进行 3 个小时的汉语教学，中级班每周进行 4 个小时，10～11 年级每周进行 6 个小时。学生在学校举行中国艺术与文化会演以及汉语知识竞赛，从 10 年级开始重点利用中文载体包括互联网上的中文资源提高交流能力，编辑各种文档并使用汉语做对照翻译。

后贝加尔大学是专业汉语教学机构，汉语、国际关系与国际法以及中国区域学三个系能够提供与中国省份的合作，大学的汉语教学包括四年制学士和两年制硕士教学，学生可以获得长期语言实习机会，每年学校提供 5 个汉语实习名额。如今我们可以有信心地指出，后贝加尔大学为所有程度的汉语教学均创造了最佳条件，对希望学习这种复杂东方语言的学生提供各种优惠，并对其就业前景给予充分承诺。

（程红泽译）

---

① Белоусова В. Ю. , Мареева И. В. , Коржова Д. А. ТТехнологии обучения китайскому языку квалифицированных кадров в сфере управления // The Genesis of Genius. 2016. № 1. C. 49 – 52.

B.31
俄罗斯远东超前发展区现状及特点

Л. В. 诺沃肖洛娃*

摘　要: 为加快远东地区经济发展、改善投资环境创造有利条件, 近年来俄罗斯采取了一系列重要措施, 超前发展区得以设立。俄罗斯为此制定了专门的法律制度, 提供优惠和特惠政策扶持入驻机构开展业务和吸引外国投资。为远东发展所创建的特殊管理体系与国家扶持体系有助于经济目标的实现, 所有这一切都已经开始取得初步成果, 在超前发展区申请实施的投资项目增多, 外资尤其是来自中国的投资十分活跃。

关键词: 远东超前发展区　优惠和特惠　管理与国家扶持体系　投资

在过去的近40年里, 中国经济持续高速增长, 在当今世界的地位显著提升, 成为拉动世界经济的"火车头"。俄罗斯的专家及管理精英很早就对这个东方邻国的经济成就有着浓厚兴趣, 正是基于这种合理需求, 利用双边经贸合作的全面发展, 俄罗斯欲"借揽中国机遇之风, 吹动自身之帆"。[①] 该政策的实施最初是以中国毗邻俄罗斯地区 (首先是靠近俄远东地区) 经济迅猛发展为前提, 取决于中国对俄罗斯远东宝贵自然资源的高度需求。该毗邻地区极具潜力, 优越的地理位置使之能够成为高速发展的中国与欧洲发达国家之间的纽带。

一　俄罗斯"转向东方"

俄罗斯远东地区与中国东北地区合作的重大推进出现在 2007 年 3 月时任

---

* Л. В. 诺沃肖洛娃, 经济学博士, 俄罗斯科学院远东研究所高级研究员。

① В. В. Путин. Россия в меняющемся мире. Московские новости, 27. 02. 2012 г.

中国国家主席胡锦涛与俄罗斯总统弗拉基米尔·普京举行会晤期间。在此期间，双方首次提出在中国实施振兴东北老工业基地战略和俄罗斯实施远东、东西伯利亚地区发展战略过程中"共同努力，深化协调"。两年后（2009年9月），两国元首共同签署《中华人民共和国东北地区与俄罗斯联邦远东及东西伯利亚地区合作规划纲要（2009—2018年）》。

出于某些客观和主观原因，该合作规划在此后几年间一直没有取得显著进展。① 2013年底，普京在联邦议会咨文中宣布加速发展远东和西伯利亚地区是俄罗斯绝对优先的国家经济战略，在此基础上责成政府尽快制定超前社会经济发展区的法律框架。此后不久，发生了导致俄罗斯"转向东方"政策进一步加强的事件。2014年，乌克兰东部爆发武装冲突，随着西方国家对俄制裁以及对俄国际孤立力度的增大，俄罗斯最终确定"转向东方"。

中国在这段时间提出自身构想，通过在西部地区构建"丝绸之路经济带"推动从中国延伸到欧洲的区域经济一体化，令人激动的是，该构想涵盖俄罗斯东部地区。在这些构想与倡导框架下，中俄已经建立了全面合作战略伙伴关系，两国政治交往处于历史最高水平。为促进中俄投资合作以及区域经济一体化迈上新台阶，双方将协调致力于通过依次按比例增加相互投资，最大限度地提高互利合作潜力，加快实施能源、矿业、林业、交通基础设施以及制造业和服务业领域的重大合作项目。在这些规划实际执行过程中，俄罗斯在近几年已采取了一系列重要步骤。

（一）中俄合作机制

首先应当注意到在俄罗斯"转向东方"过程中发生的显著变化，中俄企业合作方式趋于多元化。2014年，作为中国与俄罗斯政府首脑定期会晤机制的一部分，中俄投资合作委员机制正式启动，在每年举行一次的会议上委员会会批准和更新优先合作项目名单，监督其执行情况，研究提案以改善两国的投资环境。中俄区域投资合作同样采取类似的模式，2015年，双方成立了俄罗斯远东地区与中国东北地区合作委员会，一年后其成为中国东北地区和俄罗斯

---

① Подробнее см. Л. В. Новоселова. Российско-китайское инвестиционное сотрудничество: состояние и перспективы. Азия и Африка сегодня, 2013, № 1, С. 60 – 62.

远东地区地方合作理事会，为加强俄罗斯远东地区和中国东北地区经济互动指明具体任务。在已更新的《中华人民共和国东北地区与俄罗斯联邦远东及东西伯利亚地区合作规划纲要（2009—2018年）》中迄今为止在俄罗斯境内存在34项中俄合作项目。

为了充实中俄在远东合作的新组织管理模式，为实体经济发展提供相应的金融基础，2016年4月，在俄罗斯远东发展部与中国发改委协议框架下，中俄签署成立农工产业发展基金，创始股东为远东发展基金和亚太食品基金。按照股东协议，远东发展基金将获得中俄农工产业发展基金管理公司51%的股份，第一阶段为130亿卢布，基金资本达到100亿美元。[1] 在所有阶段中90%的资金由中国投资者投入，剩余10%由俄方投资者进行注资。该基金联合农业项目下的土地使用权归俄方参与者所有，项目必须使用现代农业技术，至少80%的雇员都应是俄罗斯公民，提供产品与服务的俄罗斯供应商在农业项目框架下拥有优先权。为充当投资过程中的催化剂，中俄农工产业发展基金将提供项目总额10%的资金，项目发起者也将提供10%，其余80%为俄罗斯、中国合作银行贷款，[2] 包括中国农业银行、中国建设银行、中国工商银行在内的大型中国银行签署加入中俄农工产业发展基金框架协议。首批农工产业发展基金项目合作伙伴包括拉基米尔公司（在滨海边疆区"米哈伊洛夫斯基"超前社会经济发展区建立养猪综合体，项目总成本为150亿卢布）和阿穆尔Argo集团（在阿穆尔州建立大豆和小麦深加工工厂，项目总成本为29亿卢布）。[3]

（二）建立专门的远东发展管理机制与机构

俄罗斯远东地区涵盖了滨海边疆区、哈巴罗夫斯克边疆区、阿穆尔州以及其他远东联邦区主体，远东联邦区总面积6160000平方公里，占俄领土总面积的36%，人口总数660万，约占俄人口总数的5%。这里出产俄罗斯98%的钻石、80%的锡、50%的黄金、40%的鱼类与海产品，煤炭、水资源

---

[1] http：//www. minvostokrazvitia. ru/press – center/news_ minvostok/？ ELEMENT_ ID = 4587.

[2] http：//fondvostok. ru/press – tsentr/publikatsii/podpisano – aktsionernoe – soglashenie – o – sozdanii – rossiysko – kitayskogo – fonda – agropromyshlennogo – razvitiya.

[3] http：//www. minvostokrazvitia. ru/press – center/news_ minvostok/？ ELEMENT_ ID = 4587.

和森林资源占全俄总储量的1/3。丰富的自然资源以及毗邻亚洲市场是远东地区最显著的资产和竞争优势。但与此同时，远东地区的发展水平长时间低于俄罗斯其他地区，除基础设施落后、远离主要工业中心、人口稀疏以及气候条件恶劣等原因外，一个重要原因是该地区在苏联时期受边境特殊制度制约，属于传统的封闭地区。针对这方面，首要任务是建立加速区域发展的有效机构和机制。

自2012年以来，俄罗斯远东发展部负责协调国家计划的实施，管理远东地区的联邦资产，监督各远东联邦主体的活动。为此，2013年9月，俄罗斯成立远东地区社会经济发展问题委员会，其职责主要是审议联邦和地方的文件草案和战略规划，进而形成该地区的优先投资项目清单。① 2014年12月，远东地区投资项目实施分委会审议通过遴选出的优先投资项目。②

远东地区行政管理体系中的一个重要组成部分是俄外经银行分支机构——远东和贝加尔地区发展基金。远东和贝加尔地区发展基金成立于2011年，注册资金171亿卢布，由于某些内部程序和项目选择规则的不完善，实际上直到2015年前该基金尚无法开展工作。自2015年起，在远东地区社会经济发展问题委员会决策的基础上，基金开始以股权投资和贷款的形式积极运作对远东经济发展具有显著社会经济影响的投资项目。③ 2015年，俄政府批准基金参与7项投资，所涉及项目总投资为878亿卢布，其中远东和贝加尔地区发展基金投入113亿卢布；2016年，参与12项投资项目，基金总投资已经达到1140亿卢布。基金投资能够以每年5%的回报率保持10年以上。④

自2015年起，根据俄罗斯总统法令每年在符拉迪沃斯托克举行"东方经济论坛"，其间国家高层代表、俄罗斯以及国际公司将参与俄罗斯远东议事日程，评审具有潜力的项目，吸引外国投资者签署相关协议。在2016年论坛期间签署协议超过200项，协议投资金额超过1.85万亿卢布。⑤

---

① https：//rg. ru/2013/09/19/dv - komissia - site - dok. html.

② http：//www. minvostokrazvitia. ru/press - center/news_ minvostok/？ELEMENT_ ID = 2839.

③ http：//fondvostok. ru/ar2015/about/.

④ http：//www. minvostokrazvitia. ru/press - center/news_ minvostok/？ELEMENT_ ID = 4948.

⑤ http：//www. minvostokrazvitia. ru/press - center/news_ minvostok/？ELEMENT_ ID = 4948.

（三）创造经济增长点

依照俄罗斯总统向联邦议会发表的年度咨文（2013年12月），为振兴区域经济，政府于2014年12月签署《俄罗斯社会经济超前发展区联邦法》，该法案于2015年3月正式生效。法案规定，在初期（2015～2017年）超前发展区仅在远东地区联邦主体及经俄政府批准的经济社会状况困难的单一制城市建立超前发展区，随后允许在国内其他地区设立超前发展区，超前发展区期限为70年，可视情况延期。超前发展区的最初设定基于特定的锚定投资者，与政府达成的协议涉及商业活动类型、投资额、创造的就业岗位数量等，超前发展区不同于经济特区和区域发展区。超前发展区的建立需要修改关于民事、城市建设、劳动、土地、俄罗斯森林的一系列联邦法律（涉及联邦立法和执行的行政机关、地方自治、强制保险、外籍人士、许可制度、环境评估、海关扣税等）。①

为超前发展区设置专门制度的重点是为投资和经营活动创造一个具有吸引力的环境（见表1）。这些措施包括为超前发展区投资者提供显著的税收优惠（降低利润税率、财产税率、土地税率，采矿业在三年至十年内按特定系数享受优惠税率），加快进出口增值税的返还，降低租金和保险费率，简化建筑和电网改造进入许可，简化引进外国劳动力程序，简化国家和市政监管，实行自由关税区的免税和避税制度以及其他反经济调控管理。②

优惠政策实施的结果是入驻俄罗斯超前发展区的企业比其他投资者支付更少的税款，花费更少的时间履行行政程序，更容易获得审批。超前发展区实施的优惠政策范围以及给予投资者的优惠力度同亚太地区的类似地区相比具有竞争力，所有这一切都为外资公司在超前发展区的商务发展以及雇用外籍劳务创造了广阔前景。超前发展区入驻企业可以独立企业或实体的身份与代表国家的管理公司签订协议。

---

① www.daokedao.ru.
② http：//erdc.ru/.

表 1　超前发展区优越性

内容	优惠程度	备注
降低所得税	入区前 5 年免向国家缴纳利润税；入区前 5 年向地方缴纳的利润税不高于 5%，之后不高于 10%	对于非入驻企业税率为 20%
降低固定财产税、土地税	根据相关法律规定，降低直至免征财产税和土地税	对于非入驻企业税率为 2.2%
免除土地使用税	入区前 3 年税率为 0	
降低矿产资源开采税	在 10 年内按特定系数收税（0~0.8）；此后纳税期内为 1	
降低保险费率（联邦退休基金、联邦社保基金、强制医疗保险基金）	该法施行后的前 3 年，对缴纳 10 年保险费的入区企业实行 7.6% 的优惠保险费率	对于非入驻企业税率为 30% 左右
简化增值税退税流程	10 天内	对于非入驻企业时间为 3 个月
自由关税区制度	区内企业可免税运入、保存和使用外国商品，也可免税运出商品（设备）	
优先接入基础设施管网		
实施优惠政策吸引外籍人员	企业招收外籍员工免许可，无配额限制	
实行优惠的不动产租赁价格	按照基准利率 0.4 系数计算	
优化国家和地方监管制度	非例行检查要与远东发展部协商确定，例行检查时间自检查之日起不超过 15 个工作日	
提供公共服务	设立超前发展区管理公司	
简化项目基本建设审批手续	项目环境影响评估不超过 45 天；建筑许可审批不超过 40 天	
基础设施建设	从国家预算中拨款	

资料来源：http://minvostokrazvitia.ru；http://erdc.ru/；http://fondvostok.ru/toser/。

潜在入驻企业必须满足以下条件：

（1）以法人实体身份在超前发展区进行国家注册；

（2）在超前发展区外没有所属分支部门；

（3）不执行由俄罗斯联邦税法所规定的特殊税收；

（4）不属于纳税人统一小组成员；

（5）不属于非营利性组织、银行、保险公司、私人养老基金、证券市场职业参与者和结算机构；

（6）不属于任何类型的经济特区入驻企业；

（7）不属于地区投资项目参与者。

超前发展区的发展基于公私合作，在这种情况下，当地的基础设施建设完全由国家预算提供资金，私人投资的最低金额至少为50万卢布。① 超前发展区的设立由俄罗斯联邦政府决定，而对超前发展区设立地区的选择则由政府委托给远东地区社会经济发展问题委员会。②

在实际工作中，超前发展区的设立与管理由俄罗斯远东发展部负责，并且已经建立与之联系紧密的服务机构——远东人力资本发展署和远东出口与投资促进署。超前发展区的管理公司职权属于远东国家发展集团公司及其在地方的代理机构。管理使用"单一窗口"工作原则，远东发展集团负责超前发展区的配套附属场地及基础设施建设，为入驻企业提供海关、法律及其他公共服务，维护其权利。③ 正是有了这些机构，俄罗斯远东才形成统一的发展管理体系（见图1）。

为在远东地区进一步发展交通基础设施、参与跨境贸易和全球运输，以及吸引物流投资，普京总统在2014年12月给联邦议会的年度咨文中表示将给予符拉迪沃斯托克自由港地位，提供优惠的海关、税收、投资以及行政法规待遇，相应的联邦法律于2015年7月签署。自由港具有与超前发展区相似的法律规范，除了这些优势与特色外，自由港还提供简化的通关制度，包括允许在该区域8天免签证制度、海关实施24小时检验以及单窗口模式。

这些制度适用于滨海边疆区所有主要港口，从扎鲁比诺港到纳霍德卡以及符拉迪沃斯托克国际机场（总计滨海边疆区的15个城市）。自由港覆盖区域包括具有前瞻性的国际运输走廊"滨海1号"和"滨海2号"，该走廊为中国东北三省货物通过铁路和公路从滨海边疆区港口海运至中国南方、亚太地区、欧洲和美国节省了大量的成本。随着俄罗斯在远东其他港口推行符拉迪沃斯托克自由港政策，2016年7月，自由港地位推广到堪察加边疆区的彼得罗巴甫

---

① http：//fondvostok.ru/toser/.

② http：//www.minvostokrazvitia.ru/press－center/news_ minvostok/？ ELEMENT_ ID＝2839.

③ http：//erdc.ru.

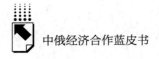
洛夫斯克、哈巴罗夫斯克边疆区的瓦尼诺、萨哈林州的科萨科夫和楚科奇自治州的佩韦克。

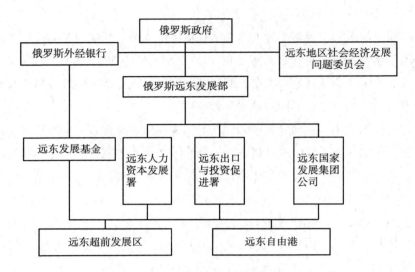

图 1　俄罗斯远东地区开发管理体系

资料来源：https：//rg. ru/2013/09/19/dv – komissia – site – dok. html；http：//www. minvostokrazvitia. ru/press – center/news＿ minvostok/？ ELEMENT＿ ID = 2839；http：//www. minvostokrazvitia. ru/press – center/news＿ minvostok/？ ELEMENT＿ ID = 3614；http：//hcfe. ru/about/general – information/；http：//erdc. ru；http：//fondvostok. ru/ar2015/about/。

　　具有国际先进经验的优惠政策吸引的首批企业投资成果已经出现，截至2016 年 3 月，超前发展区与自由港收到私企（俄罗斯的和外国的）申请的 155份投资项目，投资总计约 6000 亿卢布。①

二　俄罗斯远东超前发展区

　　2015 年至 2016 年期间，俄罗斯在远东地区总计建立了 15 个超前发展区，其中包括哈巴罗夫斯克边疆区和滨海边疆区各 3 个，阿穆尔州、萨哈林州和萨哈（雅库特）共和国各 2 个，堪察加边疆区、楚科奇自治区和犹太自治区各 1

---

　　①　http：//government. ru/info/27709/#，http：//tass. ru/info/2215388.

个（见表2）。自2015年至2017年期间，联邦和地方投入改善和发展基础设施的预算资金超过350亿卢布。

表2　俄罗斯远东超前发展区分布

序号	超前发展区名称及创立时间	所在联邦区	专业	投资（亿卢布）		创造工作岗位（个）
				私人投资*	2015～2017年预算资金	
1	哈巴罗夫斯克 2015年6月	哈巴罗夫斯克边疆区	工业,农业,交通运输,物流	154	24	4500
2	共青城 2015年6月	哈巴罗夫斯克边疆区	工业,旅游	99	12	3000
3	尼古拉耶夫斯克 2016年12月	哈巴罗夫斯克边疆区	鱼类加工,船舶修理	32	14	2500
4	纳杰日金斯卡亚 2015年6月	滨海边疆区	工业,交通运输,物流	67	39	1630
5	米哈伊洛夫斯基 2015年8月	滨海边疆区	农业,农工综合体	390	44	2400
6	大卡缅 2016年1月	滨海边疆区	造船	1399	32	5500
7	别洛戈尔斯克 2015年8月	阿穆尔州	农业,农工综合体	15	5	700
8	阿穆尔河沿岸 2015年8月	阿穆尔州	工业,物流业	1289	—	1500
9	山间空气 2016年3月	萨哈林州	旅游	61	100	725
10	南方 2016年3月	萨哈林州	农业	63	15	450
11	坎加拉瑟 2015年8月	萨哈（雅库特）共和国	工业	12	2	350
12	南雅库特 2016年12月	萨哈（雅库特）共和国	矿业	240	—	2900
13	堪察加 2015年8月	堪察加边疆区	旅游	281	84	3000

	超前发展区名称及创立时间	所在联邦区	专业	投资（亿卢布）		创造工作岗位（个）
				私人投资*	2015～2017年预算资金	
14	白令科夫斯基 2015年8月	楚科奇自治区	采矿，能源，物流，港口设施	85	—	540
15	斯米多维奇斯基 2016年7月	犹太自治州	农业，农工综合体	23	2	96

*首期投资。

资料来源：http：//erdc. ru/tor；https：//rg. ru/2015/09/25/dalnevostochnye－tory. html；http：//tass. ru/info/2215388；http：//tor. belogorsk. ru/index/php/infrastruktura；http：//dvnovosti. ru/khab/2016/12/21；http：//amurtor. ru/about/；http：//eaomedia. ru/news/377889；http：//dvkapital. ru/regionnow/chukotskij－avtonomnyj－okrug_ 03. 10. 2016_ 8827_ tor－beringovskij－i－svobodnyj－port－na－chukotke－pokazali－pervye－rezultaty. html；http：//primorsky. ru/news/111684。

在上述投资中，入驻企业中约73%的项目属于制造业、物流、农业和旅游等，新投资趋向多元化的区域经济结构，传统项目侧重于自然资源开采。这些项目创造了约3.5万个新的就业机会，未来10年间项目投资总金额预计为2424亿卢布。[①] 以下简述超前发展区的主要发展趋势和前景，以及各超前发展区投资经营情况。

超前发展区"哈巴罗夫斯克"毗邻西伯利亚大铁路，具有良好的设施基础和技术熟练的劳动力，是哈巴罗夫斯克边疆区最具发展前途的超前发展区。该超前发展区由"先锋"、"航空港"和"拉基特诺耶"三个园区组成，占地面积587公顷，按计划将发展金属加工业（Topeкc）、建材（尼科尔工艺、Полипластик）、运输和物流中心（哈巴罗夫斯克航空港）、农业、木材加工（RFP Group）以及食品加工等行业。2017年初有6家企业获得入驻许可，其中包括日本蔬菜生产企业 JGC Evergreen。[②]

超前发展区"共青城"（面积超过310公顷）位于贝加尔－阿穆尔铁路与公路沿线地区，拥有强大的科技潜力、众多专业人才，森林资源储量巨大。该超前发展区由位于阿穆尔河畔的共青城与阿穆尔斯克之间的"帕鲁斯"、"阿

---

① http：//www. dfo. gov. ru/press/news_ DV/968/；http：//tass. ru/info/2215388。

② http：//erdc. ru/tor/khabarovsk；www. dvnovosti/khab。

穆尔斯克"和"阿穆尔机械制造"等三个园区组成，优先发展方向是高科技制造业（机械加工、金属加工、零部件生产、木材深加工等）。①

超前发展区"尼古拉耶夫斯克"2016年12月获批，位于哈巴罗夫斯克边疆区北部阿穆尔河畔的尼古拉耶夫斯克。该超前区缺乏必要的铁路和公路交通运输网以及内河运输受季节限制，影响其发展的主要问题是物流运输。尽管如此，"尼古拉耶夫斯克"超前发展区已有9家企业（尼古拉耶夫船舶维修公司、东方渔业联合加工厂、乌赫塔工业有限公司等）拟申请入驻，投资项目涉及水产品加工、船舶维修以及鄂霍次克海渔业捕捞。按照国家基础设施建设规划，区内将由国家出资铺设输电线路，这将为超前发展区提供可靠和廉价的电力，从而大幅减少项目成本支出。②

超前发展区"纳杰日金斯卡亚"位于滨海边疆区的纳杰日金斯科耶区，距符拉迪沃斯托克32公里，其优势是靠近港口、机场，接近中国和朝鲜边境口岸，这里还是铁路和公路干线交汇处。"纳杰日金斯卡亚"超前发展区占地面积810公顷，其中半数场地用于建设物流中心以承担铁路、公路及海运交付的货物转运。超前发展区主要发展木材加工、矿物原料加工、轻工业和食品加工业等。2017年初，超前发展区进驻企业已达17家，锚定投资公司包括滨海糖果（糖果厂）、Инком–ДВ（运输与物流综合体）、东方内华达（物流中心）等。③

超前发展区"米哈伊洛夫斯基"作为强大的农业集群（3885公顷）坐落在滨海边疆区气候适宜、土地肥沃的米哈伊洛夫斯基、斯帕斯基和切尔尼戈夫地区。"米哈伊洛夫斯基"凭借超前发展区优势以及优越的地理位置，将成为拥有熟练技术人员的大型农业生产及农产品综合加工基地。超前发展区将加速完成运输、能源基础设施、燃气、市政基础设施建设。目前超前发展区入驻企业7家，其中包括国家级（Русагро）和地方级（Мерси трейд、Приморский бекон）生产厂家。此外，韩国和中国公司计划建设20余处养猪场，据测算当地猪肉的低成本能够保证其产品在中国市场打开销路。同时该超前发展区还对

---

① http://www.khabkrai.ru/TOSER/O–TOSER $ www.aviaport.ru/digest/2017/01/18.

② http：//www.dfo.gov.ru/press/news_ DV/751/.

③ http：//primorsky.ru/news/123293.

建立谷物、大豆生产和深加工综合体、饲料生产、乳品生产以及其他行业进行了研究。①

超前发展区"大卡缅"生产集群（324 公顷）位于大卡缅市，距弗拉基沃斯托克 100 公里，靠近交通枢纽"滨海 1 号"和西伯利亚大铁路，能够为造船、物流和水产品加工投资项目提供发达的工程技术、基础设施以及熟练的技术人员。在大卡缅海湾周边地区正在建设俄罗斯最大的大型造船厂。② 启动造船业项目将加快形成船舶建造的本地化生产链。截至 2017 年，注册入驻企业包括锚定投资企业 – 船舶工业综合体星星船厂（申报投资金额 929 亿卢布）、住房建设发展总公司、餐饮联合企业等。

超前发展区"别洛戈尔斯克"位于远东阿穆尔州南部的重要交通枢纽别洛戈尔斯克市。超前发展区包括四个场地，总面积为 702 公顷，发展区的气候条件有利于种植业和畜牧业发展，拥有农产品原料生产和加工基地以及开发基地。超前发展区基本发展方向为农业，截至 2017 年 4 月，有大豆深加工企业（阿穆尔农业中心）、畜牧饲料厂（农业技术有限公司）、金属制品厂（阿穆尔 3MK 有限公司）以及重建面包厂（白面包有限公司）4 家企业入驻。③

超前发展区"阿穆尔河沿岸"在阿穆尔州的布拉戈维申斯克和伊万诺沃地区拥有两个场地（857 公顷），以促进与中国企业发展工业和物流领域合作为目标。超前发展区与中国接壤，拥有丰富矿产资源和森林资源。主要锚定投资者中俄合资企业"阿穆尔石化公司"，计划建设炼油厂（投资额 1230 亿卢布，其中包括中方 75% 的投资份额）在俄罗斯和中国销售汽油和柴油。锚定投资者还包括该公司与中方投资"黑龙江大桥"（物流中心建设，投资 42 亿卢布）和"C 技术"（生产水泥熟料，投资 16 亿卢布），超前发展区已注册 27 家名企，其中包括金谷食品公司、高科技电力公司 Гонтянь、生物技术公司"КанЛэ ВэйШи"以及"Сяоцзян"等。④

超前发展区"山间空气"具有旅游、娱乐专业化性质。超前发展区位于在南库页岛风景如画、环境优越的度假区，是国内和国际海空交通的枢纽，拥

① http：//priminvest. ru/tory/tor – mixajlovskij/.

② http：//erdc. ru；http：//priminvest. ru/tory/tor – bolshoj – kamen/.

③ http：//tor. belogorck. ru/.

④ http：//www. fassen. net/video/aBoCZB_ mKdc/；http：//amurtor. ru/residents/.

有发展地热温泉旅游的资源。超前发展区拥有萨哈林州唯一的滑雪胜地"山间空气",锡涅戈尔斯克矿泉水疗养院、涅韦尔斯克市及莫内龙岛滨海度假区也在超前发展区范围内。超前发展区的7名锚定投资者将投资9个项目,其中包括开放式股份公司"半径"投资13亿卢布建立水上娱乐设施,Альпик有限公司建立带有咖啡厅的运动养生会馆(1.1亿卢布),远东技术有限公司将建立宾馆综合体(6.3亿卢布),有限公司ГамБутс将建餐厅(3100万卢布),城市管理公司将建水上公园(35亿卢布)。在未来,超前发展区的这些和其他投资项目(索道、滑雪场、建设酒店、购物中心、SPA等)集中了"山间空气"超前发展区具有国际水平的、深受欢迎的体育和旅游综合改造项目。①

超前发展区"南方"位于库页岛南部(阿尼瓦、托马里和南萨哈林斯克市区),拥有4处场地,面积1.94万公顷。该超前发展区为本地区提供近60%的农产品,位于超前发展区附近的科萨科夫港口有利于其产品输出到其他地区以及亚太国家。超前发展区入驻企业包括萨哈林默西农业、萨哈林绿色农业、国家农场"温室栽培"、国家农场"对岸"等。超前发展区计划建设养猪场(13亿卢布)、两个养牛综合体(约40亿卢布),以及种植蔬菜的温室(11亿卢布)。所有这些项目将显著增加萨哈林农产品产量,但需要地区预算和预算外投资完善输电线路、公路、电站等基础设施工程,这些是联邦预算中所没有规划的。②

超前发展区"坎加拉瑟"工业园属于多元化的工业和商务园区(83公顷),位于雅库特,靠近必要的市政和工业基础设施(燃气管道、变电站、取水口等),超前发展区项目计划为小型和中型工业企业布局实施紧凑的房地产和基础设施建设。在2017年初,超前发展区入驻了包括日本北海道公司在内的十余家公司,投资企业将在这里制造长燃锅炉(俄罗斯-立陶宛公司Sahalipsnele)、食品包装(Sahaplasteh)、中空玻璃、聚乙烯管材、建筑陶瓷砖以及泡沫等产品,此外还将生产新型矿物涂层和有机材料(当地公司Бигэ),计划生产冷却剂(用于适于雅库特气候的加热系统)、净化受原油和石油产品

---

① http://tass.ru/info/2215388; http://tass.ru/ekonomika/3613169; http://www.eastrussia.ru/news/tor - gornyy - vozdukh - i - tor - yuzhnaya - poyavyatsya - na - sakhaline - pravitelstvo - rf/.

② http://www.eastrussia.ru/news/tor - gornyy - vozdukh - i - tor - yuzhnaya - poyavyatsya - na - sakhaline - pravitelstvo - rf/.

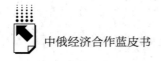

影响的土壤和水的生物制品以及油吸附剂。①

超前发展区"南雅库特"位于南雅库特的涅留恩格里地区，目前选择优先利用"GOK Inaglinskiy"股份公司（科尔马）的投资，建设开采炼焦煤和年生产优质煤炭精矿 190 万吨项目。在这里将形成一个大型工业中心，超前发展区项目将为萨哈（雅库特）共和国创造生产总值约 2540 亿卢布，预计2016～2025 年的 10 年间，综合税收和关税达约 360 亿卢布。②

超前发展区"堪察加"设立在彼得罗巴甫洛夫斯克与叶利佐沃区，占地面积超过 4200 公顷，其中部分场地用来提供运输和工程基础设施建设。该发展区的特殊性涉及该区域有利的地理位置和特定的气候条件（火山、间歇泉、温泉等），拥有海洋资源丰富的不冻港、足够的人力资源和日益增多的游客，这为在这里创造旅游休闲集群发展产业并在未来建设北方航线的中转集装箱港口提供了机会。③ 截至 2017 年初，超前发展区入驻企业达到二十余家，其中大部分是锚定投资者，包括彼得罗巴甫洛夫斯克海上贸易港口（建设泊位，投资额 23 亿卢布）、森林有限公司（水上公园，投资 20 亿卢布）、俄罗斯工场和外国贸易（创建大棚，投资 50 亿卢布）、Тулуач 有限公司（娱乐中心，投资 18 亿卢布）、航空骑士有限公司（小飞机机场，投资 6 亿卢布）等，此外还有城市 415 公司联合韩国贸易及实业有限公司参与鱼类加工厂合作。

超前发展区"白令科夫斯基"位于阿纳德尔市和阿纳德尔区（楚科奇自治区），占地面积 1600 万公顷。该超前发展区拥有最丰富的矿物资源（煤矿、石油、天然气、黄金等），其中一部分位于靠海地区。在这种条件下，超前发展区成为面向俄罗斯和亚太地区市场，提供自然资源开采与加工的国际合作发展平台。锚定投资企业包括老虎煤业有限公司（澳大利亚）（生产炼焦煤，投资额 65 亿卢布）、碳港有限公司（海港现代化建设，投资 19 亿卢布）。截至2017 年初，在超前发展区注册入驻 10 家企业，包括能源建设投资公司（风力）、"白令黄金"（黄金）、"阿克苏"（公共供水系统）、阿纳德尔运输公司等。④

---

① http：//www. kommersant. ru/doc/2912722；http：//yakutia. info/article/177640.

② http：//ysia. ru/ekonomika/pravitelstvo – rossii – utverdilo – sozdanie – tor – yuzhnaya – yakutiya/.

③ http：//erdc. ru/tor/kamchatka.

④ http：//dvkapital. ru/regionnow/chukotskij – avtonomnyj – okrug_ 03. 10. 2016_ 8827_ tor – beringovskij – i – svobodnyj – port – na – chukotke – pokazali – pervye – rezultaty. html.

　　超前发展区"斯米多维奇"位于犹太自治州斯米多维奇区，占地面积1200公顷，重点发展方向是农业和食品加工业。优先投资项目包括 LR Group有限公司（以色列）经营高产奶牛场和奶制品加工厂，项目从联邦预算中获得公共基础设施建设支持。预计投资回收期为 5 年，实际实施将给予一定的倍增效应，税收以及社会缴款将达到 14.2 亿卢布。①

　　由此可见，为超前发展区提供锚定投资和初期发展资金的主要是俄罗斯公司，但与此同时超前发展区在国际合作中也充分展示出自身潜力。根据俄罗斯远东发展部的数据统计，2016 年远东地区的外资总额为 48 亿美元，相当于全部私人投资的 22%，而往年这一数据不超过 10%；外国投资中来自中国公司的投资大幅领先，其投资额共计 30 亿美元，占外资的 60% 以上。② 在超前发展区投资中，中国企业明显占据较多的份额，2016 年中国企业投资 1400 亿卢布，占同期该领域私人投资的 30% 以上。中企在超前发展区工业和农业领域实施的项目范围非常广泛，从建立养殖场和食品加工（超前发展区"米哈伊洛夫斯基"），到建筑材料生产（超前发展区"坎加拉瑟"和"哈巴罗夫斯克"）、炼油厂以及边境基础设施建筑（超前发展区"阿穆尔河沿岸"）。③ 总的来看，远东地区设立超前发展区是强化中俄投资合作的有力手段。

（程红泽译）

---

①　http：//eaomedia. ru/news/377889/.

②　http：//www. minvostokrazvitia. ru/press – center/news_ minvostok/? ELEMENT_ ID = 4948.

③　http：//www. eastrussia. ru/news/sotrudnichestvo – dfo – i – severo – vostoka – kitaya – itogi – 2015/.

B.32
中国对俄远东投资现状与特点分析

Т. Г. 捷琳基耶娃*

摘　要：　本报告论述了中国企业在俄罗斯特别是在远东地区的投资现状与特点，分析了影响中国投资的负面因素，同时指出了中国在远东地区直接投资的优先领域。

关键词：　远东联邦区　投资　中俄投资项目　优先领域

　　21 世纪中国对外经贸活动优先发展方向"走出去"战略取得了巨大成功，其中资本输出是"走出去"战略的重要组成部分。对外投资是中国提升国际影响力、融入世界经济一体化的主要是途径之一。通过资本输出可以获得先进技术，进口各种矿产资源，改善出口增长结构。

　　近十年来，中国不仅是吸引外资最多的国家之一，也是资本输出大国，在国际资本市场上占有重要地位。

　　从 2003 年至 2016 年，中国对外直接投资不断增加，对外投资额从 2003 年的 29 亿美元增至 2016 年的 1888 亿美元。[①] 目前，中国是世界上对外投资增长最快的国家。联合国统计资料显示，按对外投资规模，中国 2004 年排第 28 位、2012 年排第 5 位、2014 年排第 3 位；据初步统计，2016 年排 2 位，占世界对外直接投资总额的 9%。投资合作是中俄经贸合作的重要组成部分。现阶段，中国经济的发展模式不同于其他国家。

　　为吸引和扩大中国对俄投资，俄罗斯政府颁布了一系列法律法规。其中

　　＊　Т. Г. 捷琳基耶娃，俄罗斯科学院远东研究所研究员。

　　①　http：//www. ey. com/Publication/vwLUAssets/ey － chinese － overseas － investment － report － rus/$ FILE/ey － chinese － overseas － investment － report － rus. pdf.

2006 年 11 月两国签署的关于促进和相互保护投资的协定，对促进两国相互投资意义重大。协定规定缔约一方应保证在其领土内给予缔约另一方投资者的投资和与该投资相关的活动公平、平等的待遇。该协定成为两国投资合作的法律基础，但对中俄两国商人的调查结果显示，目前两国相互投资不足。

2009 年 6 月，中俄两国政府签署了《中俄投资合作规划纲要》，确定了两国的优先投资领域。

发展中俄投资合作的主要目的有以下几点。

（1）在中俄互补性强的经济领域，推动落实面向中、俄及第三国市场的高附加值产品生产和服务投资项目，在一些资源、技术和能力方面取长补短。

（2）在俄联邦境内建立对俄罗斯原材料深加工的企业。

（3）弥补各自企业在生产链中的不足，提高其国际竞争力。

（4）开展可加快两国经济社会发展的基础设施项目投资。

（5）为当地人民创造就业机会，使其掌握新的专业技能，提高熟练程度。

中俄投资合作的原则包括以下几个。

（1）本着平等合作、互利共赢的原则，最大限度向对方开放投资市场。

（2）为中俄投资者提供良好的法律基础、制度环境和投资条件。

（3）减少中俄两国各自对另一方投资者的行政壁垒。

《中俄投资合作规划纲要》列举出中国对俄优先投资领域，即能源领域（石油开采，天然气地质勘探、开采和建设天然气液化厂，生产石化深加工产品等）、机械制造业、运输与物流、农业、信息技术与电信工程、林业、银行与保险等。①

为加大投资项目的金融支持，中国投资有限责任公司（中投）与俄罗斯直接投资基金成立了中俄投资基金，其主要任务是保障资金的高效利用。基金规模 20 亿美元（其中中方出资 10 亿美元，俄方出资 10 亿美元），补充资金20 亿美元，将向第三方国际投资者募集。这项基金的 70% 将用于投资俄罗斯以及其他独联体国家的项目，30% 的资金将用于投资中国项目。②

---

① http：//www. racds. ru/arhiv/programmy/regionalnaya – zona – vysokih – tehnologij/plan – rossijsko – kitajskogo – sotrudnichestva/.

② http：//www. rcif. com/.

为挖掘中俄合作潜力、发展技术合作，2016 年中俄投资基金与深圳创投公司签署了关于成立中俄产业投资基金的协议。中俄产业投资基金首期规模为 1 亿美元，主要投向中国企业和俄罗斯企业，特别是在中国注册的俄资企业、在俄罗斯注册的中资企业；基金侧重于投资高端装备制造、信息技术、大数据分析、生物技术、新材料、清洁能源、智能制造（包括机械人制造）、数据传输等行业。① 第一批中俄产业投资基金项目在 2017 年签署。

2014 年，为加强协调和消除在中俄两国优先发展领域的投资壁垒，在两国领导的倡议下，中俄投资合作委员会成立，委员会中方主席为国务院副总理张高丽，俄方主席为俄罗斯第一副总理舒瓦洛夫。中俄投资合作委员会的主要任务是促进在非能源领域项目的实施与降低两国间行政和贸易壁垒。在第一次中俄投资合作委员会会议上，中俄双方提出了包括基础设施、矿产资源开发与加工、高新技术产业、农业等 32 个项目，至 2016 年已审核通过 66 个项目，计划投资金额约 950 亿美元。② 在中俄投资合作委员会内成立了咨询委员会，咨询委员会由中俄企业家代表组成，对于项目的实施具有积极推动作用。

除中俄投资合作大项目外，近年来，中俄两国也在积极推进中小企业合作。为中俄两国中小企业合作创造良好的投资环境，两国决定相互举办中俄中小企业实业论坛。2016 年 12 月，第二届中俄中小企业实业论坛在俄罗斯举行（2015 年 4 月第一届中俄中小企业实业论坛在北京举行），与会者特别关注机械制造业领域的合作。论坛首先讨论了高新技术、机械制造以及在俄罗斯和远东地区的产能转移合作。俄罗斯 38 个地区的 320 位企业代表和中国 10 个省份的 500 多名代表参加了本次论坛。③ 论坛为中俄中小企业合作注入了新的活力。

尽管中俄两国定期举行高层定期会晤，通过多种渠道开展各种活动，但目前两国的投资合作水平与中俄两国政治关系水平和贸易合作水平不符。正如表 1 所示，2015 年以前，中国对俄直接投资额占中国对外投资总额比重不足

---

① https：//rdif. ru/fullNews/136/.

② http：//ru. investinrussia. com/comission.

③ https：//rg. ru/2016/07/28/predprinimateli－knr－nedovolny－rossijskimi－chinovnikami－i－mafiej. html.

1%，2015 年这一比重增至 2.1%，达 30 亿美元，2016 年中国对俄直接投资仅为 2015 年的 18.3%，为 5.5 亿美元。截至 2016 年底，中国对俄直接投资累计 140 亿美元，仅占中国对外直接投资累计的 1.3%。

表 1　中国对俄直接投资

单位：10 亿美元，%

	2010 年	2011 年	2012 年	2013 年	2014 年	2015 年	2016 年	截至 2016 年末累计
中国对外直接投资总额	68.8	74.7	87.8	107.8	123.1	145.7	188.8	1286.7
中国直接对俄投资	0.57	0.72	0.78	1.02	0.63	3.0	0.55	14.0
中国直接对俄投资占比	0.8	1.0	0.9	0.9	0.5	2.1	0.3	1.3

资料来源：《中国统计年鉴》（2011 年、2013 年、2015 年、2016 年）。

为改善投资环境，2016 年，IPT Group 公司对在俄罗斯投资的中国企业进行了问卷调查。问卷调查显示，目前影响中国企业对俄投资的最大障碍是地方行政壁垒，这些行政壁垒严重影响了外企在俄罗斯的投资活动，包括：

（1）俄罗斯宏观经济不稳定——57%；

（2）执法问题——43%；

（3）俄罗斯消费能力下降——29%；

（4）腐败——14%；

（5）西方制裁与地缘关系——14%；

（6）复杂的注册程序。

大多数受访者认为，俄罗斯吸引外资的主要因素有：丰富的自然资源——71%、基础设施发展程度——43%、获得高技术——43%、俄罗斯市场——29%。

在回答最近两年（2016～2018 年）中国企业在俄罗斯境内发展前景的问题时，57% 的受访者认为可能扩大在俄投资，29% 的受访者认为保持现有水平，还有 14% 的受访者认为要减少在俄投资。①

调查结果表明，中国商人对对俄投资合作很感兴趣，但需为此提供良好的投资环境，特别是消除行政壁垒、简化注册程序等。今后中国对俄罗斯的投资合作项目将依然主要是矿产资源开发，但俄罗斯感兴趣的是高科技合

---

① http：//www. invest - rating. ru/russia - china/？id = 5056.

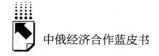

作、农业合作及旅游合作。目前对俄罗斯来说，为更多吸引外资需要稳定的经济形势。

当前中国对俄主要投资方向依旧是矿产资源开发、林业、能源、贸易、家电、通信、建筑及服务业。目前中国在俄投资的大项目有以下几个。

（1）中国石油公司购买诺瓦泰克公司所属的亚马尔液化天然气项目的20%股份（股价：8.1亿美元）；

（2）中国投资公司（中投）购买俄罗斯乌拉尔钾肥公司12.5%的股权（股价：20亿美元）；

（3）中国有色金属建设股份有限公司（NFC）参股位于布里亚特共和国的东西伯利亚金属公司（股价：7.5亿美元）；

（4）中国国家电网公司参股俄罗斯电网公司（股价：11亿美元）；

（5）中国投资公司购买莫斯科交易所5.4%股份（股价：1亿美元）、中国建设银行参股俄罗斯外贸银行2%的股份（股价：1亿美元）。

在目前的经济形势下，西方国家对俄罗斯采取了经济制裁，西伯利亚和远东开发成为俄罗斯21世纪优先发展的方向，因此需要为对西伯利亚与远东投资感兴趣的外国投资（其中包括中国投资者）创造良好的投资环境。

尽管远东地区与中国相邻，双方经贸合作历史悠久，但目前中国对远东地区的投资规模还很小，远没有达到中俄两国的预期目标。

为协调区域发展战略的实施，2009年9月，中俄两国签署了《中华人民共和国东北地区与俄罗斯联邦远东及东西伯利亚地区合作规划纲要（2009—2018年）》（以下简称《合作纲要》），由俄罗斯经济发展部和中国国家发改委协调相关部门落实《合作纲要》内容。《合作纲要》规划了众多合作项目，其中最重要的是投资领域合作。投资合作包括以下方面：口岸改造、边境基础设施建设、交通、劳务、旅游、文化及环保合作。①

俄罗斯方面，远东及贝加尔边疆地区有11个联邦主体参与了《合作纲要》中规划的项目，中国的东北三省参与了《合作纲要》中规划的项目。《合作纲要》共有205个项目，其主要合作发展方向是投资合作。俄罗斯境内的合作项目大部分属于技术含量低的项目，其中有27项属于资源开发类，22项属

---

① http：//russian. people. com. cn/31519/6928209. html.

于木材加工类，13 项属于轻工业和食品工业类，14 项属于建筑材料类。在中国境内的项目大多属于高科技类，其中深加工类 41 项，机械、仪器类 18 项，化工类 17 项。①

尽管中俄签署了合作协议，但近年中国对远东地区的投资一直处于低水平。截至 2014 年末，远东地区共有 40 个外资项目，其中中国投资项目 11 个。在这 11 个项目中 9 项属于资源开采和初级加工（4 项有色金属开采和初加工、4 项木材加工、1 项石油加工与运输），在深加工领域投资几乎没有。此外，中国公司对远东投资感兴趣的还有民用建筑领域。目前在民用建筑领域有 2 个项目 10 个工地，其中贝加尔边疆区 4 个，犹太自治州 3 个，马加丹州 2 个。②

中国投资者认为，影响中国对远东地区投资因素主要表现在以下方面：

（1）法律多变，不稳定；

（2）存在不可预见性的法律法规；

（3）海关手续复杂；

（4）基础设施落后，物流业薄弱；

（5）专业技能劳动力不足；

（6）消费市场规模有限；

（7）不可预见的成本上涨，特别是电力成本；

（8）繁杂的税收。③

为改变这种状况，创造良好的投资环境，2013 年 12 月，俄罗斯政府决定在远东和西伯利亚地区成立超前经济发展区（TOP），在超前经济发展区内，非资源生产和出口享有特殊优惠政策。2014 年 12 月，超前经济发展区的相关法律正式出台。法律规定，在超前经济发展区投资企业享有优惠政策。目前已

---

① Санеев Б. Г. Лопатина М. Н. Энергетическая составляющая Программы сотрудничества между регионами Дальнего Востока и Восточной Сибири Российской Федерации и северо-востока Китайской Народной Республики//Проблемный анализ и государственно-управленческое проектирование. Выпуск 4, 2014. С. 69.

② http：//assoc. khv. gov. ru/regions/foreign – economic – activities/russian – chinese – cooperation – program – monitoring/788.

③ https：//moluch. ru/archive/130/36017/.

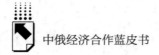

成立 13 个超前经济发展区，申请投资项目达 140 个。① 可以看出，设立超前经济发展区是吸引外资的有效手段。

为改善远东交通基础设施，根据联邦法律，俄罗斯启动了符拉迪沃斯托克自由港建设（符拉迪沃斯托克自由港几乎包括从南部的扎鲁比诺到北部的纳霍德卡的所有港口，其中还包括符拉迪沃斯托克机场）。在自由港区域内修建了国际大型运输走廊，即"滨海 1 号"（哈尔滨—绥芬河—葛城—符拉迪沃斯托克港、纳霍德卡港、东方亚太港）和"滨海 2 号"（长春—吉林—玛哈林诺—波西耶特—扎鲁比诺—亚太港）。② 该项目的实施对中国东北地区货物经俄罗斯远东港口出口亚太国家将带来巨大的经济效益。根据在自由港和超前经济发展区内实行的特殊法律，投资企业将享有减免税收，简化海关手续、签证手续，减少行政壁垒等优惠政策。

一系列优惠措施的出台，使远东投资环境发生了巨大变化。根据俄罗斯国家评级指标，哈巴罗夫斯克边疆区的投资环境由原来的第 71 位升至 2017 年的第 40 位。③ 超前经济发展区和自由港的优惠政策为投资创造了良好的环境。俄罗斯经济发展部资料显示，2016 年自由港和超前经济发展区新增 26 家加工企业，总投资额 130 亿卢布。投资的增加，也为远东地区提供了更多的就业机会。俄罗斯经济发展部公布的信息显示，2016 年超前区和自由港提供新工作岗位 1200 个。④ 目前远东经济发展部建议进一步扩大优惠清单。

中国是对远东地区投资最感兴趣的国家，已经在多个联邦主体投资了很多项目，而且投资领域很广，其中包括农业、工业、能源、运输、物流、旅游以及其他经济领域。远东经济发展部提供的资料显示，在远东超前经济发展区，中国企业投资项目 23 个，投资金额 30 亿美元。⑤ 该金额占远东外资投资总额

①　Романов И. Т. Романова И. Т. Геополитический《разворот》России на Восток и развитие собственных восточных территорий. Проблемы Дальнего Востока № 2 2017，C. 59.

②　https：//ru. wikipedia. org/wiki/.

③　https：//www. eastrussia. ru/news/khabarovskiy－kray－podnyalsya－na－33－pozitsii－v－natsreytinge－investklimata/eastrussia. ru.

④　https：//rg. ru/2017/03/13/reg－dfo/v－2017－godu－na－dalnem－vostoke－poiavitsia－50－novyh－predpriiatij. html.

⑤　https：//rg. ru/2017/02/27/v－ekonomiku－dfo－uvelichat－pritok－kitajskih－investicij. html.

的 60%，占累计外资投资总额的 12%。①

中国在远东地区投资成功的项目包括以下几个。

（1）购买阿穆尔州电力（2013 年通过阿穆尔 – 黑河 200 千伏变电站购买 34.9 亿千瓦时，比 2012 年增长 32.8%）。

（2）开发贝加尔边疆区别列佐夫铁矿和诺永达拉果铅锌矿（两个项目中方累计投资 9.63 亿美元）。

（3）建设同江至下列宁斯阔耶铁路桥项目（2014 年 2 月 26 日举行了隆重的开工仪式）。

（4）在乌苏里斯克成立"跃进"工业园区。

（5）黑龙江省 22 家企业综合开发犹太州农业项目②。

中俄两国最大的合作项目是能源项目，即从东西伯利亚到太平洋管道项目（石油管道路线：伊尔库茨克州—阿穆尔州—萨哈共和国—哈巴罗夫斯克边疆区—沿海边疆区），该项目是两国国家层面的合作，是两国最大的国有公司的合作，截至 2014 年该管道已经向中国输送约 2000 万吨石油。根据协议，中方向俄方提供 250 亿美元贷款，作为交换，俄方从 2011 年起通过该石油管道每年向中方输送 1500 万吨石油，期限 20 年。③

2014 年，中国石油公司（CNPC）与俄罗斯天然气公司（Gazprom）签署了天然气购销协议。根据协议，从 2018 年起，俄罗斯每年向中国输送 380 亿立方米天然气，合同总金额 4000 亿美元。该项目不仅包括管道建设，还包括配套基础设施、石化生产以及其他相关企业的建设。④

中方投资感兴趣的还有木材加工行业。如 RFP 集团是远东最大的森工企业，该公司是中俄投资基金的大股东（占 42.2%）和私募投资集团的最大股东（占 57.8%），也是俄罗斯对中国木材出口的最大公司（其份额超 20%）。再如中国"荣达"公司在乌苏里斯克成立了一家木材加工企业，2017 年开始

---

①　https：//dv. land/news/11693.

②　http：//www. ved. gov. ru/exportcountries/cn/cn_ ru_ relations/cn_ rus_ projects/.

③　http：//tass. ru/info/2229062.

④　Развитие российско-китайских отношений на примере глобальных проектов. Доклад, Центр политической информации. Москва, 2015. C. 6.

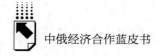

投入生产，投资总额 1. 544 亿卢布。①

最近，中国对俄罗斯建筑材料领域的投资增长迅速。这是由于俄罗斯政府颁布了远东地区发展规划。根据规划，远东地区发展需要大量的建筑材料，而中国的投资正好解决了远东建筑材料短缺的问题。例如，一家中国企业在阿穆尔州别洛戈尔斯克超前区成立水泥企业，项目投资额 16 亿卢布（2017 年进入满负荷生产）。

农业合作在中俄合作中占有特殊的位置。为支持两国农业领域的合作，中俄在远东地区成立了农业发展基金，该基金由远东发展基金和中国亚太粮食产业发展基金出资共同组建，中方提供 90% 的资金，俄方提供 10% 的资金。农业实施项目可获得农业发展基金贷款，利率按中国银行人民币利率 6%。②

目前，在远东地区大约有 30 个农业项目获得农业发展基金贷款。

第一期头两个资助项目 2016 年 9 月获得批准。第一个获得支持的项目是沿海边疆区米哈伊洛夫超前经济发展区的拉基米尔公司，该公司准备建设肉联厂，项目总额 150 亿卢布（目前已开始运行，预计 2018 年完工）。第二个获得支持的项目是阿穆尔州的阿穆尔农业股份公司农业深加工项目，该公司计划每年深加工 18 万吨大豆和 11 万吨小麦，项目总金额 29 亿卢布。在农业投资项目中，还将对 1200 公顷水稻联合培育项目进行援助（俄方 60%，中方 40%）。③

中国大型民营公司也积极参与对俄投资项目。2017 年，远东与贝加尔地区发展基金与中国嘉浩控股公司（Metropoly）成立了两个投资基金，每个基金 10 亿美元，用于向采矿项目以及基础设施项目投资，远东与贝加尔地区发展基金出资 10%，嘉浩控股出资 80%，俄罗斯投资者出资 10%。每个基金都有中国国有公司参与，参与第一个基金的中方机构是中国黄金集团公司，参与第二个基金的中方机构是中国建设银行。根据信用核算，对项目支持的额度将达 60 亿~80 亿美元。未来 5 年，基金将投资 20 亿美元用于远东基础设施项目和旅游不动产项目。因此，这些由国家发展基金和私募基金组建的联合基金是

① http：//ussurmedia. ru/news/564551/.

② http：//fondvostok. ru/ar2015/investment – activities/projects/agrofond/.

③ http：//www. dairynews. ru/news/kitayskaya – korporatsiya – namerena – otkryt – proizvodst. html.

远东项目资金来源的重要补充，同时也是俄罗斯参与"一带一路"的重要途径。

通过对中国对俄罗斯特别是对远东地区投资状况的分析，可以说，在2013年两国领导人就提出的到2020年中国对俄投资达120亿美元的目标很难达到。然而两国政府已开展各种各样的经贸活动，邀请企业代表，制定完整的投资项目合作机制，不断改善吸引中国资本的投资环境。在此过程中，超前经济发展区和符拉迪沃斯托克自由港制定了一系列优惠政策，为国外投资者提供良好的投资环境。所有这些努力就是为了吸引和扩大中国对俄罗斯和远东的投资。

（封安全译）

后 记

    《中国－俄罗斯经济合作发展报告（2018）》是第一部由中俄两国专家合作撰写的中俄经济合作年度发展报告。本报告以合作发展、互利共赢为理念，对中俄贸易、产业合作等方面进行了全面梳理和深入研究，对中俄合作的发展趋向进行了科学分析和预测，为中俄全面合作提供智力支撑。2018 年是中俄地方合作交流年，本报告的出版必定会对破解中俄经济合作难点和热点问题产生积极的作用，为双方政府决策和企业合作提供有益的参考。

    本报告撰写者都是长期研究中俄经贸合作的专家学者，中国的撰写者主要来自中国社会科学院、上海国际问题研究院、黑龙江省社会科学院、吉林省社会科学院、辽宁省社会科学院、内蒙古自治区社会科学院、黑龙江大学、新疆师范大学和黑龙江省商务厅对外经贸研究所等大学和研究机构；俄罗斯的撰写者主要来自俄罗斯科学院远东所、阿穆尔国立大学、后贝加尔国立大学等大学和研究机构。全书共分四个部分，分别为总报告、分报告、专题篇和地区篇。总报告由中俄两国专家分别撰写，从不同角度诠释中俄经济合作发展脉络和未来发展趋势。其他三部分由两国专家从不同角度探讨中俄经济合作问题和发展思路。全书共收录研究报告 32 篇，其中中国学者的 21 篇，俄罗斯学者的 11 篇，共计 30 多万字。

    报告主要研究中俄两国经济合作问题。由于本报告是第一部中俄经济合作发展报告，在撰写的过程中，对中俄合作的历程做了简要的回顾与描述，以便能客观地展示中俄经济合作全景画卷，主要涉及农业、林业、商贸、金融、交通、能源、跨境电商、旅游等合作领域。在中俄区域合作方面给予了较大关注。专门设立了地区篇，收录了 11 篇研究报告，占全书总量的约 1/3。在地区合作方面，主要收录中俄沿边省份的对俄合作发展报告，涉及黑龙江省、吉林省、辽宁省、内蒙古自治区和新疆维吾尔自治区 5 个中俄沿边省份；同时，也收录了俄罗斯东部地区近年来经济发展最新的研究成果，主要是俄罗斯符拉迪沃斯托克自由港建设和俄罗斯远东超前经济社会发展区建设相关情况。专题篇主要就"一带一路"背景下中俄边境地区交通及能源运输一体化、俄罗斯远东人口问题、统一的欧亚空间、自贸区等相关问题进行研究。

由于本书是第一部中俄两国专家合作撰写的蓝皮书，自然遇到不少困难和问题，特别是资料搜集、翻译整理、数据统计等方面，工作十分繁重，但两国专家秉持认真负责的态度，抽茧剥丝，去伪存真，使每一篇报告都各有特点，体现了研究者严谨的治学态度和认真负责的精神。

报告的酝酿和写作过程，得到了相关部门的大力支持，尤其是黑龙江省社会科学院给予了政策和经费方面的大力支持，使报告能够顺利付梓。主编朱宇研究员和副主编刘爽研究员对于报告的出版付出了大量心血，使报告内容更加充实，编撰水平得以提高。本报告成书的过程中，也得到了其他院领导和相关研究所负责同志以及社科文献出版社的领导和编辑的大力支持，在此一并表示诚挚的感谢。

编委会
2018 年 2 月

权威报告·一手数据·特色资源

皮书数据库
ANNUAL REPORT(YEARBOOK)
DATABASE

当代中国经济与社会发展高端智库平台

所获荣誉

- 2016年，入选"'十三五'国家重点电子出版物出版规划骨干工程"
- 2015年，荣获"搜索中国正能量 点赞2015""创新中国科技创新奖"
- 2013年，荣获"中国出版政府奖·网络出版物奖"提名奖
- 连续多年荣获中国数字出版博览会"数字出版·优秀品牌"奖

成为会员

　　通过网址www.pishu.com.cn访问皮书数据库网站或下载皮书数据库APP，进行手机号码验证或邮箱验证即可成为皮书数据库会员。

会员福利

- 使用手机号码首次注册的会员，账号自动充值100元体验金，可直接购买和查看数据库内容（仅限PC端）。
- 已注册用户购书后可免费获赠100元皮书数据库充值卡。刮开充值卡涂层获取充值密码，登录并进入"会员中心"—"在线充值"—"充值卡充值"，充值成功后即可购买和查看数据库内容（仅限PC端）。
- 会员福利最终解释权归社会科学文献出版社所有。

社会科学文献出版社 SOCIAL SCIENCES ACADEMIC PRESS (CHINA) 皮书系列

卡号：132171837561
密码：

数据库服务热线：400-008-6695
数据库服务QQ：2475522410
数据库服务邮箱：database@ssap.cn
图书销售热线：010-59367070/7028
图书服务QQ：1265056568
图书服务邮箱：duzhe@ssap.cn

基本子库
SUB DATABASE

中国社会发展数据库（下设12个子库）

全面整合国内外中国社会发展研究成果，汇聚独家统计数据、深度分析报告，涉及社会、人口、政治、教育、法律等12个领域，为了解中国社会发展动态、跟踪社会核心热点、分析社会发展趋势提供一站式资源搜索和数据分析与挖掘服务。

中国经济发展数据库（下设12个子库）

基于"皮书系列"中涉及中国经济发展的研究资料构建，内容涵盖宏观经济、农业经济、工业经济、产业经济等12个重点经济领域，为实时掌控经济运行态势、把握经济发展规律、洞察经济形势、进行经济决策提供参考和依据。

中国行业发展数据库（下设17个子库）

以中国国民经济行业分类为依据，覆盖金融业、旅游、医疗卫生、交通运输、能源矿产等100多个行业，跟踪分析国民经济相关行业市场运行状况和政策导向，汇集行业发展前沿资讯，为投资、从业及各种经济决策提供理论基础和实践指导。

中国区域发展数据库（下设6个子库）

对中国特定区域内的经济、社会、文化等领域现状与发展情况进行深度分析和预测，研究层级至县及县以下行政区，涉及地区、区域经济体、城市、农村等不同维度。为地方经济社会宏观态势研究、发展经验研究、案例分析提供数据服务。

中国文化传媒数据库（下设18个子库）

汇聚文化传媒领域专家观点、热点资讯，梳理国内外中国文化发展相关学术研究成果、一手统计数据，涵盖文化产业、新闻传播、电影娱乐、文学艺术、群众文化等18个重点研究领域。为文化传媒研究提供相关数据、研究报告和综合分析服务。

世界经济与国际关系数据库（下设6个子库）

立足"皮书系列"世界经济、国际关系相关学术资源，整合世界经济、国际政治、世界文化与科技、全球性问题、国际组织与国际法、区域研究6大领域研究成果，为世界经济与国际关系研究提供全方位数据分析，为决策和形势研判提供参考。

法律声明